普通高校中文學科基礎教材

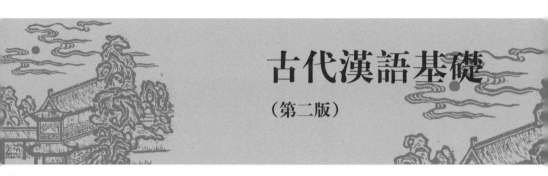

古代漢語基礎
（第二版）

施向東 冉啓斌 主編
蔡言勝 李春艷 副主編

圖書在版編目(CIP)數據

古代漢語基礎/施向東,冉啓斌主編;蔡言勝,李春艷副主編.—2版.—北京:北京大學出版社,2022.5
普通高校中文學科基礎教材
ISBN 978-7-301-29660-8

Ⅰ.①古… Ⅱ.①施…②冉…③蔡…④李 Ⅲ.①古漢語—高等學校—教材 Ⅳ.①H109.2

中國版本圖書館CIP數據核字(2022)第065005號

書　　　名	古代漢語基礎(第二版) GUDAI HANYU JICHU(DI-ER BAN)
著作責任者	施向東　冉啓斌　主編　蔡言勝　李春艷　副主編
責任編輯	徐　邁　徐丹麗
標準書號	ISBN 978-7-301-29660-8
出版發行	北京大學出版社
地　　　址	北京市海淀區成府路205號　100871
網　　　址	http://www.pup.cn　新浪微博:@北京大學出版社
電子信箱	pkuwsz@126.com
電　　　話	郵購部 010-62752015　發行部 010-62750672 編輯部 010-62752022
印　刷　者	三河市北燕印裝有限公司
經　銷　者	新華書店 965毫米×1300毫米　16開本　25.75印張　403千字 2010年4月第1版 2022年5月第2版　2023年4月第2次印刷
定　　　價	78.00元

未經許可,不得以任何方式複製或鈔襲本書之部分或全部內容。
版權所有,侵權必究
舉報電話: 010-62752024　電子信箱: fd@pup.pku.edu.cn
圖書如有印裝質量問題,請與出版部聯繫,電話: 010-62756370

目録

前　言/1

第一課　漢　字/1
　一　漢字的性質/1
　二　漢字的構造:六書/2
　三　漢字形體源流(古文字階段)/7
　[文　選]/13
　　1. 卜辭選讀/13
　　2. 銘文選讀(利簋銘文)/14
　　3. 秦量詔/15
　　4. 君子質而已矣/15
　　5. 有一言而可以終身行之者乎/16
　　6. 善行無轍迹/16
　　7. 有游於子墨子之門者/17
　　8. 古者蒼頡之作書也/18
　[練習與思考]/19

第二課　漢字的使用/21
　一　字與詞/21
　二　假借字/22
　三　職能分化字/25
　四　異體字、繁簡字/30
　[文　選]/32

1. 學而時習之/32
　　2. 哀公問社於宰我/32
　　3. 陽貨欲見孔子/33
　　4. 昔者晉文公好士之惡衣/33
　　5. 北冥有魚/34
　　6. 秦韓戰於濁澤/37
　　7. 孔子窮乎陳蔡之間/39
　　8. 宋人有好善行者/40
　[練習與思考]/41

第三課　詞　義/43
　一　詞的本義和引申義/43
　二　詞義的演變/47
　　[文　選]/53
　　1. 孟之反不伐/53
　　2. 質勝文則野/53
　　3. 子見南子/53
　　4. 舜有臣五人而天下治/54
　　5. 鄭伯克段于鄢/54
　　6. 厲王虐/57
　　7. 莊子送葬/59
　　8. 秦初并天下/59
　[練習與思考]/63

第四課　詞　彙/65
　一　同源詞和同義詞/65
　二　同義詞的比較和辨析/66
　三　從歷時的角度看同義詞/71

四　詞的組合連用和雙音化/75
　　　[文　選]/78
　　　　1. 井有仁/78
　　　　2. 君子亦有惡乎/79
　　　　3. 紂之不善不如是之甚也/79
　　　　4. 季氏將伐顓臾/79
　　　　5. 湯　誓/81
　　　　6. 叔向見韓宣子/82
　　　　7. 齊人伐燕/84
　　　　8. 夫得言不可以不察/85
　　　[練習與思考]/87

第五課　名　詞/89
　　一　古今語法的異同/89
　　二　名詞和句子/90
　　三　名詞作狀語/91
　　四　名詞活用作動詞/95
　　　[文　選]/98
　　　　1. 公冶長可妻也/98
　　　　2. 益者三友/98
　　　　3. 爲無爲/99
　　　　4. 夫爲人子者/99
　　　　5. 國有六職/101
　　　　6. 子墨子北之齊/103
　　　　7. 秦興師臨周而求九鼎/104
　　　　8. 語曰人惟舊器惟新/105
　　　[練習與思考]/107

第六課　動　詞/110
　一　動詞和動詞短語/110
　二　詞的活用與特殊述賓關係/114
　三　動詞充當其他句子成分/122
　　[文　選]/125
　　1. 顔淵季路侍/125
　　2. 樊遲問仁/126
　　3. 禮與食孰重/126
　　4. 舜發於畎畝之中/127
　　5. 子夏喪其子而喪其明/128
　　6. 齊侯以諸侯之師侵蔡/129
　　7. 大學之道/131
　　8. 百官公卿表序/132
　　[練習與思考]/135

第七課　形容詞和副詞/138
　一　形容詞/138
　二　形容詞的活用/140
　三　副　詞/143
　　[文　選]/154
　　1. 衛君待子而爲政/154
　　2. 子擊磬於衛/154
　　3. 小國寡民/155
　　4. 孔子登東山而小魯/155
　　5. 文王之囿方七十里/156
　　6. 厚葬久喪果非聖王之道/156
　　7. 桓公自莒反於齊/157
　　8. 屈原列傳/159

［練習與思考］/164

第八課　代詞和數詞/166

　一　代詞/166

　二　數詞和數量表示法/180

　三　代詞和數詞的活用/185

　　［文　選］/187

　　　1. 子路曾晳冉有公西華侍坐/187

　　　2. 長沮桀溺耦而耕/189

　　　3. 兵者詭道也/190

　　　4. 齊欲伐魏/190

　　　5. 天下有至樂無有哉/191

　　　6. 晉靈公不君/192

　　　7. 舜不告而娶/195

　　　8. 聖人以治天下爲事者也/196

　　［練習與思考］/198

第九課　介詞和助詞/201

　一　介　詞/201

　二　助　詞/209

　　［文　選］/214

　　　1. 一言而可以興邦/214

　　　2. 孔文子何以謂之文也/214

　　　3. 曾晳嗜羊棗/214

　　　4. 孟子見梁襄王/215

　　　5. 鬭者忘其身者也/216

　　　6. 昔有夏之方衰也/217

　　　7. 莊王圍宋/218

8. 王太仁/219

[練習與思考]/220

第十課　連詞和語氣詞/223

一　連　　詞/223

二　語氣詞/232

[文　選]/238

1. 昭公知禮乎/238
2. 若聖與仁則吾豈敢/239
3. 天下何思何慮/239
4. 孔子適楚/240
5. 莊子之楚/241
6. 大司馬之職/241
7. 齊王使使者問趙威后/242
8. 五帝本紀贊/243

[練習與思考]/245

第十一課　實詞的虛化、詞以下的語法單位/248

一　實詞虛化和虛詞實用/248

二　詞以下的語法單位/255

[文　選]/259

1. 桃　　夭/259
2. 甘　　棠/260
3. 伯　　兮/261
4. 君子無所爭/261
5. 仰之彌高/262
6. 聖可積而致/262
7. 大學之法/264

8. 陳靈公與孔寧儀行父通於夏姬/266

[練習與思考]/267

第十二課　句子和語序/270

一　句子和句子成分/270

二　語　序/271

三　合成詞和語素序/279

[文　選]/283

1. 古者言之不出/283
2. 德之不修/283
3. 公山弗擾以費畔/283
4. 用之則行舍之則藏/284
5. 寡人之於國也/284
6. 堯觀乎華/285
7. 晉公子重耳之及於難也/286
8. 馬援誡兄子嚴敦書/291

[練習與思考]/292

第十三課　句型和表達/295

一　句型和句類/295

二　判斷句和繫動詞/297

三　被動句和被動表示法/299

四　固定格式/301

[文　選]/306

1. 仲由可使從政也與/306
2. 師與商也孰賢/307
3. 季康子問政於孔子/307
4. 子夏之門人問交於子張/307

5. 癸酉師陳于鞌/308

　　6. 人生十年曰幼/311

　　7. 秋水時至百川灌河/312

　　8. 漢以馬邑城誘單于/313

　[練習與思考]/314

第十四課　文獻的閱讀/317

　一　經、史、子、集/318

　二　白文和標點/320

　三　章句和義理/325

　四　熟讀和背誦/326

　[文　選]/327

　　1. 擊　鼓/327

　　2. 西伯戡黎/328

　　3. 一陰一陽之謂道/329

　　4. 衛公孫朝問於子貢/330

　　5. 知其雄守其雌/330

　　6. 相人古之人無有也/331

　　7. 晏子受禮/333

　　8. 武與李陵俱爲侍中/336

　[練習與思考]/340

第十五課　文獻的注釋/343

　一　注釋的内容/343

　二　注釋的體例/352

　三　古注習讀/354

　　[文　選]/357

　　　1. 叔孫武叔語大夫於朝/357

2. 何如斯可以從政矣/357

  3. 夏五月鄭伯克段于鄢(公羊傳)/358

  4. 夏五月鄭伯克段于鄢(穀梁傳)/359

  5. 黃鳥/360

  6. 觸讋説趙太后/361

  7. 湘夫人/363

  8. 象/366

  [練習與思考]/367

第十六課　古文今譯/371

　一　詞義、句義和文義的翻譯/372

　二　精確和通順/374

　三　句式和語序的調整/376

　四　歷史文化因素的準確傳達/378

　[文　選]/381

  1. 詩三百/381

  2. 甯武子邦有道則知/381

  3. 莊子與惠子遊於濠梁之上/381

  4. 盡信書則不如無書/382

  5. 武　成/383

  6. 昔者鄭武公欲伐胡/387

  7. 夫病溼而強之食/388

  8. 諸侯以國爲家/390

  [練習與思考]/393

前　言

古代漢語的概念

如果我們咬文嚼字，那麼，古代漢民族使用的語言就是"古代漢語"，它是和"現代漢語"相對而言的。但是僅僅這樣理解是不够的。我們知道，古代的語言，只有通過文字的記録纔能保存到今天。而通過文字記録下來的古代語言，基本上可以分爲兩種，一種是所謂"文言文"，另一種是古代的白話文。古代的白話文，比如佛教的"語録"、宋代理學家的"語録"、元代的劇本、明清的通俗小説，這是唐代以後口語的記録，同今天的口語差别相對來説要小一些。而文言文同今天口語的差别就大得多。文言文在先秦時代基本上就是當時人們"口語的摘要"（魯迅語，見《門外文談》，1934）。比如《論語》就是孔子和他的學生的言行的記録，基本上也是一本語録。由於那個時代書寫工具不方便，記録時有不少偷懶的方法，比如省略一些小零件，一時想不起來的字便以一個同音字（白字）替代，等等。因此魯迅先生有如此説法。但是先秦時代離我們太遠了，從西周説，就有3000年了，從孔子時代算，也有2500年了。語言發生了較大的變化，那時候的語言同今天的語言差距很大，不容易看懂。如《尚書·堯典》："帝曰疇咨若予采驩兜曰都共工方鳩僝功帝曰吁靜言庸違象恭滔天。"不看注解，不加句讀，是很難讀懂的。

秦漢以後，人們寫文章還是模仿古代的筆法，因此，越往後，書面語同口語的差别越大。這樣，文言文就成了很難懂的東西了。到了清朝，從《紅樓夢》看,當時北京地區的口語同今天幾乎沒有什麽兩樣了,但是清代的文言文同先秦的文章一樣難懂。《聊齋志異》就是很難讀的文言文。章太炎爲黃侃的論文集作序,説:"清儒妄爲彝器釋文,自用其私以與字書相競,其謬與馬頭長、人持十無異。"黃侃《春秋名字解詁補誼》云:"高郵王君爲《春秋名字解詁》,訓誼塙固,信美矣。蓋闕而不説者,無慮二十事。"都不太容易懂。

因此,"五四"的"白話文革命"在日常生活中推廣使用白話文。我們今天學習的"古代漢語",要是給它一個明確的範圍的話,那就是指從先秦一直到清朝用文言文記錄下來的書面語言。

古代漢語的形成和分期

漢語有文字可考的歷史,從甲骨文算起,有 3300 年了。甲骨文以前,還沒有發現有系統的文字。按照一般規律,語言的歷史比文字的歷史要長得多。至今仍然有一些語言是沒有自己的文字的。因此,漢語的歷史應該會長得多。但是,我們也不要以爲,從 50 萬年以前的中國猿人開始,或者至少從 2 萬年以前的山頂洞人開始,就有漢語了。漢民族的歷史沒有這麽長。民族史、文化史和語言史本身的研究告訴我們,大約在五六千年前,也就是傳説中的炎黃時代,原始漢藏共同語逐步分化,原始漢語從漢藏共同語中分化出來,又和周圍的民族的語言不斷交流、交融,大約在西周政權建立前後,也就是 3000 多年前,漢語的面貌纔形成了我們今天通過考古和文獻能夠看到的面貌。

西周第一批文獻確立之後,奠定了先秦漢語的基本面貌。文言文的傳統形成了。但是,語言總是活在人們的口中的,總要不斷變化的。雖然或許變得很慢,但是積累久了,就會有比較顯著的變化。因此,古代漢語也是可以分期的。大體上説,先秦兩漢爲一期,稱爲上古漢語,魏晉南北朝到晚唐爲一期,稱爲中古漢語,五代以後到清爲一期,稱爲近代漢語。中古漢語的口語即古白話與書面語的距離日漸拉開了。到了近代漢語中,口語與書面語的距離更大,而與現代漢語逐漸接近。文言文雖然儘量仿古，但是口語中的新成分總是會慢慢地滲透到書面語中來的。比如，先秦漢語的判斷句："夫戰，勇氣也。"(《左傳》)到隋唐時的判斷句："汝是我子，今欲何去?"(《大慈恩寺三藏法師傳》)先秦的判斷句不用繫詞"是"，後世的判斷句就用；先秦沒有"把"字句，唐宋以後逐漸有了"把"字句；等等。所以，文言文也是變化着的。我們這本教材，選取的文獻主要是兩漢以前的，只有極少數例句選自唐宋時代。這是因爲能够讀懂上古文獻的話，讀後來的文獻一般就沒有困難了。

我們爲什麽要學習古代漢語？

古代漢語課是高等學校中文專業以及相關專業的一門基礎課。設置這一門課程的目的在於培養學生掌握閱讀使用古代漢語文獻典籍的初步能力，提高學生古代漢語言文字學方面的素養。衆所周知，我國是世界上歷史最悠久的文明古國之一，祖先給我們留下了浩如煙海的文化典籍，這在全世界都是無與倫比的。而這些文獻絕大部分都是用文言文寫成的。不懂古文，怎麽去看懂這些文獻？怎麽去繼承這份珍貴的遺産？對於一般的人來說，可以看看現代人翻譯過來的文獻資料，但是對於上述專業的師生來說，這是絕對不行的。這是因爲，第一，任何一種翻譯和解釋都是個人行爲，打着翻譯者個人的烙印，即使完全"正確"，也是別人嚼過的饅頭，就算能充飢，也是沒有滋味的；第二，現在粗製濫造的校點或翻譯的古代文獻充斥市場，一不小心就會受騙上當，用來作爲進一步學習或研究的依據，是危險的。而且，雖然現在經過整理的古籍已經不少，但比起尚未研究整理的文獻來，畢竟只是九牛一毛。文學、語言學、歷史、哲學、經濟、法律、藝術、科學技術等方方面面還有大量的文獻等待我們去發掘和整理。即使是從事其他方面工作的人，古文修養也是必不可少的。有些人想，我就要當個作家，學古文有什麽用？你去看看，現代文學大師，魯迅、郭沫若、胡適、聞一多、葉聖陶、錢鍾書，哪一個不同時也是古文學養深厚呢？就是像金庸、瓊瑶這些流行小説作家，古文功底也是不可小看的。一個只會説大白話的人，很難想象能成什麽大作家。何況，各行各業都有一個繼承傳統、開發創新的任務，要想利用好傳世的文獻資料，就要求我們扎扎實實地掌握好古代漢語知識。

我們怎麽樣學好古代漢語？

有人説，古代漢語比外語還要難學，這話有點誇張了。現代漢語是古代漢語的繼承和發展。古代漢語跟現代漢語有許多相同點（當然也有許多不同點），會現代漢語的人學習古代漢語是比較容易的，這是我們學好古代漢語的便利條件。因爲畢竟古今漢語有許多基本方面是一致的，而且現代漢語中還包含着相當數量的古代漢語成分（語音、詞彙、語法等等），特別是成語，簡直就是古代漢語留在現代漢語中的活化石。古代漢語幾乎所有的語法規律、語音詞彙現象，都能從成語當中找到。總的來説，古今漢語有三大相同點：一、用漢字記録，只要跟越南、朝鮮、韓國、日本一比較，就可以看到我們的這一優勢；二、基本詞彙的意義至今保持不變；三、語法基本上或説大體上相同（詞類、語序等等）。也有若干不同點：一、語音有變化，不但表現爲個別字的讀法不同，整個語音系統也有變化；二、許多字詞死亡了，讀古書時常常會遇到許多見而不識的字和識而不懂的字，一些詞義變化了，按照今天的意義去理解的話就會誤解古文獻；三、語法方面也有一些不同。古代漢語與現代漢語有同有異，我們學習古代漢語時，就是要"因其同，知其異"，重點在"知其異"。這本教材的重點，主要也就是講那些古代漢語特有的、與今天不同的東西。

這本教材的體例是"通論""文選""練習"三結合。後兩者是感性的東西，通論是理性的東西。不重視理論是不對的，死讀書是低效率的，但是只注意背若干條目，也是沒有用的。必要的讀和背是應當提倡的。一個人如果能熟練地掌握幾十篇古文，甚至能背下來，那麽那些理論知識就會融會貫通，一通百通。

爲了學好古代漢語,還要學會利用工具書。語文方面的工具書很多,不但對古代漢語課程的學習有幫助,而且對今後利用古文獻從事各種實際工作大有幫助。

關於本教材的幾點説明

　　本教材面向的對象主要是普通高等院校需要開設古代漢語課程的各類專業的學生。因此,在教學內容的設計上,重點放在培養閱讀古代漢語文獻的基本能力上,在理論方面不追求全面系統完整,通論部分僅就文言文的閱讀、標點、翻譯所必需的文字、詞彙、語法知識做了講解。主要通過大量的例證使學生樹立起文言文的語感,幫助他們較快地掌握文言文的特點,儘早地投入閱讀古文獻的實踐中。文選部分的選目,主要考慮有助於配合通論,讓學生迅速接觸反映文言文特點的實例。因此選文不是按照文獻學的體例和順序,而是將有關篇章分別安排到跟通論相結合的各課中。爲此,有的課文在選入教材時進行了必要的刪節。每一課後都設計了練習,目的是讓學生不但能夠聽懂教師的講解、讀懂經過教材編寫者注解的文選,而且有機會將有關知識運用到解讀古代文獻的實際操作當中。如果學生能夠按要求完成這些練習,那麼,他就基本上達到了本課程的要求,具備了閱讀運用古文獻的初步能力。

　　本教材基本的設計是,每一課用 6—8 個課時完成,完成全部 16 課的教學,需要 96—128 個課時。教師在使用本教材的過程中,可以根據實際課時的多少,選擇適當的篇目進行教學。

　　本教材在編寫過程中,學習參考了許多優秀的古代漢語教材和跟教材內容相關的專著、論文,因爲數量太多,無法一一開列出來,在此謹向所有這些先輩和同行們表示崇高的敬意!

　　本教材在策劃、編寫過程中,得到北京師範大學王寧先生和北京大學出版社的大力支持和關心,可以説,没有他們就没有本教材的面世。我們謹向他們表示最誠摯的感謝!

本教材第1—4課由蔡言勝執筆,第5—8課由李春艷執筆,第9—12課由施向東執筆,第13—16課由冉啓斌執筆。全書由施向東統稿。由於我們的水平所限,教材中的諸多不足之處,懇請同行專家和各界人士不吝指正。

第一課　漢　字

一　漢字的性質

　　文字是記録語言的書寫符號系統，而漢字是記録漢語的書寫符號系統。

　　討論文字的性質要依據下面三個原則：第一，文字是記録語言的，文字構形一定要與語言有一定的聯繫，纔能起到語言載體的作用。所以，文字的性質首先取決於這種文字的形體與語言如何聯繫。第二，文字有自己的演變歷史，有些文字——比如漢字——還有相當長時期的發展歷史，討論文字的性質要看這種文字歷史發展的全過程，也就是要看這種文字在發展過程中性質是否發生了改變。考察漢字的性質，應當考察從甲骨文開始，歷經兩周金文、秦代小篆，直至隸變、楷化，從古至今性質是否發生了根本變化，是否有變化的趨勢。第三，文字不是孤立的字符，它的總體是成系統的，是按一定的區別原則和組構手段結合而成的體系。討論文字的性質要看整體系統，而不應拘泥於一字一符或某一類字符。根據第一個原則，世界上的文字只能有兩種體系：(1)表意體系；(2)表音體系。把世界上的文字體系分爲這兩個大類，是從文字記録語言的本質出發的。口頭語言有兩個要素——音和義，記録語言的文字，只能從中選擇一個要素來作爲構形的依據；所以，文字形體直接顯示的信息或是語義，或是語音。世界文字體系的兩分法，也正是按照文字構形的依據來確定的。根據這個原則，漢字屬於表意文字體系。(參見王寧《漢字構形學講座》)

而裘錫圭認爲："一種文字的性質就是由這種文字所使用的符號的性質決定的"，"漢字在象形程度較高的早期階段（大體上可以説是西周以前），基本上是使用意符和音符（嚴格説應該稱爲借音符）的一種文字體系；後來隨着字形和語音、字義等方面的變化，逐漸演變成爲使用意符（主要是義符）、音符和記號的一種文字體系（隸書的形成可以看作這種演變完成的標誌）"。"如果一定要爲這兩個階段的漢字分別安上名稱的話，前者似乎可以稱爲意符音符文字，或者像有些文字學學者那樣把它簡稱爲意音文字；後者似乎可以稱爲意符音符記號文字。考慮到後一個階段的漢字裏的記號幾乎都由意符和音符變來，以及大部分字仍然由意符、音符構成等情況，也可以稱這個階段的漢字爲後期意符音符文字或後期意音文字"。（參見裘錫圭《文字學概要》）

所以從古代漢語的角度，把漢字理解爲表意文字或意音文字，都是有其道理的。

而另一些文字學家認爲，文字記録語言，包括語言的音和義兩個方面，世界上没有只表意的文字。可以把文字分成表詞的文字和表音素（音位）的文字。漢字屬於表詞的文字。（參見聶鴻音《中國的文字》）

二　漢字的構造：六書

"六書"一詞源出於《周禮》。《周禮·地官·保氏》記載："保氏掌諫王惡而養國子（公卿大夫的子弟——引者）以道，乃教之六藝：一曰五禮（吉、嘉、賓、軍、凶等方面的禮儀——引者），二曰六樂（黄帝、堯、舜、禹、湯、周武王之樂——引者），三曰五射（舉行射禮時的五種射箭法——引者），四曰五馭（駕馭車馬的五種方法——引者），五曰六書，六曰九數（九類數學問題的解法——引者）。"

《漢書·藝文志》："古者八歲入小學，故周官保氏掌養國子，教之六書，謂象形、象事、象意、象聲、轉注、假借，造字之本也。"鄭衆《周官解詁》也談到"六書"的名稱，其中轉注、假借不變，四象改爲象形、會意、處事、諧聲，其内容是一樣的。

而到東漢,許慎《説文解字》則把"六書"名義正式確定下來,即爲指事、象形、形聲、會意、轉注、假借。下面卽以《説文解字》(下簡稱《説文》)爲依據來逐一辨析(篆文省略):

1. "指事者,視而可識,察而可見,上下是也。"例如:

  上:高也。此古文上。指事也。(《説文·上部》)
  下:底也。指事。(《説文·上部》)

《説文》全篇明確指出"指事"的僅此二字。"指事"意在指稱較抽象"事意",此時會用到指示符號。比如:"一""二""三""四"等數字。當然這類"指事"字可能也會含有具象形體作襯托:

  刃:刀堅也。象刀有刃之形。(《説文·刀部》)
  亦:人之臂亦也。从大,象兩亦之形。(《説文·亦部》)
  本:木下曰本。从木,一在其下。(《説文·木部》)
  丹:巴越之赤石也。象采丹井,一象丹形。(《説文·丹部》)
  甘:美也。从口含一。一,道也。(《説文·甘部》)

2. "象形者,畫成其物,隨體詰詘,日月是也。"例如:

  日:實也。太陽之精不虧。从囗一。象形。(《説文·日部》)
  月:闕也。大陰之精。象形。(《説文·月部》)
  虎:山獸之君。从虍,虎足象人足。象形。(《説文·虎部》)
  車:輿輪之總名,夏后時奚仲所造。象形。(《説文·車部》)
  册:符命也。諸侯進受於王也。象其札一長一短,中有二編之形。(《説文·册部》)
  弓:以近窮遠。象形。(《説文·弓部》)

象形字有時用具體形象表達抽象意義:

  高:崇也,象臺觀高之形。(《説文·高部》)
  大:天大地大人亦大,故大象人形。(《説文·大部》)

3. "形聲者,以事爲名,取譬相成,江河是也。"例如:

① 左形右聲

　　江：水。出蜀湔氐徼外崏山，入海。从水，工聲。(《説文·水部》)
　　河：水。出焞煌塞外昆侖山，發原注海。从水，可聲。(《説文·水部》)
　　紅：帛赤白色。从糸，工聲。(《説文·糸部》)
　　唯：諾也。从口，隹聲。(《説文·口部》)

② 右形左聲

　　期：會也。从月，其聲。(《説文·月部》)
　　刖：絕也。从刀，月聲。(《説文·刀部》)
　　故：使爲之也。从攴，古聲。(《説文·攴部》)
　　斯：析也。从斤，其聲。(《説文·斤部》)

③ 上形下聲

　　節：竹約也。从竹，卽聲。(《説文·竹部》)
　　霽：雨止也。从雨，齊聲。(《説文·雨部》)
　　空：竅也。从穴，工聲。(《説文·穴部》)
　　扉：户扇也。从户，非聲。(《説文·户部》)

④ 下形上聲

　　基，牆始也。从土，其聲。(《説文·土部》)
　　帛：繒也。从巾，白聲。(《説文·帛部》)
　　摹：規也。从手，莫聲。(《説文·手部》)
　　辜：罪也。从辛，古聲。(《説文·辛部》)

⑤ 内形外聲

　　聞：知聞也。从耳，門聲。(《説文·耳部》)
　　瓣：瓜中實。从瓜，辡聲。(《説文·瓜部》)
　　風：八風也。……从虫，凡聲。(《説文·虫部》)
　　輿：車輿也。从車，舁聲。(《説文·車部》)

⑥ 外形內聲

　　裹：衣內也。从衣，里聲。(《說文·衣部》)
　　匪：器，似竹筐。从匚，非聲。(《說文·匚部》)
　　圓：圜全也。从囗，員聲。(《說文·囗部》)
　　病：疾加也。从疒，丙聲。(《說文·疒部》)

⑦ 其他

　　騰：傳也。从馬，朕聲。(《說文·馬部》)
　　穎：禾末也。从禾，頃聲。(《說文·禾部》)
　　徙：移也。从辵，止聲。(《說文·辵部》)
　　隨：从也。从辵，墮省聲。(《說文·辵部》)
　　寶：珍也。从宀，从王，从貝，缶聲。(《說文·宀部》)
　　考：老也。从老省，丂聲。(《說文·老部》)
　　屨：履也。从履省，婁聲。(《說文·履部》)
　　融：炊气上出也。从鬲，蟲省聲。(《說文·鬲部》)
　　琀：送死口中玉也。从玉从含，含亦聲。(《說文·玉部》)
　　娶：取婦也。从女从取，取亦聲。(《說文·女部》)

4. "會意者，比類合誼，以見指撝，武信是也。"例如：

　　武：楚莊王曰："夫武，定功戢兵。故止戈爲武。"(《說文·戈部》)
　　信：誠也。从人从言。會意。(《說文·言部》)
　　兵：械也。从廾，持斤。并力之皃。(《說文·廾部》)
　　益：饒也。从水、皿。皿益之意也。(《說文·皿部》)
　　逐：追也。从辵从豚省。(《說文·辵部》)
　　前：不行而進謂之歬。从止在舟上。(《說文·止部》)
　　美：甘也。从羊从大。羊在六畜主給膳也。美與善同意。
(《說文·羊部》)
　　秉：禾束也。从又持禾。(《說文·又部》)
　　采：捋取也。从木从爪。(《說文·木部》)

北：乖也。从二人相背。(《説文·北部》)

休：息止也。从人依木。(《説文·人部》)

解：判也。从刀判牛角。(《説文·角部》)

5. "轉注者，建類一首，同意相受，考老是也。"

關於"轉注"，衆説不一，下面是幾種代表性觀點：①轉變字形方向説(戴侗、周伯琦等)；②整字、形旁互訓説(徐鍇)；③部首統貫説(江聲)；④加注意符或音符造成分化字説(鄭珍、鄭知同、饒炯)；⑤文字轉音表他義説(張有、楊慎)；⑥詞義引申説(江永、朱駿聲)；⑦訓詁説(戴震、段玉裁)；⑧語言孳乳造字説(章炳麟)；⑨同部(或相關部)互訓説(梁東漢)。該問題尚未有定論，還有待進一步研究。

6. "假借者，本無其字，依聲託事，令長是也。"例如：

箕：……其，籀文箕。(《説文·箕部》。按："其"借作語氣詞、代詞等用法。)

之：出也。象艸過中，枝莖益大，有所之。一者，地也。(《説文·之部》。按："之"借作代詞等用法。)

莫：日且冥也。从日在茻中。(《説文·茻部》。按："莫"借作否定代詞等用法，本義後作"暮"。)

焉：焉鳥，黄色，出於江淮。象形。(《説文·烏部》。按："焉"借作代詞等用法。)

自：鼻也，象鼻形。(《説文·自部》。按："自"借作副詞、介詞等用法。)

而：頰毛也。象毛之形。《周禮》曰："作其鱗之而。"(《説文·而部》。按："而"借作代詞、連詞等用法。)

"六書"是對漢字構形的分析，也可以認爲是漢字的造字方法。有些學者認爲只有指事、象形、形聲、會意屬於造字法，而轉注、假借屬於用字法。

三　漢字形體源流(古文字階段)

　　漢字從甲骨文一直發展到現行漢字,經歷漫長時期,中間以隸變(隸書出現引起的字形變化)作爲分水嶺,前期爲古文字階段,後期爲今文字階段,這裏只介紹古文字階段的源流演變。

(一) 甲骨文

　　甲骨文是契刻(也有筆寫)於龜甲、獸骨上的古文字(古代漢字),主要見於商代後期和西周前期。甲骨於一百多年前在河南安陽殷墟出土。此外,在殷墟之外的一些地方如河南省鄭州市、洛陽市,山西省洪洞縣,山東省濟南市,陝西省西安市長安區、扶風縣、岐山縣以及北京市昌平區等地的文化遺址,也都發現有甲骨。其中,在陝西岐山、扶風發現的甲骨上面的文字,叫作周原甲骨文。

　　完整的甲骨卜辭一般由前辭、貞辭、占辭、驗辭四部分組成(參見文選1)。

　　甲骨文的形體往往不固定,表現爲:

1. 部件的位置比較自由,如:

牝
物

2. 同一個字可以使用不同的部件,如:

牢
逐

3. 同一部件可以有筆畫繁簡的不同,如:

齒
絲

4. 部件的刻寫方向可以有正反的不同：

  即　🖹　🖹

  化　🖹　🖹

甲骨文中有較多的"合文"，就是把兩個字元寫刻在一個字的位置。例如：

  人名用字　🖹(盤庚)　🖹(祖辛)

  數目字　🖹(四千)　🖹(十二月)

  常用語　🖹(黃牛)

甲骨文一般是先用朱砂或黑墨寫在甲骨上，然後再用刀將筆畫刻出，也有的是直接刻成的。因爲是用刀刻，所以筆畫瘦勁剛硬，較少圓轉。

（二）金　文

金文是鑄刻於青銅器上的古文字，始見於商代中期，盛行於西周和春秋。青銅器的鑄造一般要使用泥制模型，叫作"陶範"。金文是預先雕刻在陶範上再鑄出來的，也有少數則是銅器鑄好後直接刻上的。由於陶範質地鬆軟，雕刻比龜甲、獸骨更爲容易，所以早期金文比甲骨文的圖繪性質更強，更爲接近原始文字。例如"日"字，金文寫作⊙，是圓圓的太陽中間有個黑點(有人認爲黑點表示太陽黑子)，而甲骨文由於在堅硬的質地上刻寫圓形不方便，只能寫成▱　▱　▱　▱等等。

金文的形體也還沒有定型，同一個字常常可以有不同的寫法，如：

皇　🖹　🖹　🖹　🖹　🖹　🖹　🖹　🖹

對　🖹　🖹　🖹　🖹　🖹　🖹　🖹　🖹

取　🖹　🖹　🖹　🖹　🖹　🖹　🖹　🖹

鑄 🖼 🖼 🖼 🖼 🖼 🖼 🖼 🖼

金文中也有合文,如:

小 子 🖼 🖼

上下帝 🖼

五 朋 🖼

早期金文的形體,就繁簡程度來說往往與甲骨文差不多,但金文本身的歷史很長,形體結構在發展中常常發生簡化,與此同時,金文的形體也逐漸脫離圖繪性而變爲綫條化、平直化。如:

金文與甲骨文相比,有以下幾個特點:1. 仍以象形、會意爲主,象形字的形象性仍很強。2. 形聲字明顯增加,已佔現知金文總量60%左右。3. 異體字、合文大爲減少,偏旁趨於穩定,行款也漸趨固定,基本上都是從右向左書寫。4. 筆畫豐滿圓潤,無勾廓現象。殷周的青銅器早在漢代就已不斷出土,爲學者所研究,包括金文在內,早已成爲一種專門的學問。

(三) 其他材料上的古文字

隨着社會的進步,經濟和文化的發展,文字的應用範圍逐漸擴大,使用的材料也逐漸豐富,舉凡陶器、玉石、竹木、繒帛、璽印、貨幣等等,上面都可以鑄刻或書寫文字(見圖1-1、1-2、1-3、1-4、1-5)。

圖1-1 陶文

（石鼓文）

圖1-2 玉石文

（睡虎地秦簡）　　　　　　（郭店楚簡）

圖1-3 簡帛文

圖1-4　璽印文

圖1-5　貨幣文

(四) 小　篆

戰國時代的秦國文字,後世許多學者把它叫作"籀文"或者"大篆",是相當工整的一種文字,比起西周和春秋時代的金文,變化也不算太大。這種字可以用唐代出土於天興三畤原(今屬陝西鳳翔)的石鼓上的文字作爲代表。同時,在各諸侯國民間還醞釀與流傳着一種書寫起來較爲簡便而快捷的字體,如"商鞅方升"銘文。

秦始皇實行"書同文字"政策,統一全國文字,就是以秦國上述兩種字體爲基礎的。

漢字發展到小篆階段,前所未有地表現爲定型化了:

1. 輪廓定型。由甲骨文、金文、戰國文字的長短大小高下參差,變成基本整齊的長方形。如:

2. 筆畫定型。由甲骨文、金文、戰國文字的筆畫方圓粗細不等變成均勻圓轉的綫條：

3. 結構定型。由甲骨文、金文、戰國文字的部件上下左右自由書寫，變成具備相對固定的位置，同一字而有不同形體的現象也大爲減少了。如：

定型化了的小篆進一步削弱了漢字的象形意味，使漢字更加符號化，減少了書寫和認讀方面的混亂和困難。它是我國歷史上第一次正式運用行政手段大規模規範文字的產物，也是漢字在古文字階段所邁出的最後一步。

從甲骨文、金文到小篆，漢字形體發展的總趨勢是簡化和定型化，但是它們的象形圖畫意味依然很濃，所以屬於古文字階段；而到漢代通行的隸書纔真正實現符號化，從而開啓今文字發展階段。

[文選]

1. 卜辭選讀

癸子(巳)[1]卜,賓鼎(貞)[2]:臣幸(執)[3]。王占[4]曰:"吉,其幸(執)隹(唯)乙、丁[5]。"七日丁亥,既幸(執)[6]。(《甲骨文合集》第643片,見圖1-6)

【注解】

[1]癸子:即癸巳。甲骨文中的"子"有兩個用法,一是用作子孫之子,另一是與天干中雙數的字"乙丁己辛癸"相配,即地支的"巳"。[2]賓:貞人名。鼎,甲骨文作𣇴。商代文字有正體和俗體。甲骨文可以看作是當時的一種俗體字,而金文可以看作是當時的正體字。"鼎"字由𣇴簡化爲𣇴。古音"鼎"在端紐耕部,"貞"也在端紐耕部,二字聲韻相同,所以甲骨文借"鼎"爲"貞"。《説文》:"貞,卜問也。"——以上是前辭,也叫敘辭,記占卜的時間和占人名。[3]臣:甲骨文作𣇴。《説文》:"臣,牽也,事君也。象屈服之形。"郭沫若認爲"象一豎目之形,人俯首則目豎,所以'象屈服之形'者,殆以此也"。"臣"在此處當"臣奴"講。"幸"字甲骨文作𣇴,後世不見單用,只見於"執""圉"等字的偏旁。從甲骨文"執"字分析,𣇴象施於手腕的械形,類似今之手鋯。《説文》保存有此字,曰:"幸,所以驚人也。"在這裏是動詞,可讀作"執",當"捕獲""抓住"講。——以上是命辭,記所要占卜的事項。[4]占:甲骨文作𣇴,指察看卜兆後作出判斷。[5]隹:字象鳥形,在這裏借作虛詞"唯"。乙:乙未之省。丁:丁酉之省。——以上是占辭,記兆文所示的占卜結果。[6]既:甲骨文作𣇴,字形表示飲食完畢,所以人形上端的豎"口"不朝向食器,表示人背過身去。在這裏是"已經"的意思。——以上是驗辭,記事後應驗的情況。

圖1-6 《甲骨文合集》
第643片(部分)

2. 銘文選讀(利簋銘文)

珷(武王)征商[1], 隹(唯)甲子潮(朝)[2], 歲鼎[3], 克聞[4], 夙又(有)[5]商。辛未[6], 王才(在)🔲𠂤[7], 易(賜)又(右)吏利金[8], 用乍(作)檀(檀)公寶障(尊)彝[9]。(《殷周金文集成》第4131號,利簋[10]銘文,見圖1-7)

圖1-7 利簋銘文

【注解】

[1]珷:一般認爲是"武王"二字合文。征:征伐。[2]子:本器銘文寫法和《説文·子部》"子"字的籀文寫法相同。潮:本器銘文寫作🔲,从水,朝省聲,可隸作"淖(潮)",此處借用爲"朝",音zhāo,清早。《尚書·牧誓》:"時甲子昧爽,王朝至於商郊牧野。"《逸周書·世俘解》:"越五日甲子,朝至,接于商,則咸劉商王紂。"此銘所記時日與古書同,可證古書的記載是可信的。[3]歲:歲星,今稱木星。鼎:當,正當。《漢書·匡衡傳》:"無説《詩》,匡鼎來。"顏師古注:"服虔曰:鼎猶言當也。""歲鼎"指歲星當頭,亦即當其位。按:歲星十二年運行一周天,古人以歲星紀年。歲星運行之位常被看作是吉凶的徵兆。《國語·周語下》記伶州鳩之語曰:"昔武王伐殷,歲在鶉火……歲之所在,則我有周之分野也。"韋昭注:"歲,歲星也;鶉火,次名。周分野也。……歲星所在,利以伐之也。"[4]克:能够。"聞"字本器銘文作🔲,殷墟甲骨文作🔲,象人跽而以手附耳諦聽之形。本器銘文耳朵和人形已分離。後來改作从耳門聲的形聲字。"聞"在此當"報告"講。"歲鼎,克聞",是講天象的。史官最主要的職責是觀察天象。"利"是右史,其受賞是因爲觀測到"歲鼎"並向周武王報告了這一天象。[5]夙:本器銘文作🔲,隸作"外",早晨。又:通"有",佔有。[6]辛未:甲子日之後的第八天。[7]才:通"在"。🔲:地名。𠂤,即"師",或作"師次",表軍旅駐地。[8]易:通"賜",賞賜。又吏:讀作"右史",史官名。利:右史之名。金:指青銅。[9]用:因而。檀(檀)公:利的先人。障(尊)彝:祭祀用禮器的通稱。[10]利簋(guǐ):簋是古代的一種盛食器。此器屬周武王時代,是目前所知西周時期最早的一件青銅器,1976年3月出土於陝西省臨潼縣一處周代窖藏中。腹内底鑄有銘文4行32字,是記載武王伐紂事迹的珍貴史料。

3. 秦量詔

廿六年[1],皇帝盡并兼天下諸侯,黔首[2]大安,立號爲皇帝[3]。乃詔丞相狀、綰灋度量[4],則不壹[5]歉疑者,皆明壹之。(《秦量詔》[6],見圖1-8)

【注解】

[1]廿六年:指秦王嬴政卽位的第二十六年,公元前221年。[2]黔首:百姓。據《史記·秦始皇本紀》,秦始皇二十六年,"更名民曰'黔首'"。[3]皇帝:據《史記·秦始皇本紀》,秦王初併天下,令群臣議帝號。丞相王綰、御史大夫馮劫、廷尉李斯等皆曰:"昔者五帝地方千里,其外侯服夷服,諸侯或朝或否,天子不能制。今陛下興義兵,誅殘賊,平定天下,海內爲郡縣,法令由一統,自上古以來未嘗有,

圖1-8 《秦量詔》拓本

五帝所不及。臣等謹與博士議曰:'古有天皇,有地皇,有泰皇,泰皇最貴。'臣等昧死上尊號,王爲'泰皇'……"王曰:"去'泰',著'皇',采上古'帝'位號,號曰'皇帝'。"[4]狀、綰:秦始皇時的丞相隗(wěi)狀、王綰。灋:卽"法"字。法度量,立法統一度量衡。《史記·秦始皇本紀》:"一法度衡石丈尺。車同軌。書同文字。"[5]則:假設連詞,如果。不壹:不統一,不是一個標準。[6]《秦量詔》:秦始皇兼併天下後統一度量衡的詔書,今天在秦代銅量、陶量、銅秤權、銅詔版等出土文物上多處發現有此詔書。據唐代司馬貞《史記索隱》引顏之推云:"隋開皇初,京師穿地得鑄秤權,有銘,云始皇時量器,丞相隗狀、王綰二人列名。"則此詔書早已爲人所知。

4. 君子質而已矣

棘子成[1]曰:"君子質[2]而已矣,何以文爲?[3]"子貢[4]曰:"惜乎,夫子之說君子也[5]!駟[6]不及舌。文猶質也,質猶文也。虎豹之鞹猶犬羊之鞹[7]。"(《論語·顏淵》[8])

【注解】

[1]棘子成:衛國大夫。[2]質:樸實、淳樸,這裏指人的內在美質。[3]文:有

文采,華麗,這裏指人外表的裝飾。"何以……爲"是文言文中一種慣用格式,意思是"爲什麼要……呢"或"哪裏用得着……呢"。[4]子貢:孔子弟子,名端木賜。[5]"惜乎"句:這是一個主謂倒裝的感嘆句。"夫子之説君子也"是主語,"惜乎"是謂語。古代大夫都可以被尊稱爲"夫子",所以子貢(孔子弟子)這樣稱呼棘子成。[6]駟(sì):古代四馬所駕之車。鄭玄曰:"過言一出,駟馬追之不及。"[7]鞟(kuò):或作鞹,去毛的皮。孔安國曰:"皮去毛曰鞟,虎豹與犬羊别,正以毛文異耳。今使文質同者,何以别虎豹與犬羊耶?"[8]《論語》:儒家經典之一,共二十篇,是孔子弟子及其後學關於孔子言行思想的記録。內容有孔子的談話,答弟子問及弟子間相互的談論等。《論語》是研究孔子思想的主要資料。朱熹把它和《孟子》《大學》《中庸》合爲"四書"。歷代注解和研究《論語》的書籍很多,現存的主要著作有三國魏何晏的《論語集解》,南朝梁皇侃集魏晋以來儒者之説爲何晏的集解所作的《論語集解義疏》,北宋邢昺爲何晏《論語集解》所作的《論語注疏》(何注邢疏後收入《十三經注疏》)等。南宋朱熹所著《論語集注》是宋儒注釋《論語》的代表作,趙順孫又爲朱熹的集注作疏,成《論語纂疏》。清代劉寶楠撰《論語正義》二十四卷,是一部兼宗漢、宋、清儒之説爲何晏集解作的新疏。近有楊樹達《論語疏證》與楊伯峻《論語譯注》等。

5. 有一言而可以終身行之者乎

子貢問曰:"有一言[1]而可以終身行[2]之者乎?"子曰:"其恕乎[3]!己所不欲,勿施於人。"(《論語·衛靈公》)

【注解】

[1]一言:一個字或一句話,這裏是指一個字。[2]行:奉行。[3]其:副詞,表示揣測的語氣,可譯作"大概(是)、恐怕(是)"。儒家崇尚"忠""恕"之道。"忠"(己欲立而立人,己欲達而達人)是有積極意義的道德,未必每個人都有條件來實行。"恕"只是"己所不欲,勿施於人",則誰都可以這樣做,因之孔子在這裏言"恕"不言"忠"。

6. 善行無轍迹

善行無轍迹[1]。善言無瑕讁[2]。善數不用籌策[3]。善閉無關楗[4]而不可開。善結無繩約[5]而不可解。是以聖人常善救人,故無棄人。常善救物,故無棄物。是謂襲明[6]。故善人者不善人之師,不善人者善人之資[7]。不貴其師,不愛其資,雖智大迷[8]。是謂要妙[9]。(《老子》[10]第二十七章)

【注解】

[1]轍迹:軌迹、痕迹。[2]瑕謫:過錯。[3]數:計算,計數。籌策:古代計數工具。[4]關楗:門栓和門鎖。[5]繩:繩索。約:結,扣。[6]襲:承襲、含藏。明:瞭解"道"的智慧。[7]資:可以取資、借資的東西,資源。[8]雖智大迷:即使自以爲聰明,實際上却是糊塗透頂。[9]要妙:精要玄妙。[10]《老子》:又名《道德經》,先秦道家學說創始人老子所著。常見的版本分爲上、下篇,五千多字。主張自然無爲,含有樸素的辯證法思想。歷代注解達百餘部,主要有西漢河上公注,魏王弼注,宋林希逸《道德真經口義》,明焦竑《老子翼》,清畢沅《老子道德經考異》等。近人馬敘倫有《老子校詁》,高亨有《老子注釋》。近幾十年間地下出土了一些帛書、簡書《老子》,文字上有不同。

7. 有游於子墨子之門者

有游於子墨子[1]之門者,子墨子曰:"盍[2]學乎?"對曰:"吾族[3]人無學者。"子墨子曰:"不然。夫好美者,豈曰吾族人莫之好[4],故不好哉?夫欲富貴者,豈曰我族人莫之欲[5],故不欲哉?好美、欲富貴者,不視人猶强爲之[6]。夫義,天下之大器[7]也,何以視人必强爲之[8]?"(《墨子·公孟》[9])

【注解】

[1]游:同"遊",遊學、遊覽。子墨子:對墨子的尊稱。墨子,名翟(dí),春秋戰國之際思想家,墨家學派的創始人。[2]盍:副詞,表示反詰。"何不"的合音。[3]族:有一定血緣關係的親屬的統稱。[4]莫:没有人。之:指"美"。好:喜歡。"莫之好"即"莫好之",在否定句中,代詞賓語"之"要前置。[5]欲:想要(得到)。"莫之欲"即"莫欲之"。[6]視人:效法、比照別人。强爲之:努力追求(美、富貴)。[7]器:本指用具、器具,引申而指古代標誌名位、爵號的器物。這裏指人們追求的目標。[8]何以:爲什麽。此句是説,爲什麼一定要看到別人(追求)纔努力去追求(義)呢?[9]《墨子》:舊題戰國魯國墨子撰。大部分篇章是墨翟弟子或再傳弟子所記述的墨翟言行,是研究墨家學說和墨翟思想的基本材料。漢代《墨子》尚存七十一篇,現存五十三篇。舊有孟勝及樂臺注,已佚。墨家學派思想核心是兼愛、非

攻、尚賢、尚同，反對儒家的繁禮厚葬，提倡薄葬、非樂。存世的各種有關《墨子》的注書中，以清孫詒讓《墨子閒詁》流傳最廣。

8. 古者蒼頡之作書也

古者蒼頡之作書[1]也，自環者謂之"私"[2]，背私謂之"公"[3]。公私之相背也，乃蒼頡固以[4]知之矣。今以爲同利者，不察之患也[5]。然則爲匹夫計[6]者，莫如修行義[7]而習文學。行義修則見信，見信則受事[8]；文學習則爲明師，爲明師則顯榮[9]。此匹夫之美也。然則無功而受事，無爵而顯榮，有政如此，則國必亂，主必危矣。故不相容之事，不兩立[10]也。斬敵者受賞，而高慈惠之行[11]；拔城者受爵祿，而信廉愛之說[12]；堅甲厲兵以備[13]難，而美薦紳之飾[14]；富國以農，距敵恃[15]卒，而貴文學之士，廢[16]敬上畏法之民，而養遊俠私劍之屬[17]：舉行[18]如此，治強[19]不可得也。國平[20]養儒俠，難至用介士[21]，所利非所用[22]，所用非所利。是故服事者簡[23]其業，而遊學者日衆，是世之所以亂也。(《韓非子・五蠹》[24])

【注解】

[1]蒼頡(jié)：相傳爲黄帝的史官，據說漢字是由他創造的。其實文字是人民群衆的創造。書：指文字。[2]自環：自繞。私：盧文弨曰："《說文》引作'自營爲厶'，'營''環'本通用，'私'當作'厶'。"按，古文"厶"作𠫔，象懸鉤形，所以說"自環者謂之'私'。"[3]公：从八从厶，"八"等於說背，有"相違背"的意思。[4]固：本來。以：通"已"。[5]同利：指公私的利益相同。以上兩句是說，現在認爲公私利益一致，那是不仔細考察帶來的毛病。[6]計：計劃，考慮。[7]行義：當作"仁義"。下句"行義修"的"行義"同此(此依王先慎說)。[8]見信：受到信任。受事：接受國君委任的工作，卽做官。[9]顯榮：顯貴榮耀。[10]不兩立：等於說不並存。[11]高：以動用法，以……爲高，這裏有"推崇"的意思。慈惠：仁慈博愛。[12]拔：指攻陷。廉愛：兼愛，泛愛。[13]堅：使動用法，使……堅固。甲，甲胄。厲：通"礪"，磨。備：防備。[14]美：以動用法，以……爲美。薦：通"搢"，插的意思。紳：衣帶。儒者的服裝，要插笏(音hù，古代朝見時所拿的手板)於衣帶間，所以稱薦紳，後世亦作"縉紳"。[15]距：通"拒"。恃：依靠。[16]廢：廢黜，指棄而不用。[17]遊俠：不事產業，遊行於世，以替人排難解紛爲務者。私劍：不爲國家

服務而效忠私人的劍客。屬:董,類。[18]舉行:等於說措施。[19]治:和亂相對,指國家太平。強:強盛。[20]平:太平。[21]介士:甲士。[22]所利:得到利益的人。所用:可以依靠利用的人。[23]服事:即服役。服事者:泛指從事勞動的人。簡:這裏是怠慢、荒廢的意思。[24]《韓非子》:韓非是先秦法家集大成者。《韓非子》一書是後人搜集韓非遺著並加入別人論述韓非學說的文章彙編而成,共五十五篇,是戰國時期法家學說的代表作。以明萬曆十年(1582)趙用賢舊注本傳播最廣,注釋本有清王先慎《韓非子集解》,今人梁啓雄《韓非子淺解》、陳奇猷《韓非子集釋》等。

[練習與思考]

一、問答題

1. 漢字是什麼性質的文字?
2. 什麼是六書?許慎給六書的定義分別是什麼?
3. 簡要說說形聲字的結構類型、作用及其形成途徑。
4. 什麼是古文字階段?什麼是今文字階段?中間的轉折點是什麼?這個轉折點有什麼意義?
5. 漢字發展演化的主要趨勢是什麼?

二、分析下列各字屬於六書中的哪一類

休 亦 本 采 苗 文 姓 雨 目
考 其 婆 姚 豆 州 甘 朱 權

三、分析下列形聲字的結構類型

旗 逃 裳 膏 匣 哀 衷 病 架 杉 在 徒 被 晏 街 聞

四、辨析古文字形(寫出其楷體字形)

五、斷句並分析加下劃綫的字的字形結構

衛人迎新婦婦上車問驂馬誰馬也御曰借之新婦謂僕曰拊驂無笞服

車至門扶教送母滅竈將失火入室見曰曰徙之牖下妨往來者主人笑之此三言者皆要言也然而不免爲笑者蚤晚之時失也

　　曾子有疾孟敬子問之曾子言曰鳥之將死其鳴也哀人之將死其言也善君子所貴乎道者三動容貌斯遠暴慢矣正顔色斯近信矣出辭氣斯遠鄙倍矣籩豆之事則有司存

第二課　漢字的使用

一　字與詞

中國傳統語言學中是没有詞的概念的,人們一般只説"字";按照現代語言學的看法,字是記録詞的書寫符號,而詞是音、義結合的最小的能獨立運用的語言單位。其實在古漢語中一個單字往往就是記録一個單音詞的。如《左傳·莊公十年》:"十年春,齊師伐我。"七個字就是七個詞。不過在漢語詞彙的發展過程中,出現了大量的異字同詞和異詞同字的現象。

異詞同字:同一個字,可以代表幾個意義毫無關係的詞。如:

怕

① 恬淡、淡泊。司馬相如《子虚賦》:"怕乎無爲,憺乎自持。"《説文》:"怕,無爲也。"這個詞後來用"泊"字表示。

② 害怕,懼怕。元稹《俠客行》:"俠客不怕死,怕在事不成。"

女

① 第二人稱,你。《詩經·魏風·碩鼠》:"逝將去女,適彼樂土。"

② 女子、女兒。《木蘭詩》:"唯聞女嘆息。"

夫

① 成年男子。賈誼《論積貯疏》:"一夫不耕,或受之飢。"

② 指示代詞"那"。《戰國策·齊策四》:"乃歌夫長鋏歸來者也。"

③ 句末語氣詞。《論語·子罕》:"逝者如斯夫!"表感嘆語氣。

異字同詞:同一個詞可以採用不同的書寫形式。如:

莫　暮
① "旦辭爺娘去,暮宿黃河邊。"(《木蘭詩》)
② "至莫夜月明,獨與邁乘小舟至絶壁下。"(《石鐘山記》)

被　披
① "將軍身被堅執鋭,伐無道,誅暴秦。"(《史記·陳涉世家》)
② "公受珠,内所著披襖中。"(《記王忠肅公翱事》)

這些字往往就是異體字、通假字、古今字、繁簡字的關係。再如,"期",表示"周"義,期年、期月,也可用"朞"。記録"背叛"義可用"叛",有時也可用"畔"。"娶妻"這個意義,可用"取",也可用"娶"。

結合古漢語文獻,我們就會發現漢字的使用情況其實是比較複雜的,歸總起來大概不外乎兩個方面的問題,一個是假借,另一個就是分化。下面就此介紹一下。

二　假借字

假借的問題,又分兩種情況:

(一)造字階段的假借

造字階段的假借,即許慎在《説文解字·敘》中所説的"本無其字,依聲託事"的"假借"。當語言中產生了某個新詞甲還没有對應的字,或本應爲這個詞造字,但該詞詞義抽象,很難據義構形(如副詞、連詞和表人稱的詞等),便借已有的本用來表示舊詞乙的同音字來表示新詞甲,不再造新形。這些字的形體,無法説明新詞的詞義,只是其讀音與新詞一致。例如:

它
此字是"蛇"的本字。甲骨文作 ℰ、ℸ,小篆作 ℗,像蛇形。表示"其他、別的"的"它"未造字,便借本義爲"蛇"的"它"字記録。

夫
此字是"丈夫"義的本字,代詞、語氣詞"夫"的詞義難以構形,於是借"丈夫"之"夫"爲之。

難

此字是从隹的形聲字,本義爲鳥名。"困難"義難以構形,就借用"難"字來記録。

(二)文字使用階段的假借

文字使用階段的假借,就是"本有其字的假借",又分兩種情況:
1. 借字通行,本字廢除。

本來爲某個詞造了字,但本字未通行,借同音字記録,同音字反而通行了,本字表義的職務轉移到借字上。如:

康 㝩

"健康"之"康"的本字應是"㝩",《説文·犬部》:"㝩,健犬也。"引申而泛指"健康"。《廣雅·釋詁》:"㝩,健也。"但"健㝩"之"㝩"常借"康"字爲之。"康"即"糠"的本字,本義應是"穀皮",但後來在表達"健康"之義時,"康"行而"㝩"廢。

雅 庌

"雅座"是指整潔、安靜的客席。但"雅"字从隹,本義是一種鳥,《説文·隹部》:"雅,楚烏也。""雅座"顯然不應是"烏座",這個"雅"是"庌"的借字。《説文·广部》:"庌,廡也。""廡"是客堂,庌座是設在客堂的座位,也就是待客之席。但今天"雅"行而"庌"廢。

毛 冒

"毛"的本義是動物或人身上的毫毛。"羊毛""鴻毛""毛髮"等都用的是本字本義。但"毛手毛脚""毛躁"的"毛"是借字,本字應是"冒",《説文·冃部》:"冒,冢而前也。"意思是"没有目標地往前走"。正是"毛躁""毛手毛脚"的"毛"的本字。但"毛"通行而"冒"不通行。

本字的職務轉移到借字身上後,由於借字的長期沿用,約定俗成,借字反而變成承擔這個意義的通行字並爲用字者和閱讀者所承認。這種情況一般不影響對意義的理解,只有當我們想通過字形對字義作進一步的瞭解時,纔需要通過聲音綫索找到本字,瞭解其形義結合的原始狀態,從而弄清詞義的發展軌迹。

2. 臨時代用,借字、本字同時通行。

本有其字且本字通行,但有時不寫本字,臨時用其他同音字代替。例如:

裁　才

《促織》:"覆之以掌,虛若無物;手裁舉,則又超而躍。"此"裁"當"剛剛"講,與"裁"的本義"剪裁"無關,"剛剛"的本字應是"才"。《説文·才部》:"才,草木之初也。"引申爲"剛才""剛剛"義。

歸　饋

《論語·陽貨》:"歸孔子豚。"這裏的"歸"是借字,本字應是"饋",即"饋贈"之義。

塗　途

《孟子·梁惠王上》:"塗有餓莩而不知發。""塗"在這裏是"道路"的意思,當爲"途"的借字。

蚤　早

《孟子·離婁下》:"蚤起,施(yí)從良人之所之。""蚤"是"早"的借字,在這裏是"早晨"的意思。再如,《史記·項羽本紀》:"不可不蚤自來謝項王。"這裏的"蚤"也是"早"的借字。

弊　蔽

《韓非子·定法》:"君無術則弊於上,臣無法則亂於下,此不可一無,皆帝王之具也。""弊"是借字,本字應爲"蔽",在這裏是"受蒙蔽"的意思。

馮　凭(憑)

《左傳·僖公二十八年》:"請與君之士戲,君馮軾而觀之。""馮"是"凭"的借字,《説文·几部》:"凭,依几也。""凭軾"就是依傍着車軾。

窺　跬

《中山狼傳》:"君能除之,固當窺左足以效微勞,又肯諱之而不言哉?"這個"窺"用的是借字,本字當是"跬",當"舉足"講。

這種臨時代用字使形義關係脫離,往往影響對文意的理解。有些雖經注疏家將意義注出,仍很難知道這個意義從何而來。因此,就必須沿着聲音綫索找到本字,從而做到對詞義的正確而透徹的理解。

三　職能分化字

職能分化是指原來用一個字記錄的幾個詞或義,爲了區別,分開用兩個或兩個以上的字來記錄。用來分化職能的字,就是職能分化字。文字符號是要求相互區別的,但是由於意義引申或同音字借用,漢字的記詞職能常常兼用,如"臭",從"犬"從"自",本義是"嗅聞",後引申指"氣味",這樣"臭"就具有兩個意義,即"臭"字兼有了名詞和動詞兩方面的職能。到一定的時候,從求區別的原則出發,就會產生字的分化。如,爲了表義明確,後來在"臭"字上加表義構件"口"造了分化字"嗅",專門記錄"嗅聞"義。

分化文字職能的方法,主要有三種:

(一) 借用同音字分化職能

1. 借用同音字承擔本義。

當假借義或引申義成爲一個字的常用義後,其本義就借用另一個同音字來表示。例如:

何　荷

"何"的本義是"擔荷",它的甲骨文字形作"𠂎",就是一個人有所擔荷之形。由於"何"被假借用來表示疑問代詞"何",並且這個借義成爲它的常用義,因此,它的本義"擔荷"就借"荷花"的"荷"來表示。

内　納

"内"的本義是"納入",《説文・入部》:"内,入也。"《荀子・富國》:"婚姻娉内,送逆無禮。"用的就是"内"的本義。後來,"内"引申而爲"内外"的"内",這個引申義成了它的常用義,它的本義就假借"納"字表示。"納"字從"糸",本義是形容溼絲的狀態的,《説文・糸部》:"納,絲溼納納也。"

2. 借用同音字承擔假借義或引申義。

當本義仍是本字的常用義時,則借用其他同音字來記錄假借義或引申義。例如:

女 汝

"女"本義指"女人",曾假借作第二人稱代詞,後來,這一借義又改借"汝水"的"汝"來表示。

指 旨

"指"本義是"指示",引申而有"意旨"的意思,後來假借表示味美的"旨"來表示這一引申義。

借來分化職能的字,通常是本義跟假借義很少發生混淆的字充當,而且有不少字的本義是不常用的,如"納"和"汝"。不然,一方面減少了某些字義混淆的可能性,一方面又會增加另一些字義混淆的可能性。

(二)利用異體字分化職能

異體字是形體冗餘現象,利用某些過去的異體字的不同形體分擔不同的職能,使幾個形體各司其職。例如:

箸 著 着

"箸",小篆作 箸 ,隸變時,有的將上邊的"竹"曲筆拉直寫作"艹",造成異體字"箸"和"著"。"箸"的本義是"筷子",假借來記錄"顯著"義,於是就利用異體字"箸"和"著"來分擔這兩個職能。在行書中,"著"上邊的"艹"可以楷化,爲"着",這樣"著"和"着"成爲異體字。"著"本來承擔了"顯著"的意思,又被假借表示動作進行狀態的虛詞"着",於是就利用異體字分工,由"着"來專門承擔虛詞義。

亨 享

"亨"和"享"本是一字異體,用法並無區別。本來,祭享、享受的"享"也可寫作"亨",如《周易·大有》:"公用亨于天子。"亨通的"亨"也可寫作"享"字,如:《周易·乾卦》"元亨利貞"的"亨",馬王堆漢墓帛書和東漢時代的張公神碑都作"享"。大概從唐代開始,兩字的分工纔基本固定。

(三) 用新造字來分化職能

有些字在有了常用的假借義或專用的引申義後,會另造一個新字來承擔它的本義、借義及引申義,大量的分化字是這樣產生的。而且,由於漢字形聲化的趨勢日漸明顯,這些分化字又大部分是由原字加一個形聲偏旁組成的。

1. 分化本義與借義。例如:

孰　熟

"孰"本義是把食物煮爛,用作虛詞,當"誰"講,它的本義另造"熟"字來記錄。

然　燃

"然"的本義是"燃燒",借作虛詞後,本義另造"燃"字來分擔。

莫　暮

"莫"的本義是"晚上",借作否定詞後,本義另造"暮"字來分擔。

以上三例是本字被借用後,本義和借義共用一字,後來爲了區別,本義反而另造新字分化出去,借字佔用了原字。也有另一種情況:本義與借義共用一字,後來爲了區別,分化出去的是借義而不是本義。如:

舍　捨

"舍"的本義是"屋舍",借作"捨棄"義,兩詞共用一字。以後又造"捨"字,將借義分化出去。

象　像

"象"的本義是長鼻動物的名字,借作"像似"義後,兩義共用一字,後來爲了區別,另造"像"字將借義分化出去。

2. 分化本義與引申義。

當引申義與本義的距離較遠時,也會產生分化字,或引申義分化出新字,本字仍承擔本義;或本義分化出新字,原字反而被引申義佔用。例如:

坐　座

"座位"義本是"坐立"義的引申,都寫"坐",後來纔分化出"座"字承擔"座位"義。

齊　劑

"齊"的本義是"平齊",引申爲"協調"義,又引申爲"劑量"義,分化出"劑"字。

尉(熨)　慰

"尉(熨)"的本義是將織物熨平,引申而有"安慰"義,分化出"慰"字。

竟　境

"竟"的本義是樂曲的終結,廣度加大有一般終了的意義,引申爲疆土的邊界,分化出"境"字。

以上是引申義分化出新字。

要　腰

"要"的本義是"腰",引申有"要害"的意思,且"要害"成爲"要"的常用義後,於是另造"腰"來承擔它的本義。

止　趾

"止"本義是"脚趾",後來引申義"停止"成爲"止"的常用義,於是另造"趾"來承擔本義。

以上是本義分化出新字。

以上所述分化字中有一種是由於引申而產生的分化字,原字與分化字之間有同源的關係。所謂同源,即在源頭上音和義都有關係,或音同義同,或音近義通。具有同源關係的字,即原字與分化字或分化字與分化字,在記詞時互相通用,即爲同源通用字。

隨着人們社會生活的日益豐富,新詞便會隨着詞義的引申而不斷派生。起初,這些新詞是由原詞的字形來承擔的,但一字多義終究不利於交際,因此,在詞義的推動下,就會不斷由原字而分化新字。原字和分化字之間或分化字相互之間具有同源關係。當分化字已承擔了原字分化出的新義,與原字有了明確的意義分工以後,由於過去長期的習慣,在新字尚未被完全慣用的階段,仍有分化字與原字混用的情況。同一原字分化出的兩個以上的新字,也可能在過渡階段因分化未成熟,尚未成爲多數人的習慣,而出現分化字相互混用的情況。這就是同源通用現象。例如:

風 諷

"風"的本義是指自然之風。引申而有"風化"義。《詩·序》:"上以風化下,下以風刺上。""下以風刺上"即今天所説的"諷諫"。後來又造了一個"諷"字來承擔"諷諫"這個意義。但在《漢書》中,"諷諫"義都寫作"風",凡幾十見,且注作"讀爲諷"。

正 政

"正"有"正直"義,引申而有"教化""治理"的意思,後來造"政"字來表示這些引申義。但文獻中常有以"正"代"政"的現象。如《左傳·文公六年》"棄時政也",《昭公十五年》"以爲大政",在《漢書》中"政"都寫作"正"。

取 娶

"取"的本義是捕獲,《説文》:"取,捕取也。"引申指娶妻。《詩經·齊風·南山》:"取妻如之何,必告父母。"後專造"娶"字表此義。《左傳·隱公元年》:"鄭武公娶于申,曰武姜。"但文獻中多有以"取"代"娶"者。如《玉台新詠·古詩爲焦仲卿妻作》:"終老不復取。"褚少孫補《史記》:"巫行視小家女好者,云是當爲河伯婦,即娉取。"

説 悦

《論語·學而》:"學而時習之,不亦説乎?"這裏的"説"當"高興"講,這個意思後來寫作"悦"。兩字分工後,"説"表示將道理解釋開,"悦"表示因想開而喜悦,"説"與"悦"同源而經常通用。

同源通用字與同音借用字在形式上相似:第一,它們都不寫本字而寫他字;第二,本字和通用字以音同或音近爲條件。兩種現象的不同之處是:同音借用字之間没有意義關係,兩者音同音近而義不通;同源通用的雙方意義有淵源關係,音同音近而義通。

這是兩種本質不同的現象:同音借用是文字使用中的表音趨向的

反映,是單純的文字現象,只是因爲本義與借義的形體混同而造成意義混淆。而同源通用是語詞分化推動文字分化的過渡階段原字與分化字界限模糊的表現,它不僅僅是文字現象,同時也反映詞彙現象。

四　異體字、繁簡字

最後談談異體字和繁簡字的問題。異體字和繁簡字的概念是從共時層面對漢字使用情況作出的概括,雖然異體字或繁簡字的產生發展一般也有一個歷時的過程。

所謂異體字就是指一組讀音和意義完全相同,只是形體有別的字。在任何情況下,這一組字可以彼此互相代替。異體字的差異,一般有四種情況。首先,運用六書造字方法的不同,例如:泪(會意)—淚(形聲)、岳(會意)—嶽(形聲)。其次,運用同一種造字方法時,使用的部件不同,例如:猪—豬、敕—勅、踪—蹤、猿—猨,彼此都是形聲字,但前兩組是形符不同,後兩組是聲符不同。再次,同一個部件,寫法有所不同,例如:花—苍、恒—恆、朵—朶、汚—污—汙。最後,部件的寫法相同,但排列的位置不同,例如:凡—九、群—羣、和—咊、鵝—鵞。

而繁簡字就是同一個字,寫起來筆畫有多有少,多的叫繁體字,少的叫簡體字或簡化字。只要不變成另外一個字,同一個漢字的筆畫或多或少是常有的事,例如:亂—乱、啓—启、氣—气、網—网等。

漢字的繁簡現象,在甲骨文、金文裏就時常遇到。在漢字不同的書體之間,存在的繁簡現象更是普遍,例如草書可以説是最大限度地減省筆畫,後來有不少草書形體被行書、楷書吸收,爲社會普遍接受而通行了,例如:专—專、书—書、马—馬等。20世紀50年代以來推行使用的簡化字,與相對的繁體字之間存在種種關係,這裏初步歸納爲三種:

第一種,繁簡字是一對一的,比較單純,例如:爱—愛、笔—筆、罢—罷、习—習等,這是大多數。

第二種，兩個或多個繁體字合用一個簡體字。例如：当—當（應當）、噹（擬聲詞），坛—壇（土臺）、罎（陶器），发—發（發射）、髮（頭髮），等等。

第三種，一個或一組繁體字用一個跟它同音的字充當簡體字。這個字既保留了它自己原有的字義，又兼有了被簡化的那個或那些繁體字的字義。例如：

后—後

"后"的字義是"君"，如"皇天后土""夏后氏""后羿"等詞語中的"后"都是君主的意思。後來帝王的妻子也可以稱爲"后"，如"皇后""太后"。"後"的字義就是"後邊"。兩字不能混用。"後"字簡化後，字義合併到"后"字身上。

云—雲

古代文獻中"云"字主要用來表示"說"的意思，如"子曰詩云""人云亦云"等。"雲"字表示"雲彩"的意思，如"騰雲駕霧""雲從龍風從虎"等。兩字一般不能通用。"雲"字簡化後，字義合併到"云"字身上。

干—乾—榦—幹

"干（gān）"的字義是"盾牌"，如"大動干戈"，也用於指甲乙丙丁等"天干"，又用作動詞，意思是"求"，如"干禄、干謁"等。"乾"字有兩讀，讀 qián 是乾坤的"乾"，讀 gān 是"乾燥"的"乾"。"榦（gàn）"字的本義是"築牆耑木"，引申爲"樹榦""主榦"的"榦"。"幹（gàn）"是後起字，用作"軀幹""才幹""強幹""幹練"的"幹"。現在"榦""幹"都簡化爲"干"，乾字讀 qián 時不簡化，讀 gān 時也簡化爲"干"。這樣，"干"字就有了上述四個字的讀音（gān、gàn）和意義。

由於上述第二種和第三種情況，在用簡體字印刷古代文獻時常常會出現意義（有時還有讀音）相混淆的現象。在使用電腦進行簡繁體字轉換時，也常常會出現不準確的現象。這些需要我們特別加以注意。

[文選]

1. 學而時習之

子[1]曰:"學而時習[2]之,不亦說[3]乎?有朋[4]自遠方來,不亦樂乎?人不知[5]而不慍[6],不亦君子乎[7]?"(《論語·學而》)

【注解】

[1]子:指孔子。[2]時:在一定的時候、在適當的時候。習:實習、演習。孔子所講的功課,一般都和當時的社會生活和政治生活密切結合。像禮(包括各種儀節)、樂(音樂)、射(射箭)、御(駕車)這些,尤其需要演習、實習不可。[3]說:同"悅",高興、愉快。[4]有朋:古本有作"友朋"的。舊注說:"同門曰朋。"或者認爲"朋"字卽指"弟子",如《史記·孔子世家》中的"故孔子不仕,退而修詩、書、禮、樂,弟子彌衆,至自遠方"。故"朋"不妨理解爲"志同道合之人"。[5]人不知:別人不知道、不瞭解(自己)。《論語·衛靈公》"君子病無能焉,不病人之不己知也"的"人之不己知"與此同。[6]慍(yùn):怨恨、慍怒。[7]君子:《論語》中的"君子",有時指"有德者",有時指"有位者",這裏是指"有德者"。

2. 哀公問社於宰我

哀公問社於宰我[1]。宰我對曰:"夏后氏以松[2],殷人以柏,周人以栗,曰,使民戰栗[3]。"子聞之,曰:"成事不說,遂事不諫,旣往不咎[4]。"(《論語·八佾》)

【注解】

[1]社:土神,這裏指社主。古代祭祀土神,要替他立一個木製的牌位,這牌位叫主,而認爲這一木主,便是神靈之所憑依。如果國家有對外戰爭,還必須載這一木主而行。宰我:孔子弟子,名予,字子我。[2]夏后氏:指夏朝的當政者。以:用,下文的兩個"以"同此。松:指製作牌位的木材。下文柏、栗同此。《說文·示部》:"社,地主也……周禮:二十五家爲社,各樹其土之所宜之木。"[3]使民戰栗:孔安國曰:"凡建邦立社,各以其土所宜之木,宰我不本其意,妄爲之說,因周用栗,便云使民戰栗。"[4]"成事"三句:已經做了的事不便再解釋了,已經完成的事不便再挽救了,已經過去的事不便再追究了。孔子對宰我的話有責備之意,但不乏寬容。

3. 陽貨欲見孔子

陽貨[1]欲見孔子,孔子不見,歸孔子豚[2]。孔子時其亡[3]也而往拜之。遇諸塗[4]。謂孔子曰:"來!予與爾[5]言。"曰[6]:"懷其寶而迷[7]其邦,可謂仁乎?"曰:"不可。——好從事而亟[8]失時,可謂知[9]乎?"曰:"不可。——日月逝矣,歲不我與[10]。"孔子曰:"諾[11],吾將仕矣[12]。"(《論語·陽貨》)

【注解】

[1]陽貨:又叫陽虎,季氏的家臣。季氏幾代以來把持魯國的政治,陽貨這時正又把持季氏的權柄。最後因企圖削除三桓而未成,逃往晉國。[2]歸:通"饋",贈送。豚:小豬。[3]時:待,等。亡:不在家。《孟子·滕文公下》對這事有一段說明,他說,當時,"大夫有賜於士,不得受於其家,則往拜其門"。陽貨便利用這一禮俗,趁孔子不在家,送一頭蒸熟了的小豬去,以便讓講究禮節的孔子來拜見自己。孔子也就趁陽貨不在家纔去登門拜謝。[4]諸:"之於"的合音。塗:通"途"。[5]予:第一人稱代詞,我。爾:第二人稱代詞,你。[6]自此以下的三個"曰"字,都是陽貨的自爲問答。清代學者毛奇齡、俞樾對這種修辭方式有詳細論證。[7]寶:比喻治國的才幹。迷:使……迷路。[8]亟(qì):屢,多次。[9]知:智。[10]歲:年歲,年華。不我與:不與我。此句意思是歲月不等人。[11]諾:應答詞,好吧。[12]吾將仕矣:根據《左傳》和《史記·孔子世家》,孔子於陽虎當權之時,並未仕於陽虎。孔安國曰:"(孔子)以順辭免害也。"

4. 昔者晉文公好士之惡衣

昔者晉文公好士之惡[1]衣,故文公之臣皆牂羊[2]之裘,韋以帶劍[3],練帛之冠[4],入[5]以見於君,出以踐[6]於朝。是其故何也?君說[7]之,故臣爲之也。

昔者楚靈王好士細要[8],故靈王之臣皆以一飯爲節[9],脇息然後帶[10],扶牆然後起。比期年[11],朝有黧黑[12]之色。是其故何也?君說之,故臣能之也。

昔越王句踐[13]好士之勇,教馴[14]其臣,和合[15]之,焚舟失火,試其士曰:"越國之寶盡在此!"越王親自鼓其士而進之[16]。其士聞鼓音,破碎[17]亂行,蹈火而死者,左右百人有餘。越王擊金[18]而退之。

是故子墨子言曰:"乃若夫少食惡衣,殺身而爲名,此天下百姓之所皆難[19]也,若苟[20]君説之,則衆能爲之。况兼相愛,交相利,與此異矣。夫愛人者,人亦從而愛之;利人者,人亦從而利之;惡人者,人亦從而惡之;害人者,人亦從而害之。此何難之有焉?特上不以爲政而士不以爲行故也[21]。"(《墨子·兼愛中》)

【注解】

[1]晋文公:春秋時期晋國國君,名重耳,公元前636—前628年在位。春秋五霸之一,繼齊桓公之後稱霸中原。惡:粗劣,不好。[2]牂羊:母羊。《詩經·小雅·苕之華》"牂羊墳首",毛傳:"牂羊,牝羊也。"母羊皮裘屬於品質低劣的服飾。《詩經》中有"羔裘""狐裘",這些纔是華貴的服飾。[3]韋:熟牛皮。韋以帶劍:用牛皮繩做衣帶來挂佩劍。[4]練帛:熟絹。練帛的質地很粗疏,以練帛爲冠是很節儉的。《説苑》云:"齊桓公謂管仲曰:'吾國甚小而財用甚少,而群臣衣服輿馬甚汰。吾欲禁之,可乎?'管仲曰:'臣聞之:君嘗之,臣食之。君好之,臣服之。今君之食也,必桂之漿,衣練紫之衣,狐白之裘,此群臣之所奢大也。詩云:"不躬不親,庶民不信。"君欲禁之,胡不自親乎?'桓公曰:'善。'於是更制練帛之衣,大白之冠,朝一年,而齊國儉也。"[5]入:上朝。[6]踐:行走。[7]説(yuè):同"悦"。[8]楚靈王:春秋時期楚國國君芈(mǐ)圍,公元前540—前529年在位。要:同"腰"。[9]一飯:(一日)一餐。節:限、度。[10]脇息然後帶:脇一本作"肱",吸氣後屏住呼吸,然後束緊腰帶。[11]比:比及,等到。期(jī)年:一周年。[12]朝:朝廷。黧(lí)黑:(臉色)黑。黧黑本是田野間百姓的臉色,故平民百姓叫"黎民""黔首"。"黎、黔"都有"黑"義。[13]句(gōu)踐:春秋時期越國國君,亦作"勾踐"。[14]教馴:教訓。[15]和合:使動用法,使其士和諧合作。[16]鼓其士而進之:爲其士擊鼓,令他們前進。古制,士聞鼓聲則進。[17]碎:疑爲"陣"字之誤。破陣亂行,打亂了陣法和行列。[18]擊金:敲打金鉦(zhēng)。古制,士聞金聲則退。[19]所皆難:都認爲難以做到的事。[20]若苟:假如,如果,假設連詞連用。[21]特:只,只是。以上兩句的意思是,(實行兼愛)這有什麽困難的呢?(之所以難)只是君王不按它來行政,士人不按它來行事的緣故啊。

5. 北冥有魚

北冥[1]有魚,其名爲鯤[2]。鯤之大,不知其幾千里也;化而爲鳥,其名爲鵬[3]。鵬之背,不知其幾千里也;怒[4]而飛,其翼若垂[5]天之雲。是鳥也,海運[6]則將徙于南冥。南冥者,天池[7]也。齊諧[8]者,志[9]怪者也。諧之言曰:"鵬之徙于南冥也,水擊[10]三千里,摶扶搖[11]而上者九萬里,去以六月息[12]者也。"野馬[13]也,塵埃[14]也,生物之以息[15]相吹也。天之蒼蒼,其正色邪?其遠而無所至極[16]邪?其視下也,亦若是則已矣。且夫水之積也不厚,則其負大舟也無力。覆杯水於坳堂[17]之上,則芥[18]爲之舟;置杯焉則膠,水淺而舟大也。風之積也不厚,則其負大翼也無力,故九萬里則風斯[19]在下矣。而後乃今培[20]風,背負青天而莫之夭閼[21]者,而後乃今將圖南。

　　蜩與學鳩[22]笑之曰:"我決[23]起而飛,槍榆枋[24],時則[25]不至,而控[26]於地而已矣;奚以之九萬里而南爲[27]?"適莽蒼者[28],三飡而反[29],腹猶果然[30];適百里者,宿[31]舂糧;適千里者,三月聚糧。之二蟲[32]又何知?小知[33]不及大知,小年不及大年。奚以知其然也?朝菌不知晦朔[34],蟪蛄[35]不知春秋,此小年也。楚之南有冥靈[36]者,以五百歲爲春,五百歲爲秋;上古有大椿者,以八千歲爲春,八千歲爲秋[37]。而彭祖乃今以久特聞[38],衆人匹[39]之,不亦悲乎?

　　湯之問棘也是已[40]:"窮髮[41]之北有冥海者,天池也。有魚焉,其廣數千里,未有知其修[42]者,其名爲鯤。有鳥焉,其名爲鵬,背若太山[43],翼若垂天之雲;摶扶搖、羊角[44]而上者九萬里,絕[45]雲氣,負青天,然後圖南,且適南冥也。斥鴳[46]笑之曰:'彼且奚適也?我騰躍而上,不過數仞[47]而下,翱翔蓬蒿之間,此亦飛之至[48]也。而彼且奚適也?'"此小大之辯[49]也。

　　故夫知效一官[50],行比[51]一鄉,德合一君,而徵[52]一國者,其自視也亦若此矣。而宋榮子猶然[53]笑之。且舉世譽之而不加勸[54],舉世非之而不加沮[55],定乎内外之分[56],辨乎榮辱之境[57],斯已矣。彼其於世,未數數然[58]也。雖然,猶有未樹也。夫列子御[59]風而行,泠然[60]善也,旬有[61]五日而後反。彼於致[62]福者,未數數然也。此雖免乎行,猶有所待[63]者也。若夫乘天地之正[64],而御六氣之辯[65],以遊無窮者,彼且惡[66]乎待哉?故曰:至人無己[67],神人無功[68],聖人

無名[69]。(《莊子·逍遥遊》[70])

【注解】

[1]冥:亦作"溟",海也。北冥,北方的大海。下文"南冥"倣此。傳説北海無邊無際,水深而黑。[2]鯤(kūn):本指魚子,這裏用作大魚之名。[3]鵬:本爲古"鳳"字,這裏用作大鳥之名。[4]怒:奮起。[5]垂:邊遠;這個意義後代寫作"陲"。一説遮,遮天。[6]海運:海水運動,這裏指洶涌的海濤;一説指海嘯。[7]天池:天界的大池。[8]齊諧:書名。一説人名。[9]志:記載。[10]擊:拍打,這裏指鵬鳥奮飛而起雙翼拍打水面。[11]摶(tuán):環繞而上。扶摇:又名飆,由地面急劇盤旋而上的暴風。[12]去:離,這裏指離開北海。息:一説指大風。一説指停歇。[13]野馬:馬通"塺",《廣雅·釋詁》:"塺,塵也。"一説,春天林澤中的霧氣浮動狀如奔馬,故名"野馬"。[14]塵埃:揚在空中的土叫"塵",細碎的塵粒叫"埃"。[15]生物:概指各種有生命的東西。息:這裏指有生命的東西呼吸所産生的氣息。[16]極:盡。[17]覆:傾倒。坳(ào):坑凹處。坳堂,指廳堂地面上的坑凹處。[18]芥:小草。[19]斯:則,就。[20]而後乃今:意思是從這之後方纔。下文同此解。培:通"憑",憑藉。[21]莫:没有什麽(力量)。夭閼(è):又寫作"夭遏",意思是遏阻、阻攔。"之"是"夭閼"的賓語,在否定句中前置。[22]蜩(tiáo):蟬。學鳩:一種小灰雀,這裏泛指小鳥。[23]決(xuè):迅疾的樣子。[24]槍:突過。榆枋(fāng):兩種樹名。[25]則:如果。[26]控:投下,落下來。[27]奚以……爲:古代漢語中一種反問句的格式,也作"何以……爲",意思是"爲什麽要……呢?""要……幹什麼?"之:往,到……去。[28]適:往,去到。莽蒼:指迷茫看不真切的郊野。[29]飡(cān):同"餐"。反:返回。[30]猶:還。果然:飽的樣子。[31]宿:這裏指一夜。[32]之:這。二蟲:指上述的蜩與學鳩兩種小動物。[33]知(zhì):通"智",智慧。[34]朝(zhāo)菌:一種朝生暮死的菌類。晦朔:一個月的最後一天和最初一天。[35]蟪蛄(huìgū):寒蟬,春生夏死或夏生秋死。[36]冥靈:傳説中的大龜,一説樹名。[37]根據前後用語結構的特點,此句之下當有"此大年也"一句,但傳統本子均無此句。[38]彭祖:古代傳説中年壽最長的人。乃今:而今。以:憑。特:獨。聞:聞名於世。[39]匹:配,比。[40]湯:商湯。棘:湯時的賢大夫。已:矣。[41]窮髮:不長草木的地方。[42]修:長。[43]太山:大山。一説即泰山。[44]羊角:旋風,迴旋向上如羊角狀。[45]絶:穿過。[46]斥鴳(yàn):一種小鳥。[47]仞:古代長度單位,周制爲八尺。[48]至:極點。[49]辯:通"辨",辨别,區分。[50]效:功效;這裏是勝任的意思。官:官職。

[51]行(舊讀 xìng):品行。比:比並。[52]而:通"能",能力。徵:取信。[53]宋榮子:一名宋鈃,宋國人,戰國時期的思想家。猶然:譏笑的樣子。[54]舉:全。加:更。勸:勤勉,努力。[55]非:責難,批評。沮(jǔ):沮喪。[56]内外之分:這裏分別指自身和身外之物。在莊子看來,自主的精神是内在的,榮譽和非難都是外在的,而只有自主的精神纔是重要的、可貴的。[57]境:界限。[58]數(shuò)數然:急急忙忙的樣子。[59]列子:戰國時代思想家,鄭國人,名叫列禦寇。御:駕馭。[60]泠(líng)然:輕盈美好的樣子。[61]旬:十天。有:又。[62]致:羅致,這裏是尋求的意思。[63]待:憑藉,依靠。[64]乘:遵循,憑藉。天地:這裏指萬物,指整個自然界。正:本,這裏指自然的本性。[65]御:這裏是因循、順着的意思。六氣:指陰、陽、風、雨、晦、明。辯:通"變",變化。[66]惡(wū):何,什麼,在句中作介詞"乎"的賓語。[67]至人:這裏指道德修養最高尚的人。無己:清除外物與自我的界限,達到忘掉自己的境界。[68]神人:這裏指精神世界完全能超脱於物外的人。無功:不建樹功業。[69]聖人:這裏指思想修養臻于完美的人。無名:不追求名譽地位。[70]《莊子》:道家著作,又稱《南華真經》《南華經》。戰國時莊周及其門人著。《漢書·藝文志》著録《莊子》五十二篇。西晉時已散佚,今傳晉郭象注本凡三十三篇,分内篇(七篇)、外篇(十五篇)、雜篇(十一篇)三部分,其中,内篇一般認爲是莊周自作,外、雜篇出於後學之手。莊子繼承和發展了老子的思想,把"道"視爲世界的本源,主張"齊物""達生""忘我",追求絕對的個人精神自由。現存以晉郭象注本爲最早。有明鄒之峰刻本、胡氏德堂大字本、涵芬樓《續古逸叢書》影宋大字本等。清末有王先謙的《莊子集解》、郭慶藩《莊子集釋》。今人有陳鼓應《莊子今注今譯》,中華書局 1983 年出版。

6. 秦韓戰於濁澤

秦韓戰於濁澤[1],韓是(氏)急[2]。公中(仲)俼胃(謂)韓王[3]曰:"冶(與)國非可恃(恃)[4]也。今秦之心欲伐楚,王不若因張義(儀)[5]而和於秦,洛(賂)之以一名縣,與之南伐楚,此以一爲二[6]之計也。"韓王曰:"善。"乃警[7]公中(仲)俼,將使西講[8]於秦。楚王[9]聞之,大恐。召陳軫[10]而告之。陳軫曰:"夫秦之欲伐王久矣。今或得韓一名縣具甲[11],秦韓并兵南鄉[12]楚,此秦之所廟祠[13]而求也,今已得之,楚國必伐[14]。王聽[15]臣之爲之,警四竟(境)之内,興師救韓,名(命)

戰車盈夏[16]路,發信[臣][17],多[18]亓(其)車,重亓(其)敝(幣),史(使)信王之救已也。韓爲[19]不能聽我,韓之德王[20]也,必不爲逆以[21]來,是[秦]韓不和也。[兵雖]至,楚國不大病[22]矣。爲能聽我,絕和於秦,□[23]必大怒,以厚怨韓。韓南□□[24]必輕秦,輕秦,亓(其)應必不敬矣。是我困秦韓之兵,免楚國楚國之患也[25]。"楚之王若(諾)。乃警四竟(境)之内,興師,言救韓,發信臣,多車,厚亓(其)敝(幣),使之韓,胃(謂)韓王曰:"不穀[26]唯(雖)小,已悉起之矣。願大國肆意於秦[27],不穀將以楚□韓[28]。"[韓王]説(悦),止公中(仲)之行。公中(仲)曰:"不可。夫以實苦我者秦也。以虛名救[我]者楚也。□[29]楚之虛名,輕絕強秦之適(敵),天下苶(笑)王。且楚韓非兄弟之國也,有(又)非素[30]謀伐秦也。已伐刑(形)[31],因興師言救韓,此必陳軫之謀也。夫輕絕強秦而強□[32]楚之謀臣,王必悔之。"韓王弗聽,遂絕和於秦。秦因大怒,益師,與韓是(氏)戰於岸門[33]。楚救不至,韓是(氏)大敗。故韓是(氏)之兵非弱也,亓(其)民非愚蒙也,兵爲秦禽(智)爲楚芙(笑)者,過聽[34]於陳軫,失計韓倗[35]。故曰:"計聽知順逆,唯(雖)王可。"(帛書《戰國策》[36]第二十四)

【注解】

[1]蜀潢:地名。通行本《戰國策·韓策一》作"濁澤"。[2]是(氏):帛書"是"爲通假字,本字是括弧内的"氏"。以下同此體例。韓氏,韓國。急:危急。[3]公中(仲)倗(péng):公仲朋(一本或作公仲明)。韓國宗族,當時爲韓相國。韓王:韓宣惠王,公元前332—前312年在位。[4]與國:盟國,即關東合縱的各個盟國。恃:依靠。[5]張儀:戰國時代縱橫家的代表人物,主張連橫,即聯合北方各諸侯國南攻楚國。[6]以一爲二:通行本作"以一易二",意謂以一名縣換得與秦講和,並共同討伐楚國。[7]警:通行本作"儆",即告誡。[8]講:講和,媾和。[9]楚王:楚懷王。[10]陳軫(zhěn):戰國時代縱橫家,原仕於秦,後因張儀之讒而奔楚。[11]具甲:武器裝備。[12]南鄉:"鄉"通"嚮",意謂向南伐楚。[13]廟祠:在宗廟祭祀祖先。廟,名詞作狀語。[14]伐:被動用法,遭受征伐。[15]聽:聽任,允許。[16]盈:滿。夏:大。[17]信臣:傳達王命的使臣。六角括號中的字本缺,爲帛書整理者據通行本《戰國策》所加,下同。[18]多:使動用法,下句"重"字用法同此。[19]爲:如。[20]德王:對大王感念恩德。"德"字用作動詞。[21]爲逆:

作對。以:而。[22]病:這裏是困頓、疲敝。[23]□:空格爲缺字。據通行本《戰國策》,所缺當爲"秦"字。[24]□□:據通行本《戰國策》,所缺當爲"得楚"兩字。[25]"免楚"句:此句衍"楚國"兩字。[26]不穀:古代王侯自稱的謙辭。[27]肆:緩。肆意於秦:意思是不着急跟秦結盟。[28]□韓:據通行本《戰國策》,所缺當爲"殉"字。殉韓:意謂跟從韓國去拼死。[29]□:據通行本《戰國策》,所缺當爲"恃"字。[30]素:一向,平素。[31]伐刑(形):顯耀外表,裝樣子。[32]強□:據通行本《戰國策》,所缺可能爲"信"字。強信:勉強相信。[33]岸門:地名,在今河南許昌境內。[34]過聽:錯誤地聽信。[35]韓偝:卽公仲朋。[36]《戰國策》:國別體史書,又名《國策》。該書是一部戰國史料彙編,後經西漢末年劉向整理,始定名爲《戰國策》。全書分爲西周、東周、秦、齊、楚、趙、魏、韓、燕、宋、衛、中山等十二國國策,共三十三篇。東漢時高誘曾爲《戰國策》作注,至宋代正文和注本都已有缺佚,今本爲宋曾鞏補修而成,有宋代鮑彪注本,元代吳師道又雜取宋代姚宏等人的注解作《戰國策校注》。1978年上海古籍出版社的《戰國策》校點本是較爲通行的版本。帛書《戰國策》:20世紀70年代在長沙馬王堆三號漢墓出土了一批帛書,其中有一部和《戰國策》類似的書,整理者命名爲《戰國縱橫家書》,1985年上海古籍出版社出版的《戰國策》一書將之作爲附錄收入,稱爲"帛書《戰國策》"。這部帛書共27章,有11章見收於《戰國策》和《史記》,其餘16章是佚書。

7. 孔子窮乎陳蔡之間

　　孔子窮乎陳、蔡[1]之間,藜羹不斟[2],七日不嘗粒[3],晝寢。顏回索米[4],得而爨[5]之,幾[6]熟。孔子望見顏回攫其甑[7]中而食之。選間[8],食熟,謁孔子而進食。孔子佯[9]爲不見之。孔子起曰:"今者夢見先君,食潔而後饋[10]。"顏回對曰:"不可。嚮者煤炱[11]入甑中,棄食不祥,回攫而飯[12]之。"孔子嘆曰:"所信者目也,而目猶不可信;所恃者心也,而心猶不足恃。弟子記之,知人固不易矣。"(《呂氏春秋·任數》[13])

【注解】
　　[1]窮:困窘;陷入絶境,走投無路。陳、蔡:春秋時代的兩個諸侯國。[2]藜羹:野菜湯。斟,當作"糂(sǎn)"(依畢沅說),米粒。句中用作動詞,以米和羹。[3]粒:米粒。[4]索米:討米。[5]爨(cuàn):燒火煮飯。[6]幾:將要,接近。[7]攫(jué):用手抓取。甑(zèng):古代炊具,形如木桶而無底,中有箅子。[8]選間,須臾,一會兒。[9]佯:假裝。[10]饋:送給人食物,這裏指給鬼神獻祭品。

[11]嚮者:剛才。煤炱:凝聚的煤煙塵。[12]飯:食,吃。[13]《呂氏春秋》:戰國末年秦相國呂不韋組織門下學者集體編纂的著作,亦稱《呂覽》。成書於秦王政八年(前239),時當秦統一六國前夕。全書分十二紀、八覽、六論,共二十六卷,一百六十篇。該書總主道家,取老子順應客觀的思想,捨其消極避世的成分,兼採儒、墨、法、兵諸家之長,初步形成了包括政治、經濟、哲學、道德、軍事等各方面的理論體系。《漢書·藝文志》將該書列入雜家。東漢高誘爲其作注,清人畢沅有《呂氏春秋新校正》,近人有許維遹《呂氏春秋集釋》、陳奇猷《呂氏春秋校釋》等。

8. 宋人有好善行者

宋人有好善行者,三世不解[1]。家無故黑牛生白犢[2],以問孔子。孔子曰:"此吉祥也,以享[3]鬼神。"即以犢祭。一年,其父無故而盲。牛又生白犢。其父又使其子問孔子。孔子曰:"吉祥也,以享鬼神。"復以犢祭。一年,其子無故而盲。其後楚攻宋[4],圍其城。當此之時,易子而食[5]之,析骸[6]而炊之。此獨以父子俱盲之故,得毋乘城[7]。軍罷圍解[8],父子俱視[9]。此修善積行神報之效[10]也。曰,此虛言也。夫宋人父子修善如此,神報之,何必使之先盲後視哉?不盲常視,不能護乎?此神不能護不盲之人,則亦不能以盲護人矣。使宋、楚之君合戰頓兵[11],流血僵尸[12],戰夫禽獲[13],死亡不還。以盲之故,得脫不行,可謂神報之矣。今宋、楚相攻,兩軍未合,華元、子反結言而退[14],二軍之眾,並全而歸,兵矢之刃無頓用者。雖有乘城之役,無死亡之患[15]。爲善人報者爲乘城之間乎?使時不盲,亦猶不死。盲與不盲,俱得脫免,神使之盲,何益於善!(王充《論衡·福虛》[16])

【注解】

[1]解(xiè):通"懈"。[2]犢(dú):小牛。[3]享:用食物供奉鬼神。[4]楚攻宋:指公元前594年,楚出兵攻宋一事。但此事距孔子出生還有四十多年。《淮南子·人間訓》也提到此事,不過文中"孔子"均作"先生"。[5]易:交換。易子而食:極言絕糧之慘狀。[6]析:分解。骸:骨骸。[7]得毋乘城:能够不用登上城頭(守城)。乘,登。[8]罷(pí):疲憊不堪。圍解:包圍解除了。[9]視:能看見,有視力。以上故事亦參見《淮南子·人間訓》《列子·說符》。[10]效:效應,結果。[11]合戰:兩軍交鋒,會戰。頓:通"鈍"。頓兵:損壞兵器。[12]僵尸:使屍體僵

硬,卽死掉的意思。[13]战夫:战士。禽:通"擒"。禽獲,這裏是被動用法。[14]華元:春秋時宋國大臣。子反:楚國司馬。結言:口頭結盟或訂約。結言而退:根據《左傳·宣公十五年》的記載,楚軍包圍宋都九個月,兩軍相持不下,雙方主將華元與子反達成協定,各自退兵。[15]患:憂患,灾禍。[16]《論衡》:東漢王充著。存目八十五篇,實存八十四篇。據王充自述,《論衡》旨在對古往今來一切學説、思潮加以衡量,評論是非,銓定輕重,批判虛妄之説。《論衡》在總結前人學説的基礎上,建立了唯物主義的哲學體系。在自然觀方面,認爲"萬物之生,皆稟元氣","天地合氣,萬物自生",反對天人感應的思想;在形神關係方面,提出了"天下無獨燃之火,世間安得有無體獨知之精"的論斷;在認識論方面,强調感覺經驗是認識的源泉;在社會歷史觀方面,主張人爲,提倡進化。《論衡》概括評述了東漢以前的各種學説和思潮,因而具有重要的史料價值。版本有宋代洪適刻本、元明遞修本三十卷,近人黃暉撰《論衡校釋》等。

[練習與思考]

一、問答題

1. 什麽是古今字？什麽是繁簡字？什麽是異體字？它們之間有什麽關係？

2. 什麽是通假字？它和六書中的假借字有什麽不同？

二、説明下面各組字之間是什麽關係

暖、煖；从、從；备、備；舍、捨；赴、訃；礼、禮；粮、糧；

泪、淚；疲、罷；伸、信；反、返；説、悦；云、雲；拿、拏；

矢、屎；慚、慙；强、彊；淼、渺；知、智；要、腰。

三、簡化漢字的方法有哪些？分析下列各組繁簡字用法上的異同

1. 发、發、髮；

2. 饥、飢、饑；

3. 钟、鍾、鐘；

4. 丑、醜；

5. 后、後；

6. 余、餘。

四、斷句並注意加下劃綫的字的意思或用法

孔子過泰山側有婦人哭於墓者而哀夫子式而聽之使子路問之曰子之哭也壹似重有憂者而曰然昔者吾舅死於虎吾夫又死焉今吾子又死焉夫子曰何爲不去也曰無苛政夫子曰小子識之苛政猛於虎也

五、斷句並找出文中的通假字

齊侯使連稱管至父戍葵丘瓜時而往曰及瓜而代期戍公問不至請代弗許故謀作亂僖公之母弟曰夷仲年生公孫無知有寵於僖公衣服禮秩如適襄公絀之二人因之以作亂連稱有從妹在公宮無寵使間公曰捷吾以女爲夫人冬十二月齊侯游于姑棼遂田于貝丘見大豕從者曰公子彭生也公怒曰彭生敢見射之豕人立而啼公懼隊于車傷足喪屨反誅屨於徒人費弗得鞭之見血走出遇賊于門劫而束之費曰我奚御哉袒而示之背信之費請先入伏公而出鬬死于門中石之紛如死于階下遂入殺孟陽于牀曰非君也不類見公之足于户下遂弑之而立無知

第三課　詞　義

詞從構成上分爲單純詞和合成詞兩類，這是按照語素的多少來分的。語素是最小的音義結合體；單純詞只有一個語素，合成詞有兩個以上語素。上古漢語詞彙以單純詞爲主，後來發展爲以合成詞爲主。從語音的形式看，詞有單音詞和複音詞之分，上古漢語以單音詞佔優勢，後來有一個複音化的趨勢，到現代漢語就以複音詞爲主了。一般認爲先秦漢語詞彙反映了典範的古漢語詞彙的面貌，所以單音節的單純詞也就是古漢語詞彙要討論的主要內容。

一　詞的本義和引申義

（一）詞的本義

當一個詞具有兩個或兩個以上意義的時候，一般有一個是本來的意義，卽詞的本義。漢語的歷史是非常悠久的，在漢字未產生以前，遠古漢語的詞可能還有更原始的意義，但是我們現在已經無從考證了。這裏所能談的只是上古文獻史料所能證明的本義。考索本義一般有兩種途徑，一是分析字形，二是引證文獻用例。下面分別進行介紹：

1. 分析字形。

詞的本義，一般可以在字形上得到反映。一個詞用一個什麼形體的字來記錄它，是按照造字時代詞所表示的意義擬定的。漢字理據性很強，構成漢字的聲符和義符(或叫形符)能從聲音和義類兩個方面揭示漢字的本義。例如："誅"有誅殺、譴責、責求等意義。而"誅"字從言,朱聲,字義與言語行爲有關。根據字形,可確定譴責爲本義。又如"堅""固""剛""強"四個詞意義相近,但是從字形上可以看出,"堅"的本義是土硬,"固"的本義是四面閉塞,難攻易守,"剛"的本義是刀硬("鋼"字由此發展而來),"強"字本來應該寫作"彊",本義是弓有力。顯然它們的形旁差異就道出了本義之別。又如以"頁"(xié)爲部首的字,頁就是頭(書頁的頁是借用"頁"),甲骨文作♀,篆文作♀,指的是人頭。因此,从頁的字本義都與頭、面的意義有關,如"頭""頂""頰""頸"等。有些从頁的字,因爲意義演變,現在多數人不大能看出來它們的本義,如:

顏　本義是臉上眉和目之間的部分,所以从頁。《詩經·鄭風·有女同車》:"有女同車,顏如舜華。"引申爲臉,臉色。

顛　本義是頭頂,所以从頁。《詩經·秦風·車鄰》:"有馬白顛。"引申爲山頂,寫作巓。

題　本義是額,所以从頁。《楚辭·招魂》:"雕題黑齒。"注:"題,額(額)也。"《禮記·王制》:"雕題交趾。"孔穎達疏:"題謂額也。"

領　本義是脖子(頸),所以从頁。《孟子·梁惠王上》:"如有不嗜殺人者,則天下之民,皆引領而望之矣。""引領"就是"伸長了脖子"。

項　本義是脖子的後部,所以从頁。《廣韻》:"頸在前,項在後。"《後漢書·左雄傳》:"項背相望。"

頒　本義是頭大;形容詞。《詩經·小雅·魚藻》:"有頒其首。"

頗　本義是頭偏,所以从頁。引申爲一般的偏。《尚書·洪範》:"無偏無陂,遵王之義。"(今本《尚書》"頗"作"陂",是唐玄宗誤改)

顧　本義是回頭看,所以从頁。《莊子·秋水》:"莊子持竿不顧。"引申爲注意、照管。

頓　本義是頓首(磕頭),所以从頁。《戰國策·燕策三》:"太子避席頓首。"

2. 引證文獻用例。

探求詞的本義,更重要的是看文獻語言是怎樣使用這個詞的。字形只是詞的書寫符號,它不能脫離語言而直接表達詞義。只有在組詞成句的具體語言中，詞義才能顯示出來。例如上述"誅"的本義，文獻中是有證據的。《周禮·天官·大宰》："以八柄詔王馭群臣……八曰誅，以馭其過。"鄭玄注："誅，責讓也。"《論語·公冶長》："宰予晝寢。子曰：'朽木不可雕也，糞土之牆不可杇也；於予與何誅？'"又如"憤"有煩悶義和憤怒義，字從心，賁聲。但是根據古書的用例，煩悶義出現較早，可以確定本義應是煩悶。如《論語·述而》："不憤不啓，不悱不發。"朱熹注："憤者，心求通而未得之意。"再如："斃"的本義是仆倒，而不是死。《左傳·定公八年》："顏高奪人弱弓，籍丘子鉏擊之，與一人俱斃。"楊伯峻注："謂顏高及其他一人俱被擊而仆地。""斃"表示向前倒下。而人被殺死則倒下，所以又引申爲死。從文獻看，古書裏"斃"多表示仆倒義。

（二）詞的引申義

在多義詞的幾個意義中，由本義派生出來的意義叫引申義。例如"道"的本義是道路，由這個意義派生出來的途徑、方法、道理、規律、學說、引導等義項都是它的引申義。又如"綱"的本義是網上的總繩，由這個意義派生出來的"事物的總要""國家的綱紀"等義項就是它的引申義。關於引申義，要注意以下幾點：

1. 引申義和本義的關係。

引申義和本義的關係大致有以下幾種：

（1）相近：引申義和本義所指的事物形狀或作用近似。如"斗"本義指酌酒器。《詩經·大雅·行葦》："酌以大斗，以祈黃耇。"《史記·項羽本紀》："我持白璧一雙，欲獻項王，玉斗一雙，欲與亞父。"由於形狀相似而引申爲斗形星宿名，指北斗七星。《周易·豐卦》："豐其蔀，日中見斗。"又如"關"，本指門閂。《左傳·襄公二十三年》："臧紇孫斬鹿門之關以出奔邾。"由於作用相似引申爲關卡或城門、要塞。《周易·復卦》："先王以至日閉關，商旅不行。"

（2）相因：本義和引申義之間具有條件、因果關係。例如："危"本義爲陡峭、高峻（之處）。《國語·晉語八》："拱木不生危，松柏不生埤。"《禮記·喪大記》："皆升自東榮,中屋履危。"引申爲不穩定、危急、危險。《周易·繫辭下》："君子安而不忘危,存而不忘亡,治而不忘亂。"又如"虛"本義爲大丘。《詩經·鄘風·定之方中》："升彼虛矣,以望楚矣。"《説文·丘部》："虛,大丘也。崑崙丘謂之崑崙虛。"段玉裁注："虛者,今之墟字,猶'昆侖'今之'崑崙'字也。虛本謂大丘。"引申爲空虛的意思。《周易·歸妹》："上六無實,承虛筐也。"《史記·老子韓非列傳》："良賈深藏若虛,君子盛德,容貌若愚。"

（3）相關。引申義和本義所指的事物概念彼此牽聯。例如："陵"爲大土山。《詩經·小雅·天保》："如山如阜,如岡如陵。"引申爲帝冢。北魏酈道元《水經注·渭水三》："秦名天子冢曰山,漢曰陵,故通曰山陵矣。"又如"宗"爲祖廟。《左傳·成公三年》："首其請於寡君,而以戮於宗,亦死且不朽。"引申爲祖宗。《左傳·哀公十四年》："所不殺子者,有如陳宗。"孔穎達疏："陳宗,謂陳之先人。"另外如"齒"本指門牙或牙齒,由此引申爲年齡。"年"本義爲禾穀成熟,古代每年只收穫一次或一季,引申爲時間單位。"官"由官府、行政機關引申爲官職、官長等等。

2. 詞義引申的途徑或方向。

詞義引申的途徑或方向很多,以下兩種較爲典型:

（1）從具體到抽象。如"解"本義是用刀分割動物或人的肢體。《左傳·宣公四年》："宰夫將解黿。"《莊子·養生主》："庖丁爲文惠君解牛。"《楚辭·離騷》："雖體解吾猶未變兮,豈余心之可懲。"引申表示分割、劃分、分裂。《國語·魯語上》："晋文公解曹地以分諸侯。"韋昭注："解,削也。"又引申出渙散、離散義。《禮記·檀弓下》："殷人作誓而民始畔,周人作會而民始疑。苟無禮義忠信誠慤之心以涖之,雖固結之,民其不解乎?"還引申出免除、消除、解開義。《周易·繫辭下》："故惡積而不可揜,罪大而不可解。"《孟子·公孫丑上》："當今之時,萬乘之國行仁政,民之悦之,猶解倒懸也。"進一步引申出明白、理解、通徹、通達義。《莊子·天地》："大惑者,終身不解。"《莊子·秋水》："且彼方跐黃泉,而登大皇,無南無北,奭然四解,淪於不測;無東無西,始於玄冥,反於大通。"可見"解"的諸多抽象義均是從"肢解(肉體、物體)"之具象義發散引申開來的。

(2) 從個別到一般。如"匠"本義專指木匠、木工。《孟子·告子上》:"大匠誨人必以規矩,學者亦必以規矩。"《説文·匚部》:"匠,木工也。从匚,从斤。斤,所以作器也。"段玉裁注:"工者,巧飾也。百工皆稱工稱匠,獨舉木工者,其字从斤也。以木工之稱,引申爲凡工之稱也。"引申泛指工匠。漢王充《論衡·量知》:"能斲削柱梁,謂之木匠。能穿鑿穴坯,謂之土匠。"南朝梁劉勰《文心雕龍·書記》:"制者,裁也。上行於下,如匠之制器也。"又如"江""河",本來專指長江、黃河,後來引申泛指河流。

3. 引申義的讀音和書寫形式。

詞的本義和引申義,在讀音和書寫形式上通常是相同的。但也有些詞在詞義引申之後改變了讀音。例如:"長"本義指在空間的兩端之間距離大,這時讀平聲,引申爲表示年紀大、地位尊或生長等義時,則要讀上聲。"語"本義是言語、説話,讀上聲,引申爲告訴,要讀去聲。"説"本義是陳述、解説,讀入聲,引申爲勸説,要讀去聲。

有些詞意義引申後還另造了新字。例如:"弟"由弟弟引申爲敬順兄長,造了"悌"字;"解"由分割引申爲懈怠,造了"懈"字;"買"由買賣引申爲買賣的價錢,造了"價"字;等等。

二 詞義的演變

語言是發展的。語言的發展在詞彙的發展演變方面尤爲突出。舊詞的消亡、新詞的産生、已有詞詞義的演變,隨時反映着社會的演變進步和人們認識的深化。在漢語發展的歷史中,絕大多數詞的意義都發生了程度不同的變化。詞義古今演變,一般有如下幾種情況:

(一) 詞義擴大

古代漢語中,某些詞原有的意義比較狹小,後來它的意義有了發

展,應用範圍比原來廣泛了,這種現象叫詞義的擴大。如:

好 原指女子貌美。《國語·晉語一》:"子思報父之耻而信其欲,雖好色,必惡心,不可謂好。"韋昭注:"好,美也。"《戰國策·趙策三》:"鬼侯有子而好,故入之於紂,紂以爲惡。"這都是專指女子相貌姣好,不涉及品德。而後來的"好"可泛指一切美好的性質,對人、事、物都可以修飾限制。如《史記·張儀列傳》:"夫群臣諸侯,不料地之寡,而聽從人之甘言好辭。"《後漢書·王符傳》:"或刻畫好繒,以書祝辭;或虛飾巧言,希致福祚。"《金史·完顔陳和尚傳》:"大將義之,酹以馬湩,祝曰:'好男子,他日再生,當令我得之。'"

響 本指"回聲"。《周易·繫辭上》:"其受命也如響。"孔穎達疏:"如響之應聲也。"僞古文《尚書·大禹謨》:"惠迪吉,從逆凶,惟影響。"孔傳:"吉凶之報,若影之隨形,響之應聲。"《呂氏春秋·有始覽》:"日中無影,呼而無響。"後來擴大指一切聲音。如柳宗元《送幸南容歸使聯句詩序》:"爛若編貝,粲如貫珠,琅琅清響,交動左右。"歐陽修《幽谷泉》:"潺湲無春冬,日夜響山曲。"《宋史·五行志》:"天有聲如雷,水響於東南。"

衣 本指"上衣"。《詩經·邶風·綠衣》:"綠衣黃裳。"毛傳:"上曰衣,下曰裳。"漢揚雄《法言·修身》:"惜乎衣未成而轉爲裳也。"清吴趼人《俏皮話·背心》:"凡爲衣者,襟、袖、領、褉、缺一不可;汝之生象,本不完全,乃欲得完全名字乎?"後來泛指衣服,又泛指各種包在外面的東西,如《説文解字》:"絝,脛衣也。""韈,足衣也。""緥,小兒衣也。""被,寢衣。""韜,劍衣也。""韣,弓衣也。""帙,書衣也。"

皮 本指"獸皮"。帶毛叫皮,去毛鞣制以後叫革。《詩經·鄘風·相鼠》:"相鼠有皮,人而無儀。"擴大引申指人的皮膚或動植物體表面的一層組織。《漢書·高帝紀上》:"高祖爲亭長,乃以竹皮爲冠。"清蒲松齡《聊齋志異·畫皮》:"鋪人皮於榻上,執采筆而繪之;已而擲筆,舉皮如振衣狀,披於身,遂化爲女子。"

菜 本指蔬菜類植物。《國語·楚語下》:"庶人食菜,祀以魚。"唐韓愈《論佛骨表》:"晝日一食,止於菜果。"後來爲一般肴饌的總稱。

《儒林外史》第四十二回："都是些燕窩、鴨子、鷄、魚……那菜一碗一碗的捧上來。"

其他如"江""河""城""池"等，今義的範圍都比古義寬泛，皆屬於詞義擴大例。

（二）詞義縮小

詞義的縮小，是指一個詞的意義範圍在古代比較寬泛，隨着時代的變化逐漸變得狹小的現象。如《荀子·勸學》"金就礪則利"中的"金"，原來泛指各種金屬，而在現代漢語中"金"在多數情況下專指黃金。又如《戰國策·趙策四》"丈夫亦愛憐其少子乎"中的"丈夫"，指成年男子，《國語·越語上》"生丈夫，二壺酒，一犬"中的"丈夫"則指男孩。在古代，不管是成年的還是未成年的，是已婚的還是未婚的男人，均可稱丈夫。而在現代漢語中"丈夫"一般僅指已婚女子的配偶。再如《論語·公冶長》："子謂公冶長，'可妻也。雖在縲絏之中，非其罪也'。以其子妻之。"句中的"子"指女兒。《孟子·萬章上》："堯崩，三年之喪畢，舜避堯之子於南河之南。"句中的"子"則指兒子。而現代漢語中"子"一般是指兒子。這些都是詞義的縮小。又如：

親戚 古義指與自己有血緣或婚姻關係的人，包括父母兄弟在內。《左傳·僖公二十四年》："昔周公弔二叔之不咸，故封建親戚，以蕃屏周。"《史記·五帝本紀》："堯二女不敢以貴驕事舜親戚，甚有婦道。"張守節正義："親戚謂父瞽叟、後母、弟象、妹顆手等。"今義只指家庭中有婚姻關係的族外親屬。

寡 古義指喪失配偶（不分男女）。《詩經·小雅·鴻雁》："之子于征，劬勞于野。爰及矜人，哀此鰥寡。"毛傳："老無妻曰鰥，偏喪曰寡。"《左傳·襄公二十七年》："齊崔杼生成及彊而寡，娶東郭姜，生明。"杜預注："偏喪曰寡。"《小爾雅·廣義》："凡無妻無夫通謂之寡。"後漸以專指婦人喪夫。《漢書·司馬相如傳上》："是時，卓王孫有女文君新寡，好音，故相如繆與令相重而以琴心挑之。"

兄弟 古義兼指姐妹。《孟子·萬章上》："彌子之妻與子路之妻，兄弟也。"《明史·費宏傳》："宏從弟編修宷,其妻與濠妻,兄弟也。"今義縮小,只用於男性,指哥哥和弟弟。

朕 先秦時是第一人稱的通稱。《楚辭·離騷》："帝高陽之苗裔兮,朕皇考曰伯庸。"漢蔡邕《獨斷》卷上："朕,我也。古者尊卑共之,貴賤不嫌,則可同號之義也。"秦始皇二十六年起定爲帝王自稱之詞,沿用至清。《史記·秦始皇本紀》："臣等昧死上尊號,王爲'泰皇',命爲'制',令爲'詔',天子自稱曰'朕'。"唐玄宗《〈孝經〉序》："朕聞上古,其風樸略。"

其他如"宮",先秦泛指居處、房屋,秦始皇以後,只有帝王的殿堂、居室才叫"宮"。"瓦",古義指一切燒製的土器,今義專指蓋屋用的瓦。"丈人",古義指所有年老的人,唐以後成了岳父的專稱。

(三) 詞義轉移

古漢語中一些詞的意義,隨着歷史的發展,由原來表示某事物某概念,轉移到表示另外一種事物或概念,古今之間的差別較大,不能用詞義引申來解釋。這就叫作詞義的轉移。文言詞彙中這種現象較爲常見。如《孟子·梁惠王上》"棄甲曳兵而走"中的"走",古義是跑,逃跑,今天是行走的意思。《國語·越語上》"以暴露百姓之骨於中原"中的"中原",義猶"中野",即原野中,而後來則指中原地區。曹操《步出夏門行》"烈士暮年,壯心不已"中的"烈士",本指有操守有抱負的男子,現在則專指爲革命事業獻身的人。《左傳·莊公十年》"犧牲玉帛,弗敢加也"中的"犧牲",古義指祭祀時用作祭品的豬牛羊等,是名詞,今義轉移爲爲了某種目的而捨去自己的生命或利益,是動詞。這些都是典型的詞義轉移現象。又如:

涕 上古指眼淚,不指鼻涕。《周易·離卦》："出涕沱若,戚嗟若。"司馬相如《長門賦》："左右悲而垂淚兮,涕流離而從橫。"李善注："自眼出曰涕。"後來詞義轉移,指自鼻而出之液。漢王褒《僮約》"目淚下落,鼻涕長一尺",明張介賓《景岳全書》卷七"如肺熱甚則鼻涕出"。

聞 古義是聽到、聽見。《尚書·君奭》："我則鳴鳥不聞,矧曰其有能格。"唐杜甫《贈花卿》詩:"此曲祇應天上有,人間能得幾回聞?"後來還有類似倣古用法,如豐子愷《謝謝重慶》:"晴朗的重慶,不復有警報的哭聲,但聞'炒米糖開水''鹽茶雞蛋'的節奏的叫唱。"還可指聽說、知道。《左傳·隱公元年》:"公聞其期,曰:'可矣!'"唐魏徵《諫太宗十思疏》:"臣聞求木之長者,必固其根本。"總之都和聽覺有關。後來則由聽覺義轉爲嗅覺義。《詩經·大雅·文王》:"上天之載,無聲無臭。"東漢鄭玄箋云:"天之道難知也,耳不聞聲音,鼻不聞香臭。"宋鄭樵《通志·孝友·韓懷明傳》:"時寒甚切,忽聞香氣。"這些用例都是嗅覺義,已開今義的先例。

　　詞義演變之後,一些詞的古義和今義之間存在各種不同的差別。

　　1. 詞義輕重之別。如:

　　餓　古義是指嚴重的飢餓,已達到受死亡威脅的程度,如《左傳·宣公二年》:"見靈輒餓,問其病,曰:不食三日矣。"《孟子·告子下》:"餓其體膚,空乏其身。"兩者即用"餓"的古義。而現代漢語中"餓"是指一般的肚子餓,如曹禺《北京人》:"鄉下的孩子不比城裏的孩子,餓了就吃,累了就睡。"

　　怨　古義卽"恨",如《戰國策·趙策二》:"今騎射之服,近可以備上黨之形,遠可以報中山之怨。"而今天的"怨"由古義"恨"減弱爲"不滿意、責備"的意思,如"任勞任怨"。

　　再如今天的"疾病"一詞中的"病",和"疾"一樣,都是指一般的生病,而古義中的"病"却和"疾"有別,是指重病、重傷。這些詞的詞義在今天看來,程度都減弱了。

　　相反的例子也有不少。如"誅"本義是譴責、責備,今義爲"殺戮",語義由輕而重。又如"處分",古義是處置、安排。《孔雀東南飛》:"處分適兄意,那得自任專?"今義是處罰、懲罰,語義也變重了。

　　2. 感情色彩之別。

　　古今詞義在演變歷史進程中,褒貶意義相互轉化的現象,叫作詞義的感情色彩變化。如"能謗譏於市朝,聞寡人之耳者,受下賞"(《鄒忌諷齊王納諫》),句中的"謗"的意思是批評議論,而今天的"謗"却是惡意中傷之意，已由中性詞轉變爲貶義詞。還有大家熟悉的"先帝不以臣卑鄙"(《出師表》)中的"卑"是指地位地下，"鄙"是指見識淺陋，並沒有貶義，現在的"卑鄙"則指品質惡劣，已變爲貶義詞。又如：

　　侵　古義進攻，它是一種進攻方式，特指不設鐘鼓的進犯。《左傳·莊公二十九年》："夏，鄭人侵許。凡師有鐘鼓曰伐，無曰侵，輕曰襲。"先秦時它是個中性詞。《春秋》和《左傳》作者的立場是尊魯的，在記載魯國對別國用兵時，常用"侵"，這很說明問題。如《春秋·莊公十年》"公侵宋"，又《定公八年》"公侵齊"，《左傳·定公六年》"公侵鄭"等。今義指非正義的軍事行動，是貶義詞。

　　爪牙　本是禽獸尋找食物、保衛自己的工具，借喻爲勇士、衛士。《詩經·小雅·祈父》："祈父！予王之爪牙。"鄭玄箋："此勇力之士。"《國語·越語上》："夫雖無四方之憂，然謀臣與爪牙之士，不可不養而擇也。"《漢書·陳湯傳》："戰克之將，國之爪牙，不可不重也。"後來逐漸帶有貶義，演變爲黨羽、幫凶的意思。《史記·酷吏列傳》："是以湯雖文深意忌不專平，然得此聲譽。而刻深吏多爲爪牙用者，依於文學之士。"唐元結《問進士》之一："外以奉王命爲辭，內實理車甲，招賓客，樹爪牙。"

　　乖　古義指違背，不協調，是貶義。《周易·序卦》："家道窮必乖，故受之以睽。睽者，乖也。"晉郭璞《皇孫生請布澤疏》："故水至清則無魚，政至察則衆乖，此自然之勢也。"今義指乖巧，爲褒義。

　　祥　古義指預兆、徵兆。吉兆、凶兆都叫"祥"。中性詞。《周易·繫辭下》："吉事有祥，象事知器，占事知來。"鄭玄注："行其吉事，則獲嘉祥之應。"《左傳·僖公十六年》："周內史叔興聘于宋，宋襄公問焉，曰：'是何祥也？'"杜預注："祥，吉凶之先見者。"漢王充《論衡·異虛》："善祥出，國必興；惡祥見，朝必亡。"今義只指"吉兆"。

　　臭　古義"氣味"，中性詞。《詩經·大雅·文王》："上天之載，無聲無臭。"鄭玄箋："耳不聞聲音，鼻不聞香臭。"《孟子·盡心下》："口之於味也，目之於色也，耳之於聲也，鼻之於臭也，四肢之於安佚也，性也。"漢仲長統《昌言·論天道》："性類純美，臭味芬香。"後來意義範圍縮小，專指難聞的氣味，變爲貶義詞。

　　以上這些詞義感情色彩的變化，其實也可以認爲是詞義轉移的結果。

　　總之，以上所述的詞義演變不是單從一個角度來説的，詞義擴大、縮小，是從詞所反映的概念外延的大小來説的，詞義的轉移是從詞所表示的概念的内涵來説的。而且今義産生後，往往並不排斥古義，在文獻中往往是可以共存的，這就得結合具體的上下文語境來理解。

[文選]

1. 孟之反不伐

　　子曰："孟之反不伐[1]。奔而殿[2]，將入門，策[3]其馬，曰：'非敢後也，馬不進也[4]。'"（《論語·雍也》）
【注解】
　　[1]孟之反：或作"孟子反"，魯國大夫。伐：自我誇耀。[2]奔：兵敗逃跑。殿：殿後，落後。[3]策：鞭打。[4]"非敢"兩句：敗走或撤退時殿後是危險的，需要極大的勇氣。孟之反不喜居功，所以這樣説。

2. 質勝文則野

　　子曰："質勝文則野[1]，文勝質則史[2]，文質彬彬[3]，然後君子。"（《論語·雍也》）
【注解】
　　[1]質：質樸、淳樸。這裏指人的内在素質。文：有文采、華麗。這裏指人的服飾、禮儀等外部可見的東西。野：鄙俗、粗野。[2]史：虚飾、浮誇。[3]文質彬彬：何晏《集解》引包咸曰："彬彬，文質相半之貌。"這裏指人既有美好的内在素質，又有與之相配的禮儀文采。

3. 子見南子

　　子見南子[1]，子路不説[2]。夫子矢之[3]曰："予所否[4]者，天厭[5]

之!天厭之!"(《論語·雍也》)

【注解】

[1]南子:衛靈公夫人,有淫行,名聲不好。[2]子路:孔子弟子仲由,字子路。説(yuè):喜悦、高興,這個意義後來寫作"悦"。[3]矢:誓。矢之:對他發誓。[4]所:倘若。否:不合於禮、不由其道。[5]厭:棄絶。

4. 舜有臣五人而天下治

舜有臣五人[1]而天下治。武王曰:"予有亂臣十人[2]。"孔子曰:"才難[3],不其然乎?唐虞之際[4],於斯[5]爲盛。有婦人[6]焉,九人而已。三分天下有其二,以服事[7]殷。周之德,其可謂至德[8]也已矣。"(《論語·泰伯》)

【注解】

[1]五人:禹、棄、契、皋陶、伯益。據《尚書·舜典》,舜時禹爲司空,棄爲后稷,契爲司徒,皋陶爲士,伯益爲虞。[2]亂臣:有治國之才的臣子。《説文》:"亂,治也。"十人:周公旦、召(Shào)公奭、太公望、畢公、榮公、太顛、閎夭、散宜生、南宮适(Kuò)、邑姜。九人治外,邑姜治内。[3]才難:意即人才難得。[4]唐虞:堯舜有天下之號,堯曰唐,舜曰虞。際:交會之間。[5]斯:此,指人才。孔子言人才之多,以唐虞之際爲盛,夏商以降,皆不能及,然而此時也只有此數人,所謂才之難得也。[6]婦人:指周武王夫人邑姜。[7]服事:以臣子身份侍奉君王。以上兩句是説周文王時周的實力已經超過商王,但是周文王還是恪盡臣職。《逸周書·程典篇》説:"文王合六州之侯,奉勤于商。"[8]至德:最高尚的道德。

5. 鄭伯克段于鄢[1]

初[2],鄭武公娶于申[3],曰武姜[4]。生莊公及共叔段[5]。莊公寤[6]生,驚姜氏,故名曰寤生,遂惡之。愛共叔段,欲立之。亟[7]請於武公,公弗許[8]。及莊公即位[9],爲之請制[10]。公曰:"制,巖邑[11]也,虢叔死焉[12]。佗邑唯命[13]。"請京[14],使居之,謂之京城大叔[15]。

祭仲[16]曰:"都城過百雉[17],國之害也。先王之制[18],大都不過參國之一[19],中五之一,小九之一。今京不度[20],非制[21]也。君將不堪[22]。"公曰:"姜氏欲之,焉辟[23]害?"對曰:"姜氏何厭之[24]有?不如早爲之所[25]，無使滋蔓[26]，蔓難圖[27]也；蔓草猶[28]不可除，況君之寵弟乎？"公曰："多行不義[29]，必自斃[30]，子姑[31]待之。"

既而大叔命西鄙北鄙貳於己[32]。公子呂[33]曰："國不堪貳[34]，君將若之何[35]？欲與大叔，臣請事之[36]；若弗與[37]，則請除之。無生民心[38]。"公曰："無庸[39]，將自及[40]。"

大叔又收貳[41]以爲己邑，至于廩延[42]。子封曰："可矣。厚將得衆[43]。"公曰："不義不暱，厚將崩[44]。"

大叔完聚[45]，繕甲兵[46]，具卒乘[47]，將襲鄭。夫人將啓之[48]。公聞其期[49]，曰："可矣！"命子封帥車二百乘以[50]伐京。京叛大叔段。段入于鄢。公伐諸[51]鄢。五月辛丑[52]，大叔出奔共[53]。……遂寘姜氏于城潁[54]，而誓之[55]曰："不及黃泉[56]，無相見也。"既而悔之[57]。

潁考叔爲潁谷封人[58]，聞之，有獻[59]於公。公賜之食。食舍[60]肉。公問之。對曰："小人[61]有母，皆嘗[62]小人之食矣，未嘗君之羹。請以遺[63]之。"公曰："爾有母遺，繄[64]我獨無！"潁考叔曰："敢問何謂[65]也？"公語之故[66]，且告之悔。對曰："君何患[67]焉？若闕[68]地及泉，隧[69]而相見，其誰曰不然[70]？"公從之。公入而賦[71]："大隧之中，其樂也融融。"姜出而賦："大隧之外，其樂也洩洩[72]。"遂爲母子如初。（《左傳·隱公元年》[73]）

【注解】

[1]《左傳》本無篇目，篇目是選文者後加的。鄭：國名，姬姓，地在今河南新鄭一帶。鄭伯：指鄭莊公。《春秋》和《左傳》載諸侯有五等爵：公、侯、伯、子、男。鄭屬伯爵。克：戰勝。段：莊公之弟。鄢（Yān）：鄭地名，在今河南鄢陵縣境。[2]初：當初。這是追述往事的習慣說法，在本文意指鄭伯克段於鄢以前的事。[3]申：國名，姜姓，地在今河南南陽。娶于申：從申國娶妻（即娶申國國君之女）。[4]武姜：鄭武公夫人的名字，"武"是丈夫的謚號，"姜"是母家的姓。[5]共（Gōng）：國名，地在今河南輝縣。叔段：古人命名以"伯仲叔季"排行。在這裏"叔"表示"段"是莊公的弟弟。段後來出奔共，所以稱爲共叔段。[6]寤：通"啎"，逆，倒著。寤生：等於說難產，胎兒腳先出來。[7]亟（qì）：屢次。[8]弗許：等於說"不之許"，不同意這件事。[9]及：到了。卽位：天子或諸侯就職叫卽位。[10]爲（wèi）：介詞，替。制：地名，又名虎牢，在今河南滎義東，原是東虢（Guó）國的領

地，東虢爲鄭所滅，制遂爲鄭地。[11]巖：險要。邑：人所聚居的地方。城鎮村落都可以稱爲邑。[12]虢叔：東虢國的君。死焉：死在那裏。[13]佗：同"他"，別的，其他。唯命："唯命是聽"的省略。[14]京：鄭邑名，在今河南滎陽東南。[15]大(tài)：後來寫作"太"。以上三句是説，姜氏替段請求京邑，莊公讓段住在那裏，人們便稱他爲"京城大叔"。[16]祭(Zhài)仲：鄭大夫。[17]都：大邑。《左傳·莊公二十八年》："凡邑有宗廟先君之主曰都，無曰邑。"城：指城牆。過：超過。雉：量詞，城長三丈、高一丈爲一雉。[18]王：周天子。制：制度。[19]參：三。國：國都。參國之一：國都的三分之一。古制，侯伯之國，城牆爲三百雉。三分之一就是百雉。[20]不度：不合法度。[21]非制：不是先王的制度。[22]堪：經得起。不堪：受不了，即無法控制的意思。[23]焉：疑問代詞，哪裏。辟：躲避。這個意義後來寫作"避"。[24]厭：滿足。之：助詞，用以凸顯前置的賓語"何厭"。[25]爲之所：雙賓語結構，給他安排一個地方。之，指段，作"爲"的間接賓語。所，處所，"爲"的直接賓語。[26]無：通"毋"，不要。滋蔓：滋長蔓延。[27]圖：圖謀。這裏指設法對付。[28]蔓草：蔓延的野草。猶：尚且，還。[29]不義：指不義的事情。[30]斃：倒下去。這裏指垮臺，失敗。[31]子：古代對人的尊稱。姑：姑且。[32]既而：過後，不久。鄙：邊邑。貳：兩屬，屬二主。貳於己：在臣屬於莊公的同時聽命於自己。[33]公子呂：字子封，鄭大夫。[34]國不堪貳：國家受不了兩屬的情況。[35]若之何：怎麼對付這件事？怎麼辦？[36]請：請您允許我。事之：侍奉他，做他的屬下。[37]若：假如。弗與："不之與"，不給他。[38]"欲與"五句：(如果)打算(把鄭國)送給大叔，就讓我去侍奉他，要不就及時除掉他，不要使民生二心。[39]庸：用。[40]及：趕上(災禍)。[41]貳：指前文"貳於己"的地方。[42]至：到。廩延：鄭邑名，在今河南延津北。[43]厚：土層厚，這裏指土地廣大。衆：百姓，這裏指民心。[44]崩：山塌，這裏指垮下來，崩潰。這是一句針對"厚將得衆"説的雙關語。字面意思是土不黏的話，土層厚了就會垮塌。實際意思是段既不義於君，又不親於兄，就不能籠住民心，土地佔多了就要垮臺。暱：通"昵"，有"親近"和"黏"兩個意思。[45]完：修葺，指修城。聚：指聚集百姓。[46]繕：修理，製造。甲：戎衣，鎧甲。兵：武器。[47]具：準備。卒：步兵。乘(shèng)：兵車。[48]夫人：指武姜。啓：開門。啓之：爲段開城門，即做内應。[49]期：指段襲鄭的日期。[50]帥：通"率"。二百乘：春秋時都是車戰，兵車一乘有甲士三人，步卒七十二人。二百乘，共一萬五千人。以：連詞，連接目的語。[51]諸："之於"的合音字。[52]五月辛丑：即隱公元年五月二十三日。注意，古人以干支紀日，後來纔用於紀年。[53]出奔：指逃到外國避難。[54]寘(zhì)：放置，安頓，這裏有放逐的意思。城潁：鄭邑名，在今河南臨潁西北。[55]誓之：向她發誓。[56]黃泉：地下的泉水。這裏指墓穴。[57]悔之：後悔置姜氏於城潁並發誓永不相見之事。[58]潁考叔：鄭大夫。潁谷：鄭邊邑，在今河南登封西南。封：疆界。封人：管理疆界的官。[59]有獻：有所獻。[60]舍：放置。[61]小人：代替第一人稱的謙稱。[62]嘗：這裏是"吃"的意思。[63]遺(wèi)：給，這裏指留給。[64]繄(yī)：句首語氣詞。[65]敢：謙敬副詞。何謂：説的是什麽意思？這話怎麽講？[66]語(yù)：告訴。語之故：雙賓語結構，告訴他緣故。下文"告之悔"的結構同此。[67]患：憂慮。[68]闕(jué)：通"掘"，挖掘。[69]隧：隧道。這裏活用作動詞，挖隧道。[70]其：語氣詞，加強反問。然：代詞，指黃泉相見。[71]入：在這裏與下面的"出"互文見義，即籠統表示莊公和姜氏進出隧道。賦：賦詩。[72]洩(yì)洩：和"融融"的意思差不多，形容快樂的樣子。[73]《左傳》：舊説與《公羊傳》《穀梁傳》同爲解釋《春秋》的三傳之一，實爲記載春秋歷史的重要史學名著，亦稱《左氏春秋》《春秋左氏傳》《春秋内傳》。相傳爲春秋末魯人左丘明作，實際成書時間當在戰國中期。晉杜預作《春秋經傳集解》，始將《春秋》與《左傳》合編爲一書，博採漢儒解説，考訂異同，自成專門之學。其後《左傳》地位逐漸超過《公羊傳》和《穀梁傳》。唐孔穎達作疏，一遵杜注。《十三經注疏》收杜注、孔疏，稱《春秋左傳正義》。另有清人洪亮吉作《春秋左傳詁》，近人楊伯峻作《春秋左傳注》。隱公：魯隱公。《春秋》是以魯國的紀元編年的。隱公元年即公元前722年。

6. 厲王虐

厲王[1]虐，國人謗[2]王。邵公告王曰[3]："民不堪命[4]矣。"王怒，得衛巫[5]，使監[6]謗者。以告[7]，則殺之。國人莫[8]敢言，道路以目[9]。王喜，告邵公曰："吾能弭[10]謗矣，乃不敢言。"邵公曰："是障[11]之也。防[12]民之口，甚於防川[13]。川壅而潰[14]，傷人必多。民亦如[15]之。是故爲[16]川，決之使導[17]，爲民者，宣[18]之使言。故天子聽政，使公卿至於列士獻詩[19]，瞽獻典[20]，史[21]獻書，師箴[22]，瞍賦[23]，矇誦[24]，百工[25]諫，庶人傳語[26]，近臣盡規[27]，親戚補察[28]，瞽史[29]教誨，耆艾[30]修之，而後王斟酌[31]焉。是以事行而不悖[32]。民之有口也，猶土之有山川也，財用於是乎[33]出，猶其有原隰衍沃[34]

也,衣食於是乎生。口之宣言也,善敗於是乎興,行善而備敗[35],所以阜[36]財用衣食者也。夫民慮之於心,而宣之於口,成而行之,胡[37]可壅也?若壅其口,其與能幾何[38]?"王不聽。於是國人莫敢出言,三年乃流王於彘[39]。(《國語·周語上》[40])

【注解】

[1]厲王:西周時期的周厲王,名姬胡,約公元前877—前841年在位。[2]謗:批評議論。[3]邵公:邵康公的後人穆公虎,爲周厲王卿士。[4]民不堪命:百姓受不了暴虐的政令。[5]衛巫:衛國之巫。[6]監:監察。周厲王以爲巫有神靈,有謗必知。[7]以告:把(謗者)報告(周厲王)。介詞和動詞後都省略了賓語。[8]莫:沒有一個人,沒有什麼人。[9]以目:用眼神示意。[10]弭:消弭,止息。[11]是:代詞,這,那。指殺戮謗者。障:堵塞。[12]防:本義是河堤,這裏用作動詞,堵塞。[13]甚:過,超過。川:河流。[14]壅:壅塞。潰:決口。[15]如:如同,像……一樣。[16]爲:治理。[17]決:掘。導:疏通。[18]宣:放開,疏通。[19]列士:上士。獻詩:以詩來諷諫。[20]瞽:樂師。典:樂典。[21]史:外史。《周禮·春官宗伯》:"外史掌書外令,掌四方之志,掌三皇、五帝之書。"[22]師:小師。箴:規諫。[23]瞍:盲者。賦:賦公卿列士所獻之詩。[24]矇:盲者。矇、瞍、瞽都是盲者,無目曰瞽,無眸子曰瞍,有眸子而無見曰矇。誦:彈唱誦讀箴諫之語。[25]百工:以技藝以事上者。[26]庶人:衆民。傳語:託人傳達意見給國王。[27]近臣:指王身邊的服侍者,如驂僕之屬。盡規:盡心規諫。[28]補:補ези。察:察政。《左傳·襄公十四年》:"自王以下,各有父兄子弟,以補察其政。"[29]史:太史,掌陰陽、天時、禮法之書,以相教誨者。[30]耆艾:師傅。[31]斟酌:考慮去取。[32]悖:逆,不順。[33]乎:語氣詞。[34]原隰衍沃:廣平曰原,下溼曰隰,下平曰衍,有溉曰沃。[35]行善:民所善者行之。備敗:民所惡者備之。[36]所以:靠它來……的途徑。阜:豐厚,這裏是使動用法。[37]胡:疑問代詞,何,怎麼。[38]與:語氣詞。幾何:多少(時間)。這句話意思是不能長久。[39]流:放逐。彘:晉地,在今山西霍州。[40]《國語》:記錄西周、春秋時周、魯、齊、晉、鄭、楚、吳、越八國的人物事迹、言論的國別史,亦稱《春秋外傳》。舊說爲春秋末魯人左丘明所作,與《左傳》同爲解說《春秋》經的姐妹篇。三國時人韋昭爲《國語》作解,總結了漢代學者注釋的成果。清人董增齡作《國語正義》。近人徐元誥作《國語集解》,彙集歷代有關解說,頗便研討。1978年上海古籍出版社校點本《國語》,書後附有《國語人名索引》,是較好的版本。

7. 莊子送葬

莊子送葬,過惠子[1]之墓,顧[2]謂從者曰:"郢人堊慢[3]其鼻端,若蠅翼,使匠石[4]斲之。匠石運斤成風[5],聽而斲之[6],盡堊而鼻不傷,郢人立不失容[7]。宋元君[8]聞之,召匠石曰:'嘗試爲寡人爲之。'匠石曰:'臣則嘗能斲之。雖然[9],臣之質[10]死久矣。'自夫子[11]之死也,吾無以爲質矣!吾無與言之矣!"(《莊子·徐無鬼》)

【注解】

[1]惠子:惠施,戰國時期政治家、哲學家,是名家的代表人物。生於宋國,曾在魏國執政。[2]顧:回頭。[3]郢:楚國都城,這裏指楚國。堊:白土。慢:通"墁",塗抹。[4]匠石:名石的巧匠。斲:砍、削。[5]運斤成風:揮動斧頭,呼呼生風。[6]聽而斲之:放手去砍。表演者表面上似乎給人漫不經心之感。[7]失容:臉色因驚慌恐懼而改變。[8]宋元君:宋元公,名佐,公元前531—前517年在位。[9]雖然:儘管如此。注意,古代漢語中"雖然"的"然"是承指上文,不是開啓下文的。[10]質:對等者,這裏指施展技藝的對象。[11]夫子:指惠子。

8. 秦初并天下

秦初并[1]天下,令丞相、御史曰:"異日韓王納地效璽[2],請爲藩臣[3],已而倍[4]約,與趙、魏合從畔[5]秦,故興兵誅[6]之,虜其王[7]。寡人以爲善,庶幾息兵革[8]。趙王使其相李牧來約盟,故歸其質子[9],已而倍盟,反我太原,故興兵誅之,得其王[10]。趙公子嘉乃自立爲代王,故舉兵擊滅之[11]。魏王始約服入秦,已而與韓、趙謀襲秦,秦兵吏誅,遂破之[12]。荆王獻青陽以西,已而畔約,擊我南郡,故發兵誅,得其王,遂定其荆地[13]。燕王昏亂,其太子丹乃陰令荆軻爲賊[14],兵吏誅滅其國[15]。齊王用后勝計,絶秦使,欲爲亂,兵吏誅,虜其王,平齊地[16]。寡人以眇眇[17]之身,興兵誅暴亂,賴宗廟[18]之靈,六王咸伏其辜[19],天下大定。今名號不更,無以稱[20]成功,傳後世。其[21]議帝號。"丞相綰、御史大夫劫、廷尉斯[22]等皆曰:"昔者五帝地方千里[23],其外侯服夷服[24],諸侯或朝或否,天子不能制[25]。今陛下興義兵,誅殘賊,平定天下，海內爲郡縣[26]，法令由一統，自上古以來未嘗有，五帝所不及。臣等謹與博士議曰：'古有天皇，有地皇，有泰皇，泰皇最貴。'臣等昧死[27]上尊號，王爲'泰皇'。命爲'制[28]'，令爲'詔[29]'，天子自稱曰'朕[30]'。"王曰："去'泰'，著[31]'皇'，采上古'帝'位號，號曰'皇帝'。他如[32]議。"制曰："可。"追尊莊襄王[33]爲太上皇。制曰："朕聞太古有號毋謐[34]，中古有號，死而以行爲謐[35]。如此，則子議父，臣議君也，甚無謂[36]，朕弗取焉。自今已來[37]，除謐法。朕爲始皇帝。後世以計數[38]：二世三世至于萬世，傳之無窮。"

始皇推終始五德之傳[39]，以爲周得火德[40]，秦代周德，從所不勝[41]。方今水德之始，改年始[42]，朝賀皆自十月朔[43]。衣服旄旌節旗皆上黑[44]。數以六爲紀[45]，符、法冠[46]皆六寸，而輿六尺[47]，六尺爲步[48]，乘六馬[49]。更名河[50]曰德水，以爲水德之始。剛毅戾深[51]，事皆決於法，刻削毋仁恩和義[52]，然後合五德之數[53]。於是急法[54]，久者不赦。

丞相綰等言："諸侯初破，燕、齊、荆地遠，不爲置王，毋以填[55]之。請立諸子，唯上幸[56]許。"始皇下其議[57]於群臣，群臣皆以爲便[58]。廷尉李斯議曰："周文武所封子弟同姓甚衆，然後屬[59]疏遠，相攻擊如仇讎[60]，諸侯更相[61]誅伐，周天子弗能禁止。今海內賴陛下神靈一統，皆爲郡縣，諸子功臣以公[62]賦稅重賞賜之，甚足易制[63]。天下無異意，則安寧之術[64]也。置諸侯不便。"始皇曰："天下共苦戰鬭不休，以有侯王。賴宗廟，天下初定，又復立國，是樹兵[65]也，而求其寧息，豈不難哉！廷尉議是[66]。"

分天下以爲三十六郡，郡置守、尉、監[67]。更名民曰"黔首[68]"。大酺[69]。收天下兵[70]，聚之咸陽，銷以爲鐘鐻[71]，金人十二，重各千石[72]，置廷宮中。一法度衡[73]石丈尺。車同軌[74]。書[75]同文字。地東至海暨[76]朝鮮，西至臨洮、羌中[77]，南至北嚮戶[78]，北據河爲塞[79]，並陰山至遼東[80]。徙天下豪富於咸陽十二萬戶。諸廟及章臺、上林皆在渭南[81]。秦每破諸侯，寫放[82]其宮室，作之咸陽北阪[83]上，南臨渭，自雍門以東至涇[84]、渭，殿屋複道周閣相屬[85]。所得諸侯美人鐘

鼓，以充入[86]之。(司馬遷《史記·秦始皇本紀》[87])

【注解】

[1]并：兼併，吞併。公元前221年，秦滅六國，完成兼併大業。[2]異日：往日，先前。效：獻。璽(xǐ)：帝王的印章。[3]藩臣：爲朝廷守邊的屬臣。[4]已而：不久。倍：通"背"，違背，背叛。[5]合從(zòng)：戰國時代東方各國聯合抗秦的策略。從，通"縱"。畔：通"叛"。[6]誅：討伐。[7]虜其王：據《史記·秦始皇本紀》，秦王政十七年(前230)，內史騰攻韓，俘韓王安，盡納其地，以其地爲郡。[8]庶幾：也許，差不多可以。息兵革：使戰爭停止。兵革，本爲兵器和甲冑，這裏借指戰爭。[9]歸：使……歸，放歸。質子：作爲人質的君王之子。這裏指趙國王子春平君。事見《史記·趙世家》。[10]得其王：秦王政十八年(前229)，秦將王翦急擊趙，虜趙王遷，遂滅趙。[11]"趙公子"二句：秦滅趙，趙公子嘉立爲代王，秦王政二十五年(前222)，虜代王嘉。[12]"魏王"四句：秦滅韓，事在秦王政二十二年(前225)。[13]"荊王"六句：秦王政二十四年(前223)，秦將王翦、蒙武遂破楚國，虜楚王負芻。[14]陰：暗中。荊軻：衛人，爲燕太子丹刺殺秦王，未遂身死。爲賊：行刺。[15]"兵吏"句：荊軻行刺事件後，秦將王翦擊燕，燕王喜亡徙遼東，斬丹以獻秦。秦王政二十五年，秦拔遼東，虜燕王喜，滅燕。[16]"齊王"六句：秦滅齊，事在秦王政二十六年(前221)。[17]眇眇：渺小，微小，自謙之詞。眇，同"渺"。[18]賴：依靠。宗廟：祖廟，這裏指祖宗。[19]咸：都。辜：罪。伏其辜：罪行受到懲罰。[20]稱：稱揚，顯揚。[21]其：語氣副詞，表示祈使，命令。[22]綰：王綰。劫：馮劫。斯：李斯。[23]五帝：有多種說法。《史記·五帝本紀》所指的是：黃帝、顓頊(Zhuānxū)、帝嚳(Kù)、堯、舜。地方千里：領土(只有)方圓一千里。[24]侯服夷服：按照儒家傳統的說法，周制以天子所居京城爲中心，直徑一千里內的地方爲王畿，再往外分爲九服，由近及遠，每隔五百里爲一服。這裏"侯服、夷服"指京城以外的遠近地區。參見《史記·夏本紀》《周本紀》。[25]制：制約，控制。[26]郡縣：古代兩級行政區劃，周代縣大於郡，到秦始皇統一中國後，分全國爲三十六郡，郡下設縣。[27]昧死：冒死。[28]制：帝王的命令。《史記集解》引蔡邕曰："制書，帝者制度之命也，其文曰'制'。"[29]詔：詔書，皇帝頒發的文告命令。[30]朕：第一人稱代詞，先秦時一般人也能使用，自秦始皇以後，成爲皇帝或聽政的太后專用的自稱。[31]著(zhuó)：附著，這裏是放上、留下的意思。[32]他：其他。如：按照。[33]莊襄王：秦莊襄王，名子楚，公元前249—前247年在位。[34]毋：通"無"。謐(shì)：封建時代，皇帝和達官貴族死後追贈的稱號。[35]行(舊讀

xíng):品行,事迹。諡號往往是對死者一生德行功業的評價。可參見《逸周書·諡法解》。[36]無謂:沒有意義。這裏的意思是不合道理。[37]自今已來:從今往後。[38]以計數:按照序次數字(作爲後代皇帝的稱號)。[39]推:推求,推論。終始五德:戰國時陰陽五行家以水、火、木、金、土五行相生相克、終而復始的原理來附會王朝的興廢更替,就是所謂"終始五德"。五德,指水、火、木、金、土的屬性。傳:次第。[40]周得火德:五行家認爲夏爲木德,商爲金德,周爲火德,金能克木,火能克金,故商可代夏,周可代商。[41]從所不勝:(秦)取周德敵不過的屬性。水能克火,則秦當爲水德。[42]改年始:古代改朝換代的時候,爲表示受命於天,常常更改一年的歲首。也叫"改正(zhēng)朔"或"改正"。周以建子之月(夏曆十一月)爲歲首,秦以建亥之月(夏曆十月)爲歲首。[43]朔:每月初一。[44]旄旌:用旄牛尾或五色羽毛裝飾的旗。節:符節,使者所持的憑證。上黑:崇尚黑色。上,同"尚",崇尚。五行學説認爲黑色象徵水德。[45]紀:準則。數以六爲紀,意思是數字也尚六。秦自以爲得水德,水主陰,而六屬陰數。《周易》卦中的陰爻(yáo),符號爲"--",就叫作"六"。[46]法冠:御史所戴之冠。本爲楚王之冠,秦滅楚,以此賜給御史,稱法冠。後來漢使節、執法者也戴此冠。[47]輿:車。六尺:指兩輪間的距離。[48]步:古以兩舉足爲一步,即今所謂兩步,作爲長度單位。秦代以六尺爲一步。[49]乘六馬:一輛車駕六匹馬。[50]河:黃河。[51]戾(lì)深:嚴厲、狠毒。[52]刻削:嚴酷。仁恩和義:仁慈、恩惠、和睦、情義。[53]合五德之數:秦以水德,水爲陰,陰主殺。數:命數、規律。這是説秦始皇認爲只有嚴刑苛法纔合於五行規律。[54]急:使動用法。急法:使刑法施行得很嚴苛。[55]填:通"鎮"。鎮壓,安定。[56]唯:表示希望的語氣詞。幸:表示謙敬的副詞。[57]下:交下。議:建議。[58]便:有利,合適。[59]後屬:後裔,後代。[60]仇讎(chóu):仇敵。[61]更相:互相,交相。[62]公:公家的,國家的。[63]足:足以。制:控制,駕馭。[64]術:方法,手段。[65]樹兵:意思是挑起戰爭。[66]是:對的,正確的。[67]郡:每個郡,名詞作狀語,表示周遍。守:郡守,郡的長官。尉:郡都尉,輔佐郡守,掌管武事甲卒。監:監御史,掌管監察檢舉一郡的官吏。[68]黔(qián):黑色。黔首:指百姓。[69]酺(pú):聚飲。[70]兵:兵器。[71]銷:熔化(金屬)。鐻(jù):古代一種獸形的樂器,夾置在鐘旁,由銅製成。[72]石:重量單位。一百二十斤爲石。[73]一:統一。法:法律。度:長度。衡:重量。這裏指量長度和重量的器具。今猶存帶有秦始皇二十六年詔書的秦權(秤錘)和秦量。參見本書第一課文選3。[74]軌:指車輛兩輪之間的距離。[75]書:書寫。秦代以小篆爲規範統一文字。[76]暨(jì):及,同。[77]臨洮(táo):地屬秦代隴西郡,在今甘肅岷縣一帶。羌中:古代西羌人居住之地,在臨洮西南。[78]北嚮户:指南方地區門向北開以取日光。[79]塞:要塞。這裏指河套地區黃河最北邊的河段。秦代九原郡即扼此段黃河。[80]並:傍,沿着。陰山:在内蒙古,地處河套以北。遼東:秦代遼東郡,包括今遼寧東部及朝鮮西北部的一些地方。[81]章臺:秦宫名,以宫内有章臺而爲名。上林:苑名。在今陝西西安長安區、周至、户縣界。渭:渭水,黃河支流,自西向東流經陝西中部,在潼關附近滙入黃河。[82]寫:描摹。放:通"倣"。[83]阪(bǎn):山坡。[84]雍門:地名,在今陝西鳳翔一帶。涇:涇水,渭水支流,在高陵附近滙入渭水。[85]複道:閣道,空中甬道。周閣:環行的長廊。一説是周圍的樓閣。屬:連綴,連接。[86]充入:置入,放進去。[87]《史記》:原名《太史公書》,西漢司馬遷(約前145—?)撰,一百三十卷。遷字子長,左馮翊夏陽(今陝西韓城)人,官太史令。《史記》是我國第一部紀傳體通史,記述了自黃帝迄漢武帝約三千年的歷史,尤詳於戰國秦漢史,計十二本紀,十表,八書,三十世家,七十列傳,共一百三十篇。該書旨在"究天人之際,通古今之變,成一家之言",是歷史、文學經典巨著。是書流傳中有殘缺,漢元、成間褚少孫等補綴數篇,後人注釋有南朝宋裴駰《集解》八十卷、唐司馬貞《索隱》和張守節《正義》各三十卷,宋人將三家注合刊,分排于正文之下。通行之本,主要有《百衲本二十四史》影印的宋黃善夫本,清乾隆年間校刻的武英殿本和同治年間金陵書局刊行的張文虎校正本,都是彙刻三家注本。金陵書局本後出,而所作的校正比較精審,1959年標點本《史記》就是依此爲底本加工整理的。論著有清梁玉繩《史記志疑》、日人瀧川資言《史記會注考證》、陳直《史記新證》等。選本有王伯祥《史記選》、韓兆琦《史記選注集説》等。

[練習與思考]

一、思考問答題

1. 舉例説明什麽是詞的本義,什麽是詞的引申義。
2. 古今詞義的變化有哪幾種情況?

二、解釋下列句中加下劃綫的字,並指出是單音詞還是複音詞

1. 天地盈虛,與時消息。(《周易·豐卦》)
2. 鷹乃學習。(《禮記·月令》)
3. 人有恆言,皆曰天下國家。(《孟子·離婁上》)

4. 是故明王不舉不參之事，不食非常之食。(《韓非子·備內》)

5. 必使仰足以事父母，俯足以畜妻子。(《孟子·梁惠王上》)

三、解釋下列各句中加下劃綫的詞的意義，並說明它們古今詞義有何變化

1. 田中有株，兔走，觸株折頸而死。(《韓非子·五蠹》)
2. 不憤不啓，不悱不發。(《論語·述而》)
3. 覽冀州兮有餘，橫四海兮焉窮？(《楚辭·九歌·雲中君》)
4. 祈父！予王之爪牙。(《詩經·小雅·祈父》)
5. 梁惠王曰："寡人恨不用公叔座之言也。"(《史記·商君列傳》)
6. 先帝不以臣卑鄙，猥自枉屈，三顧臣於草廬之中。(《出師表》)

四、借助工具書，指出下列詞的本義和引申義

1. 間
2. 發
3. 益
4. 快
5. 及
6. 約
7. 張
8. 理

五、斷句並分析加下劃綫的字的本義

齊宣王問曰湯放桀武王伐紂有諸孟子對曰於傳有之曰臣弒其君可乎曰賊仁者謂之賊賊義者謂之殘殘賊之人謂之一夫聞誅一夫紂矣未聞弒君也

第四課　詞　彙

一　同源詞和同義詞

我們先來看兩組詞：

第一組：莖(jīng)—頸(jǐng)—剄(jǐng)。《説文》："莖，枝柱也。从艸，巠聲。""頸，頭莖也，从頁，巠聲。""剄，刑也。从刀，巠聲。"

第二組：顙(sǎng)—題(tí)—額(é，同"額")。《説文·頁部》："顙，額也。""題，額也。""額，顙也。"

第一組中，"頸"解釋爲"頭莖"，可以看出是來源於隱喻，植物枝幹的形狀和功能與頭頸相似，因此用其音義來命名。而"剄，刑也"的解釋，很明顯是"以刀加於頸"的意思。這三個詞讀音相同或相近，意義相因，具有認知上的相同點。我們稱這樣的詞爲同源詞。第二組中，三個詞意思相同，但是讀音上没有聯繫，没有共同的來源。我們稱這樣的詞爲同義詞。

在語言發展的過程中，由於認知上的聯繫，對一些相同、相近或相因的意義，人們用相同或相近的聲音去表示，積累了很多同源詞。著名語言學家王力在《同源字典·同源字論》中，對什麽是同源字作了界説："凡音義皆近，音近義同，或義近音同的字，叫作同源字。這些字都有同一來源。或者是同時產生的，如'背'和'負'；或者是先後產生的，如'氂'（牦牛）和'旄'（用牦牛尾裝飾的旗子）。同源字，常常是以某一概念爲中心，而以語音的細微差别（或同音）表示相近或相關的幾個概念。"又説："我們所謂同源字，實際上就是同源詞。"

同源詞最重要的特徵就是其音義源於一個共同的源頭，因此造成它們之間音同義通、音同義近或音近義通，但是在具體詞義或用法上有所差別，這是爲了表達千差萬別的意思所發生的分化。這種變化從時間上和邏輯上是一種縱向的變化，是歷時的現象。

　　而同義詞是從共時的角度來說的，是某一具體的歷史時期的漢語中具有相同意義的一組詞。它們的來源各不相同，它們產生的時代也可能有差別，它們的意義和用法也可能存在細微的差別。因此，同義詞嚴格說起來應該是"近義詞"，是同中有異，大同小異。同義詞的比較和辨析重在求異，而古漢語同義詞之間的細微差別，尤其應加以重視。

二　同義詞的比較和辨析

　　下面我們主要以上古漢語爲對象分析其同義詞使用狀況及發展變化。古漢語同義詞的差別主要表現在詞義微殊、功能分工和感情色彩不同。

（一）詞義微殊

1. 詞義側重點不同。例如：

視　望　觀　看　見　睹

　　"視"是近看，所以能引申出"視察"的意思。"望"是遠看，所以可引申出"盼望"的意思。"觀"是有目的地看，所以能引申出"欣賞"的意思。"觀"可遠可近（如觀潮、觀戰、觀棋）。"見"是"視"和"望"的結果，所以《禮記·大學》說"心不在焉，視而不見"，《戰國策·趙策四》說"故願望見太后"。"睹"是"見"的同義詞（但少用），因此可說"熟視無睹""耳聞目睹"。"看"是探望。《韓非子·外儲說左下》："梁車新爲鄴令，其姊往看之。"早期的"看"是訪問、探望的意思（《世說新語》一書有許多這類"看"字），最初與"視"不同義，後來纔逐漸同義。

寢 臥 眠 寐 睡

"寢"指在牀上睡覺,或病人躺在牀上。"寢"可以是睡着(zháo),也可以是没有睡着。"寐"是睡着。《國語·晉語一》:"歸寢不寐。"《公羊傳·僖公二年》:"寡人夜者寢而不寐。"就是指没有睡着。"臥"是靠着几(一種矮桌子)睡覺,所以《孟子·公孫丑下》説:"坐而言,不應,隱几而臥。""眠"是閉上眼睛,原寫作"瞑"。《莊子·德充符》:"倚樹而吟,據槁梧而瞑。""睡"是"坐寐",即坐着打瞌睡,與寢不同。《戰國策·秦策一》:"讀書欲睡,引錐自刺其股。"《史記·商君列傳》:"孝公既見衛鞅,語事良久,孝公時時睡,弗聽。""假寐"則是不脱衣冠而睡。《左傳·宣公二年》:"尚早,坐而假寐。"到了中古以後,詞義有了變化,"睡"即等於"寐"。如杜甫《彭衙行》:"衆雛爛熳睡,唤起沾盤餐。"

聽 聞

"聽"是一般的聽,"聞"是聽見。"聞"與"聽"的關係等於"見"與"視"的關係,所以《禮記·大學》説"心不在焉,視而不見,聽而不聞"。

哭 泣 號 啼

"哭"是有聲有淚,"泣"是無聲有淚(若泣而有細微的聲音,則叫作"嗚咽")。"號"是哭而且言,"啼"是痛哭。後來"啼""號""哭"三字漸漸没有分別。

赤 朱 丹 絳 紅

"赤"是紅,"朱"是大紅。"朱"深於"赤",但是籠統地説就没有分別。由於"朱"是大紅,所以是正色。"丹"是丹砂的顔色,比"赤"淺些。"絳"是深紅,比"朱"更深。"紅"是赤白色,也就是淺紅。按照深淺的次序,這五種顔色是:絳,朱,赤,丹,紅。到了中古時代,"紅"和"赤"没有分別。

2. 詞義程度有差別。

憾 恨 怨

"憾"和"恨"詞義相同:先秦一般只用"憾",漢代以後多用"恨"。"恨"和"怨"詞義程度差別很大,"恨"淺而"怨"深。"恨"是引爲憾事、感到遺憾。《史記・淮陰侯列傳》："大王失職入漢中,秦民無不恨者。"又:"信言恨不用蒯通計。"又《魏其武安侯列傳》:"恨相知晚也。"古代的"恨"字没有"仇恨""懷恨在心"的意思。"怨"纔是"懷恨在心",纔是"仇恨"。《史記・淮陰侯列傳》:"二人相怨。"又《魏其武安侯傳》:"武安由此大怨灌夫、魏其。"這些"怨"字都不能换成"恨"字。

3. 詞義互補。

堅　固　剛　強

"堅"的本義是土硬,"剛"的本義是刀硬("鋼"字由此發展而來),"彊"的本義是弓有力,後來寫作"強","固"的本義是四面閉塞,難攻易守。由本義的不同,可以看出它們之間的差别。"固"字用於城郭險阻的時候,不是"堅""剛""強"所能代替的。"強"字用於本義時,如杜甫《前出塞》"挽弓當挽強",也不是其他三字所能代替的。"堅""剛""強"三字的分别又可以從它們的反義詞"脆""柔""弱"看出來。當然,四字相通的地方是有的。

肌　肉

"肌"是人的肉,"肉"是禽獸的肉(特指供食用的肉)。在先秦,二者區别很嚴,"肉"一般不指人的"肌肉",除非是:①"骨"和"肉"連用或並舉。②指稱死人。如《戰國策・趙策四》:"骨肉之親也。"《墨子・節葬》:"其親戚死,朽其肉而棄之,然後埋其骨。"漢以後,"肉"用來指人的肌肉,也是有條件的。"肌"指稱禽獸的肉則很少見。

皮　革　膚

"皮""革"是獸皮。帶毛的叫"皮",去了毛的叫"革"。"膚"是人皮的專稱。在古代,"皮"和"革"不能用來指人的皮膚,只有在咒罵所憎恨的人時,纔説"食其肉,寢其皮",這是把對方當禽獸來看待了。"膚"也不能指禽獸的皮。

領　項　頸

"領"是脖子的通稱,"項"是脖子的後部,"頸"是脖子的前部。《史記・張耳陳餘列傳》:"兩人相與爲刎頸交。""刎頸"不能説成"刎項"或"刎領"。後代"頸"字也變爲脖子的通稱。

4. 詞義具象、抽象分工。

道　路

"道""路"二者都可用於"道路"的實體意義，但用於抽象意義時，"道"的許多引申義都是"路"所沒有的。如思想、學說，方法、技巧、道理、規律等。就是"途徑"這個意義，一般也多用"道"，不用"路"。

美　麗

在"美麗""華美"這種意義上，二者同義。但"麗"應用的範圍較狹，多表示具體的事物，而且只限於衣飾、宮室、器皿、容貌和顏色等視覺所能及的方面，如"絢麗""都麗""秀麗"等。"美"應用的範圍比較寬，各種感官所及的方面，都可以用"美"來表示，既可用於具體事物，也可用於抽象事物。

法　律

"法"所指的範圍大，多偏重於"法則""制度"等意義，所以"遵先王之法"不能說成"遵先王之律"，"變法"不能說成"變律"。"律"所指的範圍小，多着重在具體的刑法條文。用作動詞時，"法"指"效法""傚效"，"律"指"根據某一準則來要求"。

（二）語用功能上有所不同

言　語　謂　曰

"言"是說話，可以是跟別人說話，也可以沒有對象自言。"語"則一定是對別人說話，兩者區別很清楚。如《左傳·僖公三十年》："佚之狐言於鄭伯。"這是佚之狐向鄭伯進言，《宣公二年》的"嘆而言曰"，是自己慨嘆，並沒有聽者。這些地方的"言"都不能換成"語"。"言"用作及物動詞時，一般只能帶指事物的賓語，表示說什麼。《左傳·成公二年》："豈敢言病。"《論語·學而》："賜也，始可與言詩已矣！"而"語"既能帶指人的賓語，表示對誰說，也能帶指事物的賓語，表示說的內容，還可以帶雙賓語，表示對誰說什麼。例如《論語·陽貨》："居，吾語女。"《莊子·在宥》："又奚足以語至道。"《左傳·隱公元年》："公語之故，且告之悔。"《莊子·在宥》："吾語女至道。"這都是"言"字所不能代替的。"謂"和"曰"是"説"的意思，後面有引語。但"謂"後可以帶指人的賓語，"曰"字後面則緊跟着引語。例如《論語·爲政》："或謂孔子曰：'子奚不爲政？'子曰：'《書》云："孝乎！惟孝，友于兄弟，施於有政。"是亦爲政，奚其爲爲政？'"

樹　木

"樹"和"木"的顯著區別有兩點：①"樹"可以是動詞，"木"不可以用作動詞；②"木"可以當"木材"講，"樹"不可以當"木材"講。在先秦，"樹"字一般只用作動詞。《詩經·鄭風·將仲子》："無折我樹杞。"孔穎達疏："無損折我所樹之杞木。"這是正確的解釋。"樹"作爲動詞時，也不限於種木，還可表示種草。《詩經·衛風·伯兮》："焉得諼草（萱草），言樹之背（北堂）。"動詞"種"字，戰國時代纔出現。《孟子·滕文公上》："許子必種粟而後食乎？"

命　令

二者都有"使"的意思，但"令"往往用作不及物動詞（不帶賓語），表示發出命令。如《論語·子路》："其身正，不令而行；其身不正，雖令不從。""命"則多帶賓語。如《列子·湯問》："帝感其誠，命夸蛾氏二子負二山。""命"還可以作賓語，如《孟子·離婁上》："既不能令，又不受命。""令"帶賓語時，和"命"也有區別。"命"多指上級命令下級，"令"一般只有"使"的意思。如《老子·第十二章》："五色令人目盲，五音令人耳聾，五味令人口爽，馳騁田獵令人心發狂，難得之貨令人行妨。"

（三）感情色彩不同

征　伐

最初"征"是褒義詞，"伐"是中性詞。"征"只用於上（天子）進攻下（諸侯），有道的進攻無道的。"伐"用於諸侯國之間，不是上對下，也不一定限於有道對無道；不過起兵的一方總得有個理由，而且進軍的時候還必須有鐘鼓，以表示自己的行動是公開的（否則叫"襲"）。後來因爲經常是"征伐"連用、"討伐"連用，所以"伐"也逐漸用於褒義。

謗 譏

"謗"最初的意思是批評、議論別人的過失,並無貶義。如《國語·周語上》:"厲王虐,國人謗王。"後來多用於貶義,意思是毀謗,説別人壞話。如《史記·屈原賈生列傳》:"信而見疑,忠而被謗,能無怨乎?""譏"是諷刺、批評別人的過失,没有貶義,是中性詞。如《左傳·襄公二十九年》:"自《鄶》以下無譏焉。"

三 從歷時的角度看同義詞

同義詞的形成,是語言發展、詞彙積累和演變的結果。從歷時的角度看,許多後世所謂的同義詞,上古本義非同義詞,區別明顯,後來引申演變而成爲同義詞。相反,許多原來的同義詞,後世分道揚鑣,變成意義上不相干的詞了。從歷時的角度看,同義語義場中還有其他一些有意思的現象,下面分别舉例説明。

(一) 非同義詞演變爲同義詞

江 河

"江"與"河"原來都是專名,"江"指長江,"河"指黄河,當然不是同義詞。後代被引申爲一般河流的通稱時,則變爲同義詞。

脚 足

"脚"上古原本指小腿,與"足"分工明確。《素問·水熱穴論》:"伏菟上各二行,行五者,此腎之街也,三陰之所交結於脚也。"鄒陽《獄中上梁王書》:"昔司馬喜臏脚於宋,卒相中山。"司馬遷《報任安書》:"孫子臏脚,兵法修列。""脚"當作"足"來使用的是後起義。杜甫《乾元中寓居同谷縣作歌》:"手脚凍皴皮肉死。"《北征》:"見耶背面啼,垢膩脚不襪。"句中的"脚"與"足"同義。

行 走

古代所謂"行",現代叫"走";古代所謂"走",現代叫"跑"。《釋名·釋姿容》:"兩脚進曰行……疾行曰趨……疾趨曰走。"例如,《論語·鄉黨》:"立不中門,行不履閾。"《韓非子·内儲説下》:"於是公子從其計,疾走出門。"現代漢語普通話中"行""走"差不多同義了,只有華南一些方言(如粵方言、客家方言等)還保存古義。

貧　窮

在古代(特别是上古),"貧"和"窮"是完全不同的兩個概念。"貧"是缺乏衣食金錢;"窮"是無路可走,特指仕途不通,不能顯貴。兩者的區别從它們的反義詞也可以看得很清楚:"貧"的反義是"富","窮"的反義是"通"或"達"。《莊子·德充符》:"死生存亡,窮達貧富。""窮達"對舉,"貧富"對舉,是很明顯的。"困窮"連用時,包括有"貧困"的意思。後來"窮"單用也漸漸能表示"貧"了。不過這是很晚的事情了。

速　快

"速"是迅疾。《禮記·檀弓上》:"喪欲速貧,死欲速朽。"《孟子·梁惠王下》:"王速出令。"而"快"本爲"高興""愉快"義。《周易·旅卦》:"得其資斧,心未快也。"《孟子·梁惠王上》:"抑王興甲兵,危士臣,構怨於諸侯,然後快於心與?"《後漢書·朱浮傳》:"凡舉事無爲親厚者所痛,而爲見讎者所快。"可見"速"與"快"詞義原本毫無瓜葛(從字形的形旁也可以看出來,前者从辵,後者从心),後來"快"引申發展出"迅捷"義,纔與"速"成爲同義詞。

(二)同義詞演變爲非同義詞

后　君

"后"本義是君主。《爾雅·釋詁》:"后,君也。"古籍中"后羿""后稷""夏后氏"的"后"都是君主的意思。後來君王的嫡妻稱爲"后",君王的母親稱爲"太后"。如《戰國策·趙策四》:"趙太后新用事,秦急攻之。"《史記·高祖本紀》:"吕公女乃吕后也。"

逆　迎

"逆"本義是面對面地走,與"迎"同義,都可引申爲"迎接"。《左傳·隱公八年》:"鄭公子忽如陳逆婦嬀。辛亥,以嬀氏歸。"《國語·晉語七》:"欒武子使智武子、彘恭子如周迎悼公。庚午,大夫逆於清原。"第二個例句"迎""逆"互用,尤其明顯。後來"逆"的"迎接"義逐漸不用,多用其"忤逆""叛逆""作對"義,就與"迎"分道揚鑣了。

(三) 古今詞義分工的換位

從歷時的角度,我們還可以發現有些同義詞古今詞義的分工發生了換位。例如:

盜　賊

用作動詞時,上古"盜"字只指偷竊,"賊"字指殺人搶劫。用作名詞時,"盜"字多指偷竊東西的人,而"賊"字指叛民或亂臣。"盜""賊"二字的上古意義,跟現代意義差不多正好相反。《荀子·儒效》:"故人無師無法,而知則必爲盜,勇則必爲賊。"可見盜是偷竊的,賊是搶劫的。當然,上古強盜也可以稱"盜",例如盜跖就是傳說中的強盜的首領;但偷東西的決不能稱"賊"。而"偷"上古漢語中一般有"苟且""不嚴肅""不合道義"的意思,如《楚辭·離騷》:"惟夫黨人之偷樂兮。"《論語·泰伯》:"故舊不遺,則民不偷。"注意:在古代漢語裏,"偷"一般不作"偷竊""偷盜"講;特別是先秦,更沒有這種意思。"偷"的"偷盜""偷竊"義是後起的,正好取代了"盜"原有的意思。

醋(zuò)　酢

據《說文解字》,"醋"用作動詞:"客酌主人也。"跟詞義爲"主人進客也"的"醻(酬)"相對。而"酢"用作形容詞和名詞:"酢,鹼也。""鹼,酢漿也。""酸,酢也……關東謂酢曰酸。"

按:《齊民要術·種桃柰》:"桃酢法。桃爛自零者,收取内之於甕中,以物蓋口,七日之後,既爛,漉去皮核,密封閉之,三七日,酢成,香美可食。"這裏"酢"用作名詞。《齊民要術·造神麴并酒》:"直以單布覆甕口,斬席蓋布上,慎勿甕泥,甕泥封交卽酢壞。"這裏"酢"用作形容詞。

到後來,作動詞就只用"酢",且總是"酬酢"連用。"醋"只用作名詞,跟"酢"換了位。"酢"有時還作形容詞用。但是到現代漢語中,形容詞只用"酸"了。

（四）同義語義場中的另類詞

幾個同義詞構成一個同義語義場，在特定的同義詞序列中，往往有一兩個比較特別的另類詞。如：

之 如 適 往 赴

在到某地去的意義上，"之""如""適"沒有什麼分別。"之齊""如齊""適齊"可以互換；可能是方言的不同。"往"和這三個詞的分別較大。這三個詞帶直接賓語，而"往"不帶直接賓語，上古不說"往齊"。《孟子·滕文公下》："匍匐往，將食之。"目的地是不言而喻的。又《梁惠王下》："芻蕘者往焉，雉兔者往焉。""焉"相當於"於是"，可以看成補語，而不是直接賓語。又《滕文公下》："往之女家。"正是由於"往"不能帶直接賓語，所以後面再加動詞"之"字。"赴"字和其他四字分別很大，因為它表示奔向（特別是奔向水火或凶險之境），而不是簡單的"往"。"赴"字能帶直接賓語，在這一點上跟"之""如""適"相同。

畏 恐 懼 驚

這四個詞應該分為兩類："畏""恐""懼"為一類，"驚"為一類。"畏"是對權威者的敬畏、害怕。如《國語·晉語八》："民畏其威而懷其德。""恐"和"懼"意義相同，但"恐"比"懼"更嚴重一些，常常用來表示大難臨頭，驚慌失措。如《左傳·僖公二十六年》："室如縣罄，野無青草，何恃而不恐？"現代有雙音詞"恐怖"。"驚"的主要特點是突然的感受，由於一種外界刺激，使人的內心動蕩。"驚"可以是害怕、恐懼，也可以是其他的感受。《戰國策·燕策三》："荊軻逐秦王，秦王還柱而走。群臣驚愕，卒起不意，盡失其度。"這是驚恐。陶淵明《詠荊軻》："商音更流涕，羽奏壯士驚。"這是壯士被音樂激發了情緒，更加慷慨激昂了。這些意義都是"恐""畏""懼"所不具備的。

（五）新詞的產生和同義詞的形成

從歷時的角度，我們發現同義詞形成的過程，往往就是新詞產生的

過程。也就是說,同義詞之間往往有一個歷時先後關係。如:

寒　冷

《論語·子罕》:"歲寒,然後知松柏之後彫也。"楊惲《報孫會宗書》:"衆毁所歸,不寒而栗。"王安石《遊褒禪山記》:"有穴窈然,入之甚寒。"西漢以前没有"冷"字,"冷"的意義都說成"寒"。所以上古漢語也就不存在這樣的一對同義詞。

眼　目

"目"字産生得早,甲骨文中就有。"眼"字晚出。先秦古籍中,用"目"的多,用"眼"的很少;兩漢以後的作品,用"眼"的逐漸多起來,後來在口語中竟取代了"目"的"眼睛"這一意義。

求　尋　覓

在"找"的意義上,這三個字是同義詞。但是有時代先後的不同。在上古時代只用"求"字,如"刻舟求劍";中古以後才用"尋"和"覓"。"尋"多用於找東西,"覓"多用於找人,但是區別並不嚴格。

類似的還有"舟""船","首""頭","赤""紅","溫""暖",等等,均爲新詞與已有的舊詞構成同義詞關係。

四　詞的組合連用和雙音化

上古漢語中的詞多爲單音單純詞,但是在語言的使用中,這些單音單純詞常常互相組合連用,以使表義更加精確、清晰和便於互相區别,來適應社會生活和語言本身日益發展的需要。語言中便大量地産生了這種按照不同語法關係結構起來的組合。最初它們作爲短語用在句子當中,但是使用的頻率高了,時間長了,它們就逐漸固定下來,中古以降,它們陸續凝固成爲雙音節的詞。因此我們在閱讀上古文獻時,常常可以看到一些與今天的雙音節詞形式相同的結構,而這些結構在上古文獻中其實是短語而不是詞。如:

男子/女子

《詩經·小雅·斯干》:"乃生男子,載寢之牀……乃生女子,載寢之地。"這裏的"男子""女子"都是偏正結構短語,是男孩子、女孩子的意思。

指示

《史記·蕭相國世家》:"夫獵,追殺獸兔者,狗也,而發蹤指示獸處者,人也。"這裏的"指示"是聯合結構短語,意思是"指給……看"。

知道

《禮記·學記》:"人不學,不知道。"《荀子·解蔽》:"故治之要在於知道。"這裏的"知道"都是動賓結構短語,是懂得道理、瞭解規律的意思。

身體

《韓非子·外儲說左上》:"墨子者,顯學也。其身體則可,其言多不辯。"這裏的"身體"是偏正結構短語,"身"是自身、親自的意思,"體"是體驗、實行的意思。

疾病

《左傳·宣公十五年》:"武子疾,命顆曰:'必嫁是。'疾病則曰:'必以爲殉。'及卒,顆嫁之,曰:'疾病則亂,吾從其治也。'"這裏的"疾病"是動補結構短語,"疾"是生病,"病"是疾病(或勞累、飢餓、受傷)到了嚴重程度。

地方

《孟子·告子下》:"天子之地方千里。不千里,不足以待諸侯。諸侯之地方百里。不百里,不足以守宗廟之典籍。"這裏的"地方"是主謂結構短語,"地"是土地,"方"是方圓的意思。"地方千里"即土地有方圓一千里。

顏色

《史記·屈原賈生列傳》:"屈原至於江濱,被髮行吟澤畔,顏色憔悴,形容枯槁。"這裏的"顏色"是偏正結構短語,"顏色"就是面顏之氣色。

學習

"學"可以單用,也可以帶賓語。《論語·述而》:"學而不厭。"又《子張》:"仕而優則學,學而優則仕。"又《子路》:"樊遲請學稼。"而

"習"本義爲鳥反復地飛，頻繁地飛。《禮記·月令》："鷹乃學習。"引申爲反復練習，鑽研。《論語·學而》："學而時習之。"又："傳不習乎？"引申爲熟習，通曉。《戰國策·齊策四》："問門下諸客：'誰習計會，能爲文收責於薛者乎？'"上古漢語"學""習"是兩個獨立動詞，前者重在獲得知識，後者重在付諸實踐。在"鷹乃學習"中，"學習"雖連用，但無疑還是短語。而在現代漢語中"學習"已經是一個固定的複音詞了。從起初兩個獨立的單音詞組成的短語到後來變爲一個雙音詞，這是漢語詞彙雙音化的主要途徑。雙音化是一個漫長的過程，不可能一蹴而就，其間肯定有一個過渡，在中間的某個階段，我們很難斷然區分某個雙音節成分到底是短語還是詞。

牙齒

"牙"是牙牀後部的大牙，"齒"是排列在前面的門牙。所以"唇亡齒寒"不能說成"唇亡牙寒"。"齒"的各種引申義"牙"都沒有。上古漢語中它們是兩個分工明確、毫不混淆的近義詞。而後代漢語中"牙齒"則漸漸凝固成爲一個概念，卽"人和高等動物咬切、咀嚼食物的器官，由堅固的骨組織和釉質構成"，旣可以是大牙也可以是門牙。比如三國魏曹丕《十五》詩："號羆當我道，狂顧動牙齒。""牙齒"連用或許還未定型。宋陸游《雨夜南堂獨坐》詩"老夫眼暗牙齒疏，七十未滿六十餘"，這裏的"牙齒"已成詞了。而在魯迅《墳·從鬍鬚說到牙齒》中"聽說牙齒的性質的好壞，也有遺傳的"，這時"牙齒"斷然是一個複音詞了。

國家

古代諸侯的封地稱"國"，大夫的封地稱"家"。如《孟子·離婁上》："人有恆言，皆曰天下國家，天下之本在國，國之本在家，家之本在身。"可見其中的"國家"當是聯合結構短語。而後來"國家"漸成爲國之通稱並成爲一個詞，意義偏在"國"而不在"家"。像這樣的一類詞稱爲"偏義複詞"。

影響

"影""響"的原義分別是影子和回聲。"影響"是聯合結構短語。僞古文《尚書·大禹謨》："惠迪吉，從逆凶，惟影響。"孔傳："吉凶之報，若影之隨形,響之應聲,言不虛。"隋李諤《上隋高祖革文華書》:"下之從上,有同影響,競騁文華,遂成風俗。"宋葉適《大祥設醮青詞》:"母亡子在,徒想音容;祝孝瑕慈,豈迷影響?"後來漸漸虛化,引申爲"效應""作用"義,結構上也固化爲一個複音詞。

古代漢語中的短語固化爲複音詞,其詞素之間的語法關係大部分與原來的短語内部的結構關係是一致的,但是也有一些複音詞改變了原來的結構關係。比如上述的"國家",原來是聯合結構的短語,變成了偏義複詞。又如《史記·孟子荀卿列傳》:"田駢之屬皆已死。齊襄王時,而荀卿最爲老師。"句中"老師"是偏正結構短語,而現代漢語中"老師"的"老"已經虛化爲詞頭。

漢語詞彙的雙音化,還和漢語的韻律結構有極大的關係。韻律規則要求兩個音節結合成一個音步,音步作爲基本的韻律單位組成更大的韻律結構。韻律規則是漢語詞彙雙音化的強大動力。

韻律單位和句法單位並不總是協調一致的。像在"文武之道,未墜於地"(《論語·子張》)中,"於地"是一個音步,也是一個句法單位(介詞短語,作句子補語),但是在"昔子胥忠於其君,而天下爭以爲臣"(《史記·張儀列傳》)中,"忠於"是一個音步,但是其中的"於"却是從下一個句法單位(介詞短語"於其君")中拉過來的。像"忠於"這一類由於韻律的原因而形成的單位叫作"韻律詞"。有些韻律詞經過長期使用,成了漢語詞彙中的正式成員。

[文選]

1. 井有仁

宰我[1]問曰:"仁者,雖告之曰:'井有仁[2]焉。'其從[3]之也?"子曰:"何爲其然也[4]?君子可逝[5]也,不可陷[6]也;可欺也,不可罔[7]也。"(《論語·雍也》)

【注解】

[1]宰我:孔子弟子宰予,字子我。[2]仁:仁人。一説"仁"當作"人"。[3]其:

將。從：跟隨,這裏是跟着跳下井(去救人)的意思。[4]何爲其然也:怎麼能這樣做呢？[5]逝:往,到(井那裏)去。這裏是使動用法。[6]陷:掉入井、坑之中。這裏是使動用法。以上兩句的意思是,(這種謊言)可以讓君子到井邊去(看看虛實),不能讓他(盲目地)跳下井去。[7]罔:用歪門邪道愚弄人,與"欺"有異。《孟子·萬章上》:"君子可欺以其方,難罔以非其道。"請參閱本書第八課文選7。

2. 君子亦有惡乎

子貢曰:"君子亦有惡[1]乎？"子曰:"有惡,惡稱人之惡[2]者,惡居下流而訕上[3]者,惡勇而無禮[4]者,惡果敢而窒[5]者。"曰:"賜也亦有惡乎[6]？""惡徼以爲知[7]者,惡不孫[8]以爲勇者,惡訐以爲直[9]者。"(《論語·陽貨》)

【注解】

[1]惡(wù):憎恨,憎惡。[2]稱:稱揚,宣揚。人之惡(è):別人的不善。[3]下流:下位。一說本無"流"字,爲後人所加。訕:詆毀誹謗。上:上位者,君上。[4]勇而無禮:《論語·泰伯》:"勇而無禮則亂。"[5]窒:窒塞,不通於理。[6]賜:子貢之名。這句是孔子問子貢的話。[7]徼(jiào):伺察,偷看。這裏是抄襲之意。知(zhì):同"智"。[8]孫:通"遜",謙遜。[9]訐(jié):揭發、攻擊他人的隱私。直:正直。

3. 紂之不善不如是之甚也

子貢曰:"紂[1]之不善,不如是之甚[2]也。是以君子惡居下流[3],天下之惡皆歸[4]焉。"(《論語·子張》)

【注解】

[1]紂(Zhòu):末代商王,名辛。[2]不如是之甚:不像(現在傳說的)這麼厲害。[3]惡(wù):憎恨、厭惡。下流:地形卑下,衆流所歸之處。這裏用來比喻因有惡行而地位卑下。[4]惡(è):罪惡、壞名聲。歸:集中、聚集。

4. 季氏將伐顓臾

季氏將伐顓臾[1]。冉有、季路[2]見於孔子曰:"季氏將有事[3]於顓臾。"孔子曰:"求！無乃爾是過與[4]？夫顓臾,昔者先王以爲東蒙主[5],且在邦域之中[6]矣,是社稷之臣也[7]。何以伐爲[8]?"冉有曰:"夫子[9]欲之,吾二臣者皆不欲也。"孔子曰:"求!周任[10]有言曰:'陳力就列[11],不能者止[12]。'危而不持[13],顛[14]而不扶,則將焉用彼相[15]矣?且爾言過[16]矣。虎兕出於柙[17],龜玉毁於櫝[18]中,是誰之過與?"冉有曰:"今夫顓臾,固而近於費[19]。今不取,後世必爲子孫憂。"孔子曰:"求!君子疾夫舍曰欲之而必爲之辭[20]。丘也聞:有國有家者[21],不患寡而患不均,不患貧而患不安[22]。蓋均無貧,和無寡,安無傾[23]。夫如是,故遠人不服[24],則修文德以來[25]之。既來之,則安[26]之。今由與求也,相夫子,遠人不服而不能來也,邦分崩離析[27]而不能守也,而謀動干戈[28]於邦内。吾恐季孫之憂,不在顓臾,而在蕭墻[29]之内也。"(《論語·季氏》)

【注解】

[1]季氏:季孫氏,時爲魯國上卿。顓臾(Zhuānyú):伏羲之後,風姓之國,春秋時爲魯國的附庸國家。今山東省平邑縣有顓臾村,當是古顓臾遷徙之地。[2]冉有:孔子弟子冉求,字子有。季路:孔子弟子仲由,字子路,一字季路。[3]有事:指用兵。《左傳·成公十三年》:"國之大事,在祀與戎。"[4]無乃:語氣詞,恐怕。爾是過:責備你們。這裏代詞"爾"是動詞"過"的前置賓語,"是"字是用來凸顯前置賓語的助詞。與:同"歟",疑問語氣詞。[5]昔者:從前。先王:指先代周天子。東蒙:蒙山,在今山東蒙陰縣南,接費縣界。主:主持祭祀者。[6]邦域之中:魯國國境之内。[7]是:指示代詞作句子的主語。下文"是誰之過與"的"是"同此。社稷:古代天子、諸侯受土爲君,立社稷以祭。社稷就成爲政權的象徵。這句是説,那顓臾已經是魯國的屬臣了。[8]何以……爲:爲什麽要……?哪裏用得着……?[9]夫子:這裏是指季氏。[10]周任:古代的一位史官。[11]陳力:施展出能力。就列:等於説就位,擔任官職。[12]止:停止,放棄。[13]持:攙持。[14]顛:顛蹶,跌倒。[15]焉用:哪裏用得着。相(xiàng):導盲者。這裏是對冉有、子路身份的比喻。[16]過:錯。[17]兕(sì):犀牛。柙(xiá):籠子。[18]龜:龜殼。櫝(dú):匣子。[19]固:指城郭堅固。費(Bì):季氏的采邑,地在今山東費縣西北。[20]"君子"句:君子討厭那種不説自己想要如何却一定另找藉口的態度。爲之辭:雙賓語結構,給那種做法找託辭。[21]有國有家者:諸侯和大夫。先秦時諸侯的封地稱爲"國"或"邦",大夫的封地稱爲"家"。[22]患:憂慮,擔憂。

寡:指人口少。"不患"兩句當作"不患貧而患不均,不患寡而患不安"。下文"均無貧,和無寡"可以爲證。[23]"均無"三句:意思是,財富平均就無所謂貧,百姓和睦就不怕人口少,民生安定國家就沒有傾覆的危險。[24]服:歸服,歸附。[25]文德:德行教化。來:使……來。這個意義後來也寫作"倈"。[26]安:使……安定,使……安居樂業。[27]邦分崩離析:魯國公室疲弱,政在大夫,季孫、叔孫、孟孫四分公室,家臣陽虎、公山不狃等屢屢作亂。[28]干:盾牌。戈:古代的一種兵器。動干戈,指發起戰端。[29]蕭牆:宮廷入口處的屏風。人臣至此便會肅然起敬,所以叫作蕭牆(蕭字從肅得聲)。"蕭牆之内"指魯君。當時季孫把持魯國政治,和魯君矛盾很大,魯君一直想驅逐他以收回主權。孔子這句話,深深地刺中了季孫的内心。

5. 湯　誓

　　伊尹相湯伐桀[1],升自陑[2],遂與桀戰于鳴條[3]之野,作《湯誓[4]》。王曰:"格爾衆庶[5],悉聽朕[6]言,非台小子敢行稱亂[7]!有夏[8]多罪,天命殛[9]之。今爾有衆[10],汝曰:'我后不恤[11]我衆,舍我穡事而割正夏[12]?'予惟聞汝衆言。夏氏有罪,予畏上帝,不敢不正[13]。今汝其[14]曰:'夏罪其如台[15]?'夏王率遏[16]衆力,率割夏邑。有衆率怠弗協[17],曰:'時日曷[18]喪?予及汝皆亡。'夏德若茲[19],今朕必往。爾尚輔予一人[20],致天之罰,予其大賚[21]汝!爾無不信,朕不食言[22]。爾不從誓言,予則孥戮[23]汝,罔有攸[24]赦。"(《尚書·湯誓》[25])

【注解】

　　[1]伊尹:商湯之相,名阿衡。相:輔佐。湯:商湯。桀(Jié):夏朝末代的暴君,名履癸。[2]陑(Ér):地名,所在不詳。一説是山名,在今潼關附近。[3]鳴條:地名,在今河南安陽附近。[4]誓:誓詞。這是商湯討伐夏桀時告誡部下的誓詞。[5]格:來。衆庶:衆人,大家。[6]悉:皆,都。朕:第一人稱代詞,我的。[7]台(yí):第一人稱代詞,我。小子:對自己的謙稱。稱:舉。稱亂:舉事反叛。[8]有夏:夏朝。"有"是詞頭。[9]殛(jí):誅殺。[10]爾:你們。按:上古人稱代詞没有數的區別,單數和複數形式上相同。有衆:衆人,大衆。"有"是詞頭。[11]后:君。這裏指夏桀。恤:體恤,關懷。[12]舍:置,放在一旁。穡(sè)事:農事。割:剥,刻

剥。正:通"政"。割正,言刻剥之政。夏:衍字。[13]正:通"征"。[14]其:副詞,大概,或者。[15]如台(yí):如何。[16]率:副詞,都,盡。遏:竭力,盡力。[17]怠:疲憊。協:和。這句是説夏民不堪苛政,因而不與夏王同心。[18]時:指示代詞,是,這個。日:這裏比喻夏桀。曷:何時。[19]兹:指示代詞,此。[20]尚:語氣副詞,表示祈使。予一人:上古君王自稱。[21]賚(lài):賞賜。[22]食言:指言而無信。[23]孥(nú):用爲奴隸。戮:殺戮。[24]罔:無。攸:所。[25]《尚書》:中國古代的一部歷史文獻彙編,又稱《書》,《尚書》書名爲漢代今文家所定。全書分爲《虞夏書》《商書》《周書》三部分,是中國最早的政治文獻。後兩部分主要是商、周兩代統治者的一些講話記録,有關商代的幾篇流傳到周代,或受周人語言文字的影響,或經周代宋國史官加工潤飾。《虞夏書》中,除《甘誓》素材可能傳自夏代,歷商至周纔寫定外,《堯典》《皋陶謨》《禹貢》均爲春秋戰國時代根據部分往古材料再加工所編成。經秦火和秦末戰亂,漢代博士伏生所傳二十八篇,即《虞夏書》四篇、《商書》五篇《周書》十九篇,分爲典、謨、訓、誥、誓、命六種文體,因用漢代隸書寫成,稱《今文尚書》。西漢中期以來,出現先秦古文寫本,稱《古文尚書》。西漢孔安國曾爲之作傳,司馬遷曾向孔安國學習《古文尚書》。西晋永嘉之亂後皆佚。東晋時忽有梅賾獻上孔安國作傳的《古文尚書》五十九篇,包括由今文諸篇離析而成的三十三篇、新出的二十五篇和書序一篇,是爲今本《古文尚書》。唐孔穎達《尚書正義》即據此本。宋代又將梅本孔傳與孔穎達書合爲《尚書注疏》,收入《十三經注疏》。自唐以來有人懷疑梅書爲僞書,後經宋吴棫、朱熹、明梅卓、清閻若璩、惠棟等考證,遂成定案,梅書被稱爲"僞古文尚書""僞孔傳"。但今文二十八篇却賴"僞孔本"得以流傳至今。通行本爲《十三經注疏》所收《尚書注疏》。清孫星衍《尚書今古文注疏》爲較佳校本。

6. 叔向見韓宣子

　　叔向見韓宣子[1],宣子憂貧,叔向賀之。宣子曰:"吾有卿之名,而無其實[2],無以從二三子[3],吾是以憂,子賀我,何故?"對曰:"昔欒武子無一卒之田[4],其宮不備其宗器[5],宣其德行,順其憲則[6],使越[7]於諸侯,諸侯親之,戎狄懷之[8],以正晋國,行刑不疚[9],以免於難[10]。及桓子[11],驕泰[12]奢侈,貪欲無藝[13],略則行志[14],假貸居賄[15],宜及於難,而賴武[16]之德,以没其身[17]。及懷子[18],改桓之行[19],而修武之德,可以免於難,而離[20]桓之罪,以亡於楚[21]。夫郤昭子[22],其富半公室[23],其家半三軍[24],恃其富寵,以泰[25]於國,其身尸[26]於朝,其宗滅於絳[27]。不然,夫八郤五大夫三卿[28],其寵大矣。一朝而滅,莫之哀[29]也,唯無德也。今吾子有欒武子之貧,吾以爲能其德[30]矣,是以[31]賀。若不憂德之不建,而患貨之不足,將弔不暇[32],何賀之有[33]?"宣子拜稽首[34]焉,曰:"起[35]也將亡,賴子存之,非起也敢專承[36]之,其自桓叔以下嘉[37]吾子之賜。"(《國語·晉語八》)

【注解】

[1]叔向:晉國大夫,名肸(Xī)。韓宣子:名起,晉國的正卿。[2]實:這裏指財富。[3]無以:沒有可以用來……(的財富)。從:隨。跟隨別人應酬饋贈。二三子:指晉國的衆卿大夫。[4]欒武子:欒書,曾任晉國的上卿。一卒之田:一百頃田。[5]宮:室。按,先秦時宮不專指君王宮殿,一般居室也可稱宮。宗器:祭器。[6]憲則:法則,法律。[7]越:(名聲)超越(國界)、傳播。[8]懷:歸附。[9]行刑:執法。疢:弊病。[10]免:免禍。難:國難。晉厲公末年,寵信重用外戚胥童,誅殺三郤,欒書殺死厲公,立悼公,國人因承受過他的恩德,不予追究,所以他能免於難。[11]及:到。桓子:欒書之子,名黶。[12]驕泰:傲慢。[13]藝:極,至。[14]略:干犯。則:法度。行志:實現自己的心願。[15]假貸:放債收利。居賄:囤積財物。[16]武:欒武子。[17]沒其身:等於說終其天年。[18]懷子:桓子的兒子欒盈。[19]改桓之行:一改欒桓子的惡行。[20]離:通"罹",遭受。[21]亡於楚:逃亡到楚國。[22]郤昭子:郤至,晉國的卿,因居功自傲,想專制朝政,被晉厲公派人殺死,家族被滅。[23]半:在這裏用作動詞。公室:指晉國朝廷。半公室,有公室的一半那麼多。[24]其家半三軍:晉國三軍中的統帥郤家人佔了一半。三軍:指上軍、中軍和下軍。[25]泰:過分(奢侈)。[26]尸:陳。這句是說,郤昭子被誅,其屍體陳於朝以示衆。[27]宗:宗族。絳:晉國國都。[28]八郤五大夫三卿:郤氏中郤錡、郤至、郤犨三人爲卿,又有五人爲大夫。[29]莫之哀:沒有人爲他們哀傷。莫,無定代詞,沒有誰,沒有人。之,第三人稱代詞,作"哀"的賓語。[30]能其德:能够學習、實踐(欒武子那樣的)德行。[31]是以:因此。[32]弔:同"吊",對遭遇不幸者進行慰問。不暇:來不及。[33]何賀之有:哪還有什麼可祝賀的?"賀"作"有"的賓語,用助詞"之"來凸顯。[34]稽(qǐ)首:叩頭至地。[35]起:韓宣子的名。古人在說話時用自己的名來自稱,表示謙虛。[36]專承:獨自承受(您的恩典)。[37]桓叔:晉穆侯的兒子。桓叔的兒子名萬,封邑在韓,又稱韓萬,所以韓宣子尊桓叔爲韓氏之祖。嘉:贊許、感激。

7. 齊人伐燕

　　齊人伐燕[1]，取之。諸侯將謀救燕。宣王[2]曰："諸侯多謀伐寡人者，何以待之[3]？"孟子對曰："臣聞七十里爲政於天下者，湯是也[4]。未聞以千里畏人[5]者也。《書》[6]曰：'湯一征，自葛始[7]。'天下信之[8]。東面而征，西夷怨；南面而征，北狄怨。曰：'奚爲後我[9]？'民望之，若大旱之望雲霓[10]也。歸市者不止[11]，耕者不變。誅其君而弔[12]其民，若時雨[13]降，民大悅。《書》曰：'徯我后[14]，后來其蘇[15]。'今燕虐其民，王往而征之，民以爲將拯[16]己於水火之中也，簞食壺漿以迎王師。若殺其父兄，係累[17]其子弟，毁其宗廟[18]，遷其重器[19]，如之何其[20]可也？天下固畏齊之彊[21]也。今又倍地[22]而不行仁政，是動[23]天下之兵也。王速出令，反其旄倪[24]，止其重器，謀於燕衆[25]，置君而後去之[26]，則猶可及止也[27]。"（《孟子·梁惠王下》[28]）

【注解】

　　[1]齊人伐燕：據《資治通鑒》，事在齊宣王十九年。在此之前，燕王噲爲圖"禪讓"之譽讓王位於子之，造成國內大亂，齊國乘機伐燕，殺子之和噲，燕國幾乎滅亡。[2]宣王：齊宣王田辟疆，公元前320—前301年在位。[3]何以待之：怎麼應付他們？[4]"臣聞"兩句：有僅靠七十里大小的領土而得到天下的，商湯就是這樣的人。湯憑七十里興起的說法亦見於《荀子》《史記》等書記載，很可能是當時通行的傳說。[5]以千里畏人：憑着千里之廣的國土還怕別人。[6]《書》：《尚書》。按，此處及以下的兩段引文均見於僞古文《尚書·仲虺之誥》，但與今見《尚書》文字略有出入。[7]葛：諸侯國名。葛伯無道，無故殺人，故湯征之。"湯一"兩句：今本《尚書·仲虺之誥》作"初征自葛"。[8]天下信之：朱熹《集注》解釋爲"信其志在救民，不爲暴也"。[9]奚爲：爲何。後我：把我們放在後邊。[10]霓：虹。雨則虹見。[11]歸市者：趕集的人。止：停止。此句和下句是說湯伐無道，對百姓秋毫無犯，民生絲毫不受影響。[12]弔：同"吊"，撫恤慰問。[13]時雨：及時雨，符合時令需要的雨。[14]徯(xī)：等待。后：君王。[15]蘇：指得到解救，朱熹《集注》云："復生也。"[16]拯：舉拔，拯救。[17]係累(léi)：指捆綁、拘繫。[18]宗廟：供奉祭祀君主祖先的地方，在當時，這是國家政權的象徵。[19]重器：祭祀及禮儀活動時所用的禮器，被視爲國之重寶。[20]如之何：怎麼。其：加強反問語氣的副

詞。[21]固:本來。畏:畏懼,忌憚。彊:同"強"。[22]倍地:(吞併燕國而)使國土倍增。[23]動:這裏是使動用法,使……動。[24]反:這裏是使動用法,使……返,放回。旄:通"耄"。倪:弱小。朱熹《集注》云:"旄,老人也;倪,小兒也,謂所虜略之老小也。"[25]謀於燕衆:跟燕國百官商量。[26]置君:册立國君。去之:離開那裏,卽撤離燕國。[27]猶可及止:還來得及制止(諸侯聯合伐齊救燕)。[28]《孟子》:儒家經典著作之一,是孟子和他的弟子言行的記錄。內容包括孟子的政治活動、政治學説、哲學思想和個性修養。分爲《梁惠王》《公孫丑》《滕文公》《離婁》《萬章》《告子》《盡心》七篇。《孟子》的注釋本,東漢有趙岐、劉熙兩家注。宋有《孟子疏》,舊題宋孫奭撰。《十三經注疏》收趙注孫疏,題爲《孟子注疏》。另有朱熹作《孟子章句集注》,內容簡明允當,是南宋到明、清時最有影響的注疏本。清焦循《孟子正義》注釋詳細,引證豐富,具有學術價值。今人楊伯峻有《孟子譯注》。

8. 夫得言不可以不察

夫得言不可以不察[1],數傳而白爲[2]黑,黑爲白。故狗似玃[3],玃似母猴[4],母猴似人,人之與狗則遠矣。此愚者之所以大過[5]也。

聞而[6]審,則爲福矣;聞而不審,不若不聞矣。齊桓公聞管子於鮑叔[7],楚莊聞孫叔敖於沈尹筮[8],審之也,故國霸諸侯也。吳王聞越王句踐於太宰嚭[9],智伯聞趙襄子於張武[10],不審也,故國亡身死也。

凡聞言必熟[11]論,其於人必驗之以理。魯哀公問於孔子曰:"樂正夔[12]一足,信乎[13]?"孔子曰:"昔者舜欲以樂傳教於天下,乃令重黎舉夔於草莽[14]之中而進之,舜以爲樂正。夔於是正六律[15],和五聲[16],以通八風[17]。而天下大服。重黎又欲益求人[18],舜曰:'夫樂,天地之精[19]也,得失之節[20]也。故唯聖人爲能和樂之本也[21]。夔能和之,以平[22]天下,若夔者一而足矣[23]。'故曰'夔一,足',非'一足'也。"宋之丁氏家無井,而出溉汲[24],常一人居外[25]。及其家穿井[26],告人曰:"吾穿井得一人。"有聞而傳之者曰:"丁氏穿井得一人。"國人道之,聞[27]之於宋君。宋君令人問之於丁氏,丁氏對曰:"得一人之使[28],非得一人於井中也。"求能之若此,不若無聞也。

子夏之[29]晉,過衛,有讀史記[30]者曰:"晉師三豕涉河[31]。"子夏曰:"非也,是己亥[32]也。夫'己'與'三'相近,'豕'與'亥'相似[33]。"

至於晉而問之,則曰"晉師己亥涉河"也。

辭多類[34]非而是,多類是而非,是非之經不可不分[35],此聖人之所慎也。然則何以慎?緣物之情及人之情,以爲所聞,則得之矣[36]。(《吕氏春秋·察傳》)

【注解】

[1]察:審察。按,此句中"得"應作"傳"(依王念孫説)。[2]數(shuò):頻繁,多次。爲:變成。[3]玃(jué),一種大猴。[4]母猴:又叫沐猴、獼猴,體形比玃稍小。[5]過:用如動詞,指犯錯誤。[6]而:假設連詞,等於説"如果"。[7]管子:管仲。鮑叔:鮑叔牙。[8]楚莊:楚莊王。孫叔敖:春秋時楚國人,楚莊王時任令尹,使楚日漸富强。邲之戰,協助莊王指揮楚軍,大敗晉兵,威震諸侯。沈尹筮(Shì):楚國大夫,名筮("沈"是邑名,"尹"是官名),他把孫叔敖推薦給楚莊王。[9]太宰:官名。嚭(Pǐ):伯嚭,春秋時吴國人。吴國打敗了越國後,越王句踐賄賂伯嚭,要他勸説吴王接受越國求和的請求,吴王聽了伯嚭的話。後來句踐發憤圖强,終於滅了吴國。[10]智伯:名瑶,晉國荀首的後代(荀首封於智,以邑爲姓),晉哀公時的權臣,和韓、趙、魏並稱爲晉國的四大家。趙襄子:名無恤,晉卿趙衰的後代,世襲爲晉卿。張武:晉人,智伯的家臣,他勸説智伯糾合韓、魏,把趙襄子圍在晉陽,後來趙襄子用張孟談計,暗地聯合韓、魏,滅了智伯。[11]熟:深透。[12]樂正:樂官之長。夔(Kuí):人名,相傳爲舜時掌管音樂的官。[13]信乎:真的嗎?[14]重黎:人名,相傳爲顓頊的後代,堯時掌管時令的官,後爲舜臣。草莽:草野,指民間。[15]六律:古代樂音標準名。相傳黄帝時伶倫截竹爲管,以管之長短分別聲音的高低清濁,樂器的音調皆以此爲準。樂律有十二,陰陽各六,陽爲律,陰爲吕。六律即黄鍾、太蔟、姑洗、蕤賓、夷則、無射。[16]五聲:宮、商、角、徵(zhǐ)、羽五音。[17]通:調和。八風:八方的風,這裏指陰陽之氣。[18]益求人:多找些(像夔這樣的)人。[19]精:精華。[20]節:這裏有"關鍵"的意思。古人很重視音樂,認爲音樂的興廢,是一個國家治亂的關鍵。[21]"故唯"句:此句應爲:"故唯聖人爲能和;和,樂之本也。"大意是,只有聖人纔能做到和,而和是音樂中最根本的東西。[22]平:使動用法,使……安定。[23]"若夔"句:像夔這樣的人,有一個就够了。[24]出:出門。溉汲:打水。[25]"常一"句:常常派一人住在外面,專管打水。[26]穿井:挖井,打井。[27]聞:使動用法,使……聞,也就是"奏報"的意思。[28]使:使用。這句意思是説,現在家裏有了井,無須專派一人住在外面打水,等於多得到一人使用。[29]子夏:孔子弟子卜商,字子夏。之:往,到……去。

[30]史記:記載歷史的書。[31]涉河:過黃河。[32]己亥:干支紀日。[33]"己與"兩句:意指由於字形相似,衛人把"己亥"讀成了"三豕"。古文"己"作"㠯",與"三"字相似;"亥""豕"古文同形,即 ㇁。[34]辭:言辭,這裏指傳言。類:似,像。[35]經:界,界綫。分:分明。[36]"緣物"三句:遵循著事物的規律和人的情理,用此來審察聽到的傳聞,就可以得到真實的情況。緣,循、順著。爲,這裏指審察。

[練習與思考]

一、問答題

1. 什麼是同源詞？怎樣判斷一組詞是否是同源詞？
2. 簡要說說古漢語同義詞的類型和特點。舉例說明辨析同義詞的方法。
3. 什麼是古漢語中詞的連用和偏用現象？
4. 舉例說明什麼是漢語詞彙歷時發展過程中的雙音化現象？

二、借助工具書,辨析下列各組同義詞

1. 貧 窮
2. 疾 病
3. 堅 固 剛 強
4. 怨 恨 憤 忿
5. 盜 賊 偷
6. 視 望 觀 看 見 睹

三、斷句並找出文中的同義連用現象

夏六月晉殺祁盈及楊食我食我祁盈之黨也而助亂故殺之遂滅祁氏羊舌氏初叔向欲娶於申公巫臣氏其母欲娶其黨叔向曰吾母多而庶鮮吾懲舅氏矣其母曰子靈之妻殺三夫一君一子而亡一國兩卿矣可無懲乎吾聞之甚美必有甚惡是鄭穆少妃姚子之子子貉之妹也子貉早死無後而天鍾美於是將必以是大有敗也昔有仍氏生女黰黑而甚美光可以鑒名曰玄妻樂正后夔取之生伯封實有豕心貪惏無饜忿纇無期謂之封豕有窮后羿滅之夔是以不祀且三代之亡共子之廢皆是物也女何以爲哉夫有尤物足

以移人苟非德義則必有禍叔向懼不敢取平公強使取之生伯石伯石始生子容之母走謁諸姑曰長叔姒生男姑視之及堂聞其聲而還曰是豺狼之聲也狼子野心非是莫喪羊舌氏矣遂弗視

四、斷句並找出文中的偏義複詞

　　文帝四年中人上書言意以刑罪當傳西之長安意有五女隨而泣意怒罵曰生子不生男緩急無可使者於是少女緹縈傷父之言乃隨父西上書曰妾父爲吏齊中稱其廉平今坐法當刑妾切痛死者不可復生而刑者不可復續雖欲改過自新其道莫由終不可得妾願入身爲官婢以贖父刑罪使得改行自新也書聞上悲其意此歲中亦除肉刑法

第五課　名　詞

一　古今語法的異同

語法是組詞造句的規則,是人類思維長期抽象化的結果。漢語的書面語言已經有三千多年的歷史,縱觀漢語的古今面貌,可以發現它們存在着較多的一致性,這體現了古今漢語一脉相承的關係,體現了語言的穩定性。在語言的三要素中,語法的穩定性表現得尤其突出,我們可以從如下的語言事實中得以體會:

丁卯卜,王大獲魚。(《卜辭通纂》第七四九片)

這是三千多年前甲骨卜辭中出現的語句,這句話的語法結構和現代漢語是一致的:句子的成分有主語—謂語、述語—賓語、狀語—中心語,語序是主語(王)在前,謂語(大獲魚)在後,述語(獲)在前,賓語(魚)在後,狀語(丁卯、大)在前,中心語(卜、獲)在後。充當主語(王)和賓語(魚)的是名詞,充當述語(卜、獲)的是動詞,充當狀語(丁卯、大)的是時間名詞和副詞。試比較現代漢語的句子:

剛才已經決定,所有的人必須離開現場。

無論是句子成分、充當各種成分的詞類,還是基本語序,漢語三千年來基本上保持着穩定。

古代漢語的詞類和現代漢語一樣,可以分爲實詞和虛詞。能够獨立充當句子成分的是實詞,只表示句子中各成分之間的關係和表示句子語氣的詞是虛詞。一般實詞分爲:名詞、動詞、形容詞、代詞、數量詞、副詞等。虛詞分爲：連詞、介詞、助詞、嘆詞等。

雖然從總體上看,古代漢語語法和現代漢語語法表現出相當穩定的繼承性,但它也不是一成不變的。隨着時間的推延,語法也在發生着漸變。

古代漢語實詞活用的現象相當丰富,量詞不發達,代詞不僅數量多,而且用法複雜。虛詞在句子中出現的頻率比較高,其語法意義和語法作用比較難以把握。

從句法上來看,古代漢語與現代漢語也有若干不同之處。如古代漢語判斷句直接用名詞作謂語,不需要借助繫詞;存在許多特殊的述賓關係;在某些特定結構中賓語前置於述語之前;古代漢語的一些特殊句式,在現代漢語中多已不再使用。在本課和以下的幾課中,我們將分別加以介紹。

二　名詞和句子

表示人和事物(包括具體事物和抽象概念)名稱的詞叫名詞。名詞還可以細分出若干小類,如:普通名詞和專有名詞,個體名詞和集體名詞,時間名詞和方位名詞,等等。

名詞的語法功能,主要是在句子中作主語、賓語和定語。如:

(1)滕公奇其言,壯其貌,釋而不斬。(《史記·淮陰侯列傳》)

(2)趙惠文王時,得楚和氏璧。(《史記·廉頗藺相如列傳》)

(3)四年春,齊侯以諸侯之師侵蔡。(《左傳·僖公四年》)

在判斷句中,名詞或名詞短語可以作謂語。如:

(4)南冥者,天池也。(《莊子·逍遙遊》)

(5)淮陰侯韓信者,淮陰人也。(《史記·淮陰侯列傳》)

名詞可以接受形容詞、數詞、代詞和其他名詞的修飾。除了在充當謂語的情況下,名詞一般不受副詞的修飾。如:

(6) 老臣賤息舒祺,最少,不肖。(《戰國策·趙策四》)

(7) 居十日,扁鵲復見。(《韓非子·喻老》)

(8) 汝心之固,固不可徹。(《列子·湯問》)

(9) 我非子,固不知子矣;子固非魚也,子之不知魚之樂,全矣!(《莊子·秋水》)

"息""日""心"分別受形容詞"賤"、數詞"十"、代詞"汝"的修飾,"賤息"還受名詞"老臣"的修飾。最後一句中,名詞"子""魚"前之所以出現"非""固"等副詞,是因爲"子""魚"充當了判斷句的謂語。

上述名詞的用法,古今是一樣的。在古代漢語中名詞還有一些特有的語法功能。名詞可以作狀語,名詞可以活用作動詞。

三　名詞作狀語

在現代漢語裏,名詞作狀語只限於時間名詞和方位名詞,普通名詞作狀語則比較少。而在古代漢語裏,名詞(包括普通名詞、時間名詞和方位名詞)作狀語却是常見的現象。

(一) 普通名詞作狀語

1. 表示比喻。以名詞狀語所表示的事物所具有的特徵,來比喻動詞所表示的動作行爲的狀態,可譯爲"像……一樣地……"。例如:

(1) 天下雲合響應,贏糧而景從。(賈誼《過秦論》)

(2) 其後,秦稍蠶食魏,十八歲而虜魏王。(《史記·魏公子列傳》)

(3) 幽燕之地,龍蟠虎踞,形勢雄偉。(《元史·霸突魯傳》)

例句中"雲""響""景"("影")、"蠶""龍""虎"是名詞作狀語,例(1)中"雲合"是"像雲一樣匯合","響應"是"像回聲一樣應和","景從"是"像影子一樣跟隨"。例(2)中"蠶食"是"像蠶吃桑葉那樣逐漸吃掉"。例(3)中"龍蟠虎踞"是"像龍一樣蟠旋着,像虎一樣蹲踞着"。

2. 表示對人的態度。把動詞的賓語當作名詞狀語所表示的事物來對待。可譯爲"像對待……一樣對待……"，例如：

(1)彼秦者，棄禮義而上首功之國也，權使其士，虜使其民。(《戰國策·趙策三》)

(2)齊將田忌善而客待之。(《史記·孫子吳起列傳》)

(3)初，(曹)爽以宣王年德並高，恆父事之，不敢專行。(《三國志·魏書·曹爽傳》)

例(1)"虜使其民"意爲"像對待俘虜一樣使役其百姓"。例(2)"客待之"意爲"像招待賓客那樣招待他"。例(3)"父事之"意爲"像對待父親那樣侍奉宣王(即司馬懿)"。

3. 表示動作行爲的工具、憑藉或方式。例如：

(1)彼身織屨，妻辟纑，以易之也。(《孟子·滕文公下》)

(2)黔無驢，有好事者船載以入。(柳宗元《三戒·黔之驢》)

(3)事不目見耳聞而臆斷其有無，可乎？(蘇軾《石鐘山記》)

例(1)"身織屨"，意思"親自編織麻鞋"。例(2)"船載以入"，意思是用船載着運進來。例(3)"目""耳"和"臆"分別修飾動詞"見""聞"和"斷"，表示憑藉。"目見耳聞"可譯爲"親眼看到，親耳聽到"，"臆斷"可譯爲"憑想象斷定"。

4. 表示動作行爲的處所。例如：

(1)夫以秦王之威，而相如廷叱之，辱其群臣。(《史記·廉頗藺相如列傳》)

(2)劉備、周瑜水陸並進。(《資治通鑒》卷六十五)

(3)四方之士來者，必廟禮之。(《國語·越語上》)

例(1)"廷叱"，意思是"在朝廷上呵叱"。例(2)"水陸並進"，意思是"從水路和陸路一齊進軍"。例(3)"廟禮之"，意思是"在廟堂上以隆重的禮節接見他們"。

5. 用單位名詞作狀語,表示動作行爲或性狀的周遍。例如:

(1) 國無災害之變,民無飢寒之色,家給人足,畜積有餘。(《漢書·東方朔傳》)

(2) 勸民務農桑,令口種一樹榆,百本薤,五十本葱,一畦韭;家二母彘,五雞。(《漢書·循吏傳》)

(3) 若能同心一力,人自爲戰,大功可立。(《後漢書·吳漢傳》)

例(1)"家給人足",意思是"每家每人都豐衣足食"。例(2)句中"口""家",意思是"每口人""每一家"。例(3)"人自爲戰",意思是"人人都爲自己而奮勇作戰"。

(二) 時間名詞作狀語

古代漢語和現代漢語一樣,時間名詞可以直接用來作狀語,表示動作行爲發生的時間。如:

(1) 昏暮叩人之門户,求水火,無弗與者。(《孟子·盡心上》)

(2) 夫鼠晝伏夜動,不穴於寢廟,畏人故也。(《左傳·襄公二十三年》)

(3) 春耕種,形足以勞動;秋收斂,身足以休食。(《莊子·讓王》)

不過在古代漢語中"日""月""歲"幾個時間名詞作狀語,在表示的意義上比較特殊,主要有下面幾種情況:

1. 表示"每一"。"日""月""歲"放在具有行動性的動詞前面表示"每日""每月""每年"的意思。例如:

(1) 良庖歲更刀,割也;族庖月更刀,折也。(《莊子·養生主》)

(2) 大畜,剛健篤實輝光,日新其德,剛上而尚賢。(《周易·大畜》)

例(1)"歲更刀",意思是"每年要更換刀";"月更刀",意思是"每月要更換刀"。例(2)"日新其德",意思是"每天改善他的品德"。

2. 表示漸進。"日"放在表示性質變化的動詞或形容詞前面,表示

"一天天地""越來越"的意思。例如：

(1) 亂曰：鸞鳥鳳皇，日以遠兮。燕雀烏鵲，巢堂壇兮。(《楚辭·涉江》)
(2) 爲學日益，爲道日損。損之又損，以至於無爲。(《老子》第四十八章)

例(1)"日以遠"，意思是"一天天地遠去""越來越遠"。例(2)"日益""日損"，意思是"一天天地/越來越增益""一天天地/越來越減損"。

3. 表示往昔。"日"字用在句首主語之前，意思是"往日""先前"。例如：

(1) 日衛不睦，故取其地，今已睦矣，可以歸之。(《左傳·文公七年》)
(2) 日者淮南、衡山修文學，招四方遊士，山東儒、墨咸聚於江、淮之間，講議集論，著書數十篇。然卒於背義不臣，使謀叛逆，誅及宗族。(《鹽鐵論·晁錯》)

這兩例中的"日""日者"都可當"往日""從前"講。這種用法的"日"字秦、漢以後比較少見。

（三）方位名詞作狀語

方位名詞"東""西""南""北""前""後""內""外""上""下"等在動詞前作狀語，可以表示動作行爲發生的位置、行爲的趨向、來源等。把這些方位名詞譯成現代漢語時，常常需加"在""往""向""自"等介詞。例如：

(1) 東至于海，西至于河，南至于穆陵，北至于無棣。(《左傳·僖公四年》)
(2) 方今內有朱虛、東牟之親，外畏吳、楚、淮南、琅邪、齊、代之彊。(《史記·孝文本紀》)
(3) 日之夕矣，羊牛下來。(《詩經·王風·君子于役》)

例(1)的"東""西""南""北"分別修飾其後的動詞,是"往東""往南""往西""往北"的意思。例(2)的"内""外",意思是"在内""在外"。例(3)的"下來",鄭玄箋云:"羊牛從下牧地而來。"

四　名詞活用作動詞

在古代漢語中,每一類詞有它們基本的職能,一般情況下他們的職能比較明確,但是在有些情況下,一類詞臨時具有了另一類詞的語法功能,我們稱之爲詞的活用。名詞用作動詞也是古代漢語中比較常見的現象。

名詞的語法功能,主要在句子中作主語、賓語、定語,受形容詞、數詞和代詞的修飾。但是在有些情況下,名詞會臨時具有動詞的一些語法功能,如帶上賓語或補語,受副詞的修飾,等等。如:

(1)於諸侯之約,大王當王關中,關中民咸知之。(《史記·淮陰侯列傳》)

(2)范增數目項王。(《史記·項羽本紀》)

(3)左右欲刃相如,相如張目叱之,左右皆靡。(《史記·廉頗藺相如列傳》)

(4)子曰:"志於道,據於德,依於仁,遊於藝。"(《論語·述而》)

例(1)的"當王關中","王"前面受狀語"當"的修飾,後面帶賓語"關中",是典型的動詞用法,意思是"(應當)做(關中之)王"。例(2)的"數目項王","目"前面受狀語"數"的修飾,後面帶賓語"項王",意思是"(屢次向項王)使眼色"。例(3)的"欲刃相如","刃"前面有助動詞"欲",後面帶賓語"相如",意思是"(想要)砍殺(相如)"。例(4)的"志於道","志"後面有介詞短語"於道"作補語,意思是"立志(於行道)"。

從上面的例句可以看出,名詞在句子中用作動詞時,它的前後成分和作名詞時是不同的,它的前面會出現助動詞或狀語,後面會有賓語或補語。

判斷一個名詞在句子中是否用作動詞,首先要根據句子的内容來觀察該名詞在句子中所表示的意義。如果按照名詞原有的意義和用法去理解,整個句子講不通,若把它理解爲相關的動詞或動詞短語,句子就講得通,那麽,一般説來,這個名詞就活用作動詞。這是一個基本的判斷方法。其次,要注意名詞前後有哪些類型的詞語與它相結合,構成什麽樣的語法關係,看它在句中是否具備了動詞的性質和語法功能。名詞在下列情況下會用如動詞:

1. 在句子中,如果名詞的後面有明顯的賓語或補語,這個名詞活用作動詞。例如:

(1)道千乘之國,敬事而信,節用而愛人,使民以時。(《論語·學而》)

(2)驢不勝怒,蹄之。(柳宗元《三戒·黔之驢》)

(3)師還,館于虞,遂襲虞,滅之。(《左傳·僖公五年》)

例句(1)中名詞"道"用在名詞性短語"千乘之國"之前,構成動賓關係,"道"活用爲動詞,意爲"治理"。例句(2)中名詞"蹄"後面是代詞賓語"之",活用爲動詞,意爲"用蹄子踢"。例句(3)中名詞"館"後面有介賓短語"于虞"作補語,活用爲動詞,意爲"住宿""駐扎"。

2. 在句子中,如果名詞的前面有能願動詞、副詞或其他狀語修飾,這個名詞活用作動詞。例如:

(1)子謂公冶長:"可妻也。"(《論語·公冶長》)

(2)耕者助而不税,則天下之農皆悦而願耕於其野矣。(《孟子·公孫丑上》)

(3)以齊王,由反手也。(《孟子·公孫丑上》)

例句(1)中的名詞"妻"放在能願動詞"可"的後面,活用爲動詞,意爲"娶妻"。例句(2)中"不"是否定副詞,作狀語,所修飾的名詞"税"活用爲動詞,意爲"徵税"。例句(3)中的名詞"王",受到作爲狀語的介詞短語"以齊"的修飾,活用爲動詞,意爲"成就王業"。

3. 名詞用連詞"而"跟動詞或動詞短語連接時,便活用作動詞。

例如：

(1) 相鼠有皮，人而無儀。(《詩經·鄘風·相鼠》)

(2) 夫子之不可及也，猶天之不可階而升也。(《論語·子張》)

(3) 虞不用百里奚而亡，秦穆公用之而霸。(《孟子·告子下》)

例句(1)中名詞"人"與後面的動詞短語"無儀"用"而"連接，活用爲動詞，意爲"作爲人"。例句(2)中名詞"階"與後面的動詞"升"用"而"連接，活用爲動詞，意爲"搭臺階"。例句(3)中名詞"霸"與前面的動詞短語"用之"用"而"連接，活用爲動詞，意爲"稱霸"。

4. 名詞用在"所"字結構、"者"字結構中，便活用爲動詞。

(1) 是以令吏人完客所館，高其閈閎，厚其牆垣，以無憂客使。(《左傳·襄公三十一年》)

(2) 乃丹書帛曰"陳勝王"，置人所罾魚腹中。(《史記·陳涉世家》)

(3) 趙主之子孫侯者，其繼有在者乎？(《戰國策·趙策四》)

例句(1)中"館"字處在"所"字結構"所館"中，活用作動詞，意爲"居住"。例句(2)中"罾"字處在"所"字結構"所罾"中，活用爲動詞，意爲"用罾捕得"。例句(3)中"侯"字處在"者"字結構"侯者"中，活用爲動詞，意爲"封侯"。

5. 名詞在敘述句中作謂語，末尾有語氣詞"矣""焉"，則活用爲動詞。例如：

(1) 今王與百姓同樂，則王矣。(《孟子·梁惠王下》)

(2) 草木疇生，禽獸群焉。(《荀子·勸學》)

(3) 勇士入其大門，則無人門焉者；入其閨，則無人閨焉者。(《公羊傳·宣公六年》)

例句(1)中"王"字處在"矣"字前，作謂語，活用作動詞，意爲"稱王"；例句(2)"群"字處在"焉"字前，作謂語，活用作動詞，意爲"群居"。例句(3)中第二個"門"字和第二個"閨"字處在"焉"字前，作謂語,活用作動詞,意爲"守大門""守閨門"。

除了普通名詞可以用如動詞之外,方位名詞也可以用如動詞。鑒別一個方位名詞用如動詞與鑒別普通名詞用如動詞的方法是一樣的,要根據它在句中的意義,同時結合它所處的語法位置,與前後詞語的關係等。例如:

(1)漢敗楚,楚以故不能過滎陽而西。(《史記·項羽本紀》)
(2)吾亦欲東耳,安能鬱鬱久居此乎?(《史記·淮陰侯列傳》)
(3)衛鞅復見孝公,公與語,不自知膝之前於席也。(《史記·商君列傳》)

例句(1)中"西"字由連詞"而"與動詞短語"過滎陽"連接,用作動詞,是"向西去"的意思。例句(2)中"東"字處在助動詞"欲"後面,用作動詞,是"向東去"的意思。例句(3)中"前"字後面有介詞短語"於席",用作動詞,是"向前移"的意思。

[文選]

1. 公冶長可妻也

子謂公冶長[1],"可妻[2]也。雖在縲絏[3]之中,非其罪也"。以其子[4]妻之。子謂南容[5],"邦[6]有道,不廢[7];邦無道,免於刑戮"。以其兄之子妻之。(《論語·公冶長》)

【注解】

[1]謂:説。這裏是評説的意思。公冶長:孔子的弟子,公冶是複姓。[2]妻(qì):用作動詞,給……娶妻。下同。[3]縲絏(léixiè):拴罪人的繩索,這裏指代監獄。[4]子:兒女。這裏指女兒,下文"兄之子"同。[5]南容:孔子的弟子南宮适(Kuò),字子容(此依朱熹説)。[6]邦:國、國家。[7]廢:廢棄。不廢,在這裏指被朝廷録用。

2. 益者三友

孔子曰:"益者三友[1],損者三友。友直[2],友諒[3],友多聞[4],益矣;友便辟[5],友善柔[6],友便佞[7],損矣。"

孔子曰:"益者三樂[8],損者三樂。樂節禮樂[9],樂道[10]人之善,樂多賢友,益矣;樂驕樂[11],樂佚[12]遊,樂宴樂[13],損矣。"(《論語·季氏》)

【注解】

[1]友:交友。[2]友直:以正直者爲友。以下幾個"友"字用法同此。[3]諒:信實、誠實。[4]多聞:見多識廣。[5]便辟:諂媚奉承、玩弄手段的人。[6]善柔:阿諛逢迎的人。[7]便佞:諂媚奉承、花言巧語的人。[8]樂(lè):快樂。[9]樂(lè)節禮樂(yuè):以有節制的禮樂爲快樂。以下幾句的"樂"皆音lè。[10]道:説,稱道。[11]驕樂:恣放自驕。[12]佚:同"逸",放蕩無節制。[13]宴樂:沉溺酒食。

3. 爲無爲

爲無爲[1],事無事,味無味。大小多少[2],報怨以德[3]。圖難於其易[4],爲大於其細[5]。天下難事,必作於易。天下大事,必作於細。是以聖人終不爲大,故能成其大[6]。夫輕諾必寡信[7],多易必多難[8]。是以聖人猶難之,故終無難矣[9]。(《老子》第六十三章)

【注解】

[1]爲無爲:以無爲爲作爲。以下兩句的句法同此。"無爲"是老子哲學的重要概念。老子認爲"無爲"是"道"的本性。但無爲並非不求有所作爲,只是指凡事要"順天之時,隨地之性,因人之心",而不要違反"天時、地性、人心",憑主觀願望和想象行事。[2]大小多少:以小爲大,以少爲多。[3]報怨以德:此句似與上下文不相關聯。馬敘倫認爲當在七十九章。[4]圖難於其易:處理難事先從容易的做起。[5]爲大於其細:做大事必定先從細小的做起。[6]"是以"兩句:聖人總是做細微之事,所以最終能夠成就大事。[7]輕諾必寡信:輕易許諾,因不能踐言,必失信於人。[8]多易必多難:經常把事情看得容易,做起來一定常常遇到困難。[9]"是以"兩句:聖人把容易的事情看得很難,所以終究沒有困難。

4. 夫爲人子者

夫爲人子者,三賜不及[1]車馬。故州閭鄉黨[2]稱其孝也,兄弟親戚稱其慈[3]也,僚友稱其弟[4]也,執友稱其仁[5]也,交遊稱其信[6]也。

見父之執[7],不謂之[8]進不敢進,不謂之退不敢退,不問不敢對[9]。此孝子之行也。

夫爲人子者,出必告[10],反必面[11],所遊必有常[12],所習必有業[13]。恆言不稱老[14]。年長以倍則父事之[15],十年以長則兄事之[16],五年以長則肩隨之[17]。群居五人,則長者必異席[18]。

爲人子者,居不主奧[19],坐不中席[20],行不中道[21],立不中門[22]。食饗不爲概[23],祭祀不爲尸[24]。聽於無聲,視於無形[25]。不登高,不臨深[26]。不苟訾,不苟笑[27]。

孝子不服闇[28],不登危,懼辱親[29]也。父母存,不許友以死[30]。不有私財[31]。

爲人子者,父母存,冠衣不純素[32]。孤子當室[33],冠衣不純采[34]。(《禮記·曲禮上》[35])

【注解】

[1]三賜:三命。古時入仕,一命受爵,二命受衣服,三命受車馬。車馬是身份尊貴者的標誌,作爲人子,不敢自爲尊貴,超越其父。及:接受。[2]州閭鄉黨:按《周禮》,二十五家爲一閭,四閭爲族,五族爲黨,五黨爲州,五州爲鄉。[3]慈:慈愛。[4]僚友:同官之友。弟(tì):同"悌",奉事長者有次第,不敢逾越謂之悌。[5]執友:一本作"摯友",志趣相同者。仁:仁愛。[6]交遊:交結來往,指泛交的人。信:有信用,可信任。[7]父之執:父親的執友。[8]謂之:猶"命之"。[9]對:對答,回答。[10]告:稟告,這裏指稟告父母。[11]反:同"返",返回,回來。面:面見(父母)。[12]遊:出遊。常:常處。[13]習:反復練習。業:課業。[14]恆:常。老:年老。此句是説,不在人前妄自尊大,即對別人表示敬重。[15]年長以倍:年齡(比自己)大一倍。父事之:像對待父親那樣侍奉他。"父"字在這裏以名詞作狀語,下文"兄"的用法同此。[16]十年以長:(比自己)大十歲。[17]肩隨之:緊隨着,並肩走。[18]異席:另外的坐席。古人席地而坐,地鋪橫席,一般僅容四人,年長者坐於席端。若五人相聚,則年長者別席單坐。[19]奧:居室的西南隅,是尊者所居的位置。[20]中席:居於席中央。古代一席四人則席端爲尊,若獨坐則席中爲尊,尊者常獨坐,且居中,所以卑者坐不居中。[21]中道:行於路中央。古代尊卑不同路,中道是尊者所行處。[22]中門:立於門中央。是尊者所立之處。[23]食饗:這裏指以酒食招待賓客。概:量米粟時刮平斗斛的器具。這裏指招待

賓客飯食的多少不要擅自衡量做主。[24]尸:代表死者受祭的活人。尸代表的是尊者,所以人子不能爲尸。[25]"聽於"兩句:父母未發聲已聽,父母未形諸顏色已視。指人子在父母身邊總是恭敬怵惕,隨時準備接受訓導。[26]"不登高"兩句:人子不近危險之地,免使父母擔憂。[27]苟:苟且,隨便。訾(zǐ):詆毁,説人壞話。笑:嘲笑。苟訾苟笑乃取辱之道。[28]服:行事,做事。闇:同"暗",黑暗。指怕遇危險和不測。[29]辱親:辱没父母,給父母帶來恥辱。[30]許:許諾。死:指捨身忘家爲朋友報仇之類的事。[31]私財:私房錢。[32]純:緣,(衣帽)邊緣的裝飾。素:素色,絲麻未染時的顔色。[33]孤子:年未滿三十而喪父者。當室:指嫡子繼承父親當家。[34]采:彩色。不純采,即上文"純素"。此句是説,繼承父親當家的孤子,即使去除孝服之後,還要服純素以示哀悼。[35]《禮記》:戰國至秦漢年間儒家學者解釋説明經書《儀禮》的文章選集,是一部儒家思想的資料彙編,其中多數篇章可能是孔子的弟子及其學生們的作品。《禮記》主要記載和論述先秦的禮制、禮儀,記録孔子和弟子等的問答,記述爲人修身的準則,涉及政治、法律、道德、哲學、歷史、祭祀、文藝、曆法、地理和日常生活習俗等諸多方面,集中體現了儒家的政治、哲學和倫理思想,是研究先秦社會的重要資料。《禮記》的編定在西漢。戴德選編的八十五篇本叫《大戴禮記》,其侄子戴聖選編的四十九篇本叫《小戴禮記》。東漢鄭玄爲《小戴禮記》作注,後來這個本子便盛行不衰,並由解説經文的著作逐漸成爲經典,到唐代被列爲"九經"之一,到宋代被列入"十三經"之中,成爲士人必讀之書。《禮記》與《儀禮》《周禮》合稱"三禮",對中國文化産生過深遠的影響。宋代理學家朱熹選《禮記》中《大學》《中庸》兩篇,與《論語》和《孟子》合稱爲"四書",後來成爲儒學的基礎讀物。

5. 國有六職

國有六職[1],百工與[2]居一焉。

或坐而論道[3];或作而行[4]之;或審曲面埶[5],以飭五材[6],以辨民器[7];或通四方之珍異以資[8]之;或飭力[9]以長地財;或治絲麻以成[10]之。

坐而論道,謂之王公;作而行之,謂之士大夫;審曲面埶,以飭五材,以辨民器,謂之百工;通四方之珍異以資之,謂之商旅;飭力以長地財,謂之農夫;治絲麻以成之,謂之婦功[11]。

粵無鎛[12]，燕無函[13]，秦無廬[14]，胡[15]無弓車。粵之無鎛也，非無鎛也，夫人[16]而能爲鎛也。燕之無函也，非無函也，夫人而能爲函也。秦之無廬也，非無廬也，夫人而能爲廬也。胡之無弓車也，非無弓車也，夫人而能爲弓車也。

知者創[17]物。巧者述[18]之，守之世[19]，謂之工。百工之事，皆聖人之作也[20]。爍金以爲刃[21]，凝土以爲器[22]，作車以行陸，作舟以行水，此皆聖人之所作也。(《周禮·冬官考工記》[23])

【注解】

[1]六職:六種職掌，即下文提及的王公、士大夫、百工、商旅、農夫、婦功六種。[2]百工:主管營建製造業的官。與(yù):參與。[3]論道:謀慮治國的方略政令。[4]作:起。行:實行，執行。[5]審曲面埶(shì):審察各種材料的曲直形勢。埶，同"勢"。[6]飭(chì):整治。五材:指金、木、皮、玉、土五種原材料。[7]辨:具也(依鄭玄注)，這裏是使動用法。器:器具，器物。[8]通:流通。資:利用。[9]飭力:勤力，致力。[10]成:製成(衣物)。[11]婦功:婦官，主管女工的官員。上文"商旅""農夫"也應理解爲主管其事的官員。[12]粵:即越國。鎛(bó):鋤一類的農具。無鎛，是說沒有主管製造鎛的官員。以下三句同。[13]函:鎧甲。[14]廬:指矛戟等兵器的柄。[15]胡:匈奴。[16]人:猶言人人。[17]知(zhì)者:有智慧的人。創:發明、創造。[18]巧者:心靈手巧的人。述:遵循、依照。[19]守:保存不失。世:世世代代。[20]作:創造。以上兩句是說，各種器物雖然是百工所造，但都是聖人發明出來的。如《周易·繫辭》所謂"包犧氏……作結繩而爲网罟，以佃以漁……神農氏作，斲木爲耜，揉木爲耒，耒耨之利，以教天下……黃帝、堯、舜……刳木爲舟，剡木爲楫，舟楫之利以濟不通，致遠以利天下……服牛乘馬，引重致遠，以利天下……重門擊柝，以待暴客……斷木爲杵，掘地爲臼，臼杵之利，萬民以濟……弦木爲弧，剡木爲矢，弧矢之利，以威天下……上古穴居而野處，後世聖人易之以宮室，上棟下宇，以待風雨……古之葬者，厚衣之以薪，葬之中野，不封不樹，喪期無數，後世聖人易之以棺槨……上古結繩而治，後世聖人易之以書契"云云，就反映了這種觀念。[21]爍(shuò):通"鑠"，熔化金屬。刃:指刀斧兵器之類。[22]凝:堅固。這裏是指燒之使黏土堅固。器:指陶器瓦器之類。[23]《周禮》:儒家六經之一，相傳爲西周初周公旦所著，今人則多認爲是戰國後期或漢初學者的作品，是儒家以人法天的理想治國綱領。西漢景帝、武帝之際，河間獻王劉德從民間徵得一批古書，其中一部名爲《周官》。原書當有《天官》《地官》《春官》

《夏官》《秋官》《冬官》等六篇,但《冬官》篇已亡,漢儒取性質與之相似的《考工記》補其缺。王莽時,因劉歆奏請,《周官》被列入學官,並更名爲《周禮》,與《儀禮》《禮記》合稱"三禮"。東漢末,經學大師鄭玄爲《周禮》作注,唐代賈公彦作疏。《周禮》所涉及之内容極爲豐富,大至天下九州、天文曆象,小至溝洫道路、草木蟲魚,凡邦國建制、政法文教、禮樂兵刑、賦税度支、膳食衣飾、寢廟車馬、農商醫卜、工藝製作,各種名物、典章、制度,無所不包,堪稱爲上古文化史之寶庫。《考工記》本是一部獨立的著作,今人認爲是齊國稷下學者所作,其主體内容編纂於春秋末至戰國初,部分内容補於戰國中晚期。該書由於補《周禮·冬官》之缺而成爲儒家經典的一部分,流傳至今。《考工記》篇幅並不長,但科技信息含量却相當大,内容涉及先秦時代的馬車、兵器、禮器、鐘磬、練染、建築、水利等手工業技術,還涉及天文、生物、數學、物理、化學等自然科學知識。除鄭玄、賈公彦的注疏外,清代戴震、程瑶田、孫詒讓等都爲之作注解。

6. 子墨子北之齊

子墨子北之齊[1],遇日者[2]。日者曰:"帝以[3]今日殺黑龍於北方,而先生之色黑,不可以北[4]。"子墨子不聽,遂北,至淄水[5],不遂而反[6]焉。日者曰:"我謂先生不可以北。"子墨子曰:"南之人不得北,北之人不得南,其色有黑者,有白者,何故皆不遂也?且帝以甲乙殺青龍於東方[7],以丙丁殺赤龍於南方,以庚辛殺白龍於西方,以壬癸殺黑龍於北方。若用子之言,則是禁天下之行者也,是圍心而虛[8]天下也。子之言不可用也。"(《墨子·貴義》)

【注解】

[1]子墨子:墨子。這是墨子的弟子對他的敬稱。北:用作狀語,向北。之齊:到齊國去。[2]日者:古時占候卜筮的人。[3]帝:上帝,天帝。以:於。[4]北:用作動詞,往北去。[5]淄(Zī)水:河名,在今山東省境内。[6]遂:成功,達到目的。反:同"返"。[7]以甲乙殺青龍於東方:按古代五行學説,五行與五方、五色及天干都有相配關係,東方木,其色青,配甲乙;南方火,其色赤,配丙丁;中央土,其色黄,配戊己;西方金,其色白,配庚辛;北方水,其色黑,配壬癸。[8]圍心:禁錮心思。虛:使動用法。

7. 秦興師臨周而求九鼎

　　秦興師臨周而求九鼎[1]，周君患[2]之，以告顏率。顏率[3]曰："大王勿憂，臣請東[4]借救於齊。"顏率至齊，謂齊王曰："夫秦之爲無道也，欲興兵臨周而求九鼎。周之君臣，內自盡[5]計：與秦[6]，不若歸之大國[7]。夫存危國[8]，美名也；得九鼎，厚寶也。願大王圖[9]之。"齊王大悅，發師[10]五萬人，使陳臣思將[11]以救周，而秦兵罷[12]。

　　齊將求九鼎，周君又患之。顏率曰："大王勿憂，臣請東解之。"顏率至齊，謂齊王曰："周賴大國之義[13]，得君臣父子相保也，願獻九鼎，不識大國何塗之從而致之齊[14]？"齊王曰："寡人將寄徑於梁[15]。"顏率曰："不可。夫梁之君臣欲得九鼎，謀之暉臺[16]之下，少海[17]之上，其日久矣。鼎入梁，必不出。"齊王曰："寡人將寄徑於楚。"對曰："不可，楚之君臣欲得九鼎，謀之於葉庭[18]之中，其日久矣。若入楚，鼎必不出。"王曰："寡人終[19]何塗之從而致之齊？"顏率曰："弊邑固竊爲大王患之。夫鼎者，非效醯壺醬甄[20]耳，可懷挾提挈[21]以至齊者；非效鳥集[22]烏飛，兔興馬逝[23]，灕然[24]止於齊者。昔周之伐殷，得九鼎，凡一鼎而九萬人輓[25]之，九九八十一萬人。士卒師徒器械被具，所以備者稱此[26]。今大王縱有其人，何塗之從而出？臣竊爲大王私憂之。"齊王曰："子之數[27]來者，猶無與[28]耳。"顏率曰："不敢欺大國，疾定[29]所從出，弊邑遷鼎以待命。"齊王乃止。(《戰國策·東周策》)

【注解】

　　[1]臨：從上俯下曰臨，這裏指以兵壓境。求：索取。鼎：古代的禮器，象徵國家政權的傳國之寶。相傳夏禹鑄九鼎，象徵九州，成湯遷九鼎於商邑，周武王遷九鼎於洛邑。[2]周君：周王，東周的國君。戰國時，東周衰弱，同於小國諸侯。患：憂慮。[3]顏率：東周的大臣。[4]東：向東，方位名詞作狀語。[5]內：方位名詞作狀語。盡：一作"盡"，謀劃，盤算。[6]與：給與。[7]歸：歸屬，這裏是使動用法。大國：這裏是尊稱齊國。[8]存：使……存。危國：指周，因爲秦師臨周，周無力抗秦，所以稱周爲危國。[9]圖：考慮，計劃。[10]師：軍隊。[11]陳臣思：卽齊威王時名將田忌，又稱田臣思。古"陳""田"同音。將：爲將。[12]罷：停止。[13]賴：依賴，依靠。義：義舉。[14]不識：不知道。何塗之從：從何途，賓語前置，

用"之"做標誌。"塗"通"途"。致之齊:使它到達齊國,雙賓語結構。[15]寄徑:借路。梁:魏國。戰國時魏國建都於梁(今河南開封),故亦稱梁國。[16]暉臺:魏國的臺名。[17]少海:據元代吳師道《戰國策補注》,"少"應作"沙",沙海在今開封西北。[18]葉(Shè)庭:地名,在今河南南陽。一説,"庭"通"亭"。宋姚宏注:"《後語》作章華之庭,注云:徐廣曰華容有章華亭。"按,《後語》即魏孔衍《春秋後語》。[19]終:終究,到底。[20]效:像。醯(xī):醋。甄(chuí):瓮、罍一類的容器。[21]懷:揣在懷裹。挾:用胳膊夾住。挈(qiè):提着。[22]集:鳥停到樹上。[23]兔興馬逝:兔子蹦起來,馬跑掉,比喻身體輕速度快。[24]灑(lí)然:快捷的樣子。[25]輓(wǎn):同"挽",牽引,拉。[26]備:準備,籌辦。稱(chèn)此:與此相當。以上兩句是説用以運送器物、物品,爲拖鼎的役夫作準備的人還需要八十一萬。[27]數(shuò):屢次,多次。[28]猶:如同,好像。無與:不給與。[29]疾:快,趕快。定:決定。

8. 語曰人惟舊器惟新

語曰:"人惟舊,器惟新[1]。昆弟世疏[2],朋友世親。"此交際之理,人之情也。今則不然,多思遠而忘近,背故而向新;或歷載而益[3]疏,或中路而相捐[4];悟[5]先聖之典戒,負久要[6]之誓言。斯何故哉?退而省[7]之,亦可知也。勢有常趣[8],理有固然[9]。富貴則人爭附之,此勢之常趣也;貧賤則人爭去之,此理之固然也[10]。

夫與富貴交者,上有稱譽[11]之用,下有貨財之益。與貧賤交者,大有賑貸[12]之費,小有假借[13]之損。今使官人雖兼桀、跖[14]之惡,苟結駟而過[15]士,士猶以爲榮而歸焉,況其實有益者乎?使處子雖苞顔、閔[16]之賢,苟被褐而造[17]門,人猶以爲辱而恐其復來,況其實有損者乎?

故富貴易得宜,貧賤難得適[18]。好服謂之奢僭[19],惡衣謂之困厄[20]。徐行謂之饑餒,疾行謂之逃責[21]。不候謂之倨慢[22],數[23]來謂之求食。空造以爲無意[24],奉贄以爲欲貸[25]。恭謙以爲不肖[26],抗揚[27]以爲不德。此處子之羈薄[28],貧賤之苦酷[29]也。

夫處卑下之位,懷《北門》之殷[30]憂;内見謫[31]於妻子,外蒙譏於士夫[32]。嘉會不從禮[33],饑御不逮衆[34];貨財不足以合好[35],力勢不足以杖急[36]。歡忻[37]久交,情好曠[38]而不接,則人無故自廢疏[39]矣。

漸疏則賤者逾自嫌而日引[40]，貴人逾務黨[41]而忘之。夫以逾疏之賤，伏於下流[42]，而望日忘之貴，此《谷風》所爲內摧傷[43]，而介推[44]所以赴深山也。

夫交利[45]相親，交害相疏。是故長誓[46]而廢，必無用者也；交漸而親，必有益者也。俗人之相於[47]也，有利生親，積親生愛，積愛生是，積是生賢。情苟賢之，則不自覺心之親之，口之譽之也。無利生疏，積疏生憎，積憎生非，積非生惡。情苟惡之，則不自覺心之外之，口之毀之也。是故富貴雖新，其勢日親；貧賤雖舊，其勢日疏。此處子所以不能與官人競也。世主不察朋交之所生，而苟信貴臣之言。此絜士所以獨隱翳[48]，而姦雄所以黨飛揚[49]也。（王符《潛夫論·交際》[50]）

【注解】

[1]"人惟"兩句：語出《尚書·盤庚》："人惟求舊，器非求舊，惟新。"[2]昆弟：兄弟。世：名詞作狀語，一代一代地。疏：疏遠。[3]歷載：多年。益：日益，越來越。[4]中路：半道。捐：捐棄，拋棄。[5]悟：當作"牾"，逆，違背。[6]久要：舊約。《論語·憲問》："久要不忘平生之言。"[7]省（xǐng）：反省，審察。《論語·爲政》："退而省其私。"[8]常：恆常。趣：通"趨"，趨向。[9]固然：本來的，原本如此的。[10]"富貴"四句：《戰國策·齊策四》："譚拾子曰：'……理之固然者，富貴則就之，貧賤則去之。'"[11]譽：當作"舉"（《太平御覽》卷八百三十六引此文正作"稱舉"）。稱舉，推薦。[12]賑貸：救濟。[13]假借：借。[14]官人：居官者。桀（Jié）：夏朝的末代君主，著名的暴君。跖（Zhí）：春秋戰國之際起義者的領袖，在傳統的典籍中被稱爲"盜跖"。[15]結：連接。駟：本指同駕一輛車的四匹馬，轉指馬車。結駟，接連不斷的馬車，形容出行的顯赫。過：過訪，探望。[16]處子：處士，沒有官位者。苞：通"包"，含有，具備。顏：顏回，孔子的學生，以德行著稱。閔：閔子騫，孔子的學生，以孝行和清廉聞名。[17]被：同"披"，穿。褐（hè）：粗布衣服。造：到。[18]適：合宜。[19]僭（jiàn）：僭越，超過自己的名分地位。[20]困厄（è）：窘迫，困苦。[21]責：債。"責"的這個意義後作"債"。[22]候：問候。倨慢：傲慢。[23]數（shuò）：屢次。[24]造：造訪。空造：空手造訪。意：情意。[25]贄（zhì）：古代拜見尊長時所送的禮物。奉贄：獻上禮物。貸：借貸。[26]不肖：不才。[27]抗揚：神態昂揚。[28]羈：馬籠頭。薄：通"縛"。羈縛：指行爲受到束縛，動輒得咎。[29]苦酷：指處境悲慘。[30]《北門》：《詩經·邶風·北門》：

"出自北門,憂心殷殷。"殷:深。[31]謫(zhé):譴責、指責。《詩經·邶風·北門》:"室人交遍謫我。"[32]蒙:蒙受,遭受。譏:譏諷,嘲笑。士夫:士大夫。[33]嘉會:吉慶的宴會。不從禮:指因家境貧困,不能根據禮儀來大辦宴會。[34]餞:以酒食送行。御:敬酒勸食。《詩經·小雅·六月》:"飲御諸友。"毛傳:"御,進也。"不逮衆:不及普通人。逮,及。[35]合:副,符合。好:情好之義。[36]杖急:指在患難之際有所依仗。[37]歡忻(xīn):喜悦。[38]情好(hào):内心喜愛(之友)。曠:時間長久。[39]廢疏:衰弛疏遠。[40]嫌:嫌棄,不滿意。引:退去,避開。[41]務黨:致力於交接同類。[42]下流:指地位低下。[43]《谷風》:指《詩經·小雅·谷風》。此詩刺王政衰敗,天下俗薄,朋友道絶。摧傷:内心傷痛之極。[44]介推:也作介之推,春秋時晋國人,曾隨從晋文公重耳流亡國外,他對重耳極其忠誠,曾割下自己的腿肉給重耳充飢,重耳回國即位後賞賜隨從臣屬,却没有賞賜他,他便與母親隱居綿山中。傳説晋文公燒山逼他出來,他因不願出來而被燒死。[45]交利:互利。下句"交害"即互害。[46]長誓:發誓永不相忘。[47]相於:相處。[48]絜(jié)士:高士。絜,同"潔"。隱:隱居。翳(yì):遮掩,蔽障。[49]姦(jiān)雄:奸詐而有爲之人。姦,同"奸"。黨:結黨,呼朋引伴,這裏用作狀語。飛揚:無法無天,不從軌度。[50]《潛夫論》:東漢王符撰。王符,字節信,安定臨涇(今甘肅鎮原縣)人,東漢後期進步思想家。生卒年月不詳,大約生於東漢和帝、安帝之際,卒於桓帝、靈帝之際。王符性情耿介,不苟同於世俗,終身不仕,隱居著書,以抨擊時政之得失,著有《潛夫論》。全書共三十六篇,對東漢後期政治社會提出廣泛尖鋭的批判,涉及政治、經濟、社會風俗各個方面,指出其本末倒置、名實相違的黑暗情形,認爲這些皆出於"衰世之務",並引經據典,用歷史教訓警告當時的統治者。王符把社會的黑暗動亂的根源歸之於統治者的昏暗不明,把治理亂世的希望寄託在明君和賢臣身上。《潛夫論》舊刻以清代汪繼培的箋注本爲善。中華書局1979年出版彭鐸校正《潛夫論箋》。

[練習與思考]

一、問答題

1. 舉例説明如何判斷名詞活用爲一般動詞?
2. 普通名詞作狀語有哪些情況?請舉例説明。
3. 説説古今語法的差異。

二、請指出下列句子中用作狀語的名詞,並分析意義關係

1. 東鄉坐,西鄉對,師事之。(《史記·淮陰侯列傳》)
2. 齊將田忌善而客待之。(《史記·孫子吳起列傳》)
3. 秦軍降諸侯,諸侯吏卒乘勝,多奴虜使之。(《史記·項羽本紀》)
4. 文史星曆,近乎卜祝之間,固主上所戲弄,倡優畜之,流俗之所輕也。(司馬遷《報任安書》)
5. 射之,豕人立而啼。(《左傳·莊公八年》)
6. 嫂蛇行匍伏,四拜自跪而謝。(《戰國策·秦策一》)
7. 天下雲合響應,贏糧而景從。(賈誼《過秦論》)
8. (子產)治鄭二十六年而死,丁壯號哭,老人兒啼。(《史記·循吏列傳》)
9. 雁鶩行以進,平立。(韓愈《藍田縣丞廳壁記》)
10. 少時,一狼逕去,其一犬坐於前。(《聊齋志異·狼》)
11. 十九人相與目笑之,而未廢也。(《史記·平原君虞卿列傳》)
12. 公輸盤曰:"吾義固不殺人。"(《墨子·公輸》)
13. 夜篝火,狐鳴呼曰:"大楚興,陳勝王。"(《史記·陳涉世家》)
14. 未至,道渴而死。(《山海經·海外北經》)
15. 至於智伯,國士遇我,我故國士報之。(《史記·刺客列傳》)

三、請指出下列句子中活用作一般動詞的名詞,如果該詞帶賓語,請分析它與所帶賓語之間的意義關係

1. 燕乃使一子質於齊。(《史記·蘇秦列傳》)
2. 晉靈公不君,厚斂以彫牆。(《左傳·宣公二年》)
3. 惠公之在梁也,梁伯妻之。(《左傳·僖公十七年》)
4. 有為神農之言者許行,自楚之滕,踵門而告文公曰……(《孟子·滕文公上》)
5. 范增數目項王。(《史記·項羽本紀》)
6. 狐死首丘,代馬依風。(《後漢書·班超傳》)
7. 晉師軍于廬柳。(《左傳·僖公二十四年》)

8. 令吏人完客所館。(《左傳‧襄公三十一年》)
9. 趙主之子孫侯者,其繼有在者乎?(《戰國策‧趙策四》)
10. 左右欲刃相如,相如張目叱之。(《史記‧廉頗藺相如列傳》)
11. 驢不勝怒,蹄之。(柳宗元《三戒‧黔之驢》)
12. 瓜時而往,曰:"及瓜而代。"(《左傳‧莊公八年》)
13. 城朔方城。(《漢書‧武帝紀》)

四、閱讀下面這段文字,並指出文中名詞活用的情況

(齊)景公問政孔子,孔子曰:"君君,臣臣,父父,子子。"景公曰:"善哉!信如君不君,臣不臣,父不父,子不子,雖有粟,吾豈得而食諸?"他日,又復問政於孔子,孔子曰:"政在節財。"景公説,將欲以尼谿田封孔子。晏嬰進曰:"夫儒者,滑稽而不可軌法;倨傲自順,不可以為下;崇喪遂哀,破產厚葬,不可以為俗;游説乞貸,不可以為國。"(《史記‧孔子世家》)

五、翻譯下面兩段文字

1. (燭之武)見秦伯曰:"秦晉圍鄭,鄭既知亡矣。若亡鄭而有益於君,敢以煩執事。越國以鄙遠,君知其難也;焉用亡鄭以陪鄰?鄰之厚,君之薄也。若舍鄭以為東道主,行李之往來,共其乏困,君亦無所害。且君嘗為晉君賜矣,許君焦、瑕,朝濟而夕設版焉,君之所知也。夫晉何厭之有?既東封鄭,又欲肆其西封;若不闕秦,將焉取之?闕秦以利晉,唯君圖之!"(《左傳‧僖公三十年》)

2. 子貢問於孔子曰:"昔者齊君問政於夫子,夫子曰:'政在節財。'魯君問政於夫子,子曰:'政在諭臣。'葉公問政於夫子,夫子曰:'政在悦近而來遠。'三者之問一也,而夫子應之不同,然政在異端乎?"孔子曰:"各因其事也。齊君為國,奢乎臺榭,淫于苑囿,五官伎樂不解於時。一旦而賜人以千乘之家者三,故曰政在節財。魯君有臣三人,内比周以愚其君,外距諸侯之賓以蔽其明,故曰政在諭臣。夫荆之地廣而都狹,民有離心,莫安其居,故曰政在悦近而來遠。此三者所以為政殊矣。"(《孔子家語‧辯政》)

第六課 動 詞

一 動詞和動詞短語

（一）動 詞

表示人或事物的存在、變化、動作、行爲、感受、意願、能力等等的詞叫作動詞。例如：

(1) 鍥而舍之，朽木不折。(《荀子·勸學》)
(2) 齊師伐我。《左傳·莊公十年》
(3) 山有木，工則度之；賓有禮，主則擇之。(《左傳·隱公十一年》)
(4) 吾不敢逆君命也。(《左傳·昭公三十二年》)

例句(1)中的"鍥""舍"表示動作行爲；"折"，表示變化。例句(2)中的"伐"，表示行爲。例句(3)中的"有"表示存在，"度""擇"表示動作行爲。例句(4)中的"敢"，表示能願，"逆"表示行爲。

動詞還可以根據其意義分爲若干小類：行爲動詞，表示動作、行爲或變化，如"視""見""聞""坐""立""生""死"等；心理動詞，表示心理活動，如"愛""恨""思""想"等；存現動詞，表示存在或不存在、出現或隱没，如"有""無""現""隱"等；能願動詞，也叫助動詞，表示意願、能力或可能，如"敢""能""願""可"等；聯繫動詞，表示主語和謂語之間的聯繫或判斷，如"若""如""爲""是"等。

根據能否帶賓語，又可以把動詞分爲及物動詞和不及物動詞。能帶賓語的是及物動詞，如"飲""示""殺""欺"等。不能帶賓語的是不及物動詞，如"來""走""死"等。

（二）動詞短語

動詞短語是以動詞爲主體的短語。一類動詞短語是以動詞爲中心，動詞後面可以帶賓語、補語構成述賓短語和述補短語，動詞前面可以帶狀語構成狀中結構的偏正短語；另一類是幾個動詞或動詞短語構成的動詞並列短語或連動短語。

1. 述賓短語。

述賓短語由述語和賓語兩部分構成，述語部分由動詞（或活用成動詞的其他詞）充當，表示某種動作行爲，是整個短語的核心，賓語部分是動作行爲影響支配的事物。例如：

(1) 十年春，齊師伐我。（《左傳·莊公十年》）
(2) 新沐者必彈冠，新浴者必振衣。（《史記·屈原賈生列傳》）
(3) 吾妻之美我者，私我也；妾之美我者，畏我也；客之美我者，欲有求于我也。（《戰國策·齊策一》）

例句(1)中的"伐我"、例句(2)中的"彈冠""振衣"、例句(3)中的"美我""私我""畏我"，都是述賓短語。其中，例(3)的述語"美"，是活用成動詞的形容詞。

有些述語動詞後面可以帶兩個賓語，稱爲雙賓語。靠動詞近的賓語，叫近賓語，也叫間接賓語；離動詞遠的賓語，叫遠賓語，也叫直接賓語。述語與遠賓語的關係多爲一般的述賓關係，述語與近賓語的關係則往往有比較特殊的關係。如：

(4) 公語之故，且告之悔。（《左傳·隱公元年》）
(5) 秋九月，晉侯飲趙盾酒。（《左傳·宣公二年》）
(6) 牽牛以蹊人之田，而奪之牛。（《左傳·宣公十一年》）
(7) 天佑下民，作之君，作之師。（《尚書·泰誓上》）

以上句子中都包含有雙賓語結構。例句(4)中的"語之故"和"告之悔"是"向他訴説了事情的緣由和後悔的心情"，例句(5)中的"飲趙盾酒"是"讓趙盾來飲酒"，例句(6)中的"奪之牛"是"從他手中奪牛"，例句(7)中的"作之君""作之師"是"爲他們設立君長""爲他們設立師傅"。

2. 述補短語。

述補短語由述語和補語兩部分構成，述語部分表示某種動作行爲，補語部分補充説明動作行爲的結果、趨向、情態、時地、數量等。如：

(1) 田光坐定。(《史記・刺客列傳》)
(2) 若火之燎于原，不可嚮邇，其猶可撲滅。(《尚書・盤庚上》)
(3) 去我三十里，唯命是聽。(《左傳・宣公十五年》)
(4) 秋，鄭詹自齊逃來。(《春秋・莊公十七年》)
(5) 伯夷叔齊餓于首陽之下，民到于今稱之。(《論語・季氏》)

例句(1)"坐定"中"定"表示動作"坐"的情態。例句(2)"撲滅"中"滅"表示動作"撲"的結果。例句(3)"去我三十里"中"三十里"是數量補語，表示動作"去我"的距離。例句(4)"逃來"中"來"表示動作"逃"的趨向。例句(5)中，"于首陽之下"表示"餓"的地點，"于今"表示"到"的時間。

3. 狀中結構的偏正短語。

這類偏正短語由狀語和動詞中心語兩部分構成，前面的狀語修飾、限制後面的動詞中心語，表示動作行爲的情態、範圍、數量、時間、處所、方式、原因、目的等。如：

(1) 天油然作雲，沛然下雨，則苗浡然興之矣。(《孟子・梁惠王上》)
(2) 范蠡徧遊天下。(《漢書・李陵傳》)
(3) 扶蘇以數諫故，上使外將兵。(《史記・陳涉世家》)
(4) 朝聞道，夕死可矣。(《論語・里仁》)
(5) 徧國中無與立談者。(《孟子・離婁下》)

(6)李同戰死，封其父爲李侯。(《史記·平原君虞卿列傳》)

(7)士爲知己者死，女爲説己者容。(《史記·刺客列傳》)

(8)天行有常，不爲堯存，不爲桀亡。(《荀子·天論》)

例句(1)中"油然""沛然""淳然"修飾中心語表示情態。例句(2)中"徧"修飾中心語"遊"表示範圍。例句(3)中"數"表示"諫"的數量頻繁，"外"表示"將兵"的處所。例句(4)中"朝""夕"表示"聞""死"的時間。例句(5)中"立"表示"談"的方式。例句(6)中"戰"表示"死"的原因。例句(7)中"爲知己者""爲説(悦)己者"表示"死""容"的目的。例句(8)中"爲堯""爲桀"表示"存""亡"的原因。

4. 動詞並列短語。

這類短語中兩個或兩個以上的動詞或動詞短語之間是平等聯合的關係，而非主從關係，也無先後之別。如：

(1)居三年，作爲築冀闕宮庭於咸陽。(《史記·商君列傳》)

(2)孤不度德量力，欲信大義於天下。(《三國志·蜀書·諸葛亮傳》)

例句(1)中"作""爲""築"三個動詞組成並列短語。例句(2)中"度德""量力"兩個述賓短語組成並列短語。

5. 連動短語。

這類短語中兩個或兩個以上動詞或動詞短語連用，它們之間既無修飾關係和主次之分，又非並列關係，但有先後之別，是同一主語連續發生的一系列動作行爲。如：

(1)鄭君不聽，重耳去之楚，楚成王以適諸侯禮待之。(《史記·晋世家》)

(2)西門豹卽發民鑿十二渠，引河水灌民田。(《史記·滑稽列傳》)

例句(1)中"去之楚"是動詞和動詞短語的連用，例句(2)中"引河水灌民田"是兩個動詞短語的連用。有的連動短語中動詞或動詞短之間有連詞連接。如：

(3) 廣暫騰而上胡兒馬。(《史記·李將軍列傳》)
(4) 鑿井而飲，耕田而食。(无名氏《擊壤歌》)

"騰"和"上"之間、"鑿井"與"飲"之間、"耕田"與"食"之間用連詞"而"連接。

二　詞的活用與特殊述賓關係

立足於現代漢語的詞類及其功能，我們常常把古代漢語中與之相同的用法稱爲"常用"，而把與之相異的用法稱爲"活用"。名詞、代詞的主要功能是指稱，在句中常用作主語、賓語或定語；形容詞的主要功能是描寫，在句中常用作定語或謂語；動詞的主要功能是陳述，在句中常用作述語。及物動詞的後邊可以帶賓語。但是在古代漢語中，非動詞也常常用作述語。不但及物動詞帶賓語，不及物動詞有時候也帶賓語，甚至形容詞、名詞和其他一些詞也可以帶賓語。非動詞用作述語，可以視爲這些詞活用成了動詞。非及物動詞帶賓語，可以視爲這些詞活用成了及物動詞。如：

(1) 今亡亦死，舉大計亦死，等死，死國可乎？(《史記·陳涉世家》)
(2) 諸侯恐懼，會盟而謀弱秦。(賈誼《過秦論》)
(3) 夫破人之與破於人也，臣人之與臣於人也，豈可同日而論哉！(《史記·蘇秦列傳》)
(4) 士也罔極，二三其德。(《詩經·衛風·氓》)
(5) 日與父老樵豎相爾汝，下情畢達。(《宋史·陳仲微傳》)
(6) 賤段而甚鄭伯也。(《穀梁傳·隱公元年》)
(7) 於是鴟得腐鼠，鵷鶵過之，仰而視之曰："嚇！"今子欲以子之梁國而嚇我邪？(《莊子·秋水》)

例句(1)中第四個不及物動詞"死"帶賓語"國"，意思是"爲國而死";例句(2)中形容詞"弱"帶賓語"秦",意思是"使秦國弱";例句(3)中名詞"臣"帶賓語"人"和補語"於人",意思是"使別人臣服"和"向別人臣服";例句(4)中數詞"二三"帶賓語"其德",意思是"使其德不專一";例句(5)中代詞"爾汝"在副詞"相"之後,意思是"以'爾汝'相稱呼";例句(6)中副詞"甚"帶賓語"鄭伯",意思是"認爲鄭伯太過分";例句(7)中擬聲詞"嚇"帶賓語"我",意思是"怒而拒我"。以上各詞在句中都活用爲動詞,當它們帶賓語組成述賓短語以後,往往具有與一般的述賓短語不同的特殊關係。

古代漢語中特殊的述賓關係,包括使動、以動、爲動以及其他各種關係。

（一）使　動

古代漢語中,有些句子的述語動詞所表示的動作行爲,不是主語所發出的,而是主語使它的賓語發出的。如：

序八州而朝同列。(賈誼《過秦論》)

"朝同列"是説秦國"使與它同列的諸侯來朝拜",述語動詞"朝"不是主語發出的動作行爲,而是在主語的支配下由賓語來施行的動作行爲。表達這類句子的意思,在現代漢語中常常是由兼語短語充當謂語來實現的。這種述賓關係就是使動。

古代漢語中常見的使動用法主要有動詞的使動用法、名詞的使動用法、形容詞的使動用法。

1. 動詞的使動用法。

動詞的使動用法,就是主語所代表的人物並不施行這個動詞所表示的動作,而是使賓語所代表的人或事物施行這個動作。動詞的使動用法,可以用下邊的公式來概括：

$$VO = 使（讓）OV$$

其中 V 表示動詞,O 表示賓語。

使動用法的動詞,以不及物動詞居多。不及物動詞通常是不帶賓

語的,如果帶了賓語,就有可能是使動用法。例如:

(1) 莊公寤生,驚姜氏。(《左傳·隱公元年》)
(2) 項伯殺人,臣活之。(《史記·項羽本紀》)
(3) 天下盡以扁鵲爲能生死人。(《史記·扁鵲列傳》)
(4) 嘗人,人死;食狗,狗死。(《呂氏春秋·上德》)

例句(1)中的"驚姜氏"即"使姜氏受了驚嚇"。例句(2)中的"活之"即"使之活"。例句(3)中的"生死人"即"使死人重生"。例句(4)中的"嘗人"是"使人嘗","食狗"即"使狗食"。

不及物動詞的使動用法,其後面的賓語有時也可以省略。例如:

(5) 今由與求也,相夫子,遠人不服而不能來也。(《論語·季氏》)
(6) 操軍方連船艦,首尾相接,可燒而走也。(《資治通鑒》卷六十五)

這兩例中的動詞"來""走"後面都省略了賓語,"來"即"來(之) = 使(之)來","走"即"走(之) = 使(之)走"。

及物動詞的使動用法,古代漢語中比較少見。及物動詞本身能帶賓語,其使動用法和一般用法形式上很難區別,只是意義上有所不同,因此,需要特別注意。例如:

(7) 樊噲覆其盾於地,加彘肩上,拔劍切而啗之。(《史記·項羽本紀》)
(8) (先生)又何吝一軀啖我而全我微命乎?(馬中錫《中山狼傳》)

例(7)中的"啗"(dàn,同"啖")是及物動詞的一般用法,與後面的賓語"之"是一般的述賓關係,"啗之"即"吃它"。例(8)中的"啖"是及物動詞的使動用法,"啖我"不是"吃我",而是"讓我吃"。

2. 名詞的使動用法。

名詞的使動用法,是名詞活用作動詞且帶上賓語,使賓語產生某種行爲或發生某種變化。名詞的使動用法,可以用下邊的公式來概括:

$$NO = 使(讓)O(V)N$$

其中 N 表示名詞，O 表示賓語，V 表示某個適當的動詞。如：

(1) 爾欲吳王我乎？(《左傳·定公十年》)

(2) 生死肉骨，豈俾其施。(《梁書·劉孝綽傳》)

(3) 人其人，火其書，廬其居。(韓愈《原道》)

例句(1)中的"吳王我"即"讓我成爲吳王"。例句(2)中的"肉骨"是"使枯骨生肉"。例句(3)中的"人其人"，是"使那些人(僧尼道士)還俗成爲凡人"，"廬其居"是"使他們現在的居所(寺廟)成爲一般的廬舍"。

方位名詞也能活用作動詞，使賓語所表示的人或事物向這個方位名詞所表示的方位移動。如：

(4) 適燕者北其轅……適越者南其楫。(張爾岐《辨志》)

(5) 趙王以爲然，因不西兵。(《史記·陳涉世家》)

(6) 故王不如東蘇子，秦必疑齊而不信蘇子矣。(《史記·蘇秦列傳》)

例句(4)中的"北其轅"即"使他的車轅向北"，"南其楫"即"使他的舟楫向南"。例句(5)中的"西兵"即"使軍隊向西進發"。例句(6)中的"東蘇子"即"使蘇子向東"。

3. 形容詞的使動用法。

形容詞的使動用法，是形容詞活用作動詞且帶上賓語，使賓語所表示的人或事物具有這個形容詞所表示的性質或狀態。形容詞的使動用法，可以用下邊的公式來概括：

$$AO = 使(讓)OA$$

其中 A 表示形容詞，O 表示賓語。如：

(1) 今媼尊長安君之位，而封之以膏腴之地。(《戰國策·趙策四》)

(2) 儒者在本朝則美政，在下位則美俗。(《荀子·儒效》)

(3)得其地足以廣國,取其財足以富民繕兵。(《史記·張儀列傳》)

例句(1)中的"尊長安君之位"的意思是"使長安君之位尊"。例句(2)中的"美政""美俗"的意思是"使政美""使俗美"。例句(3)中的"廣國"即"使國家地域寬廣","富民"即"使百姓富足"。

(二) 以　動

所謂以動,是指主語以賓語爲述語,所表示的人或物具有述語所表示的性質、狀態。

活用作以動的詞,名詞、形容詞居多,其他實詞則較少見。

1. 名詞的以動用法。

名詞的以動用法,可以用下邊的公式來概括:

$$NO = 以 O 爲 N$$

其中 N 表示名詞,O 表示賓語。如:

(1)故人不獨親其親,不獨子其子。(《禮記·禮運》)

(2)託地而游宇,友風而子雨。(《荀子·賦篇》)

(3)聖人無常師,孔子師郯子、萇弘、師襄、老聃。(韓愈《師說》)

例句(1)中"親其親""子其子"即"以其親爲親""以其子爲子"。例句(2)中"友風"就是"以風爲友","子雨"就是"以雨爲子"。例句(3)中"師郯子、萇弘、師襄、老聃"就是"以郯子、萇弘、師襄、老聃爲師"。

2. 形容詞的以動用法。

形容詞的以動用法,可以用下邊的公式來概括:

$$AO = 以 O 爲 A$$

其中 A 表示形容詞,O 表示賓語。如:

(1)滕公奇其言,壯其貌,釋而不斬。(《史記·淮陰侯列傳》)

(2)是故明君貴五穀而賤金玉。(晁錯《論貴粟疏》)

(3)孔子登東山而小魯,登泰山而小天下。(《孟子·盡心上》)

例句(1)中"奇其言"就是"以其言爲奇","壯其貌"就是"以其貌爲壯"。例句(2)中的"貴五穀"卽"以五穀爲貴"(看重五穀),"賤金玉"卽"以金玉爲賤"(輕視金玉)。例句(3)中的"小魯"卽"以魯爲小","小天下"卽"以天下爲小"。

有時候,形容詞的以動用法,其後面的賓語也可以不出現。例如:

(4)度義而後動,是而不見可悔故也。(王安石《答司馬諫議書》)
(5)四人者食之而甘。(王世貞《遊金陵諸園記》)

上述二例中,賓語都略而未見。例句(4)中"是"卽"是之",卽"以之爲是,認爲這種做法是正確的"。例句(5)中"甘"是"甘之",卽"以之爲甘,認爲(這些食物)美味"。

(三) 爲 動

爲(wèi)動,是指述語動詞所表示的動作行爲或者心理狀態是爲賓語所代表的人或事物而發。動詞、名詞、形容詞都可以有爲動用法。

1. 動詞的爲動用法。

動詞的爲動用法,其賓語是該動詞所表示的動作、行爲、心理狀態的原因、目的或對象。用於爲動的動詞,以不及物動詞居多。及物動詞也有爲動的用法,須從文意上仔細辨別。動詞的爲動用法,可以用下邊的公式來概括:

$$VO = 爲 O 而 V$$

其中 V 表示動詞,O 表示賓語。賓語所表示的內容,可以是目的、原因或對象。例如:

(1)邴夏御齊侯。(《左傳·成公二年》)
(2)貪夫徇財兮,烈士徇名。(賈誼《鵩鳥賦》)
(3)烈士死節之行顯於世,則淫康之虞廢矣。(《史記·李斯列傳》)
(4)文嬴請三帥。(《左傳·僖公三十三年》)
(5)吾非悲刖也。(《韓非子·和氏》)

(6)秦不哀吾喪而伐吾同姓,秦則無禮。(《左傳·僖公三十三年》)

例句(1)中"御"是及物動詞,"御齊侯"即"爲齊侯駕車"。例句(2)中"殉財""殉名"是"爲財而死""爲名而死"。例句(3)中"死節"就是"爲節操而死"。例句(4)中"請三帥"即"替(秦孟明等)三帥而(向晉君)請命"。例句(5)中"悲刖"即"因爲受了刖刑而悲傷"。例句(6)中"哀吾喪"即"爲我國遇到喪事而哀傷"。

2. 名詞的爲動用法。

名詞的爲動用法,可以用下邊的公式來概括:

$$NO = 爲\ O(V)N$$

其中 N 表示名詞,O 表示賓語。V 表示某個合適的動詞。如:

(1)名余曰正則兮,字余曰靈均。(屈原《離騷》)

(2)父曰:"履我!"良業爲取履,因長跪履之。(《史記·留侯世家》)

(3)膏吾車兮秣吾馬。(韓愈《送李愿歸盤谷序》)

例句(1)中的"名余"即"爲我取名","字余"即"爲我取字"。例句(2)中的"履我"即"替我穿上鞋","履之"即"替他穿上鞋"。例句(3)中的"膏吾車"是"爲我的車子塗上油脂","秣吾馬"即"爲我的馬餵草料"。

3. 形容詞的爲動用法。

形容詞的爲動用法,可以用下邊的公式來概括:

$$AO = 爲\ O\ 而\ A$$

其中 A 表示形容詞,O 表示賓語。A 所表示的性質與狀態,是爲了或因爲 O 而產生的。如:

(1)稷勤百穀而山死。(《國語·魯語上》)

(2)吾夜者夢夫人趨而來,曰:"吾苦飢。"(《穀梁傳·僖公十年》)

例句(1)中的"勤百穀"即"爲了(播種)百穀的事情勤勞不息"。

例句(2)中"苦飢"即"因爲飢餓而痛苦"。

(四) 其他類型的特殊述賓關係

古代漢語中的述賓關係,除了一般的支配關係和上述使動、以動、爲(wèi)動外,還有一些其他的類型。比如充任關係、給予關係、目標關係等等。下面分別舉例說明。

1. 充任關係,也可以稱作"爲(wéi)動"。

名詞的爲動用法,可以用下邊的公式來概括:

$$NO = 爲 O 之 N$$

其中 N 表示名詞,O 表示賓語。如:

(1)沛公欲王關中,使子嬰爲相,珍寶盡有之。(《史記·項羽本紀》)

(2)年歲雖少,可師長兮。(《楚辭·橘頌》)

(3)克隆堂基,母儀天下。(《晉書·明穆庾皇后傳》)

(4)廣陵大鎮,富甲天下。(《舊唐書·秦彥傳》)

例句(1)中"王關中"即"爲關中之王"。例句(2)中"師長"即"爲長者之師"。例句(3)中"母儀天下"即"爲天下之母儀"。例句(4)中"甲天下"即"爲天下之甲"。

2. 給予關係。

名詞活用成動詞且帶上賓語,表示把這個名詞所表示的事物給予賓語所表示的人或物。可以用下邊的公式來概括:

$$NO = 給予 O 以 N$$

其中 N 表示名詞,O 表示賓語。如:

(1)吳人曰:"宋百牢我,魯不可以後宋。且魯牢晉大夫過十,吳王百牢,不亦可乎?"(《左傳·哀公七年》)

(2)漢王授我上將軍印,予我數萬衆,解衣衣我,推食食我。(《史記·淮陰侯列傳》)

(3)帝列陣以待之,使將牛金輕騎餌之。(《晉書·宣帝紀》)

例句(1)中"百牢我"卽"給我以百牢(按:牢是祭祀用的犧牲)","牢晉大夫過十"卽"給晉大夫超過十牢"。例句(2)中"衣我""食我"卽"給我衣穿""給我食物吃"。例句(3)中"餌之"卽"給他誘餌"。

3. 目標關係。

表示述語的行爲是對賓語發出的。可以用下邊的公式來概括:

$$(V/A)O = 對 O(V/A); NO = 對 O(V)N$$

其中 V 表示動詞,A 表示形容詞,N 表示名詞,O 表示賓語。如:

(1)公子爲人仁而下士,士無賢不肖,皆謙而禮交之,不敢以其富貴驕士。(《史記·魏公子列傳》)

(2)由余遂去降秦,繆公以客禮禮之。(《史記·秦本紀》)

(3)越王句踐食不重味,衣不重采,弔死問疾,且欲有所用其衆。(《史記·吳太伯世家》)

例句(1)中的"下士""驕士"是"對士人謙下""對士人驕慢"。例句(2)中的"禮之"是"對他以貴賓的禮節相待"。例句(3)中的"弔死""問疾"是"對死者進行弔唁""對病人進行慰問"。

三　動詞充當其他句子成分

(一) 動詞作狀語

動詞作狀語,就是動詞或動詞短語用在述語前面,對述語起修飾作用,表示動作行爲的手段、方式、狀態、時間等。在古代漢語中動詞作狀語可直接修飾述語,但更常見的是用連詞"而"或"以"把作狀語的動詞或動詞短語和述語連接起來。如:

(1)於是從散約解,爭割地而賂秦。(賈誼《過秦論》)

(1)盛服將朝,尚早,坐而假寐。(《左傳·宣公二年》)

(3)觸槐而死。(《左傳·宣公二年》)

(4)(荆)軻自知事不就,倚柱而笑,箕踞以罵。(《戰國策·

燕策三》)

例句(1)中的"爭"作狀語,形容諸侯"割地而賂秦"的狀態。例句(2)中的"坐"描寫"假寐"時的身體姿態。例句(3)中的"觸槐"説明"死"的方式。例句(4)中的"倚柱""箕踞"表明"笑""罵"時的伴隨狀態。

(二) 動詞作定語

動詞作定語修飾名詞性成分,形式上容易與述賓短語混淆,必須根據句子的意思來區分。如:

(1) 因奏録圖書曰:亡秦者,胡也。(《史記·秦始皇本紀》)

(2) 漢興之初,海内新定,同姓寡少。懲戒亡秦孤立之敗,於是剖裂疆土,立二等之爵。(《漢書·諸侯王表》)

例句(1)中的"亡秦"是述賓短語,意思是"使秦朝滅亡",而例句(2)中的"亡秦"是定中結構的偏正短語,意思是"滅亡了的秦朝"。

動詞作定語可直接修飾名詞性的中心語,也可以用助詞"之"把作定語的動詞或動詞短語和中心語連接起來。如:

(3) 興滅國,繼絶世,舉逸民,天下之民歸心焉。(《論語·堯曰》)

(4) 天下有道,却走馬以糞。(《老子》第四十六章)

(5) 天狗,狀如大奔星。(《史記·天官書》)

(6) 日夜引吾南近塞,得毋有伏兵乎?(《漢書·李陵傳》)

(7) 海内雖有破亡之國,削滅之朝,亦勿怪矣。(《韓非子·五蠹》)

(8) 夫曹參雖有野戰略地之功,此特一時之事。(《史記·蕭相國世家》)

(9) 養怡之福,可得永年。(曹操《步出夏門行》)

例句(3)中的"滅國"即"滅亡了的國家","絶世"即"斷絶了繼嗣的世家"。例句(4)中的"走馬"是"善於奔跑的馬"。例句(5)中的"奔星"即流星,"奔"字形容此種星的狀態。例句(6)中"伏兵"即"埋伏着的軍隊"。例句(7)(8)(9)中,作定語的動詞或動詞短語和中心語之間都有助詞"之"連接。

(三) 動詞用作主、賓語

動詞用作主、賓語時,其功能由陳述轉化爲指稱,將某種動作、行爲、存現狀況或心理活動等作爲話題或對象來進行說明、描寫或陳述。作主、賓語是名詞的主要功能,因此,某些動詞如果頻繁地出現在主、賓語的位置上,就可能逐漸向名詞轉化。

1. 用作主語。如:

(1) 夫戰,勇氣也。(《左傳·莊公十年》)

(2) 禹笑曰:"吾受命於天,竭力養民。生,性也;死,命也。何憂龍哉?"(《水经注·江水》)

(3) 男女同姓,其生不蕃。(《左傳·僖公二十三年》)

(4) 其來也遽,其處也危,无所容安。(張載《橫渠易説》)

(5) 上下相反,好惡乖迕。(晁錯《論貴粟疏》)

(6) 爲學日益,爲道日損。(《老子》第四十八章)

(7) 諺曰:"力田不如逢年,善仕不如遇合。"(《史記·佞幸列傳》)

例句(1)中的動詞"戰",例句(2)中的並列動詞短語"生死"都作判斷句的主語,由名詞性的謂語對其進行說明。例句(3)中的動詞"生",例句(4)中的動詞"來""處",例句(5)中的並列動詞短語"好惡"都作描寫句的主語,由形容性的謂語對其進行描寫。例句(6)中的動詞短語"爲學""爲道"和例句(7)中的動詞短語"力田""善仕"都作陳述句的主語,由動詞性的謂語對其進行陳述。

2. 用作賓語。如:

(1) 夫大國難測也,懼有伏焉。(《左傳·莊公十年》)

(2) 二者不可得兼,舍生而取義者也。(《孟子·告子上》)

(3)孟嘗君曰:"客何好?"曰:"客無好也。"(《戰國策·齊策四》)

(4)吾寧悃悃款款,朴以忠乎?將送往勞來,斯無窮乎?(《楚辭·卜居》)

(5)殫其地之出,竭其廬之入。(柳宗元《捕蛇者説》)

例句(1)中的"伏"即"埋伏",作"有"的賓語,可轉指埋伏的敵人。例句(2)中的"生"即"生存""活",作"舍"的賓語,可轉指生命。例句(3)中的"好"即"愛好",作"無"的賓語,可轉指愛好的事情。例句(4)中的"往""來"作"送""勞"的賓語,可轉指來往的人。例句(5)中的"出""入"作"殫""竭"的賓語,可轉指"出產的東西""收入的東西"。

動詞也可以用作介詞的賓語。

(6)人不難以死免其君,我戮之不祥。(《左傳·成公二年》)

(7)王好戰,請以戰喻。(《孟子·告子上》)

(8)生亦我所欲,所欲有甚於生者,故不爲苟得也;死亦我所惡,所惡有甚於死者,故患有所不辟也。(《孟子·告子上》)

(9)聞以有翼飛者矣,未聞以無翼飛者也。聞以有知知者矣,未聞以無知知者也。(《莊子·人間世》)

例句(6)中的"死"、例句(7)中的"戰"都作介詞"以"的賓語。例句(8)中的"生""死"作介詞"於"的賓語。例句(9)中動詞短語"有翼""無翼""有知""無知"都作介詞"以"的賓語。

[文選]

1. 顏淵季路侍

顏淵、季路侍[1]。子曰:"盍各言爾[2]志。"

子路曰:"願車馬衣輕[3]裘與朋友共,敝[4]之而無憾。"

顏淵曰:"願無伐善[5],無施勞[6]。"

子路曰:"願聞子之志。"

子曰:"老者安之,朋友信之,少者懷之[7]。"(《論語·公冶長》)

【注解】

[1]顏淵:孔子的弟子顏回,字子淵。季路:孔子的弟子仲由,字子路,一字季路。侍:陪從在尊者的身旁。這裏是指孔子坐着,弟子站着。[2]盍(hé):"何不"的合音。爾(ěr):第二人稱代詞。[3]衣(yī):衣服。輕:此字爲衍文,詳見劉寶楠《論語正義》。[4]敝:破,壞。這裏是使動用法。[5]伐:誇耀。伐善:誇耀自己的好處。[6]施:表白。施勞:表白自己的功勞。[7]"老者"三句:三句中的動詞都爲使動用法。安之,使他們安逸。信之,使他們相信我。懷之,使他們歸附。

2. 樊遲問仁

樊遲[1]問仁。子曰:"愛人。"問知[2]。子曰:"知人。"樊遲未達[3]。子曰:"舉直錯諸枉[4],能使枉者直。"樊遲退,見子夏[5],曰:"鄉[6]也吾見於夫子而問知,子曰,'舉直錯諸枉,能使枉者直',何謂也?"子夏曰:"富哉言乎[7]!舜[8]有天下,選於衆,舉皋陶[9],不仁者遠矣。湯[10]有天下,選於衆,舉伊尹[11],不仁者遠矣。"(《論語·顏淵》)

【注解】

[1]樊遲:孔子的弟子樊須,字子遲。[2]知(zhì):智慧,這個意義後來寫作"智"。[3]達:知曉,理解。[4]直:正直的人。錯:通"措",放置。諸:"之於"的合音。枉:邪曲的人。[5]子夏:孔子的弟子卜商,字子夏。[6]鄉(xiàng):通"嚮",剛纔。[7]富哉言乎:這是一個主謂語倒置的感嘆句。富,(含義)豐富。[8]舜:傳說中的遠古帝王,號有虞氏,五帝之一。[9]皋陶(Gāoyáo):舜時的賢臣。《尚書》有《皋陶謨》篇。[10]湯:又稱天乙,商朝開國之君,伐夏桀,滅夏,建立商朝。[11]伊尹:湯時的賢相,名摯,又名阿衡。

3. 禮與食孰重

任人有問屋廬子[1]曰:"禮與食孰[2]重?"曰:"禮重。""色[3]與禮孰重?"曰:"禮重。"曰:"以禮食,則飢[4]而死;不以禮食,則得食,必以禮乎?親迎[5],則不得妻;不親迎,則得妻,必親迎乎?"屋廬子不能對[6]。明日,之鄒[7]以告孟子。孟子曰:"於答是也,何有[8]?不揣其本[9],而齊其末[10],方寸之木可使高於岑樓[11]。金重於羽者,豈謂一鉤[12]金與一輿羽之謂哉?取食之重者與禮之輕者而比之,奚翅食重[13]？取色之重者與禮之輕者而比之，奚翅色重？往應之曰：'紾兄之臂而奪之食[14]，則得食；不紾，則不得食，則將紾之乎？踰東家牆而摟其處子[15]，則得妻；不摟，則不得妻，則將摟之乎？'"（《孟子·告子下》）

【注解】

[1]任(Rén)：古國名，故城在今山東省濟寧市。屋廬子：孟子的弟子，名連。[2]孰：誰，哪個。[3]色：女色，這裏指娶妻。[4]飢：餓肚子。注意，古代"飢"和"饑"不同。"饑"是饑荒，糧食没有收成。[5]親迎：古代婚姻的六禮之一，即新郎親自迎娶新婦，自諸侯至普通老百姓都如此。[6]對：回答。[7]之：往，到……去。鄒：古國名，故城在今山東鄒城東南。孟子即爲鄒人。[8]何有：有什麼（難的）呀？[9]揣：揣度，度量（高低）。本：根柢。[10]齊：這裏是使動用法。末：末梢。[11]岑(cén)樓：樓高而尖似山者。[12]鉤：帶鉤。一帶鉤金重約三分之一兩。[13]翅：通"啻(chì)"，古字通用，止也，但也。奚翅：何止，何但。"取食"三句是說，拿快要餓死的人得到食物的重要性跟吃東西時的禮節相比，得到食物何止重要（簡直是性命攸關）。[14]紾(zhěn)：扭轉。奪之食：雙賓語結構，從他那裏奪取食物。[15]踰(yú)：同"逾"，翻越。摟：抱持。處子：處女。

4. 舜發於畎畝之中

孟子曰："舜發於畎畝[1]之中，傅說舉於版築[2]之間，膠鬲[3]舉於魚鹽之中，管夷吾舉於士[4]，孫叔敖[5]舉於海，百里奚舉於市[6]。故天將降大任於是人也，必先苦其心志，勞其筋骨，餓其體膚[7]，空乏[8]其身，行拂亂其所爲[9]，所以動心忍性[10]，曾益[11]其所不能。人恆過[12]，然後能改。困於心，衡[13]於慮，而後作[14]。徵[15]於色，發於聲，而後喻[16]。入則無法家拂士[17]，出則無敵國外患者，國恆亡。然後知生於憂患[18]而死於安樂也。"（《孟子·告子下》）

【注解】

[1]發：發跡，指被起用。畎(quǎn)：田間水溝。畎畝：田地，田間。舜曾耕於歷山，二十歲以孝聞，三十歲被堯起用。[2]傅說(yuè)：殷人，曾爲刑徒，在傅巖築牆，後被殷王武丁舉用爲相。版：築土牆用的夾板。築：以杵搗土使堅實。版築：一種築牆的方式，在兩塊夾板中間填土，然後夯實，再將板取下。[3]膠鬲(gé)：殷紂時的賢人，初以販賣魚、鹽爲生，周文王舉薦於紂。[4]管夷吾：即管

仲,春秋時齊國人,曾事於公子糾,公子糾與公子小白爭奪君位,管仲以箭射中小白的帶鉤,後小白即位,即齊桓公,公子糾死,管仲被囚。後經鮑叔牙推薦,被齊桓公用爲相,輔助齊桓公稱霸。士:獄官。舉於士:指從獄官那裏被舉用。[5]孫叔敖:春秋時楚國人,隱居,耕於海濱,楚莊王舉以爲令尹。[6]百里奚:春秋時虞國人,見虞國將被晉所滅,離開虞國,曾被楚國人抓去爲奴,秦穆公知其賢,用五張羊皮將其贖買到秦,舉以爲相,故又稱"五羖大夫"。市:販賣人口的市場。[7]膚:腹,肚子。按《説文解字》"臚"重文爲"膚"。《藝文類聚》卷四十九引韋昭《辯釋名》曰:"腹前肥者曰臚。"以上三句中"苦""勞""餓"都是使動用法。[8]空乏:指沒有物資,使動用法。[9]拂亂:違背,不順。所爲:所作所爲的事情。本句是緊縮複句,"行"的邏輯主語是"是人","拂亂其所爲"的邏輯主語是"天"。[10]所以:用來……的(措施)。"動""忍"都是使動用法。[11]曾:通"增"。曾益:增加。[12]恆:常。過:過失,犯錯。[13]衡:通"橫",這裏指不順。[14]作:奮起。[15]徵(zhēng):徵驗,表現。[16]喻:知曉,明白。[17]入:這裏指國內,與下文的"出"指國外相對。法家:有法度的世臣。拂(bì)士:輔弼國君的賢士。拂,通"弼"。[18]生於憂患:因有憂患而生存。介詞短語引進原因。"死於安樂"結構同此。

5. 子夏喪其子而喪其明

子夏喪其子而喪其明[1]。曾子弔[2]之曰:"吾聞之也:朋友喪明則哭之。"曾子哭,子夏亦哭,曰:"天乎,予之無罪也[3]!"曾子怒曰:"商[4],女何無罪也?吾與女事夫子於洙泗[5]之間,退而老於西河[6]之上,使西河之民疑女於夫子[7],爾罪一也;喪爾親[8],使民未有聞焉[9],爾罪二也;喪爾子,喪爾明[10],爾罪三也。而曰女何無罪與?"子夏投其杖而拜曰:"吾過[11]矣!吾過矣!吾離群而索居[12],亦已[13]久矣。"(《禮記·檀弓上》)

【注解】

[1]子夏:孔子的弟子卜商,字子夏,魏人。古代朋友之間一般互稱字,下文曾子直呼子夏的名,顯示其態度的嚴肅。喪(sāng)其子:死了兒子。喪(sàng)其明:哭瞎了眼睛。前一個"喪"是"喪亡"之意,後一個"喪"是使動用法,"使……喪失"。明,視力。[2]曾子:孔子的弟子曾參,字子輿,魯人。弔:慰問。[3]"天乎"二句:這是感嘆句,抱怨自己無罪而受到上天懲罰。[4]商:子夏之名。[5]事夫

子:侍奉孔子。洙泗:魯國境內的洙水和泗水,曲阜就在兩水之間。[6]西河:戰國初年魏國的屬地,在今陝西境內黃河以西一帶。《史記·仲尼弟子列傳》:"孔子既沒,子夏居西河教授,爲魏文侯師。"[7]疑:比擬。夫子:指孔子。這一句的意思是指責子夏不稱述孔子而突出了他自己。[8]親:指父母。[9]"使民"句:意思是指責子夏父母之喪時沒有突出的表現,沒有讓百姓留下深刻印象。[10]"喪爾"二句:這兩句是指責子夏因兒子死去而哭瞎眼睛,超過了對父母的哀悼。[11]過:錯。[12]群:指同門朋友。索居:獨居。[13]已:太。

6. 齊侯以諸侯之師侵蔡

四年[1],春,齊侯以諸侯之師侵蔡[2]。蔡潰[3],遂伐楚。楚子使[4]與師言曰:"君處北海[5],寡人處南海[6],唯是風馬牛不相及[7]也。不虞君之涉[8]吾地也,何故?"管仲對[9]曰:"昔召康公命我先君大公[10]曰:'五侯九伯[11],女實[12]征之,以夾輔周室[13]!'賜我先君履[14],東至于海[15],西至于河[16],南至于穆陵[17],北至于無棣[18]。爾貢包茅不入[19],王祭不共[20],無以縮酒[21],寡人是徵[22]。昭王南征而不復[23],寡人是問。"對曰:"貢之不入,寡君[24]之罪也,敢不共給[25]?昭王之不復,君其問諸水濱[26]!"師進,次于陘[27]。

夏,楚子使屈完如[28]師。師退,次于召陵[29]。齊侯陳[30]諸侯之師,與屈完乘而觀[31]之。齊侯曰:"豈不穀是[32]爲?先君之好[33]是繼。與不穀同好,如何?"對曰:"君惠徼福於敝邑之社稷[34],辱收[35]寡君,寡君之願也。"齊侯曰:"以此衆[36]戰,誰能禦之?以此攻城,何城不克?"對曰:"君若以德綏[37]諸侯,誰敢不服?君若以力[38],楚國方城[39]以爲城,漢水以爲池[40],雖衆[41],無所用之[42]。"屈完及諸侯盟[43]。(《左傳·僖公四年》)

【注解】

[1]四年:魯僖公四年,公元前656年。[2]齊侯:指齊桓公,公元前685—前643年在位。齊國屬侯爵,所以文中稱"齊侯"。以:率領。諸侯之師:指參加這次戰鬥的魯、宋、陳、衛、鄭、許、曹、齊共八個諸侯國的軍隊。蔡:國名,姬姓,在今河南上蔡一帶,公元前447年爲楚所滅。[3]潰:潰敗。[4]楚子:指楚成王,公元前671—前626年在位。楚屬子爵,所以文中稱"楚子"。使:派遣(使者)。[5]處

(chǔ):居。北海:渤海。齊地瀕臨渤海。[6]寡人:古代國君自稱"寡人",這裏是使者代言。南海:楚國雖在南方,實際上並不臨近南海,這裏稱"處南海",是相對上文"處北海"而言,極言兩國相距之遠。[7]唯:句首語氣詞。風:牝牡相誘。這裏是使動用法。不相及:互相夠不着。[8]虞:料想。涉:趟水過河。這裏指入侵。[9]管仲:齊國大夫,名夷吾,字仲。任齊國國相四十餘年,使齊國變得富強,幫助齊桓公稱霸諸侯。對:回答。[10]召(Shào)康公:周成王時的太保召公姬奭(Shì),"康"是他的諡號。先君:後代君臣對已故的前代君主的稱呼。大(tài)公:姜太公,名尚,齊國的始祖。[11]五侯九伯:泛指所有的諸侯。[12]實:句中語氣詞,表示確認或期望。[13]夾輔:扶持輔佐。周室:周王室。[14]履:踐踏,這裏作"賜"的賓語,轉指踐踏的地方,即齊國可以征討的範圍。[15]海:指黃海渤海。[16]河:黃河。黃河在晋陝之間自北向南流,故可作為東與西的境界。[17]穆陵:地名。《左傳杜林合注》載:"今淮南有故穆陵門,是楚之境。"[18]無棣(dì):地名。《左傳杜林合注》載:"無棣在遼西孤竹,服虔以為大公受封境。"按,以上四句,舊注有不同的解釋,認為"河"指黃河在齊國西境的一段,穆陵指今山東臨朐東南的穆陵關,無棣在今山東無棣附近。按此說,則齊國征伐範圍只限於齊國境内,不能征討"五侯九伯",也無從回答楚使的責問了。[19]貢:貢品,貢物。茅:菁茅,楚地的特産。包茅:成捆的菁茅。入:通"納"。[20]王祭:周王的祭祀。共(gōng):供應,這個意義後來寫作"供"。[21]無以:沒有用來……的東西。縮酒:古代祭祀的一種儀式,把酒倒在成束的茅草上讓它滲下去,就意味着神鬼歆享了人的祭品。[22]是:代詞,指代"包茅",作"徵"的前置賓語。徵:索取。[23]昭王:西周昭王姬瑕,周成王之孫。相傳周昭王晚年荒於國政,人民恨他,他到南方巡行,渡漢水時,當地人用膠黏合了一艘船,船至江心解體,昭王溺水而死。復:回來。[24]寡君:古代臣子對別國人稱自己的國君。[25]敢:謙辭,等於說"豈敢"。共給:供應充足。後來寫作"供給"。[26]其:副詞,表示祈使的語氣。諸:"之於"的合音。這句話委婉地拒絕了管仲的指責。西周昭王時,楚國的勢力尚未到達漢水流域。[27]次:駐扎。陘(Xíng):楚地名,在今河南偃城附近。[28]屈完:楚國大夫。如:往,到……去。[29]召(Shào)陵:楚地名,在今河南偃城東。[30]陳:列成陣勢。這裏有向楚國示威的用意。[31]乘:登車。觀:檢閱。[32]不穀:不善,諸侯的謙稱,是"為(wèi)"的賓語。是:置於前置賓語和述語之間,用以凸顯前置賓語。下一句的句法同此。[33]先君之好:前代國君建立的友好關係。[34]惠:謙敬副詞,意思是說你這樣做是給我們恩惠。徼(yāo):通"邀",求。敝邑:對別國人謙稱自己的國家。社稷:古代君王所祭祀的土神和穀神,常用作國家的代稱。[35]辱:謙敬副詞,意思是說這樣做使您蒙受了侮辱。收:容納,接受。[36]衆:指軍隊。[37]綏:安撫。[38]力:武力。[39]方城:山名,在今河南葉縣附近。方城以爲城,意思是把方城山作爲城牆,"方城"作介詞"以"的前置賓語。下一句的句法同此。[40]池:護城河。[41]雖:即使,表示讓步。衆:人數多。[42]無所用之:沒有用他們的地方,沒有用處。[43]盟:訂立盟約,講和。

7. 大學之道

大學[1]之道,在明明德[2],在親民[3],在止於至善[4]。知止而后有定[5],定而后能靜[6],靜而后能安[7],安而后能慮[8],慮而后能得[9]。物有本末,事有終始,知所先後,則近道矣[10]。

古之欲明明德於天下者,先治[11]其國;欲治其國者,先齊[12]其家;欲齊其家者,先修其身[13];欲修其身者,先正其心[14];欲正其心者,先誠其意[15];欲誠其意者,先致其知[16],致知在格物[17]。

物格而后知至,知至而后意誠,意誠而后心正,心正而后身修,身修而后家齊,家齊而后國治,國治而后天下平。自天子以至於庶人[18],壹是[19]皆以修身爲本,其本亂而末治者否[20]矣。其所厚者薄而其所薄者厚[21],未之有也[22]。此謂知本[23],此謂知之至[24]也。

所謂誠其意者,毋[25]自欺也。如惡惡臭[26],如好好色[27],此之謂自謙[28]。故君子必慎其獨[29]也。小人閒[30]居爲不善,無所不至,見君子而後厭然[31],揜其不善[32],而著[33]其善。人之視己,如見其肺肝然,則何益矣! 此謂誠於中,形[34]於外,故君子必慎其獨也。(《禮記·大學》)

【注解】

[1]大學:儒家所提倡的從個人修養到齊家、治國、平天下的一整套學問。[2]明明德:第一個"明"用作動詞,使……彰明,使……顯著。明德,至上的品德。[3]親:宋程頤認爲應作"新",使動用法。親(新)民:使民去舊圖新。[4]止於至善:使人處於至善的境界。止,處。至,最好的,最高程度的。[5]后:通"後"。下文用法同。定:堅定,這裏指堅定的方向。[6]靜:寧靜,不浮躁。[7]安:指心性安和。[8]慮:思慮。這裏指考慮問題精當詳明。[9]得:獲得,這裏指找到止於至善的合適途徑。[10]"物有"四句:萬事萬物都有本末始終,大學之道也一樣,明德爲

本,新民爲末,知止爲始,能得爲終。懂得本始在先,末終在後,就接近至道了。[11]治:太平,安定。這裏是使動用法,使……太平,使……安定。[12]齊:整齊,使動用法,使……整齊。[13]身:自身,本人。[14]正:這裏是使動用法,使……端正。心:內心,心思。[15]誠:這裏是使動用法,使……誠實。意:意念,欲望。[16]致:使……至,招致。知:知識,這裏指懂得事物善惡吉凶及其發展的始末。[17]格:來。這裏是使動用法,使……來。格物:接近事物而窮究其理。[18]庶人:庶民,平民。[19]壹是:一律。[20]本亂:指身之不修。末治:指天下國家太平。否:不,不可能。[21]所厚者:重視並致力施行之事。薄:指未得厚報。所薄者:鄙薄且未努力施行之事。厚:指獲得厚報。這裏是指身修而國不治,身不修而國治。[22]未之有也:從來沒有這種事。之,這(種事情),作"有"的前置賓語。[23]此謂知本:這(指懂得上述道理)就叫作懂得了根本。[24]知之至:知識的至極。[25]毋(wú):不要。[26]惡(wù)惡(è)臭:厭惡不好的氣味。[27]好(hào)好(hǎo)色:喜愛美色。[28]謙:通"慊(qiàn)"。快意,滿足。[29]慎:謹慎。獨:獨居。[30]閒(xián):同"閑"。閑居,獨居。[31]厭然:閉藏之貌。[32]揜(yǎn):同"掩",掩蓋,掩藏。[33]著:顯著,彰顯。這裏是使動用法。[34]形:顯露。

8. 百官公卿表序

《易》敘宓羲、神農、黃帝作教化民[1],而《傳》[2]述其官,以爲宓羲龍師名官[3],神農[4]火師火名,黃帝[5]雲師雲名,少昊[6]鳥師鳥名。自顓頊[7]以來,爲民師而命以民事[8],有重黎、句芒、祝融、后土、蓐收、玄冥之官[9],然已上[10]矣。《書》載唐虞之際[11],命羲和四子順天文[12],授民時[13]。咨四岳[14],以舉賢材[15],揚側陋[16]。十有二牧[17],柔遠能邇[18]。禹作司空[19],平水土[20]。棄作后稷[21],播百穀。高作司徒[22],敷五教[23]。咎繇作士[24],正五刑[25]。垂作共工[26],利[27]器用。益作朕虞[28],育草木鳥獸。伯夷作秩宗[29],典三禮[30]。夔典樂[31],和神人[32];龍作納言[33],出入[34]帝命。夏、殷亡聞[35]焉,《周官》則備[36]矣。天官冢宰,地官司徒,春官宗伯,夏官司馬,秋官司寇,冬官司空,是爲六卿[37],各有徒屬職分[38],用於百事[39]。太師、太傅、太保,是爲三公,蓋參天子,坐而議政,無不總統[40],故不以一職爲官名[41]。又立三少爲之副[42],少師、少傅、少保,是爲孤卿[43],與六卿爲九焉。記曰三公無官[44],言有其[45]人然後充之。舜之於堯,伊尹於湯,周公、召公於周,是[46]也。或説司馬主[47]天,司徒主人,司空主土,是爲三公。四岳謂四方諸侯。自周衰,官失[48]而百職亂,戰國並爭,各變異。秦兼天下,建皇帝之號[49],立百官之職[50]。漢因循而不革[51],明簡易,隨時宜也。其後頗[52]有所改。王莽[53]篡位,慕從古官[54],而吏民弗安,亦多虐政,遂以亂亡。故略表舉大分[55],以通古今,備"溫故知新"之義云[56]。(《漢書·百官公卿表》[57])

【注解】

[1]宓(fú)羲:伏羲,亦作包羲、包犧、庖犧等,傳説中遠古時代的人皇。作教:創設教育。化民:教化民衆。關於宓羲、神農、黃帝作教化民之事,見《周易·繫辭下》。[2]《傳》:指《左傳》。《左傳·昭公十七年》記載了郯子關於上古官制的一段議論。[3]宓羲龍師名官:《左傳·昭公十七年》郯子曰:"大皡氏以龍紀,故爲龍師而龍名。"一説大皡氏即宓羲氏。[4]神農:傳説中遠古時代的人皇,一説即炎帝,華夏始祖之一。《左傳·昭公十七年》郯子曰:"炎帝氏以火紀,故爲火師而火名。"[5]黃帝:傳説中的五帝之一,華夏始祖之一。《左傳·昭公十七年》郯子曰:"昔者黃帝氏以雲紀,故爲雲師而雲名。"[6]少昊:傳説中遠古時代的帝王。《左傳·昭公十七年》郯子曰:"我高祖少皡摯之立也,鳳鳥適至,故紀於鳥,爲鳥師而鳥名。"少皡即少昊。[7]顓頊:高陽氏,傳説中的五帝之一。[8]"爲民"句:《左傳·昭公十七年》郯子曰:"自顓頊以來,不能紀遠,乃紀於近,爲民師而命以民事。"[9]"有重"句:《漢書·百官公卿表》應劭注:"少昊有四叔,重爲句芒,該爲蓐收,修及熙爲玄冥。顓頊氏有子曰黎,爲祝融。共工氏有子曰句龍,爲后土。"按鄭玄《禮記·月令》注,句芒爲木官,祝融爲火官,后土爲土官,蓐收爲金官,玄冥爲水官。[10]已:太。上:久遠。[11]《書》:指《尚書》。唐虞之際:堯、舜之時。[12]羲和四子:指羲仲、羲叔、和仲、和叔。見《尚書·堯典》。順天文:按照日月星辰運行的規律。[13]授民時:向民衆頒行曆法。[14]咨:詢問。四岳:傳説是堯時主管四方諸侯之官。炎帝之後,姜姓。[15]舉賢材:據《尚書·堯典》,是四岳向堯推薦了舜。[16]揚側陋:推舉疏遠隱匿者。[17]牧:州牧,州的長官。堯舜之時分十二州,有十二牧。[18]柔:懷柔,使……順從。遠:遠方之民。能:得,這裏用作使動,使……相得。邇:近。[19]司空:古代主管土工之官。[20]平水土:禹父鯀治水九年無功,禹繼其業,居外十三年,過家門不敢入,終於治平水患。[21]棄:周

的始祖。后稷:主管農事之官。[22]禼(Xiè):商的始祖,其字今作"契"。司徒:主管教化民人之官。[23]敷:布,普及。五教:關於父、母、兄、弟、子五品的倫理教育。[24]咎繇(Gāoyáo):一作"皋陶"。士:獄官之長。[25]正:這裏是使動用法,使……正,整頓。五刑:指墨、劓、剕、宫、大辟五種刑法。顏師古注:"墨,鑿其額而涅以墨也;剕,斷足也;劓,割鼻也;荆,去髕骨也;宫,陰刑也;大辟,殺之也。"[26]垂:人名。共工:官名,主管百工之事。[27]利:這裏是使動用法,使……利。[28]益:即伯益。朕:我的。虞:官名,主管山澤禽獸之事。[29]伯夷:人名。注意,與周武王時的伯夷不是同一個人。秩宗:官名,主管祭祀禮儀之官。[30]典:掌管,主持。三禮:所謂天神、地祇、人鬼之禮。[31]夔:人名。樂:音樂。[32]和神人:古人相信音樂可以溝通人和其他生靈之精神。《尚書·舜典》:"八音克諧,無相奪倫:神人以和。""夔曰:'於!予擊石拊石,百獸率舞。'"[33]龍:人名。納言:官名,職責是聽下言納於上,受上言宣於下。[34]出入:出納。[35]夏、殷亡聞:謂夏、殷二代官制不見於記載。[36]周官:《尚書·周書》有《周官》篇,又《周禮》古稱《周官》。備:完備。[37]六卿:即上述冢宰、司徒、宗伯、司馬、司寇、司空六官。顏師古注曰:"冢宰掌邦治,司徒掌邦教,宗伯掌邦禮,司馬掌邦政,司寇掌邦禁,司空掌邦土也。"[38]徒屬:部下屬官。職分(fèn):分內職責。[39]百事:猶言諸事。[40]總統:全面統理。[41]不以一職爲官名:(三公的名號)不體現某一個具體職務。[42]爲之副:雙賓語結構,爲(wèi)之爲(wéi)副,給他們當副手。[43]孤卿:三孤之卿。[44]三公無官:意思是三公之位没有常設的官員。[45]其:這裏的意思是"合適的""符合條件的"。《尚書·周官》:"官不必備,惟其人。"[46]是:指示代詞充當判斷句謂語,(就是)這樣的。[47]或說:有另一説。主:掌管。[48]官失:官制失落。[49]建皇帝之號:上古"皇""帝"不並稱,秦始皇統一中國後始稱"皇帝"。[50]立百官之職:秦朝建立了一套與前代不同的適合中央集權制度的完備的官僚體制。許多官職都爲前代所無,如太尉、廷尉、御史大夫、太僕、治粟内史等。[51]因循:繼承,遵循。革:更改。[52]頗:程度副詞,有一些。[53]王莽(前45—23):字巨君,西漢末年以外戚掌握政權,公元前8年,代漢稱帝,建立新朝。23年,新朝滅亡被殺。[54]慕從古官:王莽稱帝後進行復古改制,按《周禮》改革官制。[55]表舉:以表格的形式列舉。大分(fèn):大體。[56]溫故知新:《論語·爲政》:"溫故而知新,可以爲師矣。"云:句末語氣詞,用以結束語篇。[57]《漢書》:又稱《前漢書》,我國第一部紀傳體斷代史,"二十四史"之一。全書主要記述了上起西漢的漢高祖元年(前206),下至新朝的王莽地皇四年

(23),共二百三十年的史事。《漢書》包括紀十二篇,表八篇,志十篇,傳七十篇,共一百篇。《漢書》開創了我國斷代紀傳表志體史書,奠定了修正史的編例,尤以史料豐富、聞見博洽著稱,在史學史上有重要的價值和地位。《漢書》作者班固(32—92),字孟堅,扶風安陵(今陝西咸陽)人,東漢歷史學家班彪之子,承繼父志,篤志博學,以著述爲業,前後歷時近四十年,撰成《漢書》。其中的八表和《天文志》,則由其妹班昭及馬續共同續成。《漢書》注本主要有唐顏師古的《漢書注》、清王先謙的《漢書補注》。

[練習與思考]

一、問答題

1. 什麼叫使動用法?它有哪幾種常見類型?
2. 什麼叫以動用法?以動用法有哪些常見類型?
3. 什麼叫爲動用法?爲動用法有哪些常見類型?
4. 什麼叫雙賓語?
5. 説一下動詞作狀語的情況。
6. 説明動詞用作主、賓語的情況。

二、請指出下列句子中動詞的活用,並分析該動詞與所帶賓語之間的意義關係

1. 莊公寤生,驚姜氏。(《左傳·隱公元年》)
2. 項伯殺人,臣活之。(《史記·項羽本紀》)
3. 焉用亡鄭以陪鄰?(《左傳·僖公三十年》)
4. 公曰:"良醫也。"厚爲之禮而歸之。(《左傳·成公十年》)
5. 大車無輗,小車無軏,其何以行之哉?(《論語·爲政》)
6. 小子鳴鼓而攻之可也。(《論語·先進》)
7. 求也退,故進之;由也兼人,故退之。(同上)
8. 故遠人不服,則修文德以來之。(《論語·季氏》)
9. 武丁朝諸侯。(《孟子·公孫丑上》)
10. 欲因此時降武。(《漢書·李廣蘇建傳》)
11. 沛公旦日從百餘騎來見項王。(《史記·項羽本紀》)

12. 養備而動時,則天不能病。(《荀子·天論》)

13. 舍相如廣成傳。(《史記·廉頗藺相如列傳》)

14. 漢兵二千里客居,齊城皆反之,其勢無所得食,可無戰而降也。(《史記·淮陰侯列傳》)

三、請指出下列句子中活用作動詞的名詞,並分析該名詞與所帶賓語之間的意義關係

1. 夫破人之與破於人也,臣人之與臣於人也,豈可同日而論哉。(《史記·蘇秦列傳》)

2. 過其友曰:"孟嘗君客我!"(《戰國策·齊策四》)

3. 故扁鵲不能肉白骨,微、箕不能存亡國也。(《鹽鐵論·非鞅》)

4. 齊威王欲將孫臏。(《史記·孫子吳起列傳》)

5. 桓公解管仲之束縛而相之。(《韓非子·難一》)

6. 夫人之,我可以不夫人之乎?(《穀梁傳·僖公八年》)

7. 公子乃自驕而功之,竊爲公子不取也。(《史記·魏公子列傳》)

8. 大決所犯,傷人必多,吾不克救也。不如小決使道,不如吾聞而藥之也。(《左傳·襄公三十一年》)

9. 完母死,莊公令夫人齊女子之。(《史記·衛康叔世家》)

10. 項王雖霸天下而臣諸侯,不居關中而都彭城。(《史記·淮陰侯列傳》)

11. 先生之恩,生死而肉骨也。(馬中錫《中山狼傳》)

12. (雲)託地而游宇,友風而子雨。(《荀子·賦篇》)

13. 其謂之秦何?夷狄之也。(《公羊傳·僖公三十三年》)

14. 天下乖戾,無君君之心。(柳宗元《封建論》)

15. 魯欲將吳起。(《史記·孫子吳起列傳》)

四、請指出下列句子中活用作動詞的形容詞,並分析該形容詞與所帶賓語之間的意義關係

1. 冉有曰:"既庶矣,又何加焉?"曰:"富之。"(《論語·子路》)

2. 城不入,臣請完璧歸趙。(《史記·廉頗藺相如列傳》)

3. 人不難以死免其君,我戮之不祥。(《左傳·成公二年》)
4. 既來之,則安之。(《論語·季氏》)
5. 今媼尊長安君之位,而封之以膏腴之地。(《戰國策·趙策四》)
6. 必將富之貴之,敬之譽之。(《墨子·尚賢》)
7. 其達士,絜其居,美其服,飽其食。(《國語·越語上》)
8. 趙孟之所貴,趙孟能賤之。(《孟子·告子上》)
9. 吾妻之美我者,私我也。(《戰國策·齊策一》)
10. 是故明君貴五穀而賤金玉。(晁錯《論貴粟疏》)
11. 以正君臣,以篤父子,以睦兄弟,以和夫婦。(《禮記·禮運》)
12. 是以君子遠庖廚也。(《孟子·梁惠王上》)
13. 抑王興甲兵,危士臣,構怨於諸侯,然後快於心與?(同上)
14. 固國不以山溪之險。(《孟子·公孫丑下》)
15. 必先苦其心志,勞其筋骨,餓其體膚,空乏其身。(《孟子·告子下》)
16. 諸侯恐懼,會盟而謀弱秦。(《賈誼·過秦論》)
17. 至於殘害至親,傷恩薄厚。(《漢書·藝文志》)
18. 能富貴將軍者,上也。(《史記·魏其武安侯列傳》)
19. 春風又綠江南岸。(王安石《泊船瓜洲》)
20. 甘其食,美其服,安其居,樂其俗。(《老子》第八十章)

五、給下面兩段文字加上標點並翻譯

1. 得天下有道得其民斯得天下矣得其民有道得其心斯得民矣得其心有道所欲與之聚之所惡勿施爾也民之歸仁也猶水之就下獸之走壙也故爲淵駆魚者獺也爲叢駆爵者鸇也爲湯武駆民者桀與紂也今天下之君有好仁者則諸侯皆爲之駆矣雖欲無王不可得已(《孟子·離婁上》)

2. 齊有黃公者好謙卑有二女皆國色以其美也常謙辭毀之以爲醜惡醜惡之名遠布年過而一國無聘者衛有鰥夫時冒娶之果國色然後曰黃公好謙故毀其子不姝美於是爭禮之亦國色也國色實也醜惡名也此違名而得實矣(《尹文子·大道上》)

第七課　形容詞和副詞

一　形容詞

（一）形容詞及其分類

形容詞是表示人或事物的性質或狀態的詞。

(1) 則得善人而賞之,得暴人而罰之也。(《墨子·尚同》)
(2) 狡兔有三窟,僅得免其死耳。(《戰國策·齊策四》)
(3) 如臨深淵,如履薄冰。(《詩經·小雅·小旻》)

例句(1)中的"善""暴"、例句(2)中的"狡"都是形容詞,表示性質。例句(3)中的形容詞"深""薄",表示狀態。

根據意義,形容詞可分爲兩大類:

1. 表示人或事物的性質的形容詞:如"智""愚""難""易""善""惡""賢""不肖""堅貞""謹厚"等。

2. 表示人或事物的狀態的形容詞:如"紅""白""狹""廣""方""圓""厚""薄""大""小""深""淺"等。

（二）形容詞的一般語法功能

形容詞的語法功能,主要是在句子中充當定語,修飾、限定名詞性成分。形容詞還可以作狀語、補語、謂語。形容詞作狀語、補語,用以修飾、補充謂詞性成分;形容詞作謂語,用以對主語進行描寫。形容詞充當句子成分時,本身還可以受狀語的修飾和補語的補充。

1. 作定語,如:

(1)高山仰止,景行行止。(《詩經·小雅·車舝》)
(2)君子以厚德載物。(《周易·坤卦》)
(3)此地有崇山峻嶺,茂林修竹。(王羲之《蘭亭集序》)
(4)渾球上弧度有極大之圈,乃腰圍之一綫也。(梅文鼎《曆算全書》)

以上例句中,"高""景""厚""崇""峻""茂""修"都作定語修飾名詞中心語。例句(4)中"大"還受到作狀語的副詞"極"的修飾。

2. 作狀語、補語,如:

(1)使君盛怒,以暴露於弊邑之野。(《國語·魯語上》)
(2)不仁者不可以久處約,不可以長處樂。(《論語·里仁》)
(3)我有斗酒,藏之久矣,以待子不時之須。(蘇軾《後赤壁賦》)
(4)瘡破穿見肉膜,亦未爲害,但要洗滌淨潔,以生肉。(危亦林《世醫得效方》)

例句(1)(2)中,"盛""久""長"都作狀語修飾動詞中心語"怒""處"。例句(3)(4)中"久""淨潔"都作補語,補充說明動詞中心語"藏之""洗滌"。

3. 作謂語,如:

(1)子曰:"管仲之器小哉!"(《論語·八佾》)
(2)國之諸市,屨賤踊貴。(《左傳·昭公三年》)
(3)紂之去武丁未久也。(《孟子·公孫丑上》)
(4)子曰:"賢哉,回也!"(《論語·雍也》)

以上例句中,"小""賤""貴""久""賢"都作謂語,對主語進行描寫。例句(3)中還有副詞限制形容詞謂語。例句(4)中謂語置於主語前,表示強烈的感嘆語氣。

4. 在古代漢語中,形容詞還可以加上詞頭和詞尾。
用作詞頭的主要是"有""其"。如:

(1) 桃之夭夭,有蕡其實。(《詩經·周南·桃夭》)
(2) 彤管有煒,說懌女美。(《詩經·邶風·靜女》)
(3) 碩人其頎,衣錦褧衣。(《詩經·衛風·碩人》)

用作詞尾的主要有"乎""如""若""爾""然"等。如:

(1) 蕩蕩乎,民無能名焉。(《論語·泰伯》)
(2) 孔子於鄉黨,恂恂如也。(《論語·鄉黨》)
(3) 桑之未落,其葉沃若。(《詩經·衛風·氓》)
(4) 莞爾無心雲,胡爲出岫來。(蘇軾《追和沈遼項贈南華詩》)
(5) 武帝讀《大人賦》,飄飄然有凌雲之志。(常璩《華陽國志》)

二　形容詞的活用

除了上述形容詞的一般語法功能以外,古代漢語中形容詞還常常用作句子的述語和主、賓語。形容詞作述語,就意味着它不再表示人或事物的性質狀態,而是臨時表示相關的動作、行爲、發展變化等,我們就說這個形容詞活用作動詞。形容詞作主、賓語,就意味着它在句子中的功能不再是描寫,而已經轉化爲指稱。

(一) 形容詞活用作一般動詞

形容詞活用作動詞,除了上一課中介紹過的使動、以動、爲動等表示特殊述賓關係的用法外,還有表示普通述賓關係的用法。我們把這種用法稱爲形容詞活用作一般動詞。如:

(1) 卒使上官大夫短屈原於頃襄王。(《史記·屈原賈生列傳》)
(2) 親賢臣,遠小人,此先漢所以興隆也。(諸葛亮《出師表》)

上述例句中,"短"是"誹謗"的意思,"親"是"親近"的意思,"遠"

是"疏遠"的意思,所以它們都活用作動詞。

以下幾點可以幫助我們判定形容詞活用作動詞。

1. 形容詞後面帶賓語時,該形容詞活用作動詞。如:

(1) 親仁善鄰,國之寶也。(《左傳·隱公六年》)
(2) 近賢而遠不肖。(《韓非子·外儲説右上》)

例句(1)中"親"和"善"可分別解釋爲"親近""善待"。例句(2)中"近"和"遠"可分別解釋爲"親近""遠離"。它們均在敘述句中作述語,活用作動詞。

2. 形容詞前面有助動詞或表示時間的副詞(如:"乃""遂""始""已""既""將"等)作狀語時,該形容詞活用作動詞。

(1) 太子欲善,善人將至。(《國語·楚語上》)
(2) 非德也而可長久者,天下無之。(《莊子·在宥》)
(3) 桓公立,(石碏)乃老。(《左傳·隱公三年》)
(4) 晉國之民,是以大和,諸侯遂睦。(《左傳·襄公十三年》)
(5) 年已長,智已衰。(《列子·楊朱》)
(6) 國將衰,必賤師而輕傅。(《荀子·大略》)
(7) 今時韓、魏孰與始強?(《韓非子·難三》)

例句(1)中"善"可解釋爲"向善",例句(2)中"長久"可解釋爲"長存",例句(3)中"老"可解釋爲"告老",例句(4)中"睦"可解釋爲"和睦相處",例句(5)中"長""衰"可解釋爲"變老""衰退",例句(6)中"衰"可解釋爲"衰敗",例句(7)中"強"可解釋爲"強盛起來"。

3. 形容詞用在"所"字後邊時,該形容詞活用作動詞。

(1) 故俗之所貴,主之所賤也;吏之所卑,法之所尊也。(晁錯《論貴粟疏》)
(2) 世之所高,莫若黃帝。(《莊子·盜跖》)

例句(1)中"貴"可解釋爲"看重","賤"和"卑"可解釋爲"輕視","尊"可解釋爲"尊重"。例句(2)中"高"可解釋爲"敬佩"。

（二）形容詞作主、賓語

　　句子的主語、賓語一般由名詞性成分充當，用以指稱具體的人、事物或抽象的概念。形容詞作主、賓語時，形容詞不再表示性質、狀態，而是臨時表示與這種性質、狀態相關的人、事物或抽象的概念，像名詞那樣使用。因此這也是形容詞的活用。如：

　　（1）刻削之道，鼻莫如大，目莫如小。鼻大可小，小不可大也。目小可大，大不可小也。（《韓非子·説林下》）
　　（2）平，同高也。（《墨子·經上》）
　　（3）將軍身被堅執鋭，伐無道，誅暴秦。（《史記·陳涉世家》）
　　（4）請略陳固陋。（司馬遷《報任安書》）
　　（5）誠欲效其款款之愚。（同上）

　　例句(1)"小不可大也"中的"小"和"大不可小也"中的"大"都作主語，指稱"鼻小""目大"兩種狀況。例句(2)中的"平"作主語，指稱一個抽象的幾何學概念。例句(3)中的"堅"指"堅甲"，"鋭"指"鋭利的兵器"，在句中作賓語。例句(4)中的"固陋"指"固陋(淺薄)的看法(或意見)"，在句中作賓語。例句(5)中的"愚"指"愚見(謙詞，指自己的看法)"，在句中作賓語。

　　形容詞用作主、賓語時，還可以受定語的修飾限定。其定語可以是數詞、代詞、名詞或各類短語，定語與中心語之間可以有助詞"之"。如：

　　（1）予美亡此，誰與獨處？（《詩經·唐風·葛生》）
　　（2）呼河伯婦來，視其好醜。（《史記·滑稽列傳》）
　　（3）以地之嫩惡爲之等。（《周禮·地官司徒·旅師》）
　　（4）（秦）北有甘泉谷口之固，南有涇渭之沃。（《史記·刺客列傳》）
　　（5）三仁去而殷虛，二老歸而周熾。（《漢書·揚雄傳》）
　　（6）四美具，二難并。（王勃《滕王閣序》）

　　例句(1)(2)中形容詞"美""好醜"前有代詞"予""其"作定語，分別充當句子的主語、賓語；例句(3)中形容詞"媺(美)惡"前有名詞"地"作定語,充當介詞賓語；例句(4)中形容詞"固""沃"前有名詞短語"甘泉谷口""涇渭"作定語,充當句子的賓語；例句(5)(6)中用作主語的形容詞,都有數詞作定語。

三　副　詞

　　副詞是只充當狀語或補語,修飾、限制動詞、形容詞或其他副詞的一類詞。副詞在意義上一般都表現得比較空靈,與實詞相比,意義比較虛化;與虛詞相比,意義又有些實在。因爲其意義比較空靈,所以在傳統語言學中,一般把副詞劃歸爲虛詞。但是副詞又可以單獨充當句子成分,所以也有人主張把副詞劃歸爲實詞。

　　副詞雖然是一個封閉的詞類,但在古代漢語中是一個龐大的家族,數量很多,用法複雜,意義也較廣泛。所以,對副詞的分類也較難。根據意義,一般把古代漢語的副詞大致分爲程度副詞、範圍副詞、時間副詞、否定副詞、謙敬副詞、語氣副詞、情態副詞等幾類。

（一）程度副詞

　　程度副詞用於表示事物性狀、行爲的程度,多用來修飾形容詞或表心理狀態的動詞。根據其表示程度的不同,程度副詞大致可分爲三類。

1. 表示程度深。

　　屬於這一類的程度副詞主要有"孔""最""至""大""甚""絶""良"等。如：

　　(1)其新孔嘉,其舊如之何？(《詩經·豳風·東山》)

　　(2)老臣賤息舒祺,最少,不肖。(《戰國策·趙策四》)

　　(3)罪至重而刑至輕。(《荀子·正論》)

　　(4)雕雕焉縣貴爵重賞於其前,縣明刑大辱於其後。(《荀子·議兵》)

　　(5)用力甚寡而見功多,夫子不欲乎？(《莊子·天地》)

(6)是以四海之内,元元之民,各得其所,天下幸甚。(《漢書·東方朔傳》)

(7)鼎絕大謂之鼐。(《爾雅·釋器》)

(8)孝公既見衛鞅,語事良久。(《史記·商君列傳》)

六朝以後,"良"又可以作爲情態副詞,意思是"確實""的確"。如:

(9)古人思秉燭夜遊,良有以也。(曹丕《與吳質書》)

2. 表示程度淺。

屬於這一類的程度副詞主要有"少""小""略""頗"等,表示"稍微""略微""有點兒"等意思。如:

(1)太后之色少解。(《戰國策·趙策四》)

(2)善待問者如撞鐘,叩之以小者則小鳴,叩之以大者則大鳴。(《禮記·學記》)

(3)略以子之所聞見而言之。(《史記·司馬相如列傳》)

(4)至於序《尚書》則略,無年月;或頗有,然多闕。(《史記·三代世表序》)

古代漢語中的"頗"除了表示程度淺,是"稍微"的意思,還可以表示程度高,是"很"的意思,如:

(5)唯袁盎明絳侯無罪,絳侯得釋,盎頗有力。(《史記·袁盎晁錯列傳》)

3. 表示遞加程度。

屬於這一類的程度副詞主要有"愈""茲(滋)""加""彌""益"等,表示"更""更加""越發"等意思。

(1)以虧人愈多,其不仁茲甚,罪益厚。(《墨子·非攻》)

(2)鄰國之民不加少,寡人之民不加多,何也?(《孟子·梁惠王上》)

(3) 自此之後,方士言神祠者彌衆。(《史記·封禪書》)

(4) 及壬子,駟帶卒,國人益懼。(《左傳·昭公七年》)

"加"作副詞是"更加"意,此爲現代漢語所無。"益"除表遞加外,漢代以後還可表漸變。如:

(5) 廣身自以大黃射其裨將,殺數人,胡虜益解。(《史記·李將軍列傳》)

(二) 範圍副詞

範圍副詞用以表示事物性狀,或動作行爲涉及範圍的大小、數量的多少。範圍副詞主要修飾動詞、形容詞、數詞或主謂短語、動賓短語、偏正短語等。根據意義,範圍副詞可以分爲表示總括、表示限止和表示共同三類。

1. 表示總括。

屬於這一類的範圍副詞常用的有"備""舉""俱""並""盡""類""畢""咸""悉""皆""率(shuài)"等,表示"都""全"等意思。如:

(1) 險阻艱難,備嘗之矣。(《左傳·僖公二十八年》)

(2) 君舉不信群臣乎?(《左傳·哀公六年》)

(3) 白沙在涅,與之俱黑。(《荀子·勸學》)

(4) 山東豪傑並起,而亡秦族矣。(賈誼《過秦論》)

(5) 珍寶盡有之。(《史記·項羽本紀》)

(6) 巖穴之士,趨舍有時若此,類名堙滅而不稱,悲夫!(《史記·伯夷列傳》)

(7) 群賢畢至,少長咸集。(王羲之《蘭亭集序》)

(8) 悉使羸兵負草填之,騎乃得過。(《資治通鑒》卷六十五)

(9) 世人皆欲殺,吾意獨憐才。(杜甫《不見》)

(10) 當剿者笞三百,率多死。(《漢書·刑法志》)

2. 表示限止。

屬於這一類的範圍副詞常用的有"特""第(弟)""直""徒""但""獨""止""祇""只""亦""唯""僅"等,表示"僅""只"等意思。如:

(1)然則人之所以爲人者,非特以二足而無毛也,以其有辨也。(《荀子·非相》)

(2)君弟重射,臣能令君勝。(《史記·孫子吳起列傳》)

(3)不可,直不百步耳,是亦走也。(《孟子·梁惠王上》

(4)徒善不足以爲政,徒法不能以自行。(《孟子·離婁上》)

(5)匈奴匿其壯士肥牛馬,但見老弱及羸畜。(《史記·劉敬叔孫通列傳》)

(6)楚地悉定,獨魯不下。(《漢書·高帝紀》)

(7)其人與骨皆已朽矣,獨其言在耳!(《史記·老子韓非列傳》)

注意:古代漢語中的"但"是範圍副詞,是"只""僅僅"的意思。到現代漢語中變爲轉折連詞。在古漢語中"僅"除有"只"這一含義之外,還可以表示數量多,有"幾乎""將近"的意思。這一含義和用法,主要出現在唐代的詩文中,而且要讀去聲。如:

(8)夾澗有古松老杉,大僅十人圍,高不知幾百尺。(白居易《廬山草堂記》)

3. 表示共同。

屬於這一類的範圍副詞常用的有"共""同""相"等。表示"共同""一起""相互"等意思。如:

(1)自古受命及中興之君,曷嘗不得賢人君子與之共治天下者乎?(曹操《求賢令》)

(2)八家皆私百畝,同養公田。(《孟子·滕文公上》)

(3)秦王與群臣相視而嘻。(《史記·廉頗藺相如列傳》)

(三) 時間副詞

時間副詞用以説明事物性狀或動作行爲存在、發生的時間、時序、時態和頻率等方面的情況。根據意義可以把時間副詞分爲以下幾類：

1. 表示已經或曾經。

屬於這一類的時間副詞常用的有"已""既""嘗"等。如：

(1) 三窟已就，君姑高枕爲樂矣！(《戰國策·齊策四》)

(2) 既來之，則安之。(《論語·季氏》)

(3) 吾嘗終日而思矣，不如須臾之所學也。(《荀子·勸學》)

2. 表示正在或恰好。

屬於這一類的時間副詞常用的有"方""適""正"等。

(1) 蚌方出曝，而鷸啄其肉，蚌合而拑其喙。(《戰國策·燕策二》)

(2) 老父已去，高祖適從旁舍來。(《漢書·高帝紀》)

(3) 丞相嘗夏月至石頭看庾公，庾公正料事。(《世說新語·政事》)

3. 表示將要。

屬於這一類的時間副詞常用的有"將""且""方且"等。

(1) 公曰："不義不暱，厚將崩。"(《左傳·隱公元年》)

(2) 先驅曰："天子且至！"(《史記·絳侯周勃世家》)

(3) 周公方且膺之，子是之學，亦爲不善變矣。(《孟子·滕文公上》)

4. 表示立刻或不久。

屬於這一類的時間副詞常用的有"立""即""遽""亟(jí)""旋""尋""俄""俄而"等。

(1) 沛公至軍，立誅殺曹無傷。(《史記·項羽本紀》)

(2) 噲即帶劍擁盾入軍門。(《史記·項羽本紀》)

(3) 楚人有涉江者，其劍自舟中墜於水，遽契其舟，曰："是吾劍之所從墜。"(《呂氏春秋·察今》)

(4)君亟定變法之慮,殆無顧天下之議之也。(《商君書·更法》)

(5)卓既殺瓊、玞,旋亦悔之。(《後漢書·董卓傳》)

(6)詔書特下,拜臣郎中;尋蒙國恩,除臣洗馬。(李密《陳情表》)

(7)俄而表卒,琮聞曹公來征,遣使請降。(《三國志·蜀書·諸葛亮傳》)

5. 表示終於。

屬於這一類的時間副詞常用的有"終""竟""卒"等。

(1)今足下雖自以與漢王爲厚交,爲之盡力用兵,終爲之所禽矣。(《史記·淮陰侯列傳》)

(2)其後楚日以削,數十年,竟爲秦所滅。(《史記·屈原賈生列傳》)

(3)漢王借兵而東下,殺成安君泜水之南,頭足異處,卒爲天下笑。(《史記·淮陰侯列傳》)

6. 表示纔始。

屬於這一類的時間副詞常用的有"纔""乃""始"等,帶有主觀上認爲動作行爲發生得晚的含義。

(1)遠縣纔至,則胡又已去。(《漢書·晁錯傳》)

(2)兩刃相割,利鈍乃知。(《論衡·案書》)

(3)寒暑易節,始一反焉。(《列子·湯問》)

7. 表示頻仍。

屬於這一類的時間副詞常用的有"常""數""亟(qì)"等。

(1)其意常在沛公。(《史記·項羽本紀》)

(2)臣乃市井鼓刀屠者,而公子親數存之。(《史記·魏公子列傳》)

(3)愛共叔段,欲立之,亟請於武公。(《左傳·隱公元年》)

8. 表示逐漸。

屬於這一類的時間副詞常用的有"稍""浸""漸"等。如:

（1）項王乃疑范增與漢有私,稍奪之權。(《史記·項羽本紀》)

（2）其後形聲相益,即謂之字。字者,言孳乳而浸多也。(許慎《説文解字敘》)

（3）氣力漸衰損,轉覺日不如。(陶淵明《雜詩十二首》之五)

在上古漢語中的"稍"是時間副詞,是"逐漸"的意思,當"稍微""略微"解的用法在宋代才出現。如:

（4）今將就試,宜稍温習也。(魏泰《東軒筆録》)

（四）否定副詞

古代漢語中否定範疇的表達,可以用動詞、代詞,也可以用副詞。古代漢語的否定動詞主要用"無",否定代詞主要用"莫",而否定副詞則比較多。

1. 表示一般性否定的副詞"不""弗"。

"不"的古今用法基本相同,既可以否定動詞,又可以否定形容詞;既可以否定及物動詞,又可以否定不及物動詞。而在秦漢之前,"弗"的使用範圍比較狹窄,一般來説,它只能否定及物動詞,而且這個及物動詞還不能帶賓語。實際上,我們可以認爲"弗"等於"不 + 之",這個否定句的賓語已經包含在"弗"裏邊了。如:

（1）知而使之,是不仁也;不知而使之,是不智也。(《孟子·公孫丑下》)

（2）禍莫大於不知足。(《老子》第四十六章)

（3）功成而弗居。(《老子》第二章)

（4）不知亂之所自起,則弗能治。(《墨子·兼愛上》)

例句（3）中"弗居"即"不居功",例句（4）中"弗能治"即"不能治亂"。

2. 表示禁止的否定副詞"毋(無)""勿"。

"毋(無)""勿"經常用於祈使句,表示禁止或勸阻,相當於現代漢

語的"不要""別"。"毋(無)"與"勿"用法的差異,與"不"與"弗"相當,"勿"相當於"毋(無) + 之",如:

(1) 大毋侵小。(《左傳·襄公十九年》)
(2) 王如知此,則無望民之多於鄰國也。(《孟子·梁惠王上》)
(3) 急擊勿失。(《史記·項羽本紀》)
(4) 祝曰:"必勿使反。"(《戰國策·趙策四》)

例句(3)中"勿失"就是"不要失去機會",例句(4)中"勿使反"就是"不要讓她回來"。

3. 表示未然的否定副詞"未"。

"未"表示事情還沒有實現,某種狀況還沒有出現,等於現代漢語中的"還沒有"。如:

(1) 宋人既成列,楚人未既濟。(《左傳·僖公二十二年》)
(2) 其言多當矣,而未諭也;其行多當矣,而未安也;其知慮多當矣,而未周密也。(《荀子·儒效》)

4. 表示否定判斷的副詞"非(匪)"。

"非(匪)"用在判斷句的名詞謂語前,表示判斷性的否定,可以翻譯爲現代漢語中的"不是"。但是要注意,"非(匪)"不是動詞,而是副詞。因爲古代漢語中肯定性的判斷句也是不需要繫動詞的。如:

(1) 我心匪石,不可轉也。我心匪席,不可卷也。(《詩經·邶風·柏舟》)
(2) 夫仁義辯智,非所以持國也。(《韓非子·五蠹》)
(3) 此庸夫之怒也,非士之怒也。(《戰國策·魏策四》)

"非"若出現在動詞性成分前,不只是否定它後面的動詞,而是否定後面的整個謂語,如:

(4) 子曰:"我非生而知之者,好古,敏以求之者也。"(《論語·述而》)

"非"還可用於假設句中,意思是"若非""要不是",如:

(5)吾非至於子之門,則殆矣。(《莊子·秋水》)

(五) 謙敬副詞

謙敬副詞是用來表示自我謙下和尊敬他人的副詞。謙敬副詞可分爲兩類,一類是表敬的,一類是表謙的。

1. 表敬的有"惠""辱""幸""謹""敬""請"等。

(1)君惠徼福於敝邑之社稷,辱收寡君,寡君之願也。(《左傳·僖公四年》)
(2)秦王跽曰:"先生不幸教寡人乎?"(《戰國策·秦策三》)
(3)誠若先生之言,謹奉社稷而以從。(《史記·平原君列傳》)
(4)太后曰:"敬諾。年幾何矣?"(《戰國策·趙策四》)

"請"在現代漢語中的含義是"請求別人做某事",在古漢語中,除了表達這種含義之外,"請"經常表達的含義是"請允許我做某事"。如:

(5)城不入,臣請完璧歸趙。(《史記·廉頗藺相如列傳》)

2. 表謙的有"竊""忝""猥""伏""敢"等。

(1)臣聞吏議逐客,竊以爲過矣。(李斯《諫逐客書》)
(2)太守忝荷重任,當選士報國。(《後漢書·史弼傳》)
(3)小人猥承君後,任重慮淺,宜有以誨之。(《後漢書·班超傳》)
(4)臣誠智識淺短,竊爲陛下惜之。伏願少覽臣言,詳擇利害。(《貞觀政要·納諫》)
(5)潁考叔曰:"敢問何謂也?"(《左傳·隱公元年》)

(六) 語氣副詞

語氣副詞是指在謂語前面表示某種語氣的詞。按照語氣的不同分爲五類：

1. 表確認語氣。屬於這一類的語氣副詞常用的有"必""固""乃""誠"等。

(1) 川壅而潰,傷人必多。(《國語·周語》)
(2) 以此論之,王固不能行也。(《戰國策·秦策一》)
(3) 呂公女乃呂后也。(《史記·高祖本紀》)
(4) 臣誠知不如徐公美。(《戰國策·齊策一》)

2. 表委婉的揣度語氣。屬於這一類的語氣副詞常用的有"庶""其"等。

(1) 君子如怒,亂庶遄沮。(《詩经·小雅·巧言》)
(2) 王室其將卑乎？(《國語·周語》)

3. 表詫異、意外語氣。屬於這一類的語氣副詞常用的有"竟""曾""乃"等。

(1) 及索,兒竟無聲。(《史記·趙世家》)
(2) 曾西艴然不悦曰："爾何曾比予於管仲！"(《孟子·公孫丑上》)
(3) 問今是何世,乃不知有漢,無論魏晋。(《陶淵明·桃花源記》)

4. 表祈使語氣。屬於這一類的語氣副詞常用的有"尚""其"。

(1) 爾尚輔予一人！(《尚書·湯誓》)
(2) 光昭先君之令德,可不務乎？吾子其無廢先君之功。(《左傳·隱公三年》)

5. 表反詰語氣。屬於這一類的語氣副詞常用的有"豈""寧""庸"等。

(1) 日夜望將軍至,豈敢反乎？(《史記·項羽本紀》)
(2) 王侯將相,寧有種乎？(《史記·陳涉世家》)

(3) 追而不及,庸有罪乎?(《韓詩外傳》卷二)

(七) 情態副詞

情態副詞表示動作行爲的情形、狀態或方式。因爲情狀、方式的多樣性和複雜性,情態副詞也十分複雜多樣。下面的例子僅僅是情態副詞的一部分:

(1) 我姑酌彼金罍,維以不永懷。(《詩經·周南·卷耳》)

(2) 老臣今者殊不欲食,乃自強步,日三四里。(《戰國策·趙策四》)

(3)"以五十步笑百步,則何如?"曰:"不可,直不百步耳,是亦走也。"(《孟子·梁惠王上》)

(4) 箕子懼,乃詳狂爲奴。(《史記·殷本紀》)

(5) 自欲征匈奴,群臣諫,不聽。皇太后固要上,乃止。(《漢書·文帝紀》)

(6) 聊優游以永日兮,守性命以盡齒。(《後漢書·崔駰傳》)

(7) 夏四月辛亥,帝親覽庶獄。(《晉書·元帝紀》)

(8) 大丈夫豈能折節曲事近戚以求苟免。(《舊唐書·韋雲起傳》)

(9) 嗚呼!孰謂汝遽去吾而歿乎?(韓愈《祭十二郎文》)

(10) 萬籟俱緣生,窅然喧中寂。(柳宗元《禪堂》)

例句(1)中的"姑"意思是"權且"。例句(2)中的"殊""強"意思分別是"特別、非常"和"勉強"。例句(3)中的"直"意思是"只不過"。例句(4)中的"詳"通"佯",意思是"假裝"。例句(5)中的"固"意思是"堅決","固要"即"堅決阻止"。例句(6)中的"聊"意思是"姑且"。例句(7)中的"親"意思是"躬親""親自"。例句(8)中的"苟"意思是"不合道義"。例句(9)中的"遽"意思是"匆忙""遽促"。例句(10)中的"俱"意思是"共同""一起"。

[文選]

1. 衛君待子而爲政

子路曰:"衛君待子而爲政[1],子將奚先[2]?"子曰:"必也正名[3]乎!"子路曰:"有是哉,子之迂也[4]!奚其正[5]?"子曰:"野哉,由也[6]!君子於其所不知,蓋闕如[7]也。名不正,則言[8]不順;言不順,則事[9]不成;事不成,則禮樂不興[10];禮樂不興,則刑罰不中[11];刑罰不中,則民無所錯手足[12]。故君子名之必可言也,言之必可行也。君子於其言,無所苟[13]而已矣!"(《論語·子路》)

【注解】

[1]衛君:指衛出公,名輒,公元前492—前481年在位。爲政:執政,施行政令。[2]奚先:先做什麼?"奚"疑問代詞作前置賓語。[3]正名:使名分正,使名分符合禮的規範。正,使動用法。名,名分。[4]"有是"二句:"有是哉"是句子的謂語部分,"子之迂也"是主語部分。這是一個主謂倒置句,表示強烈的感嘆語氣。意思是您竟迂腐到這種程度。[5]奚其正:正什麼呀?這是一個反問句,"其"是句中語氣詞,用以加強反問語氣。[6]野:鄙俗。"野哉"二句是一個主謂倒置句,表示強烈的感嘆語氣。[7]蓋:表示揣測的句首語氣詞,這裏實際表示肯定。闕如:缺而不論,卽存疑。闕,通"缺"。如,詞尾。[8]言:指出令布政之言。[9]事:政事。[10]禮樂:指教化之大端。興:盛。[11]中(zhòng):符合,適合,這裏指中乎理合乎道。[12]錯:通"措",放置。[13]苟:隨便,不嚴肅,多指言行不符合道義。

2. 子擊磬於衛

子擊磬[1]於衛。有荷蕢[2]而過孔氏之門者,曰:"有心哉,擊磬乎[3]!"既而[4]曰:"鄙[5]哉,硜硜[6]乎!莫己知也[7]。斯已而已矣[8]。深則厲,淺則揭[9]。"子曰:"果[10]哉!末之難矣[11]。"(《論語·憲問》)

【注解】

[1]磬(qìng):古代一種石製的敲擊樂器,形似曲尺,常成組地悬掛於架上,稱爲編磬。[2]荷(hè):扛,挑。蕢(kuì):草編的筐子。本文中的荷蕢者乃一隱士。[3]有心:指有深意。"有心"二句是一個主謂倒置句,表示強烈的感嘆語氣。[4]既而:不久,一會兒。[5]鄙:粗野。[6]硜(kēng)硜:磬聲,這裏用磬聲表示孔

子堅定的意志。[7]莫:否定性的不定代詞,没有一個人。"莫己"句是荷蕢者從孔子擊磬聲中聽出來的意思。這是一個否定句。賓語"己"前置於動詞"知"。[8]斯:這就。已:動詞,甘休,算了。一説當作"己",是"徒信己"之義。而已矣:語氣詞"而已"和"矣"連用,語氣的重點在"矣"上。[9]深則厲,淺則揭:這是引用《詩經·邶風·匏有苦葉》中的句子,意思是河水深的話就連衣下水而渡河,河水淺的話就撩起衣裳走過去,這裏指根據具體情況處世,不必拘泥於成見。社會非常黑暗,只能聽之任之,社會不太黑暗,使自己不受沾染。[10]果:堅決。[11]末之難矣:没有辦法説服他。這是一個否定句。末,没有辦法。難,詰難,這裏作"説服"解。賓語"之"前置於動詞"難"。

3. 小國寡民

小國寡[1]民。使有什伯之器[2]而不用。使民重死而不遠徙[3]。雖有舟輿[4],無所乘之[5]。雖有甲兵,無所陳[6]之。使民復結繩[7]而用之。甘其食,美其服,安其居,樂其俗[8]。鄰國相望[9],雞犬之聲相聞。民至老死不相往來。(《老子》第八十章)

【注解】

[1]小、寡:形容詞使動用法,使國家小,使人民寡。[2]什伯之器:功效是十倍百倍的器具。什,十倍。伯,"佰"的借字,百倍。[3]重:以動用法。重死:把死看得很重,指愛惜生命。徙:遷徙,搬家。[4]雖:即使。輿:車。[5]無所:没有地方。無所乘之:没有乘坐它們的場合,意思是"用不着"。[6]陳:陳列。[7]結繩:相傳文字產生以前,人們用在繩子上打結的方法來記事。《周易·繫辭下》:"上古結繩而治,後世聖人易之以書契。"[8]"甘其"四句:"甘、美、安、樂"皆形容詞以動用法。四句的主語皆爲"民"。[9]相望:互相能望見,極言其距離之近。

4. 孔子登東山而小魯

孟子曰:"孔子登東山而小魯[1],登太山而小天下[2]。故觀於海者難爲水[3];遊於聖人之門者難爲言[4]。觀水有術,必觀其瀾[5]。日月有明[6],容光必照焉[7]。流水之爲物也,不盈科[8]不行;君子之志於道也,不成章不達[9]。"(《孟子·盡心上》)

【注解】

[1]東山:指蒙山,在今山東蒙陰縣南。小:形容詞的以動用法。小魯:認爲魯國小。[2]太山:泰山。小天下:認爲天下小。以上是説登高山使人的眼界和心胸開闊。[3]難爲水:難以被其他的水所吸引。[4]遊:遊學。難爲言:難被別家的言論所吸引。[5]瀾:大波濤。[6]明:光亮,光輝。[7]容光:小的空隙。照焉:照到那裏。焉,相當於一個介詞"於"加上一個代詞"是"。[8]盈:滿。科:坑、坎。[9]成章:古稱樂曲終結爲一章,這裏指有一定的積累,有一定的業績。達:通達。

5. 文王之囿方七十里

齊宣王[1]問曰:"文王之囿方[2]七十里,有諸[3]?"孟子對曰:"於傳有之[4]。"曰:"若是其大乎[5]?"曰:"民猶以爲小也。"曰:"寡人之囿方四十里,民猶以爲大,何也?"曰:"文王之囿方七十里,芻蕘[6]者往焉,雉兔[7]者往焉,與民同之[8]。民以爲小,不亦宜乎[9]?臣始至於境[10],問國之大禁[11],然後敢入。臣聞郊關[12]之内有囿方四十里,殺其麋鹿者如殺人之罪。則是方四十里爲阱[13]於國中。民以爲大,不亦宜乎?"(《孟子·梁惠王下》)

【注解】

[1]齊宣王:戰國時代齊國國王,名辟彊,公元前319—前301年在位。[2]文王:指周文王。囿(yòu):古代帝王、貴族的園林。方:方圓。[3]有諸:有這回事嗎? 諸,"之乎"的合音。[4]於傳(zhuàn)有之:有這樣的記載(説法)。[5]"若是"句:本句是主謂倒置句,表示強調的語氣。[6]芻(chú):草。蕘(ráo):柴薪。這裏兩字均活用作動詞,指割草,砍柴。[7]雉兔:這裏也是名詞用作動詞,表示捕捉野鷄和野兔。雉,野鷄。[8]同之:共同享有它。[9]不亦宜乎:不是太應該了嗎?"不亦……乎"是一個固定格式,相當於"不是太……了嗎"。[10]境:指齊國境内。[11]大禁:指重要的禁忌,法律禁止的事情。[12]郊關:國都之外百里爲郊,郊外有關。[13]阱(jǐng):本指捕捉野獸的陷阱。這裏比喻爲陷百姓於罪的場所。

6. 厚葬久喪果非聖王之道

今執厚葬久喪[1]者言曰:"厚葬久喪,果[2]非聖王之道,夫胡説中國[3]之君子,爲而不已[4],操而不擇[5]哉?"子墨子[6]曰:"此所謂便其習而義[7]其俗者也。昔者越之東有輆沐之國[8]者,其長子生,則解[9]而食之。謂之宜弟[10]。其大父[11]死,負其大母[12]而棄之,曰鬼妻不可與[13]居處。此上以爲政[14],下以爲俗[15],爲而不已,操而不擇,則此豈實[16]仁義之道哉?此所謂便其習而義其俗者也。楚之南有炎人國[17]者,其親戚[18]死,朽[19]其肉而棄之,然後埋其骨,乃[20]成爲孝子。秦之西有儀渠[21]之國者,其親戚死,聚柴薪而焚之,熏上[22],謂之登遐[23],然後成爲孝子。此上以爲政,下以爲俗,爲而不已,操而不擇,則此豈實仁義之道哉?此所謂便其習而義其俗者也。"(《墨子·節葬下》)

【注解】

[1]執:堅持主張。厚葬久喪:儒家主張,葬禮要隆重盛大,陪葬物品要豐厚,守喪的時間有規定的長度——"三年之喪"。[2]果:語氣副詞,果真,果然。[3]夫:那。胡:怎麼,怎樣。説:説釋,解釋。中國:中原地區。[4]爲(wéi):做,實行。已:止,停止。[5]操:持,堅持。擇:字當作"釋",捨棄,放棄。[6]子墨子:對墨子的尊稱。[7]便、義:以動用法,以其習俗爲便利且合於義。[8]越:越國。輆(kǎi)沐之國:古國名。張華《博物志》作"駭沐之國",江通《冲虛至德真經解》作"輒沐之國",劉畫《劉子·隨時》作"軫沐之國"。[9]解:肢解,分解。[10]宜弟:對下一胎生男孩有利。[11]大父:祖父。[12]大母:祖母。[13]鬼妻:死者之妻。與:介詞,"跟……一起",後邊省略了賓語"之"。[14]上:指在上位者,統治者。以爲:以之爲。政:政令。[15]下:指被統治者,百姓。俗:風俗習慣。[16]實:確實的,真的。[17]炎人國:張華《博物志》作"炎人之國"。[18]親戚:這裏指父母雙親。[19]朽:使動用法。[20]乃:副詞,這纔。[21]儀渠:或作"義渠",古國名,在今甘肅境內,後被秦所滅。[22]熏:火煙。上:上升。[23]登遐:這裏指升天。

7. 桓公自莒反於齊

桓公自莒[1]反於齊,使鮑叔爲宰[2],辭[3]曰:"臣,君之庸[4]臣也。君加惠於臣,使不凍餒[5],則是君之賜也。若必治國家者,則非臣之所能也。若必治國家者,則其管夷吾[6]乎。臣之所不若夷吾者五[7]:寬惠柔[8]民,弗若[9]也;治國家不失其柄[10],弗若也;忠信可結[11]於百姓,弗若也;制禮義可法[12]於四方,弗若也;執枹鼓立於軍門[13],使百姓皆加[14]勇焉,弗若也。"桓公曰:"夫管夷吾射寡人中鉤[15],是以濱[16]於死。"鮑叔對曰:"夫爲其君動[17]也。君若宥而反[18]之,夫猶是也[19]。"桓公曰:"若何?"鮑子對曰:"請諸魯[20]。"桓公曰:"施伯[21],魯君之謀臣也,夫知吾將用之[22],必不予我矣。若之何[23]?"鮑子對曰:"使人請諸魯,曰:'寡君有不令[24]之臣在君之國,欲以戮之於群臣[25],故請之。'則予我矣。"桓公使請諸魯,如鮑叔之言。

莊公[26]以問施伯,施伯對曰:"此非欲戮之也,欲用其政也。夫管子,天下之才也,所在之國,則必得志於天下。令[27]彼在齊,則必長爲魯國憂[28]矣。"莊公曰:"若何?"施伯對曰:"殺而以其屍授之。"莊公將殺管仲,齊使者請曰:"寡君欲親[29]以爲戮,若不生得[30]以戮於群臣,猶未得請[31]也。請生之[32]。"於是莊公使束縛以[33]予齊使,齊使受之而退[34]。(《國語·齊語》)

【注解】

[1]桓公:齊桓公小白,齊僖公之子,齊襄公之弟。襄公立,其政無常,鮑叔牙奉小白出奔莒,襄公被公孫無知殺害,齊桓公小白自莒返於齊。莒:小諸侯國,在今山東莒縣一帶。[2]鮑叔:鮑叔牙,齊國大夫,姒姓之後,鮑敬叔之子。宰:太宰。[3]辭:推辭。[4]庸:平庸、平常。[5]凍餒:受凍受餓。[6]其:大概,恐怕。管夷吾:管仲,姬姓之後,襄公時輔佐公子糾出奔魯。[7]不若:不如,不及。五:有五個方面。數詞作謂語。[8]寬:寬厚。惠:有愛心。柔:安,安撫。[9]弗若:不之若,不如他。[10]柄:權柄,這裏指治國的根本。[11]忠:盡心盡力。信:誠實守信。結:結交。[12]法:法則。這裏是爲(wéi)動用法,成爲四方的法則。[13]枹(fú):鼓槌。軍門:軍營之門,轅門。[14]加:更,更加。[15]中鉤:射中腰帶鉤。管仲爲了擁立公子糾,曾經與齊桓公作戰,射中了桓公,幸虧正好射中腰帶鉤,桓公纔得以幸免。[16]是以:因此。濱:通"瀕",近。[17]夫:那人,他。動:當爲"勤",盡力。[18]宥(yòu):寬容,饒恕。反:返回。這裏是使動用法,使(管仲)返回(齊國)。[19]夫猶是也:他(對您)還會(像對公子糾)那樣(忠心)。[20]請諸魯:向魯國請求(遣返)他。諸,"之於"的合音。[21]施伯:魯國大夫,魯惠公之孫,施父之子。[22]之:指代管仲。[23]若之何:怎麼辦?[24]不令:不善。[25]以:後面省略了賓語"之"。戮之於群臣:在群臣面前處死他。[26]莊公:魯莊公,名同,公元前693—前662年在位。[27]令:假令。[28]長:長久,永遠。憂:

憂患。[29]親:情態副詞,親自。[30]生得:獲得活口。[31]猶:好像,如同。未得請:沒有得到所請求的。[32]生之:留他一條活命。生,使動用法,使……生。[33]使:派人。束縛:捆綁。以:表示目的的連詞。[34]退:回(齊國)。

8. 屈原列傳

屈原者,名平,楚之同姓也[1]。爲楚懷王左徒[2]。博聞彊志[3],明於治亂,嫻[4]於辭令。入則與王圖議國事,以出號令;出則接遇賓客,應對諸侯。王甚任[5]之。

上官大夫與之同列[6],爭寵而心害[7]其能。懷王使屈原造爲憲令[8],屈平屬[9]草稿未定。上官大夫見而欲奪之,屈平不與,因讒[10]之曰:"王使屈平爲令,衆莫不知,每一令出,平伐[11]其功,曰[12]以爲'非我莫能爲'也。"王怒而疏[13]屈平。

屈平疾王聽之不聰[14]也,讒諂之蔽明[15]也,邪曲[16]之害公也,方正之不容[17]也,故憂愁幽思而作《離騷》[18]。離騷者,猶離憂[19]也。夫天者,人之始也;父母者,人之本也。人窮則反[20]本,故勞苦倦極[21],未嘗不呼天也;疾痛慘怛[22],未嘗不呼父母也。屈平正道直行,竭忠盡智以[23]事其君,讒人閒[24]之,可謂窮矣。信而見[25]疑,忠而被謗[26],能無怨乎?屈平之作《離騷》,蓋自怨生也。《國風》好色而不淫[27],《小雅》怨誹而不亂[28]。若《離騷》者,可謂兼之矣。上稱帝嚳[29],下道齊桓[30],中述湯武[31],以刺世事[32]。明道德之廣崇[33],治亂之條貫[34],靡不畢見[35]。其文約[36],其辭微[37],其志絜[38],其行廉[39],其稱文小而其指[40]極大,舉類邇[41]而見義遠。其志絜,故其稱物芳[42]。其行廉,故死而不容[43]。自疏濯淖污泥[44]之中,蟬蛻於濁穢[45],以浮游塵埃之外,不獲世之滋垢[46],皭然泥而不滓[47]者也。推此志也,雖與日月爭光可也。

屈平既絀[48],其後秦欲伐齊,齊與楚從親[49],惠王患[50]之,乃令張儀詳去[51]秦,厚幣委質事楚[52],曰:"秦甚憎齊,齊與楚從親,楚誠能絕齊[53],秦願獻商於[54]之地六百里。"楚懷王貪而信張儀,遂絕齊,使使如[55]秦受地。張儀詐之曰:"儀與王約六里,不聞六百里。"楚使怒去，歸告懷王。懷王怒，大興師伐秦。秦發兵擊之，大破楚師於丹、淅[56]，斬首八萬，虜楚將屈匄[57]，遂取楚之漢中[58]地。懷王乃悉發國中兵以[59]深入擊秦，戰於藍田[60]。魏聞之，襲楚至鄧[61]。楚兵懼，自秦歸。而齊竟[62]怒不救楚，楚大困。

明年[63]，秦割漢中地與楚以和。楚王曰："不願得地，願得張儀而甘心[64]焉。"張儀聞，乃曰："以一儀而當漢中地，臣請往如[65]楚。"如楚，又因厚幣用事者臣靳尚[66]，而設詭辯於懷王之寵姬鄭袖[67]。懷王竟聽鄭袖，復釋去張儀[68]。是時屈平既疏，不復在位，使於齊，顧反[69]，諫懷王曰："何不殺張儀？"懷王悔，追張儀不及。

其後諸侯共擊楚[70]，大破之，殺其將唐眛[71]。

時秦昭王[72]與楚婚，欲與懷王會。懷王欲行，屈平曰："秦，虎狼之國，不可信，不如毋[73]行。"懷王稚子子蘭勸[74]王行："柰何絕秦歡[75]！"懷王卒行。入武關[76]，秦伏兵絕其後，因留懷王，以求割地。懷王怒，不聽[77]。亡走[78]趙，趙不内[79]。復之秦，竟死於秦而歸葬。

長子頃襄王[80]立，以其弟子蘭爲令尹。楚人既咎[81]子蘭以勸懷王入秦而不反也。

屈平既嫉之[82]，雖放流，睠顧[83]楚國，繫心懷王，不忘欲反[84]，冀幸君之一悟[85]，俗[86]之一改也。其存君興國而欲反覆之[87]，一篇之中三致志[88]焉。然終無可柰何，故不可以反，卒[89]以此見懷王之終不悟也。人君無[90]愚智賢不肖，莫不欲求忠以自爲，舉賢以自佐，然亡國破家相隨屬[91]，而聖君治國累世[92]而不見者，其所謂忠者不忠，而所謂賢者不賢也。懷王以不知忠臣之分[93]，故内惑於[94]鄭袖，外欺於[95]張儀，疏屈平而信上官大夫、令尹子蘭。兵挫地削[96]，亡其六郡[97]，身客死[98]於秦，爲[99]天下笑。此不知人之禍也。易曰："井泄[100]不食，爲我心惻[101]，可以汲。王明，並受其福[102]。"王之不明，豈足福哉！

令尹子蘭聞之大怒，卒使上官大夫短[103]屈原於頃襄王，頃襄王怒而遷[104]之。

屈原至於江濱，被髮行吟澤畔[105]。顔色憔悴，形容枯槁[106]。漁父[107]見而問之曰:"子非三閭大夫[108]歟?何故而至此?"屈原曰:"舉世混濁而我獨清,衆人皆醉而我獨醒,是以見[109]放。"漁父曰:"夫聖人者,不凝滯於物而能與世推移[110]。舉世混濁,何不隨其流而揚其波?衆人皆醉,何不餔其糟而啜其醨[111]?何故懷瑾握瑜而自令見放爲[112]?"屈原曰:"吾聞之,新沐者必彈冠[113],新浴者必振衣[114],人又誰能以身之察察[115],受物之汶汶[116]者乎!寧赴常流[117]而葬乎江魚腹中耳,又安能以皓皓之白而蒙世俗之溫蠖[118]乎!"

乃作《懷沙》[119]之賦。

…………

於是懷石遂自投汨羅[120]以死。

屈原既死之後,楚有宋玉、唐勒、景差之徒[121]者,皆好辭而以賦見稱[122];然皆祖[123]屈原之從容辭令,終莫敢直諫。其後楚日以削[124],數十年,竟爲秦所滅[125]。(《史記·屈原賈生列傳》)

【注解】

[1]"屈原"三句:楚國的王族姓芈(Mǐ),屈原的祖先芈瑕是楚武王的兒子,後來受封於"屈",遂以"屈"爲氏,所以屈原是"楚之同姓"。[2]楚懷王:名槐,公元前328—前299年在位。左徒:楚官名,官位次於令尹,相當於上大夫。[3]志:記。[4]嫻(xián):嫻熟,熟悉。[5]任:信任。[6]同列:同位。[7]害:患,這裏是嫉妒之意。[8]造爲憲令:制定法令。"造爲"是同義連文的兩個動詞,制定。[9]屬(zhǔ):撰著。[10]因:於是,就。讒:說別人壞話。[11]伐:矜誇,誇耀。[12]曰:疑是衍文。[13]疏:疏遠。[14]疾:痛恨。聽:聽力,引申爲對意見的聽取。聰:聽力好,引申爲能兼聽各種意見。[15]讒諂(chǎn):指進讒毀之言、做諂媚之態的小人。蔽明:障礙君王之明察。[16]邪曲:同義連用,指邪惡的小人。[17]方正:指正直的人。不容:不見容,不被接納。[18]《離騷》:屈原的代表作。[19]離憂:遭遇憂患。離,通"罹",遭遇,遭受。[20]窮:處境困難,走投無路。反:同"返"。[21]極:形容詞,疲憊。[22]慘怛(dá):悲痛,憂傷。[23]以:連詞,表目的。[24]閒(jiàn):同"間",離間。[25]而:轉折連詞,却,反而。見:被。[26]謗:誹謗,說人壞話。[27]淫:過分。[28]怨誹:怨恨非議。亂:反叛。[29]帝嚳:上古帝王名,五帝之一,號高辛氏,相傳是黃帝的曾孫。[30]齊桓:齊桓公,春秋五霸之一。[31]湯武:即商湯和周武王。[32]刺:指斥,諷刺。世事:當世之事。

[33]明：闡明。廣崇：廣大崇高。[34]治亂：(國家的)太平和動亂。條貫：條理，道理。[35]靡不：無不。畢：範圍副詞，全，都。見：同"現"，表現。[36]約：簡練。[37]微：隱微，含蓄。[38]絜：同"潔"，(志趣)高潔。[39]廉：端方，正直。[40]稱：稱舉，這裏是"使用"的意思。文：文詞。小：這裏指尋常瑣細。指：通"旨"，指作品的旨趣、含義。[41]類：事例。邇：近。[42]稱物芳：指《離騷》中多用芳草香木作比喻。[43]不容：不見容(於世)。[44]疏：遠離。濯淖(zhuónào)：泥沼。濯淖污泥：用以比喻黑暗的社會。[45]蟬蛻：蟬脫皮。濁穢：污濁骯髒。此句是說自己像蟬脫其皮那樣在濁穢的環境中保持高潔。[46]獲：受。滋垢：猶污濁。[47]皭(jiào)然：潔白的樣子。泥：通"涅"，用作動詞，埋在黑泥中。滓：通"緇"，用作動詞，變黑。《論語·陽貨》："不曰白乎，涅而不緇。"[48]絀(chù)：同"黜"，罷黜，免職。[49]從：同"縱"，合縱。親：指兩國結爲婚姻。[50]惠王：秦惠王，名駰，初即位時爲惠文君，後改號惠王，公元前337—前311年在位。患：憂慮。[51]張儀：魏人，戰國時著名的縱橫家，主張"連橫"，即秦、韓、趙、魏、燕、齊六國聯合對抗楚國。詳：通"佯"，假裝。去：離開。[52]厚幣：豐厚的禮物。委：呈獻。質：同"贄"，信物。張儀入楚，在楚懷王十六年(前313)。[53]誠：假如真的。絕：斷絕。絕齊：跟齊國斷絕關係。[54]商於(wū)：秦地名，在今陝西省商州一帶。[55]使使：派遣使者。如：往，到……去。[56]丹、淅(Xī)：二水名。丹水源出陝西商州西北，向東流入河南，淅水是它的支流。秦楚戰於丹水、淅水之間。[57]屈匄(Gài)：楚國的大將。[58]漢中：在今陝西省西南部。這裏指漢中一帶地方。[59]悉：範圍副詞，全，都。以：連詞，表示目的。[60]藍田：秦縣名，故城在今陝西藍田西三十里。[61]鄧：古國名，戰國時一度屬楚，其地即現在的河南鄧州。[62]竟：終竟，終於。[63]明年：翌年，第二年。[64]甘心：快意，滿足。[65]請往：請允許我去。如：到……去。本句中"往""如"兩個動詞同義連用。[66]因：用，憑藉。用事者：當權的人。靳尚：或以爲即上文的"上官大夫"。[67]鄭袖：楚懷王的寵妃，號南后。[68]釋去張儀：釋放張儀並讓他離開。去，使動用法。[69]顧反：回來。[70]諸侯共擊楚：據《史記·楚世家》，楚懷王"二十八年，秦乃與齊、韓、魏共攻楚，殺楚將唐眛，取我重丘而去"。[71]唐眛(Miè)：楚將，亦作唐蔑。[72]秦昭王：秦昭襄王，秦惠王之子，名則，一名稷。公元前306—前251年在位。[73]毋：別，不要。否定副詞，表示制止。[74]稚子：幼子，小兒子。勸：鼓動，攛掇。[75]奈何：同"奈何"，怎麼(能)。歡：交好，友好。[76]武關：在陝西商州東一百八十里，是秦國的南關。[77]聽：允許，同意。

[78]亡走:逃跑。[79]内:同"納"。[80]頃襄王:名横,公元前298—前263年在位。[81]既:咸,都。咎:怪罪,抱怨。[82]嫉之:被嫉妒。[83]睠顧:眷念。睠,同"眷"。[84]欲反:想使(懷王)返回楚國。[85]冀幸:同義詞連用,希望。悟:悔悟。[86]俗:這裏指楚國貴族荒淫墮落的生活習俗。[87]"其存"句:本句中"存""興""反覆"都爲使動用法。[88]三:多次,屢次。致志:即表示(自己的)志願。[89]卒(zú):終於,到底。[90]無:無論,不管。[91]相隨屬:連續不斷,一個接着一個。[92]聖君:聖明的君王。治國:太平的國家。累世:接連幾代。[93]分(fèn):本分,職責。[94]惑:被迷惑。於:介詞,在被動句中引進施動者。[95]欺:被欺騙。於:介詞,在被動句中引進施動者。[96]挫:被打敗。削:被侵削。[97]亡:喪失。六郡:指漢中一帶地方。[98]身:自身,自己。客死:死在他鄉。客,名詞作狀語。[99]爲(wéi):介詞,在被動句中引進施動者。[100]泄:浚治,去除污穢。[101]惻:悲傷,難過。[102]"井泄"五句:這是《易經》井卦的爻辭。大意是:井淘好了,却没人吃井水,使人傷心。這井水是可以汲上來吃的,如果君主聖明,肯用賢人,那麼天下人都將因此而得福。[103]卒(cù):馬上。短:説人的短處,指摘人的毛病。[104]遷:放逐。[105]被:同"披"。行吟:一邊行走一邊吟詠。澤畔:湖邊。[106]形容:身形容貌。枯槁:消瘦而無生氣。[107]父(fǔ):對老年男子的尊稱。漁父:漁翁,打魚的老人。[108]三閭大夫:掌管楚國王族昭、屈、景三族家人事務的官。[109]見:表示被動的副詞。[110]凝滯:拘泥,固執。與世推移:隨着時代進取變化。[111]鋪(bū):吃。糟:酒糟。啜(chuò):喝。醨(lí):淡酒,薄酒。[112]瑾、瑜:都是美玉,比喻堅貞不渝的操守。爲(wéi):表示疑問的句末語氣詞。[113]沐:洗頭。彈冠:指彈掉帽子上的灰塵。[114]振衣:指抖去衣服上的塵土。[115]察察:潔白的樣子,這裏比喻人格的高尚。[116]汶(mén)汶:污濁不潔的樣子。[117]常流:同"長流",指江水。[118]皓皓:皎潔的樣子,指高尚純潔的品德。溫蠖(wò):昏憒。[119]《懷沙》:《楚辭·九章》中的一篇,屈原的明志之作。《史記·屈原賈生列傳》本録有《懷沙》全文,這裏節略。[120]汨(Mì)羅:水名。在今湖南省東北,流入洞庭湖。[121]宋玉:屈原的弟子,相傳是楚頃襄王時人。《漢書·藝文志》著録他的賦十六篇。唐勒、景差,都是宋玉同時代的人。唐勒曾爲楚大夫,他的四篇賦已失傳。《楚辭》中的《大招》篇,有人説是景差作的。之徒:之輩,一班人。[122]辭:文辭,指文學。見稱:被稱道。[123]祖:以……爲祖,效法。[124]日以:一天天地,日甚一日地。削:削弱。[125]"數十"二句:公元前223年秦滅楚,此時距屈原殉國不到六十年。

[練習與思考]

一、問答題

1. 說說形容詞的分類。
2. 說明形容詞的語法功能。
3. 說明形容詞用作一般動詞的判定。
4. 說明形容詞用作主賓語的情況。
5. 範圍副詞分爲哪幾類？請分別說明。
6. 古代漢語否定副詞有哪些？各自的特點是什麼？

二、指出下列句中副詞的類別及意義

1. 初極狹，纔通人。(陶淵明《桃花源記》)
2. 感我此言良久立。(白居易《琵琶行》)
3. 我朱孔陽，爲公子裳。(《詩經·豳風·七月》)
4. 苟虧人愈多，其不仁茲甚，罪益厚。(《墨子·非攻》)
5. 懷王乃悉發國中兵，以深入擊秦。(《史記·屈原賈生列傳》)
6. 觸草木，盡死。(柳宗元《捕蛇者說》)
7. 同居長干里，兩小無嫌猜。(李白《長干行》)
8. 狡兔有三窟，僅得免其死耳。(《戰國策·齊策四》)
9. 漢王之將獨韓信可屬大事。(《史記·留侯世家》)
10. 直不百步耳，是亦走也。(《孟子·梁惠王上》)
11. 臣誠知不如徐公美。(《戰國策·齊策一》)
12. 奪項王天下者，必沛公也。(《史記·項羽本紀》)
13. 衣食所安，弗敢專也。(《左傳·莊公十年》)
14. 肉食者鄙，未能遠謀。(《左傳·莊公十年》)
15. 夙興夜寐，靡有朝矣。(《詩經·衛風·氓》)
16. 既克，公問其故。(《左傳·莊公十年》)
17. 陳涉少時，嘗與人傭耕。(《史記·陳涉世家》)
18. 初，鄭武公娶于申，曰武姜。(《左傳·隱公元年》)
19. 此印者纔畢，則第二板已具。(沈括《夢溪筆談·技藝》)

20. 若屬皆且爲所虜。(《史記·項羽本紀》)
21. 君亟定變法之慮,殆無顧天下之議之也。(《商君書·更法》)
22. 此時魯仲連適游趙。(《史記·魯仲連鄒陽列傳》)
23. 其意常在沛公。(《史記·項羽本紀》)
24. 先生且休矣,吾將念之。(《史記·淮陰侯列傳》)
25. 宣子驟諫。(《左傳·宣公二年》)

三、翻譯下面的文字

1. 管仲有疾,桓公往問之曰:"仲父若棄寡人,豎刁可使從政乎?"對曰:"不可。豎刁自刑以求入君,其身之忍,將何有於君。"公曰:"然則易牙可乎?"對曰:"易牙解其子以食君,其子之忍,將何有於君,君用之必爲諸侯笑。"及桓公殁,豎刁、易牙乃作難,桓公死六十日,蟲出於户而不收。(《説苑·權謀》)

2. 魯人身善織屨,妻善織縞,而欲徙於越。或謂之曰:"子必窮矣。"魯人曰:"何也?"曰:"屨爲履之也,而越人跣行;縞爲冠之也,而越人被髮。以子之所長,游於不用之國,欲使無窮,其可得乎?"(《韓非子·説林上》)

第八課　代詞和數詞

一　代　詞

（一）代詞及其分類

代詞是代替名詞、動詞、形容詞或數詞的詞。其作用是避免詞語的重複出現，使得行文簡練。代詞在句子中主要是充當主語、賓語和定語。有些代詞也可以充當謂語。當它們帶上介詞時可以充當狀語或補語。古代漢語的代詞是一個封閉的類，成員的數量不多，意義比較虛，所以傳統上把它看作虛詞。但是代詞可以充當句子成分，所以也有人把它歸類爲實詞。

一般把代詞分爲人稱代詞、指示代詞、疑問代詞三類。古代漢語中還有一類無定代詞和幾個特殊代詞。下面分別加以介紹。

（二）人稱代詞

人稱代詞是用來稱代人的詞。古代漢語的人稱代詞分爲第一人稱、第二人稱和第三人稱代詞。第三人稱代詞後來也可以代稱事物。

1. 第一人稱代詞。

古代漢語的第一人稱代詞有"吾""我""予""余""朕""台""卬"等，可以作主語、定語、賓語。其中"吾""我""予""余"是常用的第一人稱代詞。

吾 我

"吾""我"在古書上的用法略有區別:"吾"字基本上用作主語和定語,不作述語後的賓語。如作賓語,則一定是前置賓語。"我"字則可用作主語、賓語和定語。特別是當需要強調或對舉時,多用"我"。先秦古籍對"吾""我"的分別用法表現得比較清楚,後代往往就混用了。如:

(1) 曾子曰:"吾日三省吾身。"(《論語·學而》)
(2) 以吾一日長乎爾,毋吾以也。居則曰:"不吾知也!"(《論語·先進》)
(3) 我知言,我善養吾浩然之氣。(《孟子·公孫丑上》)
(4) 夫我乃行之,反而求之,不得吾心。(《孟子·梁惠王上》)
(5) 文王我師也,周公豈欺我哉?(《孟子·滕文公上》)
(6) 我無爾詐,爾無我虞。(《左傳·宣公十五年》)
(7) 今者吾喪我,汝知之乎?(《莊子·齊物論》)
(8) 夫大塊載我以形,勞我以生,佚我以老,息我以死。故善吾生者,乃所以善吾死也。(《莊子·大宗師》)
(9) 爲子則孝,爲臣則忠,有孝有忠,何負吾邪?(《世説新語·賢媛》)

予 余

"余"與"予"主要是寫法有異,其實在古代,它們是同音詞,可以通用。一些書習慣用"余",一些書習慣用"予",如《尚書》用"予",《左傳》用"余",可以作主語、賓語或定語。

(1) 他人有心,予忖度之。(《詩經·小雅·巧言》)
(2) 啓予足!啓予手!(《論語·泰伯》)
(3) 夫尹士惡知予哉!(《孟子·公孫丑下》)
(4) 余姑翦滅此而朝食。(《左傳·成公二年》)
(5) 自始合,而矢貫余手及肘。(《左傳·成公二年》)
(6) 名余曰正則兮,字余曰靈均。(屈原《離騷》)

朕 台 卬

"朕"在先秦的作品中用爲一般的自稱,如:

(1)帝高陽之苗裔兮,朕皇考曰伯庸。(屈原《離騷》)

秦始皇以後,成爲皇帝專用的自稱。

"台(yí)"主要見於《尚書》,"卬(áng)"主要見於《詩經》,在後代都不使用了,如:

(2)非台小子敢行稱亂。(《尚書·湯誓》)

(3)人涉卬否,卬須我友。(《詩經·邶風·匏有苦葉》)

在需要講究禮儀的場合,常常用謙稱(多由名詞來充當)代替第一人稱代詞來稱呼自己。

2. 第二人稱代詞。

古代漢語的第二人稱代詞有"女""汝""爾""若""而""乃"等。"女""汝""爾""若"可以作主語、賓語和定語;"而""乃"一般只作定語。

女 汝 爾 若

"女"和"汝"可以看作同一個詞的不同寫法。《尚書》用"汝",而《左傳》《論語》皆用"女",《孟子》則"汝""女"皆用。"爾"類似第一人稱代詞的"我",多用於強調和對舉的場合。這幾個詞在句子中一般作主語、賓語和定語。如:

(1)汝作司徒。(《尚書·舜典》)

(2)居,吾語女。(《論語·陽貨》)

(3)汝心之固,固不可徹。(《列子·湯問》)

(4)爾爲爾,我爲我。(《孟子·公孫丑上》)

(5)若雖長大,好帶刀劍,中情怯耳。(《史記·淮陰侯列傳》)

(6)吾翁即若翁。(《史記·項羽本紀》)

而 乃

"而""乃"經常作定語,不能作賓語,有時也用作主語。

(1)夫差,而忘越王之殺而父乎?(《左傳·定公十四年》)

(2)王師北定中原日,家祭無忘告乃翁。(陸游《示兒》)

第二人稱代詞是會話中用來稱呼對方的,而在需要講究禮儀的場合,對尊者、長者需要用尊稱(多由名詞來充當),對下級、晚輩則仍然用第二人稱代詞來稱呼對方。平輩、熟人之間若用第二人稱代詞,往往表示親切或隨意,有時也可表示輕蔑。

(3)力不足者,中道而廢,今女畫。(《論語·雍也》)

(4)如或知爾,則何以哉。(《論語·先進》)

(5)昵昵兒女語,恩怨相爾汝。(韓愈《聽穎師彈琴》)

(6)豎子!使皇漢滅者,坐汝鼠輩與靳準耳!(《晉書·劉聰載記》)

3. 第三人稱代詞。

上古漢語的第三人稱代詞,發展還不完善,"之""其""厥"雖然可以充任第三人稱代詞,但指示性仍很強。"厥"和"其"兩個詞在句子當中只作定語,并且此二字是古今關係。在西周金文和時代較早的《尚書》《詩經》裏,"厥"用得較多。春秋以後,逐漸被"其"所代替。如:

(1)天降喪于殷,殷既墜厥命。(《尚書·君奭》)

(2)工欲善其事,必先利其器。(《論語·衛靈公》)

"之"只作賓語。如:

(3)愛共叔段,欲立之。(《左傳·隱公元年》)

(4)媪之送燕后也,持其踵爲之泣,念悲其遠也。(《戰國策·趙策四》)

(5)公語之故,且告之悔。(《左傳·隱公元年》)

4. 古漢語的人稱複數表示法。

古代漢語人稱代詞沒有數的區別,單數和複數是同形的,卽一個人稱代詞既可以表示單數,也可以表示複數。要想判斷一個人稱代詞是單數還是複數,須參考上下文義。如:

(1) 盍各言爾志。(《論語·公冶長》)

(2) 一鼓作氣,再而衰,三而竭。彼竭我盈,故克之。(《左傳·莊公十年》)

(3) 王不聽,使人召二子,曰:"來,吾生汝父;不來,今殺奢也。"(《史記·伍子胥列傳》)

(4) 若爲庸耕,何富貴也?(《史記·陳涉世家》)

(5) 余,而祖也。(《左傳·宣公三年》)

例句(1)(2)(3)中的"爾""我""汝"爲複數,例句(4)(5)中的"若""余"爲單數。

戰國以後,表示複數時可以在人稱代詞後面加"儕""屬""曹""等""輩"等。如:

(1) 不者,若屬皆且爲所虜。(《史記·項羽本紀》)

(2) 公等遇雨,皆已失期。(《史記·陳涉世家》)

(3) 吾儕偷食,朝不謀夕,何其長也?(《左傳·昭公元年》)

(4) 今欲盡殺若曹。(《漢書·東方朔傳》)

(5) 坐法當斬,其輩十三人皆已斬。(《史記·淮陰侯列傳》)

值得注意的是,"儕""屬""曹""輩"等是名詞,意思是同類、同輩人。它們同現代漢語中表示複數的詞尾"們"存在着性質和含義上的差異。它們的使用範圍也是有局限性的。一般説來,"儕"只用於第一人稱,"屬""曹"可用於第一人稱和第二人稱;"輩""等"則可適用於所有三個人稱。

5. 謙稱與尊稱。

古代社會尊卑的觀念很重,所以在對話或書信裏,爲了表示尊敬對方,自稱常用謙稱,對稱常用尊稱。謙稱和尊稱都是名詞不是代詞,所以它們不受代詞語法規律的限制,但在句中所起的作用與代詞是相同的。翻譯時謙稱可用第一人稱代詞翻譯,尊稱可用第二人稱代詞翻譯。

古代漢語以表示低微身份或者含有貶義色彩的詞語表示謙稱。如

"寡人"（寡德之人）、"不穀"（不善）、"臣"（男奴曰臣）、"妾"（女奴曰妾）、"僕"（奴僕）、"小人"（奴隸主對下等人的稱呼）等，其中"寡人"是君主專用的謙稱，"妾"是女子所用謙稱。如：

（1）昭王南征而不復，寡人是問。（《左傳·僖公四年》）

（2）齊侯曰："豈不穀是爲？先君之好是繼。"（《左傳·僖公四年》）

（3）是臣之大榮也，臣又何恥乎？（《戰國策·秦策三》）

（4）小人有母，皆嘗小人之食矣，未嘗君之羹，請以遺之。（《左傳·隱公元年》）

（5）妾父爲吏，齊中稱其廉平，今坐法當刑。（《史記·扁鵲倉公列傳》）

（6）僕少負不羈之才，長無鄉曲之譽。（司馬遷《報任安書》）

（7）老婦恃輦而行。《戰國策·趙策四》

（8）愚以爲宮中之事，事無大小，悉以咨之。（諸葛亮《前出師表》）

古代漢語中以稱呼對方高貴的身份、官職或使用含有褒義色彩的詞語稱人來表示尊稱，如"君""大王""子""夫子""先生""陛下""殿下""閣下""足下""大人"等。或者通過"因卑以達尊"的方式來表示尊稱，如"左右""執事"等。

（9）夫子何哂由也。（《論語·先進》）

（10）先生不羞，乃有意欲爲文收責於薛乎？（《戰國策·齊策四》）

（11）君何以知燕王？（《史記·廉頗藺相如列傳》）

（12）先生奈何而言若此！（《戰國策·秦策三》）

（13）足下事皆成。（《史記·陳涉世家》）

另外，古人自稱己名是謙稱，稱他人的字是尊稱。如：

（14）子貢問曰："賜也何如？"（《論語·公冶長》）

(15) 夫以秦王之威,而相如廷叱之。(《史記·廉頗藺相如列傳》)

(三) 指示代詞

指示代詞是起指示和稱代作用的詞。所謂指示,即指明上下文或語境中存在的人或者事物。所謂稱代,即用指示代詞來代替上下文或語境中存在的人或事物。指示代詞在句子中可以充當主語、謂語、賓語、定語、狀語或補語等各種成分。

根據指示代詞所指稱的對象與說話人的空間距離或時間距離的遠近,指示代詞可分爲近指代詞、中指代詞和遠指代詞。

1. 近指代詞。

古漢語的近指代詞有"此""斯""茲""然""爾"等。相當於現代漢語的"這""這裏""這樣""這個""這種"等。近指代詞所表示的空間距離或時間距離離說話人和說話時最近,就在眼前和當下。

茲　此　斯

"茲"在甲骨文和金文中已經出現,在《尚書》中使用最多,《詩經》《論語》《孟子》中也偶有用到。"斯"比"茲"出現得稍晚一些,但在上古漢語中已經普遍使用。"此"雖然出現較晚,但是近指代詞中使用最普遍的。它們在句子中可作主語、賓語和定語。如:

(1) 先王有服,恪謹天命,茲猶不常寧。(《尚書·盤庚上》)
(2) 文王既没,文不在茲乎。(《論語·子罕》)
(3) 逝者如斯夫,不舍晝夜。(《論語·子罕》)
(4) 斯人也,而有斯疾也!(《論語·雍也》)
(5) 彼一時,此一時也。(《孟子·公孫丑下》)
(6) 王如知此,則無望民之多於鄰國也。(《孟子·梁惠王上》)
(7) 此心之所以合於王者,何也?(《孟子·梁惠王上》)
(8) 可爲流涕者,此也。(賈誼《治安策》)

然　爾

"然"和"爾"在句子中經常作謂語,可翻譯爲現代漢語的"這樣""如此"。如:

(1) 物皆然,心爲甚。(《孟子·梁惠王上》)

(2) 問君何能爾,心遠地自偏。(陶淵明《飲酒》之五)

(3) 劍南亦何好,小憩聊爾爾。(陸游《自興元赴官成都》)

2. 中指代詞。

古代漢語的中指代詞有"是""之""時"。中指代詞主要着意於指稱事物,而並不强調其空間距離或時間距離的遠近,可根據情况翻譯成現代漢語的"這""那""這裏""那裏""這樣""那樣""這個""那個""這種""那種"等。

古代漢語中指代詞"時"出現在較早的文獻中,後來就不大使用了。"之"主要充當賓語,也可以作定語。"是"的用法最多,可以作主語、賓語、定語和判斷句的謂語。如:

(1) 時日曷喪?予及汝皆亡。(《尚書·湯誓》)

(2) 厥初生民,時維姜嫄。(《詩經·大雅·生民》)

(3) 季文子三思而後行。子聞之,曰:"再,斯可矣。"(《論語·公冶長》)

(4) 之二蟲又何知?(《莊子·逍遥遊》)

(5) 是乃仁術也。(《孟子·梁惠王上》)

(6) 今其人在是。(《戰國策·趙策三》)

(7) 是心足以王矣。(《孟子·梁惠王上》)

(8) 古之人有行之者,武王是也。(《孟子·梁惠王上》)

指示代詞"是"作主語和謂語,如例句(5)和(8),其中的"是"常常被誤認爲判斷動詞。在分析古代漢語句法時這一點需要特別留意。

指示代詞"是"作賓語時常常前置,如:

(9) 爾貢包茅不入,王祭不共,無以縮酒,寡人是徵;昭王南征

而不復,寡人是問。(《左傳·僖公四年》)

(10)哀樂不失,乃能協於天地之性,是以長久。(《左傳·昭公二十五年》)

3. 遠指代詞。

古代漢語的遠指代詞有"彼""夫""其"。相當於現代漢語的"那""那裏""那樣""那個""那種"等。遠指代詞所表示的空間距離、時間距離或觀念距離離説話人和説話時最遠。遠指代詞常常跟近指代詞對舉,構成對比。

彼

"彼"能够在句中作主語、賓語、定語。

(1)彼亦一是非,此亦一是非。(《莊子·齊物論》)
(2)知彼知己者,百戰不殆。(《孫子兵法·謀攻》)
(3)彼君子兮,不素餐兮。(《詩經·魏風·伐檀》)

夫

"夫"的指示性比較弱,有時可以不必譯出,在句子中常作定語。

(1)左右曰:"乃歌夫'長鋏歸來'者也。"(《戰國策·齊策四》)
(2)子曰:"食夫稻,衣夫錦,於女安乎?"(《論語·陽貨》)
(3)不以夫一害此一,謂之壹。(《荀子·解蔽》)

其

"其"在句子中常作定語,如:

(1)其年七月,始皇帝至沙丘,病甚。(《史記·李斯列傳》)
(2)其土白壤,賦上上錯,田中中。(《史記·夏本紀》)

有時特指符合某種理想標準的那一類人或事物。

(3)伯夷,非其君不事,非其友不友。(《孟子·公孫丑上》)
(4)公卿在位,咸得其人矣。(《漢書·東方朔傳》)
(5)非遇其時,焉能致此位乎?(《漢書·公孫弘卜式兒寬傳》)

（四）疑問代詞

疑問代詞針對人、事物、時間、地點、數量等發問，構成特指疑問句。古代漢語常用的疑問代詞有"誰""孰""何""胡""曷""奚""安""惡""焉"等。

1. 指人的疑問代詞"誰""孰"。

誰

"誰"能作主語、賓語、定語和謂語等。

(1) 誰習計會，能爲文收責於薛者乎？(《戰國策·齊策四》)

(2) 吾誰欺？欺天乎？(《論語·子罕》)

(3) 虎兕出於柙，龜玉毀於櫝中，是誰之過與？(《論語·季氏》)

(4) 問其僕曰："追我者誰也？"(《孟子·離婁下》)

孰

"孰"主要作主語和賓語，不僅可以指人，還可以指物，如：

(1) 聖王有百，吾孰法焉？(《荀子·非相》)

(2) 兩小兒笑曰："孰爲汝多知乎？"(《列子·湯問》)

(3) 獨樂樂，與人樂樂，孰樂？(《孟子·梁惠王下》)

還經常和介詞"與"連用，構成固定組合"孰與"，表示比較，如：

(4) 吾孰與徐公美？(《戰國策·齊策一》)

(5) 今某之業所就，孰與仲多？(《史記·高祖本紀》)

2. 指事物的疑問代詞"何""胡""曷""奚"。

"何"的使用範圍比較寬泛，可以作主語、謂語、賓語、定語、狀語等。"胡""曷""奚"常作狀語使用，詢問原因等。"胡""奚"還常作賓語(包括作介詞的賓語)。"曷"還用來詢問時間。如：

(1) 星隊，木鳴，國人皆恐。曰：是何也？曰：無何也。(《荀子·天論》)

(2) 以此攻城，何城不克？(《左傳·僖公四年》)

(3) 夫子何哂由也？（《論語·先進》）

(4) 何謂道？有天道，有人道。（《莊子·在宥》）

(5) 胡不見我於王？（《墨子·公輸》）

(6) 曷足以美七尺之軀哉？（《荀子·勸學》）

(7) 子奚哭之悲也？（《韓非子·和氏》）

(8) 許子奚爲不自織？（《孟子·滕文公上》）

(9) 薛公曰："出下計。"上曰："胡爲廢上計而出下計？"（《漢書·黥布傳》）

(10) 趙孟曰："吾子其曷歸？"對曰："鍼懼選於寡君，是以在此，將待嗣君。"（《左傳·昭公元年》）

3. 指處所的疑問代詞"安""焉""惡"。

疑問代詞"安""焉"可以作賓語，但經常用作狀語，詢問處所。如：

(1) 臣死且不避，卮酒安足辭？（《史記·項羽本紀》）

(2) 且焉置土石？（《列子·湯問》）

(3) 天下之父歸之，其子焉往？（《孟子·離婁上》）

還可用於反問句，但其意義都虛化了，不再實指處所。如：

(4) 君安與項伯有故？（《史記·項羽本紀》）

(5) 從許子之道，相率而爲僞者也，惡能治國家？（《孟子·滕文公上》）

(6) 夫如是，則四方之民襁負其子而至矣，焉用稼？（《論語·子路》）

（五）無定代詞

無定代詞是不能確指被指稱事物的代詞。古代漢語中有肯定性的無定代詞"或"和否定性的無定代詞"莫"。動詞"有"和"無"在有些場合也具有無定代詞的用法。

1. 肯定性無定代詞"或"。

"或"一般用來指人,其含義是"有人""有的人""有些人"等,有時也用來指代事物。"或"在句中只能作主語。"或"的前面有時可出現先行詞,説明"或"所指稱的人或事物的範圍。"或"還常常對舉使用,用來列舉不同的情況。如:

(1) 或勞心,或勞力。(《孟子·滕文公上》)

(2) 宋人或得玉。(《左傳·襄公十五年》)

(3) 或百步而後止,或五十步而後止。(《孟子·梁惠王上》)

(4) 夫物之不齊,物之情也。或相倍蓰,或相什百,或相千萬。(《孟子·滕文公上》)

(5) 故言有召禍也,行有招辱也,君子慎其所立乎!(《荀子·勸學》)

(6) 蠶事既登,分繭稱絲效功,以共郊廟之服,無有敢墮。(《吕氏春秋·季春紀》)

例句(5)(6)中"有"之後的成分不是賓語性質而是謂語性質的,所以可以理解爲與"或"同。

2. 否定性無定代詞"莫"。

"莫"可以理解爲"無或",是否定性的無定代詞,用來指人,也用來指事物,其含義是"没有人""没有誰""没有什麽(事物)"等。"莫"在句中只能作主語。前面可以有先行詞,説明其所否定的人或事物的範圍。

(1) 群臣莫對。(《戰國策·楚策一》)

(2) 天下之水,莫大於海。(《莊子·秋水》)

(3) 人有鬻矛與楯者,譽其楯之堅,物莫能陷也。(《韓非子·難勢》)

(4) 故禍莫憯於欲利,悲莫痛於傷心,行莫醜於辱先,而詬莫大於宫刑。(司馬遷《報任安書》)

(5) 令無不行,禁無不止。(《韓非子·備内》)

(6) 不敢爲天下先，則事無不事，功無不功。(《韓非子·解老》)

例句(5)(6)中"無"之後的成分不是賓語性質而是謂語性質的，所以可以理解爲與"莫"同。漢代以後，"莫"逐漸產生了新的用法，可表示禁止否定和一般否定，那就屬於否定副詞的用法，不屬於無定代詞了。

(7) 秦惠王車裂商君以徇，曰："莫如商鞅反者。"(《史記·商君列傳》)

(8) 石級皆險滑，顛躋莫牽攀。(韓愈《題炭谷湫祠堂》)

(六) 特殊代詞

古代漢語中有兩個特殊的代詞"者"和"所"，不能單用，必須與其他詞語組成名詞性短語，以充當句子的主、賓語或定語。

者

"者"用在形容詞、動詞或其他短語的後面，組成一個名詞性的短語，表示"……的人""……的事物""……的情況"等等，可以稱之爲"者"字結構。如：

(1) 老者安之，朋友信之，少者懷之。(《論語·公冶長》)

(2) 文王之囿方七十里，芻蕘者往焉，雉兔者往焉。(《孟子·梁惠王下》)

(3) 夢飲酒者，旦而哭泣；夢哭泣者，旦而田獵。(《莊子·齊物論》)

"者"字用在時間名詞後組成的"者"字結構表示時間，常用作句首狀語。如：

(4) 昔者共工與顓頊爭爲帝，怒而觸不周之山。(《淮南子·天文訓》)

(5) 莫春者，春服既成，冠者五六人，童子六七人，浴乎沂，風乎舞雩，詠而歸。(《論語·先進》)

"者"字用在數詞或數詞短語後面組成的"者"字結構表示總括上文列舉的人、事、情況等等。如:

(6)魚我所欲也,熊掌亦我所欲也,二者不可得兼,舍魚而取熊掌者也。(《孟子·告子上》)

(7)昔繆公求士,西取由余於戎,東得百里奚於宛,迎蹇叔於宋,來丕豹、公孫支於晉。此五子者,不產於秦,而繆公用之。(李斯《諫逐客書》)

所

"所"通常用在動詞或動詞性短語前面,組成一個名詞性短語,即"所"字結構。表示"……的人""……的事物""……的情況"等等。"所"字結構在句中多作主語、賓語,也常常作定語。如:

(1)奪其所憎,而與其所愛。(《戰國策·趙策三》)
(2)始臣之解牛之時,所見無非牛者。(《莊子·養生主》)
(3)所重:民、食、喪、祭。(《論語·堯曰》)
(4)是以令吏人完客所館。(《左傳·襄公三十一年》)

"所"字結構與"者"字結構雖然都是名詞性的短語,但是兩者的含義差別很大。"所"字結構所指稱的人或事物是受動者,是"所"後邊的動詞性成分的支配對象,而"者"字結構在多數情況下指稱的是施動者或能動者。"言者"是說話的人,"所言"是說出來的話;"作者"是創造某件東西的人,"所作"是創造出來的事物。(如《詩經·魯頌·閟宮》:"新廟奕奕,奚斯所作。")

為了明確"所"字結構所指稱的對象,常常在它的後面補出所指稱的具體事物。這樣所字結構就成了它後面名詞的定語了。有時,它和中心語之間還可以加"之"字,如:

(5)視駝所種樹,或遷徙,無不活。(柳宗元《種樹郭橐駝傳》)
(6)所操之術多異故也。(王安石《答司馬諫議書》)

"所"字結構後面還可以加"者",構成"所……者"的形式。

"所……者"的結構,在意義上跟"所"字結構相同,指稱受動者而不是施動者。如:

(7) 所愛者撓法活之,所憎者曲法誅滅之。(《史記·酷吏列傳》)
(8) 孟嘗君曰:"視吾家所寡有者。"(《趙國策·齊策四》)

"所"還可以放在介詞"以""爲""從""與"等等之前,表示動作行爲所憑藉的工具、方式、方法或者是行爲發生的處所、產生的原因、目的等較爲抽象的意義。如:

(9) 是吾劍之所從墜。(《呂氏春秋·察今》)
(10) 所爲見將軍者,欲以助趙也。(《戰國策·趙策三》)
(11) 彼兵者,所以禁暴除害也。(《荀子·議兵》)

二 數詞和數量表示法

(一) 數 詞

表示數目和次序的詞叫作數詞。數詞又分爲基數、序數、分數、倍數、約數、虛數等小類。

1. 基數。

表示基本數目的詞,叫基數詞。基數詞中整數的表示,古今漢語是相同的,如:

(1) 五畝之宅,樹之以桑,五十者可以衣帛矣。(《孟子·梁惠王上》)

古代漢語中,整數和零數之間,可以加"有"或"又"。

(2) 期三百有六旬有六日,以閏月定四時成歲。(《尚書·堯典》)
(3) 徵明識。時年七十又三矣。(文徵明《徵仲倣李營丘寒林圖並識》)

最高位數如果是"一"的，一般省略不說。

(4) 權與物均，重萬一千五百二十銖，當萬物之象也。(《漢書·律曆志上》)

(5) 其間千二百里，雖乘奔御風，不以疾也。(《水經注·江水》)

值得注意的是"兩"和"再"。"兩"用來表示成對的事物，用來修飾名詞，作定語，如"兩軍""兩漢"。"再"表示事情發生兩次，如"一鼓作氣，再而衰，三而竭"(《左傳·莊公十年》)。

2. 序數。

用數目表示事物次序的詞，叫序數。古代漢語中序數也可以用基數來表示，如：

(1) 趙惠文王十六年，廉頗爲趙將伐齊。(《史記·廉頗藺相如列傳》)

(2) 順於民心，所補者三：一曰主用足，二曰民賦少，三曰勸農功。(晁錯《論貴粟疏》)

基數前加"第"字。這種序數表示法古今一致。如：

(3) 蕭何第一，曹參次之。(《史記·蕭相國世家》)

(4) 云有第三郎，窈窕世無雙。(《孔雀東南飛》)

次序的第一、第二，也可以用其他方法來表示。用"太上""首"等可表示第一，用"次""其次""次之""次者"等可表示第二以及以下的序數。如：

(5) 大上有立德，其次有立功，其次有立言，雖久不廢，此之謂不朽。(《左傳·襄公二十四年》)

(6) 昔人論形勢之地，首推燕秦，金陵次之。(康熙《過金陵論》)

3. 分數。

古代漢語中分數的表達方式很不統一，最完整的表達方式是：分母+"分"+名詞+"之"+分子。如：

（1）方今大王之兵衆不能十分吴、楚之一。（《史記·淮南衡山列傳》）

（2）一月之日，二十九日八十一分日之四十三。（《漢書·律曆志上》

但是文獻中的表達方式往往有所省略，如：

（3）大都不過參國之一，中五之一，小九之一。（《左傳·隱公元年》）

（4）其實皆什一也。（《孟子·滕文公上》）

（5）故關中之地，於天下三分之一。（《史記·貨殖列傳》）

（6）丑三分二，寅九分八，卯二十七分十六。（《史記·律書》）

（7）今行父雖未獲一吉人，去一凶矣，於舜之功二十之一也。（《左傳·文公十八年》）

例句（3）省略了"分"。例句（5）中省略了名詞，其表達方式和現代漢語相同。例句（6）省略了名詞和"之"。例句（7）省略了名詞和"分"。例句（4）"之""分"和名詞都省略了。如果分母是三、十、百等一般寫爲"參""什""佰"。

4. 倍數。

表示倍數直接用"倍"（兩倍）、"蓰"（五倍），或數詞加"倍"，或省略"倍"直接用數詞表示。如：

（1）夫物之不齊，物之情也。或相倍蓰，或相什百，或相千萬。（《孟子·滕文公上》）

（2）今吾以十倍之地請廣於君，而君逆寡人者，輕寡人與？（《戰國策·魏策四》）

（3）人之情性，未能相百，而其明智有相萬也。（《潛夫論·讚學》）

5. 約數。

表示不確定的數目的詞，叫約數。一般在基數詞前加"可""幾"

"且""蓋"等，在基數詞後加"許""所""餘"等。如：

(1) 漢之爲漢，幾四十年矣。(賈誼《論積貯疏》)
(2) 北山愚公者，年且九十。(《列子·湯問》)
(3) 章小女，年可十二。(《漢書·王章傳》)
(4) 良殊大驚，隨目之。父去里所，復還。(《史記·留侯世家》)
(5) 轉入巴蜀，往來二十許年。(《後漢書·申屠剛傳》)
(6) 輕騎一日一夜行三百餘里。(《資治通鑒》卷六十五)

有時兩個基數詞連用表示約數。

(7) 冠者五六人，童子六七人。(《論語·先進》)
(8) 共事二三年，始爾未爲久。(《孔雀東南飛》)

6. 數詞的誇張用法。

古代漢語中常常用定數形式表示"很多"或"很少"，這是數詞的誇張用法。習慣上用"三""九""十二""三十六""七十二""百""千""萬"等表示數目極多，而用"半""一""一二"等表示數目極少。如：

(1) 則桓公以霸，九合諸侯，一匡天下。(《史記·貨殖列傳序》)
(2) 管仲曰："古者封泰山禪梁父者七十二家，而夷吾所記者十有二焉。"(《史記·封禪書》)
(3) 三折肱知爲良醫。(《左傳·定公十三年》)
(4) 半匹紅綃一丈綾，繫向牛頭充炭直。(白居易《賣炭翁》)
(5) 嘗試爲陛下陳其一二。(王安石《本朝百年無事劄子》)

7. 問數。

古代漢語中對數量提問常用"幾""幾何""幾許"來表示。如：

(1) 自明及晦，所行幾里？(《楚辭·天問》)
(2) 太后曰："敬諾。年幾何矣？"(《戰國策·趙策四》)
(3) 太祖問其力能負錢幾許，仁美曰："臣可勝七八萬。"(《宋史·周仁美傳》)

（二）數量表示法

1. 物量表示法。

古代漢語中天然量詞雖然在先秦就已經萌芽，但是在漢代以後纔大量使用，如"枚""顆""個""張""隻""塊"等。表示度量衡的量詞，先秦就已經出現了，如"丈""尺""寸""斗""升""斤"等。古代漢語物量表示法有如下四類：

甲、數詞直接放在名詞之後，不用量詞。如：

(1) 牛一，羊一，豕一。(《尚書·召誥》)
(2) 齊爲衛故，伐晉冠氏，喪車五百。(《左傳·哀公十五年》)

這種物量表示法起源很早，甲骨文中已經有了。

乙、數詞直接放在名詞之前，不用量詞。如：

(1) 一言以蔽之。(《論語·爲政》)
(2) 三人行，必有我師焉。(《論語·述而》)

這是古代漢語中最常見的物量表示法，翻譯爲現代漢語時要加上量詞。

丙、數詞帶量詞放在名詞後面。如：

(1) 於是爲長安君約車百乘，質於齊。(《戰國策·趙策四》)
(2) 不稼不穡，胡取禾三百廛兮。(《詩經·魏風·伐檀》)

丁、數詞帶量詞放在名詞之前，表示物量。如：

(1) 一簞食，一瓢飲。(《論語·雍也》)
(2) 吾不能爲五斗米折腰，拳拳事鄉里小人邪！(《晋書·陶潛傳》)

古漢語中的這種物量表示法，漢代以後逐漸多起來，一直延續到現代漢語中。

2. 動量表示法。

動量詞就是表示動作、行爲的數量的詞。漢語的動量詞產生較晚，

上古時期表示動作、行爲的數量往往不用動量詞,而是直接把數詞放在動詞之前。如:

(1) 禹八年於外,三過其門而不入。(《孟子·滕文公上》)
(2) 魯人從君戰,三戰三北。(《韓非子·五蠹》)
(3) 齊王四與寡人約,四欺寡人。(《史記·蘇秦列傳》)

在中古,動量詞出現後,數詞帶上動量詞,則可以放在動詞後面了。如:

(4) 吾於書讀不過三遍,終身不忘也。(韓愈《張中丞傳後敍》)
(5) 一柱觀頭眠幾回?(杜甫《所思》)

三　代詞和數詞的活用

(一) 代詞的活用

代詞可以活用爲動詞,如《論語·子罕》:"毋意,毋必,毋固,毋我。""我"出現在副詞"毋"之後,活用爲動詞,意思是"突出自我"。韓愈《聽穎師彈琴》:"昵昵兒女語,恩怨相爾汝。""爾汝"處在副詞"相"之後,活用爲動詞,意思是"以爾汝相稱呼"。這種活用在古代漢語中並不多見,也比較容易鑒別。

這裏要介紹的是古代漢語中人稱代詞在人稱上的活用。

1. "之"的活用。

"之"屬於第三人稱代詞,但在具體的語言環境中,可以靈活運用爲第一人稱代詞和第二人稱代詞。如:

(1) 趙盾、士季見其手,問其故,而患之。將諫,士季曰:"諫而不入,則莫之繼也。會請先,不入,則子繼之。"(《左傳·宣公二年》)
(2) 臣乃市井鼓刀屠者,而公子親數存之。(《史記·魏公子列傳》)

(3)通說范陽令徐公曰："臣,范陽百姓蒯通也。竊閔公之將死,故弔之。"(《漢書·蒯通傳》)

例句(1)中"莫之繼"的"之"指代趙盾,用作第二人稱;"繼之"的"之"指代士季本人,用作第一人稱。例句(2)中"存之"的"之"指代"臣(朱亥)",用作第一人稱。例句(3)中"弔之"的"之"指范陽令徐公,用作第二人稱。

2. "其"的活用。

"其"屬於第三人稱代詞,但在具體的語言環境中,可以靈活運用爲第一人稱代詞和第二人稱代詞。如:

(1)父兄百官不我足也,恐其不能盡於大事,子爲我問孟子。(《孟子·滕文公上》)

(2)孫子曰:"王徒好其言,不能用其實。"(《史記·孫子吳起列傳》)

(3)天子發政於天下之百姓,言曰:"聞善而不善,皆以告其上。"(《墨子·尚同上》)

(4)故以爲其愛不若燕后。(《戰國策·趙策四》)

例句(1)中的"其"指代說話人滕世子,用作第一人稱,例句(2)的"其"指代孫子,用作第一人稱。例句(3)中"告其上"即"向你們的上司告發","其"用作第二人稱。例句(4)中"其愛"指趙太后對長安君之愛,"其"用作第二人稱。

人稱的活用,必須通過仔細研究上下文纔能正確辨別,不能掉以輕心。

(二) 數詞的活用

數詞是表示數目的詞。如果一個數詞在一定的語言環境中,不再表示數目,而是臨時表示相關的動作、行爲、發展變化,像動詞那樣使用,我們就說這個數詞活用作動詞。如:

(1)民參其力,二入於公,而衣食其一。(《左傳·昭公三年》)

(2)利不百,不變法;功不十,不易器。(《史記·商君列傳》)

(3)之子無良,二三其德。(《詩經·小雅·白華》)

(4)食馬者,不知其能千里而食也。(韓愈《雜説》)

例句(1)中的"參"(即"三")活用作動詞,是"分成三份"的意思。例句(2)中的"百""十"活用作動詞,是"增加百倍""增加十倍"的意思。例句(3)中"二三其德"的意思是"使其品德不專一","二三"活用作動詞。例句(4)中的數量詞"千里"活用作動詞,是"日行千里"的意思。

[文選]

1. 子路曾晳冉有公西華侍坐

子路、曾晳、冉有、公西華侍坐[1]。

子曰:"以吾一日長乎爾[2],毋吾以[3]也。居[4]則曰:'不吾知也[5]!'如或[6]知爾,則何以哉[7]?"子路率爾[8]而對曰:"千乘之國[9],攝[10]乎大國之間,加之以師旅[11],因之以饑饉[12]。由也爲[13]之,比及[14]三年,可使有勇,且知方[15]也。"夫子哂[16]之。

"求[17]!爾何如?"對曰:"方六七十[18],如[19]五六十,求也爲之,比及三年,可使足民。如其[20]禮樂,以俟[21]君子。"

"赤!爾何如?"對曰:"非曰能之[22],願學焉。宗廟之事[23],如會同[24],端章甫[25],願爲小相[26]焉。"

"點!爾何如?"鼓瑟希[27],鏗爾[28],舍瑟而作[29],對曰:"異乎三子者之撰[30]。"子曰:"何傷[31]乎?亦各言其志也。"曰:"莫春者[32],春服既成,冠者[33]五六人,童子六七人,浴乎沂[34],風乎舞雩[35],詠而歸。"夫子喟然嘆曰:"吾與[36]點也!"

三子者出,曾晳後[37]。曾晳曰:"夫[38]三子者之言何如?"子曰:"亦各言其志也已矣。"曰:"夫子何哂由也?"曰:"爲國以禮,其言不讓[39],是故哂之。唯求則非邦也與[40]?安見方六七十如五六十而非

邦也者？唯赤則非邦也與？宗廟會同，非諸侯而何？赤也爲之小[41]，孰能爲之大？"(《論語·先進》)

【注解】

[1]子路：姓仲名由，字子路，一字季路。曾皙：名點，曾參的父親。冉有：名求，字子有。公西華：公西，複姓，名赤，字子華。侍坐：陪從在尊者的身旁坐着。[2]一日：一兩天。長乎爾：比你們年長。乎，介詞，在形容詞後引進比較的對象。[3]以：用。以上兩句的意思是，因爲我年齡大沒有人用我。"吾"作"以"的前置賓語。一解作不要因爲我年長，你們回答問題有所顧慮而難言。[4]居：平居，指平常在家閑待着。引申爲沒有官做。[5]不吾知也："吾"作"知"的前置賓語。[6]或：有人。[7]"如或"二句：如果有人瞭解你(而任用你)，你(打算)做什麼呢？[8]率爾：不假思索，輕率匆促的樣子。對：回答(一般用於下位者對上位者)。[9]千乘(shèng)之國：擁有一千輛兵車的國家。這在當時只能算中等國家。乘，一車四馬爲一乘。[10]攝：逼迫。[11]加之：強加給他。師旅：軍隊。古代五百人爲一旅，二千五百人爲一師。這裏指戰爭。[12]因：仍，在原有基礎上再加上。饑饉：饑荒。穀不熟爲饑，菜不熟爲饉。[13]爲：治理。[14]比及：等到了。[15]方：指道義的方向。[16]哂(shěn)：微笑。[17]求：冉有之名。孔子以師尊的身份叫學生，故直呼其名。下文"赤""點"同。[18]方六七十：方圓六七十里，六七十里見方。[19]如：或者。[20]如其：至於那個。[21]俟(sì)：等待。[22]非曰能之：不是說我會做那些事。"之"指代下邊提到的事情。[23]宗廟之事：指祭祀祖先的事情。廟是供奉祖先牌位並進行祭祀的場所。宗廟，指諸侯之廟。[24]如：或。會：指諸侯會盟。同：指諸侯共同朝見天子。[25]端：又叫"玄端"，古代的一種禮服。章甫：古代的一種禮帽。這裏都用作動詞。[26]相：古代祭祀或會盟時爲國君擔任贊禮的官，司儀。[27]希：同"稀"，指鼓瑟之聲已近尾聲。[28]鏗：擬聲詞。鏗爾：猶"鏗然"，形容結束樂曲的聲音。[29]舍：置，放到一邊。作：起，指站起來。[30]三子者：指由、赤、點三人。古代漢語中"數量+者"的結構，表示總括上文提到的人或物。撰：述，陳述。一説撰，具也，指才能，才幹。[31]何傷：有什麼妨害。[32]莫：日暮，這個意義後來寫作"暮"。農曆三月爲暮春。莫春者：古代漢語中"時間名詞+者"的結構，常用作句首狀語。[33]冠(guàn)者：成年男子。古時男子二十歲成年，舉行冠禮。[34]浴：這裏可能指修禊一類的活動。沂(Yí)：水名，在今山東曲阜南。注意，此處的"沂"與今天山東的沂河不是指的同一條河。[35]風：名詞用作動詞，吹風。舞雩(yú)：古時魯國求雨的祭壇，在曲阜東南。

[36]與:贊同,贊成。[37]後:用作動詞,(故意)落在後面。[38]夫:那,指示代詞。[39]讓:謙虛,謙讓。[40]"唯求"句:難道冉求說的就不是治國之事嗎?[41]爲之小:雙賓語結構,給諸侯當小相。

2. 長沮桀溺耦而耕

長沮、桀溺耦[1]而耕,孔子過之[2],使子路問津焉[3]。長沮曰:"夫執輿者爲誰[4]?"子路曰:"爲孔丘。"曰:"是魯孔丘與[5]?"曰:"是[6]也。"曰:"是知津矣。"問於桀溺,桀溺曰:"子爲誰[7]?"曰:"爲仲由。"曰:"是魯孔丘之徒[8]與?"對曰:"然。"曰:"滔滔者天下皆是[9]也,而誰以易之[10]?且而與其從辟人之士[11]也,豈若從辟世之士[12]哉?"耰而不輟[13]。子路行以告[14]。夫子憮然[15]曰:"鳥獸不可與同群[16],吾非斯人之徒與[17]而誰與?天下有道[18],丘不與易[19]也。"(《論語·微子》)

【注解】

[1]長沮(jū)、桀溺:人名,皆爲當時的隱者。耦(ǒu):古代的一種耕作方式,即兩人並肩執耜耕地。[2]過之:經過他們那裏。[3]津:渡口。問津:打聽渡口。焉:相當於"於是",向他們。[4]夫:指示代詞,那。輿:車子。執輿者:掌握着馬車的人。爲:通"謂"。爲誰:叫什麽(名字)。[5]是:指示代詞,在句中作主語。是魯孔丘與:那個人是魯國的孔丘嗎?[6]是:指示代詞,在句中作謂語,"(就是)那個人"。[7]子爲誰:您叫什麽(名字)。[8]徒:門徒,學生。[9]滔滔:洪水彌漫的樣子,比喻社會紛亂動蕩。皆是:都是這個樣子的。[10]而誰以易之:你們與誰來改變它。而,你,你們。以,與。[11]且:連詞,況且,再說。而:你,指子路。從:跟從。辟:躲避,這個意義後來寫作"避"。辟人之士:躲避不同他們合作的人,這裏指孔子。[12]豈若:哪裏趕得上。與上句"與其"相呼應,表示選擇。辟世之士:躲避亂世的人,這裏指桀溺和長沮。[13]耰(yōu):播種後用土蓋上。輟:停止。[14]以告:把(此事)報告(給孔子)。[15]憮(wǔ)然:悵然,失神的樣子。[16]鳥獸不可與同群:不可與鳥獸同群,實際是指不可隱居山林,必須在社會中生存。[17]斯人之徒:這裏指人群,作"與"的前置賓語。與:跟……在一起。[18]天下有道:此句是假設句,如果天下有道的話。[19]丘:孔子自稱。與:參與。易:變革,變易。

3. 兵者詭道也

兵[1]者，詭道[2]也。故能而示之[3]不能，用[4]而示之不用，近而示之遠，遠而示之近[5]。利而誘之[6]，亂[7]而取之，實而備[8]之，強[9]而避之，怒而撓[10]之，卑而驕[11]之，佚而勞[12]之，親而離[13]之。攻其無備，出其不意[14]，此兵家之勝[15]，不可先傳[16]也。

夫未戰而廟算勝[17]者，得算[18]多也；未戰而廟算不勝者，得算少也；多算勝，少算不勝，而況於無算乎？吾以此觀之，勝負見矣。(《孫子兵法·計篇》[19])

【注解】

[1]兵:用兵。[2]詭:詭詐。道:方法，技藝。[3]能:有能力，有實力。示之:讓人看。[4]用:指用兵，動用軍隊。[5]遠:遠離。近:接近。[6]利:利益，好處。這裏指敵人貪利。此句是緊縮複句，敵人貪利的話就以利誘之。以下幾句的句式相同。[7]亂:混亂。這裏指敵人處於混亂。[8]實:(敵人有)實力，備:防備。[9]強:(敵人)強大。[10]怒:生氣，憤怒。這裏指對手性格暴躁。撓:擾亂，這裏指激怒他。[11]卑:卑賤，指對手地位低微。驕:使動用法，使他們驕傲。[12]佚:通"逸"，安逸。勞:使動用法，使之勞。這裏指使敵人疲於奔命。[13]親:親密，團結。離:使動用法，離間敵人，使他們離心離德。[14]意:意料，預想。[15]勝:這裏指取勝的辦法，策略。[16]先傳:預先傳述，泄露。[17]廟算:戰前朝廷確定的謀略。勝:盡。[18]算:本義是算籌，這裏指取勝的把握。[19]《孫子兵法》:亦稱《吳孫子兵法》《孫武兵法》，中國現存最早的兵書，春秋末孫武著。《漢書·藝文志》著錄《吳孫子兵法》八十二篇，圖九卷。今本存十三篇。唐代杜牧認爲是經過曹操刪繁取精所成。該書總結了春秋及以前的戰爭經驗，揭示了戰爭的一些重要規律，包含了大量的政治智慧和戰爭智慧，歷來被稱爲"兵經"，受到世界各國人士的推崇。古今中外爲《孫子兵法》一書作注、翻譯的難以計數。現存宋本《孫子十一家注》(包括三國魏曹操，南朝梁孟氏，唐李筌、杜佑、杜牧、賈林、陳皞、宋梅堯臣、王晳、何延錫、張預)，較爲詳備。

4. 齊欲伐魏

齊欲伐魏。淳于髡[1]謂齊王曰："韓子盧[2]者，天下之疾犬[3]也。

東郭逡者[4]，海內之狡[5]兔也。韓子盧逐東郭逡，環山者三[6]，騰[7]山者五，兔極[8]於前，犬廢[9]於後，犬兔俱罷[10]，各死其處。田父[11]見之，無勞勸之苦，而擅其功[12]。今齊、魏久相持，以頓[13]其兵，弊[14]其眾，臣恐強秦大楚承其後，有田父之功[15]。"齊王懼，謝將休[16]士也。（《戰國策·齊策三》）

【注解】

[1]淳于髡(Kūn)：戰國時代齊國威王、宣王時人，以博學著稱，滑稽多辯，善於勸諫，曾屢爲齊王出使諸侯，未辱使命。[2]韓子盧：韓國良犬；盧，"獹"的借字。[3]天下之疾犬：普天下速度最快的犬。疾，速度快。古代漢語中，名詞前面加上一個表示範圍的修飾語，可表示該名詞所指稱的事物乃該範圍內之最，如"國色""天下士"等等。下文"海内之狡兔"同此。[4]東郭逡：齊國良兔。逡，後來也寫作"夋"字。[5]狡：健壯。[6]環山者三：環，環繞，圍繞。這是古代漢語中表示動量的一種特殊方法，以表示動作行爲的詞語加上"者"作主語，以數詞作謂語，達到強調動作行爲數量的效果。[7]騰：翻越。[8]極：疲困，力竭。[9]廢：倒下，這裏指因疲極而倒下。[10]俱：範圍副詞，都。罷：通"疲"。[11]田父：指老農。[12]擅：獨佔。功：成果。擅其功，這裏指獲得兔和犬。[13]頓：困頓，疲弊。這裏是使動用法。[14]弊：困乏，疲憊。這裏是使動用法。[15]有田父之功：享有田父那種收穫。[16]謝：辭。謝將，遣散了將領。休：停，止息，這裏是使動用法。

5. 天下有至樂无有哉

天下有至樂[1]无有哉？有可以活身[2]者无有哉？今奚爲奚據[3]？奚避奚處[4]？奚就奚去[5]？奚樂奚惡[6]？夫天下之所尊者，富貴壽善[7]也；所樂者，身安厚味[8]美服好色音聲也；所下[9]者，貧賤夭惡[10]也；所苦[11]者，身不得安逸，口不得厚味，形[12]不得美服，目不得好色，耳不得音聲。若不得者，則大憂以懼[13]，其爲形也亦愚[14]哉！夫富者，苦身疾作[15]，多積財而不得盡用，其爲形也亦外[16]矣。夫貴者，夜以繼日，思慮善否[17]，其爲形也亦疏[18]矣。人之生也，與憂俱生，壽者惛惛[19]，久憂不死，何苦也[20]！其爲形也亦遠[21]矣。烈士爲天下見善[22]矣，未足以活身[23]。吾未知善之誠善邪，誠不善邪[24]？若以爲善矣，不足活身；以爲不善矣，足以活人[25]。（《莊子·至樂》）

【注解】

[1]至樂(lè):最大的快樂。[2]活身:使身體存活。活,這裏是使動用法。[3]奚:疑問代詞,何,什麼。爲:做。據:依據,根據。此句以及下面幾句都是疑問代詞作前置賓語。[4]避:回避。處:居。[5]就:接近。去:遠離。[6]樂:喜歡。惡:厭惡。[7]富:財富。貴:官爵。壽:長壽。善:名譽。[8]安:安逸。厚味:美味。[9]下:與"尊"相對,表示厭棄。[10]貧:無財。賤:無位。夭:短壽,夭折。惡:壞名聲。[11]苦:以動用法,認爲苦,苦惱。[12]形:形體,身體。[13]憂以懼:擔心而害怕。以,連詞,而。[14]愚:愚蠢,不聰明。[15]苦:使……勞苦,這裏是使動用法。疾:快速,這裏指勤快。作:勞作。[16]外:徒有其表,不得其實。[17]否(pǐ):惡。[18]疏:疏離,不沾邊。[19]惛惛:精神懵懂。[20]何:怎麼。[21]遠:指與身體的利益相遠離。[22]烈士:堅守信念而犧牲生命的人。見(xiàn):表現,顯露,這個意義後來寫作"現"。善:好的品行。[23]活身:使自身存活下來。[24]善之誠善邪,誠不善邪:(所謂的)善是真的善呢,(還是)真的談不上善呢?"善"是主語,"誠善""誠不善"是名詞性謂語。主、謂間加"之"是因爲這個短語作了"未知"的賓語。[25]活人:使人存活。活,使動用法。

6. 晉靈公不君

晉靈公不君[1]。厚斂以彫墻[2]。從臺上彈人,而觀其辟丸[3]也。宰夫胹熊蹯[4]不熟,殺之,寘諸畚[5],使婦人載以過朝[6]。趙盾、士季見其手[7],問其故,而患[8]之。將諫[9],士季曰:"諫而不入[10],則莫之繼[11]也。會請先[12],不入,則子繼之[13]。"三進及溜[14],而後視之[15],曰:"吾知所過矣,將改之。"稽首[16]而對曰:"人誰無過,過而能改,善莫大焉[17]!《詩》曰:'靡不有初[18],鮮克有終[19]。'夫如是,則能補過者鮮矣。君能有終,則社稷之固[20]也,豈惟群臣賴[21]之。又曰:'袞職有闕[22],惟仲山甫補之[23]',能補過也。君能補過,袞不廢矣。"猶不改。宣子驟[24]諫,公患之,使鉏麑賊[25]之。晨往,寢門闢矣[26],盛服將朝[27]。尚早,坐而假寐[28]。麑退,嘆而言曰:"不忘恭敬,民之主[29]也。賊民之主,不忠;棄君之命,不信[30]。有一於此,不如死也。"觸槐而死。

秋九月,晉侯飲[31]趙盾酒,伏甲[32]將攻之。其右提彌明[33]知之,趨登[34],曰:"臣侍君宴,過三爵[35],非禮也。"遂扶以下。公嗾夫獒[36]焉,明搏而殺之。盾曰:"棄人用犬[37],雖猛何爲!"鬬且出[38]。提彌明死之[39]。初[40],宣子田於首山[41],舍于翳桑[42],見靈輒餓[43],問其病[44]。曰:"不食三日矣。"食[45]之,舍[46]其半。問之。曰:"宦[47]三年矣,未知母之存否,今近焉,請以遺[48]之。"使盡之,而爲之簞食與肉[49],寘諸橐以與[50]之。既而與爲公介[51],倒戟以禦公徒而免之[52]。問何故。對曰:"翳桑之餓人也。"問其名居,不告而退,遂自亡[53]也。

乙丑,趙穿攻靈公於桃園[54]。宣子未出山而復[55]。大史[56]書曰:"趙盾弑其君。"以示[57]於朝。宣子曰:"不然[58]。"對曰:"子爲正卿,亡不越竟[59],反不討賊[60],非子而誰[61]?"宣子曰:"烏呼!'我之懷[62]矣,自詒伊慼[63]',其我之謂[64]矣。"孔子曰:"董狐,古之良史也,書法不隱[65]。趙宣子,古之良大夫也,爲法受惡[66]。惜也,越竟乃免[67]。"宣子使趙穿逆公子黑臀[68]于周而立之。(《左傳·宣公二年》)

【注解】

[1]晉靈公:名夷皋,晉襄公之子,晉文公之孫,公元前 620—前 607 年在位。君:名詞用作動詞,行君道。[2]厚斂:加重賦稅。斂:賦稅。彫墻:雕飾牆壁,這裏指裝飾皇宮。[3]彈(tán)人:用彈弓射人。辟:躲避,後作"避"。丸:彈丸。[4]宰夫:廚子。胹(ér):煮,燉。熊蹯(fán):熊掌。[5]寘(zhì):同"置"。畚(běn):草筐,簸箕一類的器具。[6]婦人:這裏指宮女。載:用車裝。過朝:經過朝廷。[7]趙盾:晉國正卿,諡號宣子。士季:晉國大夫,名會,字季,諡號武子。其手:宰夫尸體的手。[8]患:憂慮。[9]將諫:這裏省略了主語"趙盾"。[10]不入:不納,這裏指(晉靈公)不接受進諫。[11]莫:沒有誰。之:這裏活用成第二人稱,指代趙盾,作"繼"的賓語。繼:繼續,接着進諫。[12]會:士季之名。自稱名,表示謙虛。先:先進諫。[13]子:敬稱,代替第二人稱,您。這裏指趙盾。之:這裏活用成第一人稱,指代士季本人。[14]三進:往前走了三次。及:到達。溜:通"霤(liù)",屋檐下接水的溝槽。這裏指檐下。[15]視之:這裏省略了主語"晉靈公"。[16]稽(qǐ)首:舊時所行的跪拜禮,叩頭至地。[17]善:先行詞,規定"莫"的範圍。莫:無定代詞,沒有什麼。大焉:大於這個(指過而能改)。[18]靡:無定代詞,沒有誰。初:始,指好的開始。[19]鮮(xiǎn):少,罕。克:能。"靡不"兩句詩出自《詩經·大雅·蕩》。[20]社稷:指國家。固:安固。[21]賴:依賴,依靠。[22]袞(gǔn)

職:君主之職。袞,古代君王穿的衣服,這裏指周宣王。闕:通"缺",過失,缺失。[23]仲山甫:周宣王的大臣。"袞職"兩句詩出自《詩經·大雅·烝民》。[24]驟:屢次,多次。[25]鉏麑(Chúní):晉國的力士。賊:殺害。[26]寢門:臥室的門。闢:開。[27]盛(chéng)服:這裏指把朝服穿戴整齊了。朝:上朝。[28]假寐:閉目養神。[29]民之主:《左傳·襄公二十二年》子展曰:"國卿,君之貳也,民之主也。"[30]不信:不守信用,指接受了却不能完成使命。[31]飲(yìn):這裏是使動用法,使……喝,給……喝。[32]伏:埋伏。甲:鎧甲,這裏指穿鎧甲的武士。[33]其:這裏指代趙盾。右:車右,又叫驂乘。古制一車乘三人,驂乘居右。提彌明:人名。[34]趨:快步疾走。登:登階上堂。[35]爵:飲酒器。[36]嗾(sǒu):本爲擬聲詞,《説文》:"嗾,使犬聲。"這裏用作動詞,發聲喚狗進攻。獒(áo):猛犬。《爾雅·釋畜》:"狗四尺爲獒。"[37]棄人用犬:這是指責晉靈公捨棄賢臣,以惡犬爲己用。[38]鬥(dòu)且出:邊格鬥邊撤出。鬥,同"鬭"。[39]死之:爲之(指趙盾)而戰死。[40]初:當初。這是追述往事的説法,表示那件事情距離現在有一段距離。[41]田:打獵,這個意義後來寫作"畋"。首山:又名首陽山,在今山西永濟南部。[42]舍:住宿。翳(yì)桑:地名。[43]靈輒(zhé):人名。餓:極度飢餓。注意,古代漢語中"飢"是一般的餓,飢極爲"餓"。[44]病:極度的傷病、飢餓、勞累都可以稱爲"病"。問其病:詢問靈輒垂死的原因。[45]食(sì):使……吃。[46]舍:置,放在一旁。[47]宦(huàn):做奴僕。[48]遺(wèi):贈送,給予。[49]爲之簞(dān)食與肉:給他準備了一筐飯食和肉。這是雙賓語結構,"之"是間接賓語,"簞食與肉"是直接賓語。[50]橐(tuó):口袋。與:給予。[51]既而:不久,後來。與(yù):參加。公:指靈公。介:甲,這裏指甲士。[52]戟(jǐ):一種兵器。倒戟:把兵器倒過頭來。禦:抵禦,抵擋。公徒:這裏指靈公手下的甲士。免之:使趙盾免於難。免,使動用法。[53]亡:逃亡。[54]趙穿:趙盾同族子侄。桃園:靈公的園囿。[55]未出山:趙盾(避難,還)沒有走出晉國邊界處的山。復:還。[56]大史:太史,史官。這裏指太史董狐。[57]示:讓人看。[58]不然:不是這樣的。指示代詞"然"作謂語。[59]竟:邊境,這個意義後來寫作"境"。[60]反:返回,這個意義後來寫作"返"。賊:殺君者,這裏指趙穿。[61]"子爲"四句:意思是,弑君的罪名應該由趙盾承當。[62]懷:懷念,眷戀。[63]詒:通"貽",給。伊:指示代詞,那個。慼:憂。趙盾引用以上兩句所表達的意思是,由於我懷念國家反而給自己帶來了憂患。以上兩句可能是引自《詩經·邶風·雄雉》,今本《詩經》"伊慼"作"伊阻"。[64]其:語氣副詞,恐怕。我之謂:説的就是我。"我"是前置賓語,"之"在這裏起凸顯前置賓語的作用。[65]書法:史官記事的法則。隱:隱諱。[66]受:蒙受。惡:壞名聲。[67]越竟乃免:大臣避難逃亡越過國境則君臣之義絕,可以不承擔討賊的義務(依杜預注),因而就可以免除弒君的惡名。[68]逆:迎。黑臀:晉文公之子,即晉成公,公元前606—前600年在位。

7. 舜不告而娶

萬章[1]問曰:"《詩》云:'娶妻如之何?必告父母[2]。'信斯言也,宜莫如舜[3]。舜之不告而娶,何也?"孟子曰:"告則不得娶。男女居室[4],人之大倫[5]也。如告,則廢[6]人之大倫,以懟[7]父母,是以不告也。"萬章曰:"舜之不告而娶,則吾既得聞命[8]矣。帝之妻舜而不告[9],何也?"曰:"帝亦知告焉[10]則不得妻也。"萬章曰:"父母使舜完廩[11],捐階[12],瞽瞍[13]焚廩。使浚井[14],出,從而揜[15]之。象[16]曰:'謨蓋都君咸我績[17]。牛羊父母[18],倉廩父母,干戈朕[19],琴朕,弤[20]朕,二嫂使治朕棲[21]。'象往入舜宮[22],舜在牀琴[23]。象曰:'鬱陶思君爾[24]。'忸怩[25]。舜曰:'惟茲臣庶[26],汝其于[27]予治。'不識[28]舜不知象之將殺己與?"曰:"奚[29]而不知也?象憂亦憂,象喜亦喜。"曰:"然則舜偽[30]喜者與?"曰:"否。昔者有饋生魚於鄭子產[31],子產使校人畜之池[32]。校人烹之,反命曰:'始舍之圉圉焉[33],少則洋洋焉[34],攸然而逝[35]。'子產曰:'得其所[36]哉!得其所哉!'校人出,曰:'孰謂子產智?予既烹而食之,曰:"得其所哉!得其所哉!"'故君子可欺以其方[37],難罔[38]以非其道。彼以愛兄之道來,故誠信而喜之,奚偽焉?"(《孟子·萬章上》)

【注解】

[1]萬章:孟子的弟子。[2]"娶妻"二句:詩句出自《詩經·齊風·南山》。[3]宜:應該。莫:無定代詞。莫如:沒有人趕得上。此句意思是,應該沒有人比舜更相信《詩經》所說的話。[4]男女居室:男婚女嫁之事。[5]大倫:最重要的人倫關係。[6]廢:廢棄,拋棄。[7]以:連詞。懟(duì):怨恨。這裏是使動用法。[8]聞命:領教。[9]帝:指帝堯。妻(qì)舜:給舜娶妻。相傳堯把自己的兩個女兒娥皇和女英嫁給舜爲妻。不告:指不告舜的父母。[10]焉:指代舜的父母。[11]完:修補、修葺。廩:倉廩,儲藏糧食的地方。[12]捐:捐棄,去掉。階:階梯。

這裏指梯子。[13]瞽瞍(Gǔsǒu):舜的父親,相傳是個瞎子。[14]浚(jùn)井:淘井。浚,疏通,挖深。[15]揜:同"掩",掩蓋,掩埋。據《史記·五帝本紀》記載,瞽瞍焚燒倉廩時,舜挾帶兩個斗笠,像鳥一樣飛了下來。淘井時舜從井中一孔道爬了出來。[16]象:舜的同父異母弟弟。[17]謨:計謀。蓋:"害"的借字。都君:指舜。咸:都。績:功績。[18]牛羊父母:牛羊分歸父母。以下幾句句式同此。[19]朕:第一人稱代詞,我的。秦始皇之前,一般人也可以自稱"朕"。[20]弤(dǐ):弓。[21]治朕棲:伺候我寢處。實際意思是要霸佔二嫂。棲,棲息。[22]宮:居室。古代一般人的房子也可以稱"宮"。《爾雅·釋宮》:"宮謂之室,室謂之宮。"[23]琴:名詞活用作動詞,指彈奏五弦琴。[24]鬱陶(yùyáo):因思念而憂悶的樣子。爾:語氣詞,表示肯定。[25]忸怩(niǔní):羞愧的樣子。[26]惟:想,思。茲:此。臣庶:指舜屬下的衆人。[27]其:表示祈使、命令的語氣副詞。于:助。[28]不識:不知道。[29]奚:何,怎麼。[30]僞:人爲的,做出來的,引申義爲假裝。[31]饋:贈送。生魚:活魚。子產:春秋時期鄭國大夫公孫僑,字子產。[32]校人:主管池沼的小吏。畜:養,這裏指放生。池:護城河。[33]圉(yǔ)圉焉:疲困不舒展的樣子。焉,形容詞詞尾,同"然"。[34]少:一會兒,片刻。洋洋焉:舒緩搖擺的樣子。[35]攸然:迅疾的樣子。逝:遠去。[36]得其所:找到了適合它的地方。[37]方:道。"故君"此句的意思是,對君子可以用他信奉的那一套道理來騙他。[38]罔:欺騙,愚弄。

8. 聖人以治天下爲事者也

聖人以治天下爲事[1]者也,必知亂之所自起[2],焉[3]能治之。不知亂之所自起,則不能治。譬之如醫之攻人之疾者然[4],必知疾之所自起,焉能攻之。不知疾之所自起,則弗能攻。治亂者何獨不然[5]?必知亂之所自起,焉能治之。不知亂之所自起,則弗能治。

聖人以治天下爲事者也,不可不察亂之所自起。當[6]察亂何自起,起不相愛。臣子之不孝君父[7],所謂亂也。子自愛,不愛父,故虧[8]父而自利。弟自愛,不愛兄,故虧兄而自利。臣自愛,不愛君,故虧君而自利。此所謂亂也。雖父之不慈[9]子,兄之不慈弟,君之不慈臣,此亦天下之所謂亂也。父自愛也,不愛子,故虧子而自利。兄自愛也,不愛弟,故虧弟而自利。君自愛也,不愛臣,故虧臣而自利。是何也[10]？皆起不相愛。雖至天下之爲盜賊[11]者亦然。盜愛其室[12]，不愛其異室[13]，故竊異室以利其室。賊愛其身[14]，不愛人[15]，故賊人以利其身。此何也？皆起不相愛。雖至大夫之相亂家[16]，諸侯之相攻國[17]者，亦然。大夫各愛其家，不愛異家，故亂異家以利其家。諸侯各愛其國，不愛異國，故攻異國以利其國。天下之亂物[18]，具此而已[19]矣！察此何自起，皆起不相愛。

若使天下兼相愛，愛人若愛其身，猶有不孝者乎？視父兄與君若其身，惡施[20]不孝？猶有不慈者乎？視弟子與臣若其身，惡施不慈？故不孝不慈亡[21]有，猶有盜賊乎？故視人之室若其室，誰竊[22]？視人身若其身，誰賊？故盜賊亡有。猶有大夫之相亂家、諸侯之相攻國者乎？視人家若其家，誰亂？視人國若其國，誰攻？故大夫之相亂家、諸侯之相攻國者亡有。若使天下兼[23]相愛，國與國不相攻，家與家不相亂，盜賊無有，君臣父子皆能孝慈，若此則天下治。故聖人以治天下爲事者，惡得不禁惡而勸[24]愛？故天下兼相愛則治，交相惡則亂。故子墨子曰：不可以不勸愛人者，此[25]也。(《墨子·兼愛上》)

【注解】

[1]事：業，職業。[2]所自起：産生的原因。起，發生，産生。[3]焉：於是，乃。[4]譬之：給它打個比喻。攻：治。如……然：好像……一樣。[5]何：怎麼，難道。獨：偏偏，唯獨。然：這樣。按此句是用反問句表示肯定的意義。[6]當：應讀爲"嘗"。[7]臣子：臣子和兒子。君父：國君和父親。[8]虧：使動用法，使……受損害。[9]雖：連詞，與下文"亦"相呼應，意思是"就是……也……"。慈：上對下的愛，多指父母愛子女。[10]是何也：這是什麼(原因)呢？指示代詞"是"作主語，疑問代詞"何"作謂語。[11]雖至：就連。盜：竊人財物者，小偷。賊：害人性命者，強盜。[12]其室：他自己的家。[13]異室：別人的家。[14]身：自身，自己。[15]人：他人，別人。[16]家：大夫的封地。[17]國：諸侯的封地。[18]亂物：亂事。[19]具此：具備於此。而已：語氣詞，表示限制、縮小的語氣。[20]惡(wū)：疑問代詞，哪裏，怎麼。施：行，做。[21]亡：無。[22]誰竊：偷誰呢？疑問代詞"誰"作動詞的前置賓語。下文"誰賊""誰亂""誰攻"同此。[23]若使：假使。兼：盡，全都。[24]惡得：怎麼能。勸：勉勵，鼓勵。[25]此：就是這個(道理)，指示代詞作謂語。

[練習與思考]

一、問答題

1. 人稱代詞可以分爲幾類？請分別説明。
2. 古代漢語人稱的複數怎樣表示？
3. 説明古代漢語的謙稱和尊稱怎樣表示？
4. 指示代詞分爲幾類？請分別説明。
5. 疑問代詞有哪些？它們的語法功能是怎樣的？
6. 什麼是"者"字結構和"所"字結構？
7. 説説古代漢語的數量表示法。

二、指出下列句中代詞所屬的類别及充當什麼句子成分

1. 彼竭我盈，故克之。(《左傳·莊公十年》)
2. 我無爾詐，爾無我虞。(《左傳·宣公十五年》)
3. 若爲庸耕，何富貴也？(《史記·陳涉世家》)
4. 雍姬知之，謂其母曰："父與夫孰親？"其母曰："人盡夫也，父一而已。胡可比也？"(《左傳·桓公十五年》)
5. 臏至，龐涓恐其賢於己，疾之。(《史記·孫子吳起列傳》)
6. 吾嘗終日而思矣，不如須臾之所學也。(《荀子·勸學》)
7. 吾妻之美我者，私我也。(《戰國策·齊策一》)
8. 孔子不能決也。兩小兒笑曰："孰爲汝多知乎？"(《列子·湯問》)
9. 子曰："由，誨女知之乎？知之爲知之，不知爲不知，是知也。"(《論語·爲政》)
10. 以此攻城，何城不克！(《左傳·僖公四年》)
11. 噫！微斯人，吾誰與歸？(范仲淹《岳陽樓記》)
12. 彼君子兮，不素餐兮。(《詩經·魏風·伐檀》)
13. 扶蘇以數諫故，上使外將兵，今或聞無罪，二世殺之。(《史記·陳涉世家》)
14. 人誰無過，過而能改，善莫大焉！(《左傳·宣公二年》)

15. 子曰："莫我知也夫！"（《論語·憲問》）

16. 何哉，爾所謂達者？（《論語·顏淵》）

17. 子奚不爲政？（《論語·爲政》）

18. 時日曷喪？予及汝皆亡。（《尚書·湯誓》）

19. 先生又惡能使秦王烹醢梁王？（《戰國策·趙策三》）

20. 文王既没，文不在茲乎？天之將喪斯文也，後死者不得與於斯文也；天之未喪斯文也，匡人其如予何？（《論語·子罕》）

三、指出下列句子中的尊稱和謙稱

1. 齊侯曰："豈不穀是爲？先君之好是繼！"（《左傳·僖公四年》）

2. 公曰："吾不能早用子，今急而求子，是寡人之過也。"（《左傳·僖公三十年》）

3. 孤違蹇叔，以辱二三子，孤之罪也。（《左傳·僖公三十三年》）

4. 老臣賤息舒祺，最少，不肖。（《戰國策·趙策四》）

5. 小人有母，皆嘗小人之食矣。（《左傳·隱公元年》）

6. 若晉君朝以入，則婢子夕以死。（《左傳·僖公十五年》）

7. 今陛下興義兵，誅殘賊，平定天下。（《史記·秦始皇本紀》）

8. 是以有高人隱士之目，惟閣下亦知，因之未嘗以此自居也。（《元史·劉因傳》）

9. 足下事皆成，有功；然足下卜之鬼乎？（《史記·陳涉世家》）

10. 王必無人，臣願奉璧往使。（《史記·廉頗藺相如列傳》）

四、指出下列句子中的"者"字結構和"所"字結構，並解釋其意義

1. 愚者笑之，智者哀焉。（《商君書·更法》）

2. 故糟糠不飽者，不務梁肉；短褐不完者，不待文繡。（《韓非子·五蠹》）

3. 往者不可諫，來者猶可追。（《論語·微子》）

4. 彼竊鉤者誅，竊國者爲諸侯。（《莊子·胠篋》）

5. 不爲者與不能者之形，何以異？（《孟子·梁惠王上》）

6. 置人所罾魚腹中。（《史記·陳涉世家》）

7. 非博士官所職。(《史記·秦始皇本紀》)

8. 兵所自來者久矣。(《呂氏春秋·召類》)

9. 臣之所好者道也。(《莊子·養生主》)

10. 先生所言者，國之大事也。(《史記·刺客列傳》)

五、翻譯下面兩段文字

1. 既使我與若辯矣，若勝我，我不若勝，若果是也？我果非也邪？我勝若，若不吾勝，我果是也？而果非也邪？其或是也？其或非也邪？其俱是也？其俱非也邪？我與若不能相知也。則人固受其黮闇，吾誰使正之？使同乎若者正之，既與若同矣，惡能正之？使同乎我者正之，既同乎我矣，惡能正之？(《莊子·齊物論》)

2. 宋人或得玉，獻諸子罕，子罕弗受。獻玉者曰："以示玉人，玉人以爲寶也，故敢獻之。"子罕曰："我以不貪爲寶，爾以玉爲寶，若以與我，皆喪寶也。不若人有其寶。"稽首而告曰："小人懷璧，不可以越鄉，納此以請死也。"子罕寘諸其里，使玉人爲之攻之，富而後使復其所。(《左傳·襄公十五年》)

第九課　介詞和助詞

一　介　詞

介詞是將一個體詞性成分引介給一個謂詞性成分充當修飾語或補充語的虛詞。從語義上說，介詞的作用是在一個事件中引進與此有關的另一個事物，用以表達該事物與該事件的某種關係。介詞所引介的成分是介詞的賓語，介詞和它的賓語組成介詞短語(介詞詞組)，在句中充當狀語或補語。比如：

（1）有朋自遠方來，不亦樂乎？（《論語·學而》）

（2）君子博學於文，約之以禮，亦可以弗畔矣夫！（《論語·雍也》）

（3）臣未嘗聞指大於臂，臂大於股，若有此，則病必甚矣。（《戰國策·秦策三》）

（一）介詞的分類和使用

介詞所引介的成分，可以表示時間、處所、範圍、工具、方式、原因、行爲者和行爲對象等多種意義，某些介詞只能引介某一類或幾類成分，而有些介詞幾乎可以引介上述所有的成分（見表9-1）：

表9-1　介詞舉例

介詞所引介的成分	例　詞
時間、處所、範圍	於、于、乎、以、在、自、從、由、及、逮
工具、方式	以、因、用、於、于、乎

續表

介詞所引介的成分	例　詞
原　因	以、爲、於、因、用、由
行爲者	於、于、乎
行爲對象	於、于、乎、爲、與、及

介詞"于"和"於"的用法和功能基本相同,但是"于"出現較早,甲骨文中就用作介詞,而"於"是春秋以後出現的。文獻中,《尚書》《詩經》用"于",《論語》用"於"(按:除引用古書文句外),《左傳》大體上經用"于"而傳用"於",等等。後代文獻則多用"於"。

其中有些介詞的意義和用法與它們在現代漢語中的意義和用法相差無幾,有些則差別很大,需要仔細辨別清楚。

1. 引介表示時間的成分。

（1）遂墨以葬文公,晋於是始墨。(《左傳·僖公三十三年》)

（2）其在有虞,有崇伯鯀,播其淫心,稱遂共工之過,堯用殛之于羽山。(《國語·周語下》)

（3）少康滅澆于過,后杼滅豷于戈。有窮由是遂亡,失人故也。(《左傳·襄公四年》)

（4）夷德無厭,若鄰於君,疆場之患也。逮吳之未定,君其取分焉。(《左傳·定公四年》)

（5）自夫子之死也,吾無以爲質矣!吾無與言之矣!(《莊子·徐無鬼》)

（6）與寡人處,不至以月數,而寡人有意乎其爲人也;不至乎期年,而寡人信之。(《莊子·德充符》)

（7）自今已來,除諡法。朕爲始皇帝。後世以計數,二世三世至于萬世,傳之無窮。(《史記·秦始皇本紀》)

（8）公等皆去,吾亦從此逝矣!(《史記·高祖本紀》)

（9）武留匈奴凡十九歲,始以彊壯出,及還,鬚髮盡白。(《漢書·蘇武傳》)

其中,有的表示"從……開始/以後",如例句(1)(3)(5)(7)(8);有的表示"在……的時候",如例句(2);有的表示"到……時候",如例句(9);有的表示"趁……的時候",如例句(4);有的表示"到……時間",如例句(6)。

2. 引介表示處所、範圍、環境的成分。

(1) 初,鄭武公娶于申,曰武姜。(《左傳·隱公元年》)

(2) 有游於子墨子之門者。(《墨子·公孟》)

(3) 圖難於其易,爲大於其細。天下難事必作於易。天下大事必作於細。(《老子》第六十三章)

(4) 是鳥也,海運則將徙於南冥。(《莊子·逍遥遊》)

(5) 王往而征之。民以爲將拯己於水火之中也,簞食壺漿以迎王師。(《孟子·梁惠王下》)

(6) 有爲神農之言者許行,自楚之滕。(《孟子·滕文公上》)

(7) 孔子窮乎陳、蔡之間,藜羹不斟,七日不嘗粒,晝寢。(《呂氏春秋·任數》)

(8) 平旦,日出於卯,正東方,暮,日入於酉,正西方。(《新論·離事》)

(9) 仰則觀象於天,俯則觀法於地。(《説文解字·敘》)

其中,有的表示"從……地方",如例句(1)(5)(6)(8);有的表示"在……地方",如例句(2)(3)(7)(9);有的表示"到……地方",如例句(4)。

3. 引介表示工具、方式、依據的成分。

(1) 人無於水監,當於民監。(《尚書·酒誥》)

(2) 天子建德,因生以賜姓,胙之土而命之氏。(《左傳·隱公八年》)

(3) 依乎天理,批大郤,導大窾,因其固然。(《莊子·養生主》)

(4) 離婁之明,公輸子之巧,不以規矩,不能成方圓。師曠之聰,不以六律,不能正五音;堯舜之道,不以仁政,不能平治天下。

(《孟子·離婁上》)

(5)曰:"許子以釜甑爨,以鐵耕乎?"曰:"然。"(《孟子·滕文公上》)

(6)吾聞用夏變夷者,未聞變於夷者也。(《孟子·滕文公上》)

(7)韓子曰:"儒以文亂法,而俠以武犯禁。"(《史記·游俠列傳》)

其中,有的相當於現代漢語的"用",如例句(1)(4)(5);有的相當於現代漢語的"按照",如例句(2)(3)(6);有的相當於現代漢語的"憑藉",如例句(7)。

4. 引介表示原因的成分。

(1)曰:"許子奚爲不自織?"曰:"害於耕。"(《孟子·滕文公上》)

(2)入則無法家拂士、出則無敵國外患者,國恆亡。然後知生於憂患而死於安樂也。(《孟子·告子下》)

(3)故謀用是作,而兵由此起。(《禮記·禮運》)

(4)天行有常,不爲堯存,不爲桀亡。(《荀子·天論》)

(5)禹曰:"予辛壬娶塗山,癸甲生啓,予不子,以故能成水土功。"(《史記·夏本紀》)

這裏各個介詞相當於現代漢語的"因爲"。

5. 引介表示對象的成分。

(1)及莊公卽位,爲之請制。(《左傳·隱公元年》)

(2)十四年春,吳告敗于晉。(《左傳·襄公十四年》)

(3)冬,十一月己巳朔,宋公及楚人戰于泓。(《左傳·僖公二十二年》)

(4)以吾一日長乎爾,毋吾以也。(《論語·先進》)

(5)子路曰:"願車馬衣輕裘,與朋友共,敝之而無憾。"(《論語·公冶長》)

(6)福輕乎羽,莫之知載;禍重乎地,莫之知避。(《莊子·人間世》)

(7)故爲淵毆魚者,獺也。爲叢毆爵者,鸇也。爲湯武毆民

者,桀與紂也。(《孟子·離婁上》)

(8)顏率曰:"大王勿憂,臣請東借救於齊。"(《戰國策·東周策》)

(9)管氏亦有三歸,位在陪臣,富於列國之君。(《史記·貨殖列傳》)

其中,有的相當於現代漢語的"爲/替",如例句(1)(7);有的相當於現代漢語的"給",如例句(2);有的相當於現代漢語的"跟",如例句(3)(5);有的相當於現代漢語的"比",如例句(4)(6)(9);有的相當於現代漢語的"向",如例句(8)。

6. 引介動作行爲的施動者。

(1)揉此萬邦,聞于四國。(《詩經·大雅·崧高》)

(2)屈原既放,三年不得復見,竭知盡忠,而蔽鄣於讒。(《楚辭·卜居》)

(3)梁惠王曰:"晋國,天下莫強焉,叟之所知也。及寡人之身,東敗於齊,長子死焉;西喪地於秦七百里;南辱於楚。寡人耻之,願比死者壹洒之。如之何則可?"(《孟子·梁惠王上》)

(4)俄則束乎有司,而戮乎大市。(《荀子·非相》)

現代漢語中,這種句子用"被"字句表示。

在古漢語中,介詞有時候與其他成分融合爲一個音節,用一個漢字表示。比如"之於/之乎"合音爲"諸":

(1)孔子時其亡也,而往拜之,遇諸塗。(《論語·陽貨》)

(2)近取諸身,遠取諸物。(《説文解字·敘》)

"遇諸塗"等於"遇之於塗","取諸身"即"取之於身","取諸物"即"取之於物"。此外,"焉""爰"相當於介詞"于/於"後加上一個賓語:

(3)覆杯水於坳堂之上,則芥爲之舟;置杯焉則膠,水淺而舟大也。(《莊子·逍遥遊》)

(4)制,巖邑也,虢叔死焉。(《左傳·隱公元年》)

"置杯焉"等於"置杯於此","死焉"等於"死於此"。

(5)爰居爰處,爰喪其馬。(《詩經·邶風·擊鼓》)

(6)女執懿筐,遵彼微行,爰求柔桑。(《詩經·豳風·七月》)

這裏"爰"和"焉"一樣,都可以理解爲"於此""於是"。

(二)介詞短語

介詞及其賓語組成介詞短語,在句中修飾或補充句中主要的動詞或形容詞。關於介詞短語,有以下三個問題需要説明。

1. 介詞及其賓語的相對位置。

古代漢語中介詞跟它的賓語的相對位置,與動詞跟它的賓語的相對位置很相似,也是賓語以後置爲主,但是像動詞賓語一樣,介詞賓語也有前置的情況。介詞賓語前置的情況大致有以下數種:

甲、當介詞賓語是疑問代詞時,賓語前置於介詞:

(1)子曰:"何爲其然也?君子可逝也,不可陷也;可欺也,不可罔也。"(《論語·雍也》)

(2)吾在天地之間,猶小石小木之在大山也,方存乎見少,又奚以自多!(《莊子·秋水》)

(3)子去我而歸,吾孰與處于此?吾亦從子而歸爾。(《公羊傳·宣公十五年》)

(4)滔滔者天下皆是也,而誰以易之?(《論語·微子》)

(5)若夫乘天地之正,而御六氣之辯,以遊無窮者,彼且惡乎待哉?(《莊子·逍遥遊》)

乙、某些介詞的賓語常常前置,如介詞"以""于""於":

(1)吾見子之君子也,是以告情于子也。(《公羊傳·宣公十五年》)

(2)君若以力,楚國方城以爲城,漢水以爲池,雖衆,無所用之。(《左傳·僖公四年》)

(3)今大道既隱,天下爲家,各親其親,各子其子,貨力爲己,大人世及以爲禮。城郭溝池以爲固,禮義以爲紀。(《禮記·禮運》)

(4)彼何罪？諺所謂"室於怒市於色"者,楚之謂矣。(《左傳·昭公十九年》)

(5)啓乃淫溢康樂,野于飲食。(《墨子·非樂上》)

丙、介詞賓語前置的情況,在一些格式中成爲固定語,如"兹用""是用""是以""此以"等等：

(1)好生之德,洽于民心,兹用不犯于有司。(《尚書·大禹謨》)

(2)伯夷、叔齊不念舊惡,怨是用希。(《論語·公冶長》)

(3)是以聖人常善救人,故無棄人。常善救物,故無棄物。(《老子》第二十七章)

(4)君子賢其賢而親其親,小人樂其樂而利其利,此以没世不忘也。(《禮記·大學》)

2. 介詞短語在句中的位置。

在古代漢語中,介詞短語在句子中,用於動詞/形容詞前後的都有。先秦文獻,以《論語》爲例,有介詞"于""於""乎"的介詞短語,以用於動詞/形容詞之後爲主。我們檢索到的《論語》中含"于"的介詞短語6例,一律用於動詞後;含"乎"的介詞短語24例,僅1例用在動詞前;含"於"的介詞短語164例,用在動詞/形容詞後的有143例;合音詞"諸"含有介詞"于""於"用法的20例,一律用在動詞之後;有介詞"由"的介詞短語共3例,都用在動詞之後。如：

(1)子曰："道不行,乘桴浮于海。從我者,其由與？"(《論語·公冶長》)

(2)冠者五六人,童子六七人,浴乎沂,風乎舞雩,詠而歸。(《論語·先進》)

(3)君子欲訥於言,而敏於行。(《論語·里仁》)

(4)爲仁由己,而由人乎哉？(《論語·顏淵》)

有介詞"以""爲""與""自"的介詞短語,以用於動詞/形容詞之前爲主。《論語》中含"以"的介詞短語118例,用在動詞前的88例;含"爲"的介詞短語8例,全部用在動詞前;含"與"的介詞短語36例,全部用在動詞前;含"自"的介詞短語9例,全部用在動詞前。如:

(5)詩三百,一言以蔽之,曰"思無邪"。(《論語·爲政》)
(6)子華使於齊,冉子爲其母請粟。(《論語·雍也》)
(7)願車馬衣輕裘,與朋友共,敝之而無憾。(《論語·公冶長》)
(8)天下有道,則禮樂征伐自天子出;天下無道,則禮樂征伐自諸侯出。(《論語·季氏》)

這種不同介詞在句中處於不同位置的趨勢,在漢代有所發展。我們以東漢荀悦的《申鑒》爲例,有介詞"于""於""乎"的介詞短語,一律後置於動詞/形容詞。合音詞"諸"含有介詞"于""於"用法的11例,也一律用在動詞之後。《論語》中含"於"的介詞短語尚有前置的,如:

(9)食夫稻,衣夫錦,於女安乎?(《論語·陽貨》)

而在《申鑒》中,含"於"的介詞短語101例,全部用在動詞/形容詞後。如:

(10)自上御下,猶夫釣者焉。隱於手,應於鈎,則可以得魚。自近御遠,猶夫御馬焉。和於手而調於銜,則可以使馬。(《申鑒·政體》)

而有介詞"以""爲""與""自"的介詞短語,漢以後前置爲主的傾向更加突出。《論語》中含"以"的介詞短語118例,後置的有30例,而《申鑒》中含"以"的介詞短語102例,後置的僅有11例;含"爲"的介詞短語3例,含"與"的介詞短語9例,含"自"的介詞短語3例,全部前置。如:

(11)陰陽以統其精氣,剛柔以品其群形,仁義以經其事業,是爲道也。(《申鑒·政體》)
(12)爲世憂樂者,君子之志也;不爲世憂樂者,小人之志也。

(《申鑒·雜言上》)

(13)動而抑之,行而止之,與上同性也;行而弗止,遠而弗近,與下同終也。(《申鑒·雜言下》)

(14)自天子達於庶人,好惡哀樂,其脩一也。(《申鑒·政體》)

3. 介詞賓語的隱現。

在古代漢語文獻中,介詞賓語常常有省略的情況。例如:

(1)食之,舍其半。問之。曰:"宦三年矣,未知母之存否,今近焉,請以遺之。"(《左傳·宣公二年》)

(2)其大父死,負其大母而棄之,曰鬼妻不可與居處。(《墨子·節葬下》)

(3)周天子聞之,曰:"晉我同姓。"爲請晉君。(《史記·秦本紀》)

在閱讀這些句子時,應該按照上下文義,將省略的賓語補足,纔能正確理解原文。

二　助　詞

助詞比介詞更虛化,在句子中只起結構作用和韻律作用。這裏分別介紹兩類助詞。

（一）結構助詞

常用的結構助詞有"之""是""其""焉"等。

1. 標誌偏正結構。

古代漢語中,偏正結構的"偏"與"正"兩個成分可以直接連接,也可以在其間用結構助詞作爲標誌。如:

(1)子曰:"參乎！吾道一以貫之。"曾子曰:"唯。"子出。門人問曰:"何謂也？"曾子曰:"夫子之道,忠恕而已矣！"(《論語·里仁》)

對比:"吾道"與"夫子之道"。

(2) 鴻雁于飛,哀鳴嗷嗷。(《詩經·小雅·鴻雁》)

(3) 嚶其鳴矣,求其友聲。(《詩經·小雅·伐木》)

對比例(2)的"哀鳴"與例(3)的"嚶其鳴矣"。

"之"用作體詞性偏正結構標誌最爲常見,先秦也有一些其他的虛詞用來標誌體詞性偏正結構:

(4) 湯崩,太子太丁未立而卒,於是乃立太丁之弟外丙,是爲帝外丙。帝外丙即位三年,崩,立外丙之弟中壬,是爲帝中壬。(《史記·殷本紀》)

(5) 王若曰:孟侯,朕其弟,小子封。(《尚書·康誥》)

(6) 殷王亦罔敢失帝,罔不配天其澤。(《尚書·多士》)

(7) 如跂斯翼,如矢斯棘;如鳥斯革,如翬斯飛。君子攸躋。(《詩經·小雅·斯干》)

(8) 菁菁者莪,在彼中阿。既見君子,樂且有儀。(《詩經·小雅·菁菁者莪》)

這裏的"之""其""斯""者",可以翻譯成現代漢語中作爲定語標誌的助詞"的"。

謂詞性偏正結構分兩種,"狀中"結構常用"其""焉""然"作標誌,中補結構常用"之"作標誌:

(9) 曀曀其陰,虺虺其雷。寤言不寐,願言則懷。(《詩經·邶風·終風》)

(10) 坎其擊鼓,宛丘之下。(《詩經·陳風·宛丘》)

(11) 亟其乘屋,其始播百穀。(《詩經·豳風·七月》)

(12) 我心憂傷,惄焉如擣。(《詩經·小雅·小弁》)

(13) 仰之彌高,鑽之彌堅,瞻之在前,忽焉在後!(《論語·子罕》)

(14) 夫列子御風而行,泠然善也。(《莊子·逍遙遊》)

(15) 夫子喟然嘆曰："吾與點也！"（《論語·先進》）

這裏的"其""焉""然"，可以翻譯成現代漢語中作爲狀語標誌的助詞"地"。

(16) 鮮民之生，不如死之久矣。（《詩經·小雅·蓼莪》）

(17) 軾於足下，非愛之深，期之遠，定不及此。（《蘇軾全集·與李方叔書》）

這裏的"之"，可以翻譯成現代漢語中作爲補語標誌的助詞"得"。

2. 標誌用作句子成分的主謂結構。

古代漢語中，主謂結構的短語如果不單獨成句而僅僅充當句子成分，或者充當複句中不能自足的分句，那麼在主、謂之間要加助詞"之"作爲標誌。如：

(1) 風之積也不厚，則其負大翼也無力。（《莊子·逍遙遊》）

(2) 子貢曰："紂之不善，不如是之甚也。是以君子惡居下流，天下之惡皆歸焉。"（《論語·子張》）

(3) 粵之無鎛也，非無鎛也，夫人而能爲鎛也。（《周禮·冬官考工記》）

(4) 聖人之憂民如此，而暇耕乎？（《孟子·滕文公上》）

(5) 貢之不入，寡君之罪也，敢不共給？昭王之不復，君其問諸水濱！（《左傳·僖公四年》）

以上句子中，主謂短語充當主語。

(6) 不虞君之涉吾地也，何故？（《左傳·僖公四年》）

(7) 其暴露之，則恐燥溼之不時而朽蠹。（《左傳·襄公三十一年》）

(8) 屈平疾王聽之不聰也，讒諂之蔽明也，邪曲之害公也，方正之不容也，故憂愁幽思而作《離騷》。（《史記·屈原賈生列傳》）

(9) 諸生業患不能精，無患有司之不明。行患不能成，無患有司之不公。（韓愈《進學解》）

以上句子中,主謂短語充當賓語。

(10)孰知死生存亡之一體者,吾與之友矣。(《莊子·大宗師》)

(11)吾見子之君子也,是以告情于子也。(《公羊傳·宣公十五年》)

以上句子中,充當賓語的是判斷性的主謂短語。

(12)古者蒼頡之作書也,自環者謂之私,背私謂之公。(《韓非子·五蠹》)

(13)昔周之伐殷,得九鼎。(《戰國策·東周策》)

(14)孔子之作春秋也,諸侯用夷禮,則夷之;進於中國,則中國之。(韓愈《原道》)

以上句子中,主謂短語充當表示時間的句首狀語。

(15)我之大賢與,於人何所不容,我之不賢與,人將拒我,如之何其拒人也?(《論語·子張》)

(16)然則一羽之不舉,爲不用力焉;輿薪之不見,爲不用明焉;百姓之不見保,爲不用恩焉。(《孟子·梁惠王上》)

(17)中庸之爲德也,其至矣乎!民鮮久矣。(《論語·雍也》)

以上句子中,主謂短語充當複句中不能自足的分句。

3. 標誌強調性的"賓動"結構。

古代漢語中當需要強調賓語時,常常將賓語前置於動詞,而在"賓—動"之間加上一個標誌性的虛詞。所加的虛詞常常是"是""之"或其他來自指示代詞的結構助詞。如:

(1)齊侯曰:"豈不穀是爲?先君之好是繼,與不穀同好,如何?"(《左傳·僖公四年》)

(2)求!無乃爾是過與?(《論語·季氏》)

(3)《詩》云"如切如磋,如琢如磨",其斯之謂與?(《論語·學而》)

這種結構的前邊常常用語氣詞"唯""惟"與之呼應,加強強調的語氣:

(4) 孟武伯問孝。子曰:"父母唯其疾之憂。"(《論語·爲政》)

(5) 使弈秋誨二人弈,其一人專心致志,惟弈秋之爲聽。(《孟子·告子上》)

(二) 韻律助詞

古代漢語的單音節詞佔絕對優勢,雙音節詞也佔有一定的比例,而漢語的韻律節奏的基本單位是雙音節的音步,這兩者之間存在矛盾。因此,當語句中音節不足以構成完整的韻律單位時,使用偏義複合詞、採用同義詞連用的方法、在一些短語結構中添加結構助詞,都是解決這一矛盾的手段。有時候,可在句子一定部位添加一個音節來湊足音步,這就是韻律助詞:

(1) 言之不足,故嗟嘆之;嗟嘆之不足,故永歌之;永歌之不足,不知手之舞之,足之蹈之也。(《詩大序》)

(2) 陳涉少時,嘗與人傭耕,輟耕之壟上,悵恨久之,曰:"苟富貴,無相忘!"(《史記·陳涉世家》)

(3) 夜,軍中驚,內相攻擊擾亂,至於太尉帳下,太尉終臥不起。頃之,復定。(《史記·絳侯周勃世家》)

在古代詩歌韻文中,這類爲湊足音步而出現在詩句中的助詞還有"思""斯""式""載"等,如:

(4) 漢之廣矣,不可泳思。江之永矣,不可方思。(《詩經·周南·漢廣》)

(5) 於萬斯年,受天之祜。(《詩經·大雅·下武》)

(6) 式號式呼,俾晝作夜。(《詩經·大雅·蕩》)

(7) 睍睆黃鳥,載好其音。(《詩經·邶風·凱風》)

[文選]

1. 一言而可以興邦

定公[1]問:"一言而可以興邦[2],有諸[3]?"孔子對曰:"言不可以若是,其幾也[4]。人之言曰:'爲君難,爲臣不易。'如知爲君之難也,不幾乎[5]一言而興邦乎!"曰:"一言而喪邦[6],有諸?"孔子對曰:"言不可以若是,其幾也。人之言曰:'予無樂乎爲君,唯其言而莫予違也[7]。'如其善而莫之違也,不亦善乎!如不善而莫之違也,不幾乎一言而喪邦乎!"(《論語·子路》)

【注解】

[1]定公:魯定公,春秋時魯國國君姬宋,公元前509—前495年在位。[2]興(xīng)邦:使國家興盛。[3]諸:"之乎"的合音。有之乎,有這麼回事嗎?[4]其:副詞,大概。幾:近,接近。此句意思是,(一句)話(的作用)不能如此(重大),但大概可以接近的。[5]幾乎:近乎,接近於。[6]喪(sàng)邦:亡國。[7]唯其:只因爲,除非。以上兩句意思是,我也並不樂於做國君,除非我説話沒有一個人違抗我。

2. 孔文子何以謂之文也

子貢問曰:"孔文子[1]何以謂之'文'也?"子曰:"敏而好學,不恥[2]下問,是以謂之'文'也。[3]"(《論語·公冶長》)

【注解】

[1]孔文子:衛國大夫孔叔圉。"文"是他的謚號。[2]恥:以動用法。[3]"敏而"三句:《逸周書·謚法解》:"學勤好問曰文。"

3. 曾晳嗜羊棗

曾晳嗜羊棗[1],而曾子[2]不忍食羊棗。公孫丑[3]問曰:"膾炙與羊棗孰美[4]?"孟子曰:"膾炙哉!"公孫丑曰:"然則曾子何爲食膾炙而不食羊棗?"曰:"膾炙所同也[5],羊棗所獨也[6]。諱[7]名不諱姓,姓所同也,名所獨也[8]。"(《孟子·盡心下》)

【注解】

[1]曾皙:孔子的學生,名點,皙是他的字。《爾雅·釋木》:"遵,羊棗。"郭璞注:"實小而圓,紫黑色,俗呼之爲羊矢棗。孟子曰:曾皙嗜羊棗。"[2]曾子:指曾參,曾皙之子,也是孔子的學生,以孝著稱。[3]公孫丑:孟子的學生。[4]膾:切細的肉或魚。炙:烤熟的肉。美:味道鮮美。[5]所:助詞,加在動詞性成分前,構成名詞性短語。所同:共同嗜好的(東西)。此句的意思是,膾炙是人們都愛吃的食物。[6]"羊棗"句:此句的意思是,羊棗是曾皙個人愛吃的食物(所以一吃羊棗就會想起曾皙)。[7]諱:古代對尊者長者的名字要回避,稱爲"諱"。[8]"姓所"二句:兩句的意思是,姓是很多人共同具有的,名却是一個人獨自具有的(所以提到名字就冒犯了這個人的尊嚴)。

4. 孟子見梁襄王

孟子見梁襄王[1]。出,語[2]人曰:"望之不似人君,就之而不見所畏[3]焉。卒然[4]問曰:'天下惡[5]乎定?'吾對曰:'定於一。''孰能一之?'對曰:'不嗜殺人者能一之。''孰能與[6]之?'對曰:'天下莫不與也。王知夫苗乎?七八月[7]之間旱,則苗槁矣。天油然作[8]雲,沛然[9]下雨,則苗浡然興之[10]矣。其如是,孰能禦[11]之?今夫天下之人牧[12],未有不嗜殺人者也,如有不嗜殺人者,則天下之民皆引領[13]而望之矣。誠[14]如是也,民歸之,由[15]水之就下,沛然誰能禦之?'"(《孟子·梁惠王上》)

【注解】

[1]梁襄王:戰國時魏國國王,梁惠王之子魏嗣,公元前318—前296年在位。[2]語(yù):對……説,告訴。[3]所畏:令人畏懼的威儀。[4]卒(cù)然:同"猝然",突然,出乎意料地。[5]惡(wū):疑問代詞,何,哪裏。乎:介詞,於。惡乎定:在什麼情況下(纔能)安定。[6]與:從,隨。[7]七八月:《孟子》一書用周曆,周曆以夏曆十一月爲正月,七八月相當於夏曆的五六月。[8]油然:濃盛之貌。作:發生,產生。[9]沛然:豐盛、盛大之貌。[10]浡(bó)然:同"勃然",生氣充盈之貌。興:立,起。之:韻律助詞,在此不作賓語,只是與"興"字一起合成一個音步。[11]禦:阻止,抵擋。[12]人牧:牧民之君,指諸侯君王。[13]引:伸。領:頸,脖子。[14]誠:連詞,果真,如果。[15]由:通"猶",好像。

5. 鬭者忘其身者也

鬭[1]者,忘其身[2]者也,忘其親者也,忘其君者也。行其少頃[3]之怒,而喪終身之軀,然且爲之,是忘其身也;家室立[4]殘,親戚不免乎刑戮[5],然且爲之,是忘其親也;君上之所惡也,刑法之所大禁也,然且爲之,是忘其君也。憂[6]忘其身,內忘其親,上忘其君,是刑法之所不舍[7]也,聖王之所不畜[8]也。乳彘觸虎[9],乳狗不遠遊,不忘其親也。人也,憂忘其身,內忘其親,上忘其君,則是人也,而曾狗彘之不若[10]也。

凡鬭者,必自以爲是,而以人爲非也。己誠是也,人誠非也,則是己君子,而人小人也;以君子與小人相賊害[11]也,憂以忘其身,內以忘其親,上以忘其君,豈不過甚[12]矣哉!是人也,所謂以狐父之戈钃牛矢[13]也。將[14]以爲智邪?則愚莫大焉。將以爲利邪?則害莫大焉。將以爲榮邪?則辱莫大焉。將以爲安邪?則危莫大焉。人之有鬭,何哉[15]?我欲屬之狂惑[16]疾病邪?則不可,聖王又誅之。我欲屬之鳥鼠禽獸邪?則不可,其形體又人[17],而好惡多同。人之有鬭,何哉?我甚醜[18]之。有狗彘之勇者,有賈盜之勇者,有小人之勇者,有士君子之勇者。爭飲食,無廉恥,不知是非,不辟[19]死傷,不畏衆彊,恈恈然[20]唯利飲食之見,是狗彘之勇也。爲事利,爭貨財,無辭讓,果敢而振[21],猛貪而戾[22],恈恈然惟利之見,是賈盜之勇也。輕死而暴[23],是小人之勇也。義之所在,不傾[24]於權,不顧其利,舉國而與之[25]不爲改視,重死持義而不橈[26],是士君子之勇也。(《荀子·榮辱》[27])

【注解】

[1]鬭(dòu):同"鬥",爭鬥,鬥毆,這裏指私鬥。[2]身:自身。[3]行:動。這裏指發泄。少頃:頃刻,片刻。[4]立:立刻,馬上。[5]刑戮:按法律處死。唐楊倞注:"蓋當時禁鬭殺人之法戮及親戚。"[6]憂:可能是"下"的誤字(依楊倞說)。[7]舍:赦免。[8]畜:養。[9]乳彘(zhì):哺乳的幼豬。彘,豬。觸虎:(爲保護其母而)觸犯老虎。宋本作"乳彘不觸虎"。[10]曾:副詞,竟,連。若:如。[11]賊害:殺害,傷害。[12]過甚:錯得過分,大錯特錯。[13]狐父:地名,在今江蘇碭山附

近。這裏出産的戈非常著名。鐲(zhú):刺,砍。矢:通"菌"。《説文》:"菌,糞也。"後來寫作"屎"。[14]將:若,如。[15]何哉:爲了什麼啊,有什麼(值得的)啊。[16]屬:歸,歸屬。狂惑:精神不正常,精神病。[17]人:用作謂詞,跟人一樣,與人無異。[18]醜(chǒu):用作動詞,厭惡,鄙視。[19]辟:躲避。後來寫作"避"。[20]恈(móu)恈然:愛欲之貌。《方言》卷一:"牟,愛也……宋魯之間曰牟。"[21]振:動。[22]戾(lì):乖張。[23]輕死:把死看得很輕。暴:凶暴。[24]傾:倒,倒向。[25]與之:此"之"指前文的"權"和"利"。[26]橈(náo):彎曲,比喻屈服。後來寫作"撓"。[27]《荀子》一書是戰國時代荀子所著。荀子(前325—前235)名况,字卿,趙國猗氏(今山西新絳)人,著名思想家、文學家、政治家,後期儒家學派代表人物。曾三次出任齊國稷下學宫的祭酒,後爲楚蘭陵(今山東蘭陵)令。今傳《荀子》三十二篇,爲西漢劉向編定,其中大部分是荀子本人的著作。荀子在繼承前期儒家學説的基礎上,吸收了各家的長處加以綜合、改造,建立起自己的思想體系,其自然觀反對信仰天命鬼神;提出"性惡論",否認天賦的道德觀念,強調後天環境和教育對人的影響;強調禮治,主張發展經濟和禮治法治相結合。《荀子》的文章論題鮮明,結構嚴謹,説理透徹,有很强的邏輯性,善於比喻,語言豐富多彩。唐代有楊倞的注本,清代有盧文弨的校本,近人梁啟雄有《荀子簡釋》。

6. 昔有夏之方衰也

昔有夏之方衰也[1],后羿自鉏遷于窮石[2],因夏民以代夏政[3]。恃其射也,不脩民事而淫于原[4]獸。棄武羅、伯因、熊髡、龙圉[5],而用寒浞[6]。寒浞,伯明氏之讒[7]子弟也。伯明后寒[8]棄之,夷羿[9]收之,信而使之,以爲己相。浞行媚于内而施賂于外[10],愚弄其民而虞羿于田[11],樹之詐慝[12]以取其國家,外内咸服。羿猶不悛[13]。將歸自田[14],家衆殺而亨[15]之,以食[16]其子。其子不忍食諸[17],死于窮門[18]。靡奔有鬲[19]氏。浞因羿室[20],生澆及豷[21],恃其讒慝詐偽,而不德于民[22]。使澆用師[23],滅斟灌及斟尋氏[24]。處澆于過[25],處豷于戈[26]。靡自有鬲氏,收二國之燼[27],以滅浞而立少康[28]。少康滅澆于過,后杼[29]滅豷于戈。有窮由是遂亡,失人故也。(《左傳·襄公四年》)

【注解】

[1]有夏:夏朝。"有"是詞頭。方:正當。這句指夏朝太康、仲康、相時期。禹

的孫子太康因淫放失國,國人立其弟仲康。仲康微弱,死後其子相繼位。[2]后:君。羿(Yì):有窮國君名。鉏(Chú):后羿原本所在之國,地在今河南滑縣。窮石:地名,清張尚瑗《左傳折諸》引《晉地記》曰:"河南有窮谷,蓋有窮氏所遷也。"[3]因:承繼。代夏政:取代了夏的統治。孔穎達《春秋左傳正義》:"《尚書·胤征》云:'惟仲康肇位四海。'孔安國云:'羿廢大康而立其弟仲康爲天子。'則仲康羿之所立,但羿握其權,仲康不能除去之耳。"[4]淫:過度,放蕩無節制。原:原野。[5]髡:音 kūn。龙圉:音 Mángyǔ。[6]寒浞(Zhuó):寒國人,名浞。寒國,地在今山東濰坊市。[7]伯明氏:寒國國君之氏。讒(chán):奸邪。[8]后寒:寒國國君。[9]夷羿:即后羿。夷,羿所屬的氏族名。[10]行媚:討好,巴結。內:指宮人。施賂:贈送財物。外:指百官。[11]虞:通"娛",使動用法。田:田獵,遊畋。[12]詐慝(tè):詐僞邪惡。[13]悛(quān):改悔。[14]田:田獵,遊畋。[15]亨(pēng):煮。後來寫作"烹"。[16]食(sì):使……吃。[17]諸:之。[18]窮門:有窮國門。[19]靡:羿手下的夏的遺臣。有鬲(Gé):國名,地在今山東德州市。[20]因:承繼。室:妻室。[21]澆:音 ào,字亦作"奡"(見《論語·憲問》)。豷:音 yì。[22]不德于民:不施德於民。[23]用師:率領軍隊。[24]斟灌及斟尋氏:夏的兩個同姓諸侯國。斟灌國,地在今河南清豐;斟尋國,地在今河南登封附近。[25]處:安置。過(Guō):國名,地在今山東萊州市。[26]戈:國名,地在宋、鄭之間。[27]燼:草木燃燒後的餘灰,這裏比喻遺民。[28]少康:夏后相之子。[29]杼(Zhù):少康之子。少康死後,杼繼位,故曰"后杼"。

7. 莊王圍宋

莊王圍宋[1],軍有七日之糧爾[2],盡此不勝,將去而歸爾。於是使司馬子反乘堙而闚[3]宋城,宋華元[4]亦乘堙而出見之。司馬子反曰:"子之國[5]何如?"華元曰:"憊[6]矣。"曰:"何如?"曰:"易子而食之,析骸而炊之[7]。"司馬子反曰:"嘻[8]!甚矣憊!雖然,吾聞之也,圍者柑馬而秣[9]之,使肥者應客[10]。是何子之情也[11]?"華元曰:"吾聞之,君子見人之厄則矜[12]之,小人見人之厄則幸[13]之。吾見子之君子也[14],是以告情于子也。"司馬子反曰:"諾,勉之矣!吾軍亦有七日之糧爾,盡此不勝,將去而歸爾。"揖而去之,反[15]于莊王。莊王曰:"何如?"司馬子反曰:"憊矣!"曰:"何如?"曰:"易子而食之,析骸而炊之。"莊王曰:"嘻!甚矣憊!雖然,吾今取此,然後而歸爾。"司馬子反曰:"不可。臣已告之矣,軍有七日之糧爾。"莊王怒曰:"吾使子往視之,子曷爲告之?"司馬子反曰:"以區區[16]之宋,猶有不欺人之臣,可以楚而無乎?是以告之也。"莊王曰:"諾。舍而止[17]。雖然,吾猶取此,然後歸爾。"司馬子反曰:"然則君請處于此,臣請歸爾。"莊王曰:"子去我而歸,吾孰與處于此?吾亦從子而歸爾。"引師[18]而去之。(《公羊傳·宣公十五年》[19])

【注解】

[1]莊王:楚莊王,春秋時楚國國君熊侶,公元前613—前591年在位。[2]爾:而已,罷了,語氣詞,表示限制、縮小的語氣。[3]司馬子反:楚國大夫。司馬是掌管軍政的官員。子反是楚公子側的字。古人姓氏,或氏於官。《潛夫論》謂:"司馬、司徒、中行、下軍,所謂官也。"乘:登。堙(yīn):一名距堙,登城的戰具。闚(kuī):同"窺",暗中察看。[4]華元:宋國大夫,任右師。[5]國:國都。這裏指宋國國都商丘。[6]憊:困頓,力極。[7]析:破開。骸(hái):尸骨。"易子"兩句極言宋國糧草已盡。楚軍在上一年的九月就包圍了宋國,到此時,已經整整八個月了。[8]嘻:驚嘆聲。[9]圍:被包圍。柑(qián):給馬嘴銜上木頭(限制它吃食)。秣(mò):餵馬。[10]應客:接待賓客。[11]情:真實情況,這裏用作謂詞,實在。[12]厄:困厄。矜:憐憫。[13]幸:僥幸,慶幸。[14]"吾見"句:此句以"子,君子也"作"見"的賓語,故在主、謂之間加"之"。[15]反:反命,報告。[16]區區:小貌。[17]舍而止:築舍居住(表示無撤軍意)。[18]引師:退軍。[19]《公羊傳》:《春秋》三傳之一,亦稱《公羊春秋》,是今文經學的重要典籍。其起迄年代與《春秋》一致,即公元前722年—前481年,釋史簡略,着重闡釋《春秋》的所謂"微言大義"。《公羊傳》的作者舊題是戰國時齊人公羊高,西漢景帝時由其玄孫公羊壽"著於竹帛"。東漢何休有《春秋公羊解詁》,唐朝徐彥作《公羊傳疏》,清朝陳立撰《公羊義疏》。

8. 王太仁

成驩謂齊王[1]曰:"王太仁,太不忍[2]人。"王曰:"太仁,太不忍人,非善名邪?"對曰:"此人臣之善也,非人主之所行也。夫人臣必仁而後可與謀,不忍人而後可近也;不仁則不可與謀,忍人則不可近也。"王曰:"然則寡人安所太仁[3],安不忍人?"對曰:"王太仁於薛公[4],而太不忍於諸田[5]。太仁薛公,則大臣無重[6];太不忍諸田,則父兄犯法。大臣無重,則兵弱於外;父兄犯法,則政亂於內。兵弱於外,政亂於內,此亡國之本也。"

魏惠王[7]謂卜皮曰:"子聞寡人之聲聞[8]亦何如焉?"對曰:"臣聞王之慈惠[9]也。"王欣然喜曰:"然則功[10]且安至?"對曰:"王之功至於亡。"王曰:"慈惠,行善也。行之而亡,何也?"卜皮對曰:"夫慈者不忍,而惠者好與[11]也。不忍則不誅有過,好予則不待有功而賞。有過不罪,無功受賞,雖亡,不亦可乎?"

齊國好厚葬,布帛盡於衣衾[12],材木盡於棺椁[13]。桓公患之,以告管仲曰:"布帛盡則無以爲蔽[14],材木盡則無以爲守備[15],而人厚葬之不休,禁之,奈何[16]?"管仲對曰:"凡人之有爲也,非名之則利之[17]也。"於是乃下令曰:"棺椁過度者戮其尸[18],罪夫當[19]喪者。"夫戮死無名,罪當喪者無利,人何故爲之也?(《韓非子·內儲說上》)

【注解】

[1]齊王:指齊威王田因齊,戰國時代齊國的第一位國王,公元前356—前320年在位。[2]不忍:不能忍受(別人的苦難),同情,憐憫。[3]安所太仁:太仁表現在哪些地方,太仁的表現是什麼?[4]薛公:指齊威王少子田嬰。齊威王三十五年封田嬰於薛(在今山東棗莊)。[5]諸田:指齊王同族親貴。[6]無重:無權威。[7]魏惠王:即梁惠王。[8]聲聞(舊讀wèn):名聲。[9]慈惠:仁慈,有愛心。[10]功:功效,效果。[11]與:施與,給予。[12]布:麻織物。帛:絲織物。衣衾(qīn):這裏指用於安葬死人的裝裹。衾,被子。[13]材木:木材,木料。椁(guǒ):外棺。[14]無以爲蔽:沒有可以用來遮蔽(身體)的東西,沒有東西遮蔽(身體)。[15]守備:防守戒備。[16]奈何:如何,怎麼樣。[17]名之:以此博取名聲。利之:以此獲取利益。[18]戮其尸:一種刑罰,陳屍示衆,以示羞辱。[19]罪:用作動詞,以……爲有罪。當:擔當,主持。

[練習與思考]

一、請在搜集資料的基礎上回答下列問題

1. 請將本課及以前的課文中"以"作介詞和不作介詞的句子找出

來,比較它們的用法。

2. 請結合實際用例比較"于""於""乎"三個介詞的異同。

3. 請結合實際用例分析介詞"爲"的各種用法。

4. 介詞賓語前置還是後置,有什麽規律?請在課文裏找出介詞賓語前置和後置的例子。

5. 介詞短語在句子中的位置有什麽規律或傾向?請通過分析文獻中的例句進行總結。

6. 請對助詞的分類和用法進行歸納總結。

二、請將下面的短文譯成現代漢語

1. 夏,五月,楚師將去宋,申犀稽首於王之馬前曰:"毋畏知死而不敢廢王命,王棄言焉。"王不能答。申叔時僕,曰:"築室,反耕者,宋必聽命。"從之。宋人懼,使華元夜入楚師,登子反之牀,起之曰:"寡君使元以病告,曰:'敝邑易子而食,析骸以爨。雖然,城下之盟,有以國斃,不能從也。去我三十里,唯命是聽。'"子反懼,與之盟,而告王。退三十里,宋及楚平。華元爲質。盟曰:"我無爾詐,爾無我虞。"(《左傳·宣公十五年》)

2. 南方有鳥焉,名曰蒙鳩,以羽爲巢,而編之以髮,繫之葦苕。風至苕折,卵破子死。巢非不完也,所繫者然也。西方有木焉,名曰射干,莖長四寸,生於高山之上,而臨百仞之淵。木莖非能長也,所立者然也。蓬生麻中,不扶而直;白沙在涅,與之俱黑。蘭槐之根是爲芷,其漸之滫,君子不近,庶人不服。其質非不美也,所漸者然也。故君子居必擇鄉,遊必就士,所以防邪僻而近中正也。(《荀子·勸學》)

3. 楊朱游於魯,舍於孟氏。孟氏問曰:"人而已矣,奚以名爲?"曰:"以名者爲富。""既富矣,奚不已焉?"曰:"爲貴。""既貴矣,奚不已焉?"曰:"爲死。""既死矣,奚爲焉?"曰:"爲子孫。""名奚益於子孫?"曰:"名乃苦其身,燋其心。乘其名者,澤及宗族,利兼鄉黨;況子孫乎?""凡爲名者必廉,廉斯貧;爲名者必讓,讓斯賤。"曰:"管仲之相齊也,君淫亦淫,君奢亦奢,志合言從,道行國霸,死之後,管氏而已。田氏之相齊也,君盈則已降,君斂則已施,民皆歸之,因有齊國;子孫享之,至今不絕。""若實名貧,偽名富。"曰:"實無名,名無實;名者,偽而已矣。昔者堯舜偽以天下讓許由、善卷,而不失天下,享祚百年。伯夷、叔齊實以孤竹君讓,而終亡其國,餓死於首陽之山。實、偽之辯,如此其省也。"(《列子·楊朱》)

4. 昔秦伯嫁其女於晉公子,令晉爲之飾裝。從衣文之媵七十人,至晉,晉人愛其妾而賤公女,此可謂善嫁妾,而未可謂善嫁女也。楚人有賣其珠於鄭者,爲木蘭之櫃,薰以桂椒,綴以珠玉,飾以玫瑰,輯以羽翠。鄭人買其櫝而還其珠,此可謂善賣櫝矣,未可謂善鬻珠也。今世之談也,皆道辯說文辭之言,人主覽其文而忘有用。墨子之説,傳先王之道,論聖人之言以宣告人,若辯其辭,則恐人懷其文忘其直,以文害用也,此與楚人鬻珠、秦伯嫁女同類,故其言多不辯。(《韓非子·外儲説左上》)

5. 魯有劉叟者,嘗以御龍術進於魯公(云云)。劉叟曰:"歲不雨,無以出,終無以入。民枯然視天,卿士大夫絕智謀,山川禱神祇以祈,咸不應。臣投是龍於尺池之内,不踰晷,雷乎上下,雷乎東西,於是先之以風,騰之以雲,從之以雨,如君之意,欲一邑足之,欲一國足之,欲天下足之。"魯公曰:"斯龍也,其神乎!是則寡人之國非敢用。"劉叟曰:"臣聞避風雨,禦寒暑,當在未寒暑乎!是故事至而後求,曷若未至而先備。"於是魯公止劉叟而内龍。明年,果大旱,命劉叟出龍,果大雨。(柳宗元《劉叟傳》)

6. 世皆稱孟嘗君能得士,士以故歸之,而卒賴其力,以脱於虎豹之秦。嗟乎!孟嘗君特雞鳴狗盜之雄耳,豈足以言得士?不然,擅齊之強,得一士焉,宜可以南面而制秦,尚何取雞鳴狗盜之力哉?夫雞鳴狗盜之出其門,此士之所以不至也。(王安石《讀孟嘗君傳》)

第十課　連詞和語氣詞

一　連　詞

連詞是連接句子或句子成分以表示它們之間各種邏輯關係的虛詞。連詞表示的邏輯關係有聯合關係和主從關係(偏正關係)。聯合關係中又可以分為並列關係、選擇關係和正反關係；主從關係又可以分為因果關係、轉折關係、條件關係、遞進關係等等。連詞既可以連接詞和短語，也可以連接句子和分句。在一個複句(或緊縮複句)中連詞往往跟另一個詞(連詞或其他詞)互相呼應，使兩個分句(或短語、詞)的連接更加緊密，這種兩兩呼應的詞叫作關聯詞。下面我們首先按照各種不同的邏輯關係簡單介紹古代漢語中常用的連詞。

（一）連詞的分類及使用

1. 用於表示聯合關係的連詞。

古代漢語中用於表示聯合關係的連詞有"與""及""暨""如""若""而""且""以""既""抑"等。

甲、用於並列連接，如：

(1) 子謂子貢曰："女與回也孰愈？"(《論語·公冶長》)

(2) 初，鄭武公娶于申，曰武姜，生莊公及共叔段。(《左傳·隱公元年》)

(3) 帝曰："咨！汝羲暨和！"(《尚書·堯典》)

(4) 公如大夫入，主人降，賓介降，衆賓皆降。(《儀禮·鄉射禮》)

(5)凡封國若家,牛助爲牽傍,其守王宮與其屬禁者,如蠻隸之事。(《周禮·秋官·罪隸》)

以上句子中的"與""及""暨""如""若",連接體詞性成分,可以翻譯成現代漢語的"和""跟"。

(6)道聽而塗説,德之棄也。(《論語·陽貨》)
(7)季康子問:"使民敬、忠以勸,如之何?"(《論語·爲政》)
(8)父母愛之,喜而不忘;父母惡之,勞而不怨。(《孟子·萬章上》)
(9)百工之事,固不可耕且爲也。(《孟子·滕文公上》)

以上句子中的"而""以""且",連接謂詞性成分,可以翻譯成現代漢語的"並且""而且"。

(10)舜既爲天子矣,又帥天下諸侯以爲堯三年喪。(《孟子·萬章上》)
(11)故詩曰:"亦有和羹,既戒且平;奏鼛無言,時靡有爭。"(《晏子春秋·外篇第七》)
(12)出自北門,憂心殷殷。終窶且貧,莫知我艱。(《詩經·邶風·北門》)

以上句子中的"既……又……""既……且……""終……且……",連接複句或緊縮複句,相當於現代漢語的"既……又……"。

乙、用於選擇連接,如:

(1)方六七十,如五六十,求也爲之,比及三年,可使足民。(《論語·先進》)
(2)凡事若小若大,寡不道以歡成。(《莊子·人間世》)
(3)夫子至於是邦也,必聞其政,求之與?抑與之與?(《論語·學而》)

以上句子中,"如""若"可以翻譯成現代漢語的"或""或者","抑"相當於現代漢語的"還是"。

丙、用於正反連接,如:

(1)凡有季氏與無,於我孰利?(《左傳·昭公二十五年》)

(2)趙王與樓緩計之,曰:"予秦地如毋予,孰吉?"(《史記·平原君虞卿列傳》)

(3)春,晉人侵鄭,以觀其可攻與否。(《左傳·僖公三十年》)

(4)是故明主外料其敵國之強弱,內度其士卒之眾寡、賢與不肖。(《戰國策·趙策二》)

2. 用於表示主從關係(偏正關係)的連詞。

古代漢語中用於表示偏正關係的連詞有"而""以""且""況""爲""因""則""斯""故""是以""以故""是故""然""乃""然而""然則""即""顧""反""如""若""苟""使""誠""縱""雖""與""與其"等。

甲、表示因果關係:

(1)桂可食,故伐之;漆可用,故割之。(《莊子·人間世》)

(2)無趾曰:"吾唯不知務而輕用吾身,吾是以亡足。今吾來也,猶有尊足者存,吾是以務全之也。"(《莊子·德充符》)

(3)初,吏捕條侯,條侯欲自殺,夫人止之,以故不得死,遂入廷尉。(《史記·絳侯周勃世家》)

以上句子中,"故""是以""以故"可以翻譯成現代漢語的"因此",後接結果分句。

(4)吾所以有大患者,爲吾有身,及吾無身,吾有何患?(《老子》第十三章)

(5)天長地久。天地所以能長且久者,以其不自生,故能長生。(《老子》第七章)

以上句子中,"爲""以"可以翻譯成現代漢語的"因爲",後邊連接原因分句。

乙、表示轉折關係:

(1)曰:"懷其寶而迷其邦,可謂仁乎?"曰:"不可。""好從事

而亟失時,可謂知乎?"曰:"不可。"(《論語·陽貨》)

(2)子溫而厲,威而不猛,恭而安。(《論語·述而》)

(3)七十者衣帛食肉,黎民不飢不寒,然而不王者,未之有也。(《孟子·梁惠王上》)

(4)不我能慉,反以我為讎。(《詩經·邶風·谷風》)

(5)緩曰:"自始合,苟有險,余必下推車,子豈識之?然子病矣!"(《左傳·成公二年》)

以上句子中,"而""然而"可以翻譯成現代漢語的"却","反"相當於現代漢語的"反而","然"相當於現代漢語的"可是""不過"。

丙、表示條件關係:

(1)河內凶,則移其民於河東,移其粟於河內。(《孟子·梁惠王上》)

(2)子游曰:"事君數,斯辱矣,朋友數,斯疏矣。"(《論語·里仁》)

(3)倉廩實而知禮節,衣食足而知榮辱。(《史記·管晏列傳》)

(4)陳成公卒。楚人將伐陳,聞喪乃止。(《左傳·襄公四年》)

以上句子中,"則""斯""而"可以翻譯成現代漢語的"就","乃"相當於現代漢語的"才"。

丁、表示遞進關係:

(1)千乘之國,攝乎大國之間,加之以師旅,因之以饑饉;由也為之,比及三年,可使有勇,且知方也。(《論語·先進》)

(2)助之長者,揠苗者也。非徒無益,而又害之。(《孟子·公孫丑上》)

(3)天地尚不能久,而況於人乎?(《老子》第二十三章)

戊、表示目的關係:

(1)天之道,損有餘而補不足。人之道則不然,損不足以奉有餘。(《老子》第七十七章)

(2)公聞其期,曰:"可矣。"命子封帥車二百乘以伐京。(《左

傳・隱公元年》)

以上句子中,"而""以"可以翻譯成現代漢語的"來"。

己、表示假設關係:

(1)欲與大叔,臣請事之;若弗與,則請除之,無生民心。(《左傳・隱公元年》)

(2)子曰:"如有周公之才之美,使驕且吝,其餘不足觀也已。"(《論語・泰伯》)

(3)子曰:"苟有用我者,期月而已可也,三年有成。"(《論語・子路》)

(4)今誠以吾衆詐自稱公子扶蘇、項燕,爲天下唱,宜多應者。(《史記・陳涉世家》)

(5)程嬰曰:"朔之婦有遺腹,若幸而男,吾奉之;即女也,吾徐死耳。"(《史記・趙世家》)

以上句子中的"若""如""使""苟""誠""即",都可以翻譯成現代漢語的"如果""假如"。古代漢語中表示假設的連詞還有"令""則""果""設""若使""苟使""設使""向使""誠使""假若""假令"等等。

庚、表示讓步關係:

(1)青青子佩,悠悠我思。縱我不往,子寧不來?(《詩經・鄭風・子衿》)

(2)子曰:"富而可求也,雖執鞭之士,吾亦爲之。如不可求,從吾所好。"(《論語・述而》)

(3)將在外,主令有所不受,以便國家。公子即合符,而晉鄙不授公子兵而復請之,事必危矣。(《史記・魏公子列傳》)

以上句子中的"縱""雖""即",可以翻譯成現代漢語的"即使""就算",表示假設讓步。

(4)文王在上,於昭于天。周雖舊邦,其命維新。(《詩經・大雅・文王》)

(5)諸侯之禮,吾未之學也;雖然,吾嘗聞之矣。(《孟子·滕文公上》)

以上句子中的"雖"可以翻譯成現代漢語的"雖然",表示事實讓步。注意:古代漢語的"雖然"是一個分句,是"即使這樣""雖然如此"的意思,而現代漢語的"雖然"只是一個連詞。

(6)臣鄰人之女,設爲不嫁,行年三十而有七子,不嫁則不嫁,然嫁過畢矣。今先生設爲不宦,訾養千鍾,徒百人,不宦則然矣,而富過畢也。(《戰國策·齊策四》)

此句中"則"可以翻譯成現代漢語的"倒是"。

辛、表示取捨關係:

(1)且予與其死於臣之手也,無寧死於二三子之手乎?(《論語·子罕》)

(2)婦人見之,請于父母曰"與爲人妻,寧爲夫子妾"者,十數而未止也。(《莊子·德充符》)

壬、連接狀語和謂詞性中心語:

(1)昔者仲尼與於蜡賓,事畢,出遊於觀之上,喟然而嘆。(《禮記·禮運》)

(2)我世世爲洴澼絖,不過數金;今一朝而鬻技百金,請與之。(《莊子·逍遙遊》)

(3)吾十有五而志于學,三十而立,四十而不惑,五十而知天命,六十而耳順,七十而從心所欲,不踰矩。(《論語·爲政》)

(4)因子而死,吾無悔矣。(《左傳·襄公二十三年》)

(5)如有不嗜殺人者,則天下之民皆引領而望之矣。(《孟子·梁惠王上》)

(二) 最常用的幾個連詞

以上這些連詞中,最常用的是"與""而""以""則"等幾個。

與

"與"的連詞用法比較單純,主要用來連接體詞性成分,表示聯合關係。如果被連接的是動詞或形容詞,那麼它們往往是名物化了的:

(1)吾與汝畢力平險,指通豫南,達于漢陰,可乎?(《列子·湯問》)

(2)穀與魚鱉不可勝食,材木不可勝用,是使民養生喪死無憾也。(《孟子·梁惠王上》)

(3)富與貴,是人之所欲也;不以其道得之,不處也。貧與賤,是人之所惡也;不以其道得之,不去也。(《論語·里仁》)

(4)伯夷隘,柳下惠不恭。隘與不恭,君子不由也。(《孟子·公孫丑上》)

這些句子中的"與",可以翻譯成現代漢語的"和"。

而

"而"的連詞用法複雜多樣,既可以用於並列連接(連接謂詞性成分),也可以用於偏正連接(連接狀語與中心語);既可以連接詞和短語,也可以連接分句。如:

(1)學而時習之,不亦說乎?(《論語·學而》)

(2)如之何其使斯民飢而死也?(《孟子·梁惠王上》)

(3)溫故而知新,可以爲師矣。(《論語·爲政》)

(4)夫仁者,已欲立而立人,已欲達而達人。(《論語·雍也》)

(5)王顧左右而言他。(《孟子·梁惠王下》)

以上句子中的"而",可以翻譯成現代漢語的"並且"。

(6)子爲政,焉用殺?子欲善,而民善矣。(《論語·顔淵》)

(7)昔者禹抑洪水,而天下平;周公兼夷狄,驅猛獸,而百姓寧;孔子成《春秋》,而亂臣賊子懼。(《孟子·滕文公下》)

以上句子中的"而",可以用現代漢語的"就"來翻譯,但其位置應在分句的主語之後。

（8）學而不思則罔，思而不學則殆。（《論語·爲政》）

（9）三里之城，七里之郭，環而攻之而不勝。（《孟子·公孫丑下》）

（10）其爲人也孝弟，而好犯上者，鮮矣；不好犯上，而好作亂者，未之有也。（《論語·學而》）

（11）今恩足以及禽獸，而功不至於百姓者，獨何與？（《孟子·梁惠王上》）

（12）吾力足以舉百鈞，而不足以舉一羽；明足以察秋毫之末，而不見輿薪。（《孟子·梁惠王上》）

以上句子中的"而"，可以用現代漢語的"却"來翻譯，它所連接的分句如果有主語，則"却"的位置應在主語之後。

"而"所連接的成分如果是體詞性的，那麼它往往是活用爲動詞的，如：

（13）行仁政而王，莫之能禦也。（《孟子·公孫丑上》）

句中的"王"，可以理解爲"稱王""成爲王"。

（14）其耕而食，蠶而衣，亦天之道也。（《晉書·慕容皝載記》）

句中的"蠶"，可以理解爲"養蠶""從事蠶桑之事"；"衣"可以理解爲"穿衣"。

（15）人而不仁，如禮何？人而不仁，如樂何？（《論語·八佾》）

句中的"人"，可以理解爲"爲人""作爲一個人"，"而"可以翻譯成現代漢語的"却"。

以

"以"作爲連詞，可以用於並列連接，連接句子中的謂詞性成分；也可以用於偏正連接，在單句中連接狀語和中心語，或者連接具有手段和目的、行爲（原因）和結果等邏輯關係的短語，也可以在複句中連接具有上述邏輯關係的分句。如：

(1) 克諧以孝,烝烝乂,不格姦。(《尚書·堯典》)

(2) 衣朱衣,服赤玉,食菽與雞,其器高以粗。(《禮記·月令》)

(3) 聖王之用也:上察於天,下錯於地,塞備天地之閒,加施萬物之上,微而明,短而長,狹而廣,神明博大以至約。(《荀子·王制》)

(4) 及鄢,亂次以濟。遂無次,且不設備。(《左傳·桓公十三年》)

(5) 簞食壺漿以迎王師。豈有他哉?避水火也。(《孟子·梁惠王下》)

(6) 夫子溫、良、恭、儉、讓以得之。夫子之求之也,其諸異乎人之求之與?(《論語·學而》)

(7) 苟不志於仁,終身憂辱,以陷於死亡。(《孟子·離婁上》)

(8) 夫如是,故遠人不服,則修文德以來之。(《論語·季氏》)

(9) 十三年春,會于北杏,以平宋亂。(《左傳·莊公十三年》)

(10) 夫外挾強秦之威,以內劫其主,以求割地,大逆不忠,無過此者。(《戰國策·楚策一》)

例句(1)(2)(3)中"以"用於並列連接,連接謂詞性成分(多爲形容性詞語),可以翻譯成現代漢語的"而且"。例句(4)(5)中"以"用於連接狀語和謂語中心成分。例句(6)(7)中"以"用於連接表示結果的謂詞短語或分句。例句(8)(9)中"以"用於連接表示目的的謂詞短語或分句。例句(10)中第一個"以"連接兩個並列的謂詞短語,第二個"以"連接表示目的的分句。

則

"則"作爲連詞,主要用於連接複句和緊縮複句中表示行爲(條件)和結果的兩個部分。如:

(1) 日中則昃,月盈則食。(《周易·豐卦》)

(2) 性猶湍水也,決諸東方則東流,決諸西方則西流。(《孟子·告子上》)

(3) 舉一隅不以三隅反,則不復也。(《論語·述而》)

(4) 子曰："隱者也。"使子路反見之。至則行矣。(《論語·微子》)

(5) 公使陽處父追之,及諸河,則在舟中矣。(《左傳·僖公三十三年》)

(6) 始吾以夫子之道爲至矣,則又有至焉者矣。(《莊子·應帝王》)

(7) 子曰："弟子入則孝,出則悌,謹而信,汎愛衆,而親仁。"(《論語·學而》)

(8) 穀則異室,死則同穴。謂予不信,有如皦日。(《詩經·王風·大車》)

(9) 人有禮則安,無禮則危。故曰:禮者不可不學也。(《禮記·曲禮》)

例句(1)(2)(3)中,"則"連接的兩個部分意思是順接的,可以翻譯爲現代漢語的"就"。例句(4)(5)(6)中,"則"連接的兩個部分意思是逆接的,不能翻譯爲現代漢語的"就",大致可以翻譯爲"却(發現)"。例句(7)(8)(9)中,連詞"則"常常用在兩個平行的句子中,表示對比。

二　語氣詞

古代漢語的語氣詞可以使用在句中不同的位置,也可以單獨使用,以表示各種不同的語氣。

(一) 句首語氣詞

古代漢語中用在句首的語氣詞有"夫""蓋""其""豈""寧""殆""無乃(毋乃)""得無(得微)""唯(惟)"等。

夫

"夫"用於提起議論。如:

（1）夫唯不爭，故天下莫能與之爭。（《老子》第二十二章）

（2）徐行後長者謂之弟，疾行先長者謂之不弟。夫徐行者，豈人所不能哉？所不爲也。（《孟子·告子下》）

蓋

"蓋"用於陳述句時，用於提起議論或陳述原因、理由；用於測度句時，表示揣測。如：

（1）蓋聞善攝生者，陸行不遇兕虎，入軍不被甲兵；兕無所投其角，虎無所措其爪，兵無所容其刃。（《老子》第五十章）

（2）雖疏食菜羹，未嘗不飽，蓋不敢不飽也。（《孟子·萬章下》）

（3）我未見力不足者。蓋有之矣，我未之見也。（《論語·里仁》）

（4）百歲之壽，蓋人年之正數也，猶物至秋而死，物命之正期也。（《論衡·氣壽》）

其　豈

"其""豈"用於測度句時，表示揣測；用於反問句時，帶有比較強烈的主觀語氣。如：

（1）君子務本，本立而道生。孝弟也者，其爲仁之本與！（《論語·學而》）

（2）秦王有病召醫。破癰潰痤者得車一乘，舐痔者得車五乘，所治愈下，得車愈多。子豈治其痔邪？何得車之多也？（《莊子·列禦寇》）

（3）一之謂甚，其可再乎？（《左傳·僖公五年》）

（4）夫人有不善，則乃性命之疾也，無其教治，而欲令變更，豈不難哉！（《論衡·率性》）

殆　無乃（毋乃）　得無（得微）

"殆""無乃（毋乃）""得無（得微）"用於測度句，表示揣測，語氣比較委婉。如：

（1）晉人之覘宋者，反報於晉侯曰："陽門之介夫死，而子罕哭

之哀,而民説。殆不可伐也。"(《禮記·檀弓下》)

(2) 居簡而行簡,無乃大簡乎? (《論語·雍也》)

(3) 今民生長於齊不盜,入楚則盜,得無楚之水土使民善盜耶?(《晏子春秋·内篇雜下》)

句首語氣詞有時也可以用在主語後,謂語前。如:

(1) 吾聞之周生曰"舜目蓋重瞳子",又聞項羽亦重瞳子。(《史記·項羽本紀》)

(2) 如有用我者,吾其爲東周乎? (《論語·陽貨》)

(3) 今吾且死,而侯生曾無一言半辭送我,我豈有所失哉?(《史記·魏公子列傳》)

(二) 句中語氣詞

古代漢語中用在句中的語氣詞有"者""也""而""焉"等,表示語氣的停頓或延宕。如:

(1) 夫明堂者,王者之堂也。(《孟子·梁惠王下》)

(2) 媪之送燕后也,持其踵而爲之泣,念悲其遠也,亦哀之矣。(《戰國策·趙策四》)

(3) 子曰:"賜也,始可與言《詩》已矣! 告諸往而知來者。"(《論語·學而》)

(4) 君子無所爭,必也射乎! 揖讓而升,下而飲,其爭也君子。(《論語·八佾》)

(5) 君爲政焉勿鹵莽,治民焉勿滅裂。(《莊子·則陽》)

(6) 吾先君新邑於此,王室而既卑矣,周之子孫日失其序。(《左傳·隱公十一年》)

(三) 句末語氣詞

古代漢語中用在句末的語氣詞最多,用來表示各種不同的語氣。

1. 表示陳述語氣的句末語氣詞"也""矣(已)""而已""爾""耳""焉"等。

(1) 知之爲知之,不知爲不知,是知也。(《論語·爲政》)

(2) 易有四象,所以示也。繫辭焉,所以告也。定之以吉凶,所以斷也。(《周易·繫辭上》)

"也"主要表達論定的語氣。

(3) 今日病矣,予助苗長矣。(《孟子·公孫丑上》)

(4) 子之爲智伯,名既成矣,而寡人赦子,亦已足矣。(《史記·刺客列傳》)

(5) 苟無恆心,放辟,邪侈,無不爲已。(《孟子·梁惠王上》)

"矣(已)"主要表達事實既成的語氣,相當於現代漢語的"啦"。

(6) 孟子曰:"子誠齊人也,知管仲、晏子而已矣。"(《孟子·公孫丑上》)

(7) 孔子於鄉黨,恂恂如也,似不能言者。其在宗廟朝廷,便便言,唯謹爾。(《論語·鄉黨》)

(8) 子曰:"二三子,偃之言是也。前言戲之耳。"(《論語·陽貨》)

"而已""爾""耳"主要表示限制(範圍、程度、數量等)的語氣。

(9) 方其夢也,不知其夢也。夢之中又占其夢焉。(《莊子·齊物論》)

(10) 夫子言之,於我心有戚戚焉。(《孟子·梁惠王上》)

"焉"本來相當於一個表示場所的介詞短語(於此,於是),由於常常用在陳述句句末,逐漸帶上了陳述語氣。

2. 表示測度語氣的句末語氣詞"乎""與(歟)""邪(耶)""云"等。

(1) 知我者,其天乎!(《論語·憲問》)

(2) 今吾朝受命而夕飲冰,我其內熱與!(《莊子·人間世》)

(3) 孔丘之於至人,其未邪?彼何賓賓以學子焉?(《莊子·

德充符》）

（4）太史公曰：余登箕山，其上蓋有許由冢云。（《史記·伯夷列傳》）

以上這些句末語氣詞都與句首語氣詞配合表示測度的語氣。

3. 表示疑問語氣的句末語氣詞"乎""與(歟)""邪(耶)""哉""為"等。

（1）曾子曰："吾日三省吾身：為人謀而不忠乎？與朋友交而不信乎？傳不習乎？"（《論語·學而》）

（2）季康子問："仲由可使從政也與？"（《論語·雍也》）

（3）威后問使者曰："歲亦無恙耶？民亦無恙耶？王亦無恙耶？"（《戰國策·齊策四》）

（4）萬子曰："一鄉皆稱原人焉，無所往而不為原人，孔子以為德之賊，何哉？"（《孟子·盡心下》）

（5）孔丘之於至人，其未邪？彼何賓賓以學子為？（《莊子·德充符》）

以上這些表示疑問語氣的句末語氣詞幾乎都可以用於反問句。在表示反問語氣時，還常常與疑問代詞或表示反問的句首語氣詞配合使用。

（6）子曰："愛之，能勿勞乎？忠焉，能勿誨乎？"（《論語·憲問》）

（7）以萬乘之國伐萬乘之國，簞食壺漿以迎王師。豈有他哉？避水火也。（《孟子·梁惠王下》）

（8）先生獨未見夫僕乎？十人而從一人者，寧力不勝、智不若耶？畏之也。（《戰國策·趙策三》）

4. 表示感嘆語氣的句末語氣詞"乎""哉""夫"等。

（1）子曰："已矣乎！吾未見好德如好色者也。"（《論語·衛靈公》）

（2）文惠君曰："善哉！吾聞庖丁之言，得養生焉。"（《莊子·

養生主》)

(3)管燕連然流涕曰:"悲夫!士何其易得而難用也!"(《戰國策·齊策四》)

5. 表示祈使語氣的句末語氣詞"來""矣"等。

(1)燕王曰:"子行矣,寡人聽子。"(《戰國策·魏策三》)

(2)雖然,若必有以也,嘗以語我來。(《莊子·人間世》)

(四) 單獨使用的語氣詞

古代漢語中還有一些語氣詞可以單獨成句(或分句),其中多數表示強烈的感嘆語氣,也有一些表示呼喚和應諾。如:

(1)顏淵死。子曰:"噫!天喪予!天喪予!"(《論語·先進》)

(2)陳賈曰:"王無患焉。王自以爲與周公,孰仁且智?"王曰:"惡!是何言也?"(《孟子·公孫丑下》)

(3)子貢曰:"嘻!先生何病?"(《莊子·讓王》)

(4)於乎!君人者,亦可以察若言矣。(《荀子·王霸》)

(5)師曠曰:"啞!是非君人者之言也。"(《韓非子·難一》)

(6)堯又曰:"嗟!四嶽!湯湯洪水滔天,浩浩懷山襄陵,下民其憂。"(《史記·五帝本紀》)

(7)齊有司趨而進曰:"請奏四方之樂。"景公曰:"諾。"(《史記·孔子世家》)

(五) 語氣詞的連用

古代漢語中語氣詞常常有連用的現象,特別在句末。如:

(1)子曰:"如有周公之才之美,使驕且吝,其餘不足觀也已。"(《論語·泰伯》)

(2)子曰:"苗而不秀者有矣夫!秀而不實者有矣夫!"(《論語·子罕》)

(3)(齊宣王)曰:"若寡人者,可以保民乎哉?"(《孟子·梁惠王上》)

(4)梁惠王曰:"寡人之於國也,盡心焉耳矣。"(《孟子·梁惠王上》)

(5)孟子曰:"教亦多術矣,予不屑之教誨也者,是亦教誨之而已矣。"(《孟子·告子下》)

語氣詞連用,往往是語氣的疊加,而重點一般落在後一個語氣詞上。

[文選]

1. 昭公知禮乎

陳司敗[1]問:"昭公知禮乎[2]?"孔子曰:"知禮。"孔子退,揖巫馬期[3]而進之,曰:"吾聞君子不黨[4],君子亦黨乎?君取於吳[5],爲同姓[6],謂之吳孟子[7]。君而[8]知禮,孰不知禮?"巫馬期以告[9]。子曰:"丘也幸,苟有過[10],人必知之。"(《論語·述而》)

【注解】

[1] 陳司敗:人名。一説"司敗"爲官職名。[2] 昭公:指魯昭公姬裯(Chóu),公元前541—前510年在位。乎:疑問語气詞。[3] 巫馬期:孔子的學生,複姓巫馬,名施,字子期。[4] 黨:本義爲鄉黨之黨。五百家爲黨。引申爲結黨、偏袒(同黨)。[5] 取:同"娶"。這句是説魯昭公娶了吳國國君之女爲夫人。[6] 同姓:西周初年封周公於魯,爲姬姓。而吳乃周文王的伯父太伯之後,亦爲姬姓。[7] 吳孟子:按照春秋時代的常例,國君夫人的稱號是所自國名加其本姓,則這位夫人應該稱爲"吳姬"。但是周代禮法"同姓不婚",所以稱作"吳孟子"來掩飾。[8] 而:如,若。[9] 以告:把(這些話)告訴(孔子)。[10] 苟:假如,一旦。有過:指孔子諱言魯君違禮之事。《史記·仲尼弟子列傳》也記載了這件事,最後説:"施以告孔子,孔子曰:'丘也幸,苟有過,人必知之。臣不可言君親之惡,爲諱者,禮也。'"

2. 若聖與仁則吾豈敢

子曰:"若聖與仁,則吾豈敢[1]?抑爲之不厭[2],誨人不倦,則可謂云爾已矣[3]!"公西華曰:"正唯弟子不能學也!"(《論語·述而》)

【注解】

[1]豈敢:哪敢(承當)。孔子此話應該是有所指的。《孟子·公孫丑上》記載孔子弟子子貢説:"學不厭,智也;教不倦,仁也。仁且智,夫子旣聖矣。"[2]抑:轉折連詞,不過,只是。爲(wéi):做事。厭:滿足,够。[3]云爾:云云,如此如此。已矣:而已,罷了。

3. 天下何思何慮

子曰:"天下何思何慮[1]?天下同歸[2]而殊塗,一致而百慮[3]。天下何思何慮?日往則月來,月往則日來,日月相推而明[4]生焉。寒往則暑來,暑往則寒來,寒暑相推而歲[5]成焉。往者屈也[6],來者信[7]也,屈信相感而利[8]生焉。尺蠖[9]之屈,以求信也;龍蛇之蟄[10],以存身也。精義入神[11],以致用也[12];利用安身[13],以崇德[14]也。過此以往,未之或知也[15];窮神知化[16],德之盛[17]也。"(《周易·繫辭下》[18])

【注解】

[1]何思何慮:何須思慮。[2]歸:歸宿,目的地。[3]一致:要達到同樣的目的。致,使達到。百慮:各種各樣的計劃。慮,考慮,計劃。[4]推:催促。明:光明。[5]歲:年,曆法上的週期,寒暑輪迴一次爲一年。[6]往者屈也:古人認爲逝去的東西不是消失了,而是捲屈起來儲藏在某個地方了,所以叫作"屈"。[7]信:通"伸"。[8]感:推動。利:功效,效益。[9]尺蠖(huò):一種蛾子的幼蟲,以身體一屈一伸的方式前行,像人用手指量物體長度一樣,故名爲尺蠖。[10]蟄(zhé):蟄伏,冬眠。[11]精義:精妙的理義。入神:進入人的認知系統。[12]致用:達到應用的目的。以上兩句是説,好的道理要經過人的認識、吸收、消化,纔能應用。[13]利用:以(精義的)應用爲利。安身:使身心安靜。[14]崇德:增崇其德。[15]未之或知:沒有人知道它。以上兩句是説,"精義入神以致用,利用安身以崇德"兩者已經是最高的境界,超出這兩者以外還有什麼,就渺茫不可知了。[16]窮神:窮盡認識的奧妙。知化:懂得變化的道理。[17]盛:極致,最高的境界。[18]

《周易》:《易》本是古代占筮之書,經過周代卜筮之官和學者們的整理、闡釋,成爲儒家經典之一。《周易》集中體現了中國古代辯證思維的哲學思想,主張世間萬物生生不息、發展變化,講究陰陽互應、剛柔相濟,提倡自強不息、厚德載物。《周易》全書分《經》《傳》兩部分。《經》以八卦兩兩相覆,得六十四卦,每卦有卦辭、爻辭。卦辭較簡單,一般作說明題義之用。每卦六爻,各有爻辭,是各卦內容的主要部分。《易傳》共有七種十篇:《彖》上下篇、《象》上下篇、《繫辭》上下篇和《文言》《說卦》《序卦》《雜卦》,統稱"十翼"。舊說它們是孔子傳《易》之作。近代學者多認爲它們非一人一時之作,雜出於戰國、秦漢間人手。通行的注本有三國魏王弼《周易注》,唐代孔穎達《周易注疏》、李鼎祚《周易集解》,今人聞一多《周易義證類纂》、高亨《周易古經今注》、李鏡池《周易通義》等。

4. 孔子適楚

　　孔子適楚[1],楚狂接輿[2]遊其門曰:"鳳[3]兮!鳳兮!何如[4]德之衰也!來世不可待[5],往世不可追也[6]。天下有道,聖人成[7]焉;天下無道,聖人生[8]焉。方今之時,僅免刑[9]焉。福輕乎羽,莫之知載[10];禍重乎地,莫之知避[11]。已[12]乎已乎,臨人[13]以德!殆[14]乎殆乎,畫地而趨[15]!迷陽迷陽[16],無傷吾行[17]。吾行卻曲[18],無傷吾足。"(《莊子·人間世》)

【注解】

[1] 孔子適楚:據《史記·孔子世家》,事在魯哀公六年(前489),孔子63歲時。[2] 狂:狂人。接輿:楚國隱士。此事亦見於《論語·微子》,此句作"楚狂接輿歌而過孔子"。[3] 鳳:鳳鳥。接輿用它來隱喻孔子。據聞一多《神話與詩·龍鳳》考證,鳳鳥爲原始殷商人的圖騰,孔子是商人的後裔,故以鳳鳥喻之。[4] 如:通"汝"(據聞一多《神話與詩·龍鳳》説)。[5] 待:期待。[6] 追:這裏意指挽回。按,以上兩句《論語》作"往者不可諫,來者猶可追"。[7] 成:成其功。指其道得以實現。[8] 生:保全其生命。[9] 免刑:免於刑罰,指偷生。[10] "福輕"二句:極言世人不重易得之福。[11] "禍重"二句:極言世人不避當避之禍。[12] 已:停止。[13] 臨人:示人。[14] 殆:危。[15] 趨:奔走。此句比喻孔子拘守自己的信念並爲之奔走。[16] 迷陽:荊棘、榛莽之類。[17] 行(háng):道路。[18] 卻曲:聯綿詞,曲行貌。

5. 莊子之楚

　　莊子之楚,見空髑髏[1],髐然[2]有形,撽以馬捶[3],因而問之,曰:"夫子貪生失理[4],而爲此乎?將[5]子有亡國之事,斧鉞之誅[6],而爲此乎?將子有不善之行,愧遺父母妻子之醜[7],而爲此乎?將子有凍餒之患[8],而爲此乎?將子之春秋[9]故及此乎?"於是語卒[10],援[11]髑髏,枕而臥。夜半,髑髏見夢[12]曰:"子之談者似辯士[13]。視子所言,皆生人之累[14]也,死則无此矣。子欲聞死之說[15]乎?"莊子曰:"然。"髑髏曰:"死,无君於上,无臣於下[16];亦无四時之事[17],從然以天地爲春秋[18],雖南面王樂[19],不能過也。"莊子不信,曰:"吾使司命復生子形[20],爲子骨肉肌膚[21],反子父母妻子閭里知識[22],子欲之乎?"髑髏深矉蹙頞曰[23]:"吾安能棄南面王樂而復爲人閒之勞乎?"(《莊子·至樂》)

【注解】

　　[1]髑髏(dúlóu):死人的頭骨。[2]髐(xiāo)然:空枯而堅固之貌。[3]撽(qiāo):擊打。馬捶:馬箠,馬鞭。[4]失理:沒有節制,違反養生的原則。[5]將:連詞,還是。[6]斧鉞(yuè)之誅:指受到刑戮。[7]醜(chǒu):醜行,劣迹。[8]凍餒(něi)之患:衣食之憂。[9]春秋:年齡,壽限。[10]語卒:説完話。卒,竟,完。[11]援:引,拉過來。[12]見夢:出現於夢中。[13]子之談者似辯士:您說話的樣子像個雄辯家。一本"子"前有"向"字。向,剛才。[14]生人:活人。累:牽累,無法擺脱之事。[15]死之説:關於"死"的理論,有關"死"的説法。[16]"死"三句:在"死"的境界中人是自由的,没有君臣關係的束縛。[17]"亦无"句:在"死"的境界中也没有時間的流逝。[18]從(zòng)然:縱逸貌,無羈絆、無牽挂、從容自得的樣子。以天地爲春秋:與天地齊壽。[19]南面王樂:指做君王所享受的快樂。南面,古代君王臨朝,面朝南而坐,臣子面朝北而拜。[20]司命:古代傳説中掌人生死壽夭之神。復生子形:讓您復活形體。[21]爲(wéi)子骨肉肌膚:本句是爲(wèi)動雙賓語句。動詞爲(wéi)帶"子"和"骨肉肌膚"兩個賓語。[22]反:同"返"。閭里:鄰里。知識:認識的人,熟人。[23]深矉(pín)蹙(cù)頞(è):憂愁苦惱的樣子。矉,同"顰",皺眉。蹙,收縮。頞,鼻梁。

6. 大司馬之職

　　大司馬[1]之職:掌建邦國之九灋[2],以佐王平[3]邦國:制畿封國[4]，以正邦國[5]；設儀辨位[6]，以等邦國[7]；進賢興功[8]，以作邦國[9]；建牧立監[10]，以維[11]邦國；制軍詰禁[12]，以糾邦國[13]；施貢分職[14]，以任邦國[15]；簡稽鄉民，以用邦國[16]；均守平則[17]，以安邦國；比小事大[18]，以和邦國。(《周禮·夏官司馬》)

【注解】

[1]大司馬：《周禮》六官(天官冢宰、地官司徒、春官宗伯、夏官司馬、秋官司寇、冬官司空)之一，政官之首長，地位爲卿。[2]邦國：指諸侯國。九灋：即下文所列九事。灋，同"法"。[3]佐：輔佐。平：平正，安定。[4]制畿(jī)封國：按照離開天子王城距離的遠近確定各諸侯國的疆土，設定邊界。畿，國都附近的地區。封，疆界，這裏用作動詞。[5]正邦國：使諸侯國的地位確定。正，定。[6]設儀辨位：設立禮儀制度，分別尊卑之位。[7]等邦國：確定諸侯國君及臣子的尊卑等級。等，等級，指諸侯的不同爵位(公、侯、伯、子、男等等)以及臣子的不同地位(卿、大夫、士等等)。[8]進賢興功：選拔有才德者，推舉有功業者。[9]作：興起。以上兩句是說，通過選賢舉能，鼓勵人們進德立業，使諸侯國振興。[10]牧：州的長官，統轄一州之內的各諸侯國。監：指諸侯國君。[11]維：連接，維繫。[12]制軍：設立軍隊。詰(jié)：查究，追查。禁：法律。[13]糾：糾正。以上兩句是說，建立軍隊，查究違反法律的事，來使諸侯國互相糾正(過失)。[14]貢：向天子交納的物品。職：指徵收於民的賦稅。[15]任：擔任，從事。以上兩句是說，分配貢賦品種和數量，使各諸侯國依照國土大小承擔相應的義務。[16]"簡稽"二句：進行人口查核，使各諸侯國可充分徵用民力。簡，統計。稽，計算、查對。[17]均守平則：使各諸侯國守土之責平均分擔，把有關法則制訂得公正平等。守，指諸侯爲天子守土。則，法。[18]比小事大：使大國親比小國，小國事奉大國。比，親比。事，事奉。

7. 齊王使使者問趙威后

齊王使使者問趙威后[1]。書未發[2]，威后問使者曰："歲亦無恙耶[3]？民亦無恙耶？王亦無恙耶？"使者不說[4]，曰："臣奉使使威后，今不問王，而先問歲與民，豈先賤而後尊貴者乎[5]？"威后曰："不然。苟無歲，何以有民？苟無民，何以有君？故有問。舍本而問末[6]者耶？"乃進而問之曰："齊有處士曰鍾離[7]子，無恙耶？是其爲人也，有糧者亦食[8],無糧者亦食;有衣者亦衣[9],無衣者亦衣。是助王養其民也,何以至今不業也[10]？葉陽子無恙乎[11]？是其爲人,哀鰥寡,恤孤獨,振[12]困窮,補不足。是助王息[13]其民者也,何以至今不業也？北宮之女嬰兒子[14]無恙耶？徹其環瑱[15],至老不嫁,以養父母。是皆率民[16]而出於孝情者也,胡爲至今不朝也[17]？此二士弗業,一女不朝,何以王齊國[18],子萬民[19]乎？於陵子仲[20]尚存乎？是其爲人也,上不臣於王[21],下不治其家,中不索[22]交諸侯。此率民而出於無用者,何爲至今不殺乎？"(《戰國策·齊策四》)

【注解】

[1]齊王:指戰國時代的齊襄王(名法章,公元前283—前265年在位)。問:聘問,問候。趙威后:趙惠文王(名何,公元前298—前266年在位)之妻,趙孝成王(名丹,公元前265—前245年在位)之母。孝成王初立,趙威后執政。[2]發:打開,啓封。[3]歲:年。這裏指年成,收成。無恙:問候語,沒有問題。恙,憂患。耶:疑問語氣詞。[4]説(yuè):同"悦"。[5]先、後:用作動詞,以……爲先、以……爲後。[6]本:指"歲"和"民"。末:指"君"。[7]處士:居家不仕者,隱士。鍾離:複姓。[8]食(sì):以食物使人或動物吃。[9]衣:後一"衣"字讀yì,以衣物使人穿。[10]業:功業。這裏用作使動,使……建立功業。此句是説爲什麽不重用鍾離子。[11]葉(Shè)陽子:齊國處士。葉陽,複姓。[12]振:同"賑",救濟。[13]息:生,養。[14]北宮:複姓。嬰兒子:人名。[15]徹:同"撤",除去。環:耳環。瑱(diàn):耳飾。此句是説嬰兒子不事修飾。[16]率民:爲民作表率。[17]胡爲:爲什麽。胡,疑問代詞。朝:使動用法,使(她)朝見國君。古代女子無封號不能上朝。此句是説爲什麽不加封北宮嬰兒子。[18]王(wàng)齊國:做齊國的王。[19]子萬民:以萬民爲子,卽做萬民的父母。[20]於(Wū)陵子仲:齊國處士,卽《孟子·滕文公下》所説的"陳仲子"。[21]臣於王:做王的臣子。[22]索:求。

8. 五帝本紀贊

太史公[1]曰:學者多稱五帝[2],尚[3]矣。然《尚書》獨載堯以來[4],而百家言黄帝,其文不雅馴[5],薦紳[6]先生難言之。孔子所傳宰予問《五帝德》及《帝繫姓》[7],儒者或不傳[8]。余嘗西至空桐[9],北過涿鹿[10]，東漸[11]於海，南浮[12]江淮矣，至長老皆各往往稱黃帝、堯、舜之處，風教固殊[13]焉。總之不離古文者近是[14]。予觀《春秋》[15]《國語》，其發明[16]《五帝德》《帝繫姓》，章[17]矣，顧弟[18]弗深考，其所表見皆不虛。《書》缺有閒[19]矣，其軼乃時時見於他說[20]。非好學深思，心知其意，固難爲淺見寡聞[21]道也。余并論次[22]，擇其言尤[23]雅者，故著爲本紀書首[24]。（《史記·五帝本紀》）

【注解】

[1]太史公：司馬遷在《史記》中的自稱。司馬氏世爲史官，司馬談、司馬遷父子在漢武帝時相繼任太史令。[2]五帝：《史記》以黃帝、顓頊（高陽氏）、帝嚳（高辛氏）、唐堯、虞舜爲五帝。[3]尚：久遠。[4]"然《尚書》"句：《尚書》首篇爲《堯典》，沒有堯以前的文獻。[5]不雅馴：謂不足徵信。雅，正。馴，順。[6]薦紳：即"縉（jìn）紳"，有社會地位的貴族，君子。[7]《五帝德》及《帝繫姓》：今所傳《大戴禮記》有《五帝德》及《帝繫》兩篇，《孔子家語》有《五帝德》一篇。[8]儒者或不傳：按《大戴禮記》是漢代戴德所輯，與傳世儒家經典《禮記》不是同一本書。《孔子家語》是三國魏王肅所輯。兩書成書都在司馬遷之後，不在儒家的"六經"或"五經"之列。[9]空桐：空桐山，亦作"崆峒山"，在今甘肅平涼西。相傳黃帝在此問道於廣成子。[10]涿（Zhuō）鹿：山名，在今河北涿鹿縣東南，山側有涿鹿城。相傳黃帝與蚩尤戰於涿鹿之野。涿鹿城相傳是黃帝、堯、舜建都之處。現代考古學家在此發現了仰韶文化和龍山文化的遺址。[11]漸：進，入。[12]浮：泛舟。[13]風教：風俗教化。殊：不一般。[14]古文：漢代古文經學派信奉和研習的文獻，如《古文尚書》《左傳》等。近是：接近真實。[15]《春秋》：指《春秋左氏傳》，即《左傳》。[16]發明：闡發，說明。按《左傳》《國語》中確有關於五帝中顓頊、帝嚳、堯、舜的若干資料。如《左傳》文公十八年有關顓頊的資料，文公十八年、昭公元年有關帝嚳的資料，文公十八年、昭公七年有關堯的資料，僖公三十三年、文公十八年、昭公八年、昭公二十九年有關舜的資料；《國語·周語》《魯語》《楚語》有關顓頊的資料，《周語》《魯語》《鄭語》有關帝嚳的資料，《周語》《魯語》《鄭語》《楚語》有關堯的資料，《魯語》《晉語》《鄭語》《楚語》《吳語》有關舜的資料，等等。[17]章：彰著，明顯。[18]顧弟：轉折連詞連用，不過，只是，但是。[19]《書》缺有閒：《尚書》缺失，存在空白。《書》，《尚書》。閒，同"間"。[20]軼：同"逸"，逸文。此句是說《尚書》逸文往往可以在其他書中找到。[21]淺見寡聞：指孤陋寡聞、見識短淺的人。[22]論次：論定編次。[23]尤：特別，最。[24]本紀：《史記》體裁的一

種,記述帝王事蹟的傳記,按年月編排史實,是全書的總綱。《五帝本紀》是《史記》十二本紀的第一篇,故曰"書首"。

[練習與思考]

一、請在搜集資料的基礎上回答下列問題

1. 請將本課及以前的課文中"以"作介詞和作連詞的句子找出來,比較它們的用法,分析它們演變的脉絡。

2. 請結合實際用例比較"與""以""而"三個連詞的用法及其異同。

3. 請結合實際用例分析連詞"則"的各種用法。

4. 語氣詞在句子中有哪些不同的位置?請在課文裏找出句首語氣詞、句中語氣詞和句末語氣詞例子,比較它們的用法及其異同。

5. 各種不同語氣類型的句子經常使用的語氣詞有哪些?怎樣看待有的語氣詞可以在不同語氣類型的句子中使用的現象?

6. 請對語氣詞連用的現象進行歸納總結。

二、請將下面的短文譯成現代漢語

1. 楚狂接輿歌而過孔子曰:"鳳兮!鳳兮!何德之衰?往者不可諫,來者猶可追。已而!已而!今之從政者殆而!"孔子下,欲與之言。趨而辟之,不得與之言。(《論語·微子》)

2. 匡章曰:"陳仲子豈不誠廉士哉?居於陵,三日不食,耳無聞,目無見也。井上有李,螬食實者過半矣,匍匐往,將食之,三咽,然後耳有聞,目有見。"孟子曰:"於齊國之士,吾必以仲子爲巨擘焉。雖然,仲子惡能廉?充仲子之操,則蚓而後可者也。夫蚓,上食槁壤,下飲黄泉。仲子所居之室,伯夷之所築與?抑亦盜跖之所築與?所食之粟,伯夷之所樹與?抑亦盜跖之所樹與?是未可知也。"曰:"是何傷哉?彼身織屨、妻辟纑,以易之也。"曰:"仲子,齊之世家也。兄戴,蓋禄萬鍾。以兄之禄爲不義之禄而不食也,以兄之室爲不義之室而不居也,辟兄、離母,處於於陵。他日歸,則有饋其兄生鵝者,己頻顣曰:'惡用是鶃鶃者

爲哉?'他日,其母殺是鵝也,與之食之。其兄自外至,曰:'是鶃鶃之肉也。'出而哇之。以母則不食,以妻則食之;以兄之室則弗居,以於陵則居之。是尚爲能充其類也乎?若仲子者,蚓而後充其操者也。"(《孟子·滕文公下》)

3. 庖丁爲文惠君解牛,手之所觸,肩之所倚,足之所履,膝之所踦,砉然嚮然,奏刀騞然,莫不中音,合於桑林之舞,乃中經首之會。文惠君曰:"嘻,善哉!技蓋至此乎?"庖丁釋刀對曰:"臣之所好者道也,進乎技矣。始臣之解牛之時,所見無非全牛者;三年之後,未嘗見全牛也;方今之時,臣以神遇而不以目視,官知止而神欲行。依乎天理,批大郤,導大窾,因其固然。技經肯綮之未嘗,而況大軱乎!良庖歲更刀,割也;族庖月更刀,折也;今臣之刀十九年矣,所解數千牛矣,而刀刃若新發於硎。彼節者有閒而刀刃者無厚,以無厚入有閒,恢恢乎其於遊刃必有餘地矣。是以十九年而刀刃若新發於硎。雖然,每至於族,吾見其難爲,怵然爲戒,視爲止,行爲遲,動刀甚微,謋然已解,如土委地。提刀而立,爲之四顧,爲之躊躇滿志,善刀而藏之。"文惠君曰:"善哉!吾聞庖丁之言,得養生焉。"(《莊子·養生主》)

4. 夫天地者,萬物之逆旅也。光陰者,百代之過客也。而浮生若夢,爲歡幾何?古人秉燭夜遊,良有以也。況陽春召我以烟景,大塊假我以文章。會桃花之芳園,序天倫之樂事。群季俊秀,皆爲惠連。吾人詠歌,獨慚康樂。幽賞未已,高談轉清。開瓊筵以坐花,飛羽觴而醉月。不有佳詠,何伸雅懷?如詩不成,罰依金谷酒數。(李白《春夜宴從弟桃花園序》)

5. 聖俞嘗謂余曰:"詩家雖率意,而造語亦難。若意新語工,得前人所未道者,斯爲善也。必能狀難寫之景,如在目前,含不盡之意,見於言外,然後爲至矣。賈島云:'竹籠拾山果,瓦瓶擔石泉。'姚合云:'馬隨山鹿放,雞逐野禽棲。'等是山邑荒僻,官況蕭條,不如'縣古槐根出,官清馬骨高'爲工也。"余曰:"語之工者固如是。狀難寫之景,含不盡之意,何詩爲然?"聖俞曰:"作者得於心,覽者會以意,殆難指陳以言也。雖然,亦可略道其仿佛。若嚴維'柳塘春水慢,花塢夕陽遲',則天容時態,融和駘蕩,豈不如在目前乎?又若溫庭筠'雞聲茅店月,人迹板橋霜',賈島'怪禽啼曠野,落日恐行人',則道路辛苦,羈愁旅思,豈不見於言外乎?"(歐陽修《六一詩話》)

6. 韓退之喜大顛,如喜澄觀、文暢之意爾,非信佛法也。世乃妄撰退之與大顛書,其詞凡陋,退之家奴僕亦無此語。有一士人,又於其末妄題云:"歐陽永叔謂此文非退之莫能及。"此又誣永叔也。永叔作《醉翁亭記》,其辭玩易,蓋戲云爾,又不自以爲奇特也。而妄庸者亦作永叔語云:"平生爲此文最得意。"又云:"吾不能爲退之《畫記》,退之又不能爲吾《醉翁亭記》。"此又大妄也。僕嘗謂退之《畫記》近似甲乙帳耳,了無可觀。世人識真者少,可嘆亦可愍也。(蘇軾《東坡志林》)

第十一課　實詞的虛化、詞以下的語法單位

　　古代漢語中的詞，傳統上分爲實詞和虛詞兩大類。實詞和虛詞區分的原則，有的學者和學派是根據它們意義的虛實來區分，意義具體的詞是實詞，意義抽象的詞是虛詞；有的學者和學派是根據它們在句子中的語法地位來區分，可以單獨充當句子成分的詞是實詞，否則爲虛詞。名詞、動詞、形容詞、數量詞，都屬於實詞；介詞、連詞、助詞、語氣詞，都屬於虛詞。這在上述兩派都没有異議。而代詞和副詞，按意義來説是比較虛的，按前者的觀點應該屬於虛詞，但是它們在句子中可以單獨充當句子成分，按後者的觀點又應該歸入實詞。

　　這裏我們不打算對兩種見解進行評價和討論，我們只是指出，在古代漢語發展的歷史中，很明顯的事實是，大多數虛詞是由實詞虛化而來的。一些虛詞兼有實詞的用法，一些虛詞兼屬虛詞中不同的類，在一些句子中的虛詞具有各種解釋的可能性，這些都是實詞虛化及其處在虛化不同階段的痕迹。

　　本課主要介紹古代漢語中實詞虛化，以及詞以下的語法單位的情況。

一　實詞虛化和虛詞實用

（一）實詞虛化

　　古代漢語中一些常用作虛詞的字，都有實詞的用法。比如：

（1）夫子喟然嘆曰："吾與點也！"（《論語·先進》）

(2)子曰："桓公九合諸侯,不以兵車,管仲之力也。"(《論語・憲問》)

(3)古之人未嘗不欲仕也,又惡不由其道。(《孟子・滕文公下》)

(4)樂土樂土,爰得我所。(《詩經・魏風・碩鼠》)

(5)知必危,何故不言?(《左傳・哀公七年》)

例句(1)中的"與"是"贊成""支持"的意思,例句(2)中的"以"是"使用""憑藉"的意思,例句(3)中的"由"是"經由""遵循"的意思,例句(4)中的"所"是"地方""場所"的意思,例句(5)中的"故"是"原因""緣故"的意思。

一些詞由於在句子中經常處於一定的句法位置,它們的實義漸漸淡化,而它們的句法意義漸漸突出和強化,於是逐漸虛化爲虛詞。比如,"與"作動詞,本義是"共同做事",引申爲"參與""支持"等意思。當它經常處在兩個並列性成分之間,並與之一起充當句子的一個成分時,它的動詞意義就弱化甚至消失,虛化爲並列連詞,如:

(6)吾與汝畢力平險,指通豫南,達于漢陰,可乎?(《列子・湯問》)

(7)子曰："富與貴,是人之所欲也;不以其道得之,不處也。貧與賤,是人之所惡也;不以其道得之,不去也。"(《論語・里仁》)

當它介紹一個名詞性成分在動詞謂語前充當狀語的時候,它就虛化成了介詞,如:

(8)子曰："衣敝縕袍,與衣狐貉者立,而不恥者,其由也與?"(《論語・子罕》)

(9)湯居亳,與葛爲鄰。(《孟子・滕文公下》)

再如,"以"作動詞,是"用""帶"的意思,引申爲"靠""憑藉""把"等意思,當它介紹一個名詞性成分在動詞謂語前充當狀語或在動詞謂語後充當補語的時候,它就虛化成了介詞,如:

(10)舉一隅不以三隅反,則不復也。(《論語・述而》)

(11) 我非愛其財,而易之以羊也。(《孟子·梁惠王上》)

"由"作動詞,是"經由""通過"的意思,當它介紹一個名詞性成分在動詞謂語前充當狀語或在動詞謂語後充當補語的時候,它也虛化成了介詞,如:

(12) 子曰:"誰能出不由戶？何莫由斯道也？"(《論語·雍也》)

(13) 由是觀之,無惻隱之心,非人也。(《孟子·公孫丑上》)

名詞"所"本義是"場所""地方",它的後頭經常跟動詞,可以看作它的後置修飾語,"所+動詞"表示什麼樣的地方:

(14) 鄭公子忽在王所,故陳侯請妻之。(《左傳·隱公七年》)

(15) 王之在隨也,子西爲王輿服以保路,國于脾洩。聞王所在,而後從王。(《左傳·定公五年》)

(16) 殽有二陵焉。其南陵,夏后皋之墓也;其北陵,文王之所辟風雨也。(《左傳·僖公三十二年》)

由於"所"經常處於"所+動詞"這種結構中,它的"場所""地方"義漸漸淡化,而它的句法意義漸漸突出和強化,於是逐漸虛化爲一個特殊的代詞,與後接動詞一起組成名詞性的"所"字短語,表示後接動詞的對象,如:

(17) 三后之姓,於今爲庶,王所知也。(《左傳·昭公三十二年》)

(18) 貪貨棄命,亦君所惡也。(《左傳·襄公二十三年》)

(19) 子曰:"殷因於夏禮,所損益,可知也;周因於殷禮,所損益,可知也。"(《論語·爲政》)

(20) 以天下之所順,攻親戚之所畔;故君子有不戰,戰必勝矣。(《孟子·公孫丑下》)

"所"還可以用在介詞的前邊,如"所爲""所以""所從""所由"等等,跟介詞一起相當於一個名詞性成分,表示目的、原因、憑藉、方位、來源等等,意義更加抽象、虛化,如:

(21) 所爲見將軍者，欲以助趙也。(《戰國策·趙策三》)

(22) 夫秦所以重王者，以王有齊也。(《戰國策·秦策二》)

(23) 且夫信行者，所以自爲也，非所以爲人也。(《戰國策·燕策一》)

(24) 善用兵者，感忽悠闇，莫知其所從出。(《荀子·議兵》)

(25) 殺人者死，傷人者刑，是百王之所同也，未有知其所由來者也。(《荀子·正論》)

"故"作名詞，是"緣故"的意思，常常用在表示原因的分句和表示結果的分句之間，逐漸虛化爲表因果關係的連詞，意思是"因此""所以"，如：

(26) 吾少也賤，故多能鄙事。(《論語·子罕》)

(27) 窮不失義，故士得己焉；達不離道，故民不失望焉。(《孟子·盡心上》)

"故"有時也作"以故""是故"(意爲"因爲這個緣故""所以")，虛化的痕跡更加明顯：

(28) 爲國以禮，其言不讓，是故哂之。(《論語·先進》)

(29) 君王后事秦謹，與諸侯信，以故建立四十有餘年不受兵。(《戰國策·齊策六》)

(二) 句子結構的重新分析

實詞的虛化還有一個途徑，就是句子結構的重新分析。一個詞在句子中某一個位置上使用久了，人們對它在句子結構中的地位可以由原先的分析判斷改變爲另一種新的分析判斷。重新分析常常使一個詞削弱甚至失去原先實詞的意義，而加強其結構意義和功能意義，也就是說，詞的詞彙意義弱化而語法意義加強。重新分析也可以使一個虛詞進一步虛化，使其殘存的詞彙意義進一步喪失，而加強其格式化的意義。例如：

(1) 秦攻楚之西，韓、魏攻其北，社稷豈得無危哉？（《戰國策·楚策一》）

(2) 太后曰："老婦恃輦而行。"曰："日食飲得無衰乎？"曰："恃鬻耳。"（《戰國策·趙策四》）

句中"得無"是"能不"之意，按意義"無"字屬下讀。由於經常連用於反問句中，"得無"兩字連讀，意思虛化成了"恐怕""該不是"等表達反問口氣的虛詞。如：

(3) 孔子爲魯攝相，朝七日而誅少正卯。門人進問曰："夫少正卯魯之聞人也，夫子爲政而始誅之，得無失乎？"（《荀子·宥坐》）

(4) 昔武王伐紂，遷頑民於洛邑，得無諸君是其苗裔乎？（《世說新語·言語》）

(5) 河北既罷兵，允則治城壘不輟，契丹主曰："南朝尚脩城備，得無違誓約乎？"（《宋史·李允則傳》）

又如上文所分析的"所+動詞"的短語，常常會作動詞"有""無"的賓語：

(6) 僑聞學而後入政，未聞以政學者也。若果行此，必有所害。（《左傳·襄公三十一年》）

(7) 政在家門，民無所依，君日不悛，以樂慆憂。（《左傳·昭公三年》）

當"所"後面的動詞爲單音節時，由於韻律的制約，"所+動詞"作爲一個韻律詞，結構比較牢固，韻律節奏和句法分析保持一致。而當"所"後面的動詞爲雙音節時，由於韻律的影響，"所"就跟前邊的"有""無"結合爲一個韻律詞"有所""無所"，其中"所"的意義極大地虛化了：

(8) 秦既得意，燒天下詩書，諸侯史記尤甚，爲其有所刺譏也。（《史記·六國年表》）

(9) 孝文帝從代來，即位二十三年，宮室苑囿狗馬服御，無所

增益。(《史記·孝文本紀》)

甚至出現了"多所""少所"這樣的結構：

(10) 徇齊至北海,多所殘滅。齊人相聚而叛之。(《史記·項羽本紀》)

(11) 譴罰吏人,至數千萬,而三公刺史,少所舉奏。(《後漢書·虞詡傳》)

再如,"以"作介詞,賓語常常可以前置,也常常可以省略,這一點在第九課中已經介紹過了。在一些句子中,這種用法的"以"後邊跟着動詞或動詞短語的時候,也常常可以重新分析。比如：

(12) 子曰："我非生而知之者,好古,敏以求之者也。"(《論語·述而》)

句中的"以",可以理解爲介詞,"敏以求之"是"憑着勤奮敏捷探求之"；也可以理解爲連詞,同"而","勤奮敏捷地探求之"。

(13) 子曰："志士仁人,無求生以害仁,有殺身以成仁。"(《論語·衛靈公》)

句中的"以",可以理解爲介詞,"別由於求生而損害了仁,要用犧牲自己的方式成就仁"；也可以理解爲連詞,"別貪生怕死而損害仁,要勇於犧牲來成就仁"。一般認爲,虛詞中,連詞比介詞虛化程度更高。《詩大序》中有一段著名的話：

(14) 治世之音安,以樂其政和；亂世之音怨,以怒其政乖；亡國之音哀,以思其民困。

也有人這樣讀：

(15) 治世之音安以樂,其政和；亂世之音怨以怒,其政乖；亡國之音哀以思,其民困。

這也是對虛詞"以"的不同理解帶來的結果。

(16)子曰:"人而不仁,如禮何?人而不仁,如樂何?"(《論語·八佾》)

(17)天之未喪斯文也,匡人其如予何?(《論語·子罕》)

(18)子曰:"不曰'如之何,如之何'者,吾末如之何也已矣。"(《論語·衛靈公》)

(19)子曰:"有父兄在,如之何其聞斯行之?"(《論語·先進》)

"如+名/代+何"的結構,原來是一個動賓短語加一個疑問代詞,"名/代"的意義原來是比較實在的,例句(16)中"如禮何""如樂何",意思是"怎麼對待禮/樂呢",例句(17)中"如予何"意思是"拿我怎麼辦呢"。這種結構用久了,中間的賓語成分逐漸固定用"之"字,意義就虛化,例句(18)中後一個"如之何"中"之"仍然可以分析作賓語,前兩個"如之何"只是"怎麼辦"的意思。例句(19)中,"如之何"整個結構變成一個疑問代詞,就只剩"怎麼"的意思了。

(三)虛詞實用

這裏順便說一下古代漢語中虛詞實用的問題。

古代漢語中,詞的活用情況比現代漢語中多。虛詞在不同的情況下也可以活用爲實詞。大體上說,當句子中應該由實詞佔據的句法位置上出現虛詞時,該虛詞就活用成實詞了。比如:

(1)子絶四:毋意,毋必,毋固,毋我。(《論語·子罕》)

句中副詞"必",代詞"我"用在表示禁止的副詞"毋"後邊,都活用成了動詞。

(2)於是鴟得腐鼠,鵷鶵過之,仰而視之曰:"嚇!"今子欲以子之梁國而嚇我邪?(《莊子·秋水》)

"嚇"本是擬聲詞,句中第二個"嚇"字帶上賓語,活用成動詞。

(3)他日歸,則有饋其兄生鵝者,己頻顣曰:"惡用是鶃鶃者爲哉?"他日,其母殺是鵝也,與之食之。其兄自外至,曰:"是鶃鶃之

肉也。"出而哇之。(《孟子·滕文公下》)

"鶃鶃"本是模擬鵝叫聲的擬聲詞,句中第一個"鶃鶃"活用成動詞,與"者"字構成名詞性短語,意思是"鶃鶃地叫的東西"。第二個"鶃鶃"處在領屬性定語的位置上,活用成名詞。"哇"本來也是擬聲詞,在句中處在連詞"而"之後,又帶上了賓語,是活用作了動詞。

(4)者,別事詞也。(《説文解字·白部》)
(5)烏,安也。(《呂氏春秋·明理》高誘注)

虛詞"者""烏",在句中是被解釋的對象,暫時被名物化,作判斷句的主語,活用成名詞;"安"在句中作判斷句的謂語,活用成名詞。

二　詞以下的語法單位

有一種相沿成習的説法,説漢語是一種缺乏形態的語言。其實,古代漢語中,尤其是上古漢語中並不缺乏形態,只是漢字的書寫形式常常把漢語的形態掩蓋或歪曲了。這可以分三種情況。一是語言裏頭本來是一個詞根的不同派生形式,可是寫出來却是同一個漢字,没有區別。如:

(1)惠公之季年,敗宋師于黄。(《左傳·隱公元年》。按:《經典釋文》:敗,必邁反,敗他也。)
(2)所謂誠其意者,毋自欺也,如惡惡臭,如好好色,此之謂自謙。(《禮記·大學》)

例句(1)中"敗"字,是使動形式,按《經典釋文》注音要讀清聲母,而同書《隱公五年》"亂政亟行,所以敗也"中的"敗"字是自動形式,《經典釋文》不注音。按體例,不注音的字,讀"如字"(按照通常的讀音念),即讀"蒲邁反",是濁聲母。例句(2)中第一個"惡"是動詞,讀 wù,厭惡,第二個"惡"是形容詞,讀"如字",音 è,壞的,不好的;句中第一個"好"是動詞,讀 hào,喜好、愛,第二個"好"是形容詞,讀"如字",音 hǎo。

二是語言裏本來是一個詞根的不同派生形式,寫出來却成了兩個不同的漢字,使人不容易看出它們的關係。如:

(3) 焉得諼草？言樹之背。(《詩經·衛風·伯兮》)
(4) 執摯以相見,敬章別也。(《禮記·郊特牲》)

例句(3)中,"背"即"北"。毛傳:"背,北堂也。"《説文》:"北,乖也,从二人相背。"朱駿聲《説文通訓定聲》:"人坐立多面明背闇,故以背爲南北之北。"例句(4)中,"執"是"執持","摯"同"贄",是"所執持之物",引申爲"禮物"。《漢書·郊祀志》:"三帛二牲一死爲贄。"顔師古注:"贄者,所執以爲禮也。"

三是語言裏一個詞根帶有某個形態,寫出來是兩個漢字,其中一個是詞根,另一個則只表示該詞的某個語法意義,不能按照這個字通常的意義來理解。如:

(5) 徒御不驚,大庖不盈。毛傳:不驚,驚也。不盈,盈也。(《詩經·小雅·車攻》)
(6) 王之藎臣,無念爾祖。毛傳:無念,念也。(《詩經·大雅·文王》)

例句(5)(6)的"不"字"無"字都没有否定的意思,它們都是動詞的前加成分,用來複指前邊的主語。

詞以下的語法單位,是指它們本身還不是獨立的詞,只是詞的一部分,其作用是表示某種語法意義。有的書稱它們爲"詞頭""詞尾",有的書稱它們爲"首碼""尾碼"。古漢語中,詞以下的語法單位有的是顯性的,如例句(5)(6)中的"不""無";有的是隱性的,形態被漢字掩蓋了,光從文字上看不出來,需要從語音、語法等方面深入解析,纔能發現和判斷。下面僅舉一些例子來説明古代漢語中確實是存在這些形態的,希望讀者能够舉一以反三。

1. 狀貌詞尾。

(1) 九二:巽在牀下,用史巫紛若,吉无咎。(《周易·巽卦》)

(2)六二:屯如邅如,乘馬班如。(《周易·屯卦》)

(3)子夏曰:"君子有三變:望之儼然,即之也温,聽其言也厲。"(《論語·子張》)

(4)子之武城,聞弦歌之聲,夫子莞爾而笑。(《論語·陽貨》)

(5)始舍之,圉圉焉,少則洋洋焉,攸然而逝。(《孟子·萬章上》)

(6)未幾見兮,突而弁兮。(《詩經·齊風·甫田》)

"若""如""然""爾""焉""而"都是詞尾,用在表示狀態形貌的詞語之後,構成狀態形容詞。

2. 名物化標誌。

(1)原繁、高渠彌以中軍奉公,爲魚麗之陳。(《左傳·桓公五年》)

(2)選德殿柱有金書六字,曰:"毋不敬,思無邪。"上曰:"此坐右銘也。"(《宋史·理宗本紀》)

(3)小宗伯之職,掌建國之神位。鄭玄注:故書"位"作"立"。(《周禮·春官宗伯》)

(4)誰習計會,能爲文收責於薛者乎?鮑彪注:"責""債"同。(《戰國策·齊策四》)

例句(1)中"魚麗之陳",宋洪邁《夷堅乙志》卷八十作"魚麗之陣"。"陳",本是國名,後來也用作動詞,是陳列、擺放義,《說文》作"敶",文獻中多寫作"陳"。"陳"還特指陳列軍隊,部署軍陣。六朝以後分化出"陣"字。"陳"作動詞讀平聲,"陣"作名詞讀去聲。例句(2)中"坐右銘",《金史》卷十九作"座右銘"。"坐""座"本同字,作動詞時讀上聲,作名詞"座位"義讀去聲,後來寫作"座"。例句(3)中"位"字,依鄭注本來是寫成"立"字的。"立""位"本同字,作動詞"站立"義讀入聲,作名詞"坐立之處、位置"義讀去聲,後來寫作"位"。例句(4)中"責"字,即後來的"債"字。作動詞的"責"讀入聲,作名詞"債務"義的"責"讀去聲。去聲的這種名物化功能,據研究是由上古漢語音節的詞尾-s 標誌的。上古帶-s 尾的音節,後來變成了去聲字。這種以去聲標

誌名物化的情況直到現代漢語中還有痕跡,比如表 11-1:

表 11-1　去聲標誌名物化詞彙舉例

	磨	背	卷	量	數	馱	擔	扇	把
動詞	mó	bēi	juǎn	liáng	shǔ	tuó	dān	shān	bǎ
名詞	mò	bèi	juàn	liàng	shù	duò	dàn	shàn	bà

3. 使動標記。

(1)解,佳買切,講也,説也;解,胡買切,曉也。(據《廣韻·上聲蟹韻》)

(2)折,旨熱切,拗折;折,常列切,斷而猶連,《説文》斷也。(據《廣韻·入聲薛韻》)

(3)敗,補邁切,破他曰敗;敗,薄邁切,自破曰敗。(據《廣韻·去聲夬韻》)

(4)斷,都管切,斷絶;斷,徒管切,絶也。(據《廣韻·上聲緩韻》)

(5)并,府盈切,合也(併,必郢切又必姓切,併合和也);並,蒲迥切,比也。(據《廣韻·平聲清韻、上聲靜韻、迥韻》)

(6)揭,居竭切,揭起,《説文》曰高舉也,又丘竭切、渠列切;傑,渠列切,英傑特立也。(據《廣韻·入聲月韻、薛韻》。按:楚辭"非俊疑傑兮,固庸態也"王逸注:"一國高爲傑也。"見《楚辭章句·懷沙》。)

在這一組例子中,每例的後一個都是自動詞(或形容詞),都是濁聲母,而每例的前一個都是使動詞,都是清聲母。所以聲母"清"的特徵就可以看作是動詞的使動標記。

古代漢語也用去聲作爲使動標記。比如:

(7)遠,雲阮切,遥遠也;遠,于願切,離也。(據《廣韻·上聲阮韻、去聲願韻》。按:"離"即"使之遠"也。)

(8)食,乘力切,飲食;飲(飼),祥吏切,食也。(據《廣韻·入聲職韻、去聲志韻》。按:去聲飲字,經典文獻也寫作食字,《孟子·滕文公上》:"治於人者食人,治人者食於人。"《孟子集注》:"食音嗣。")

(9)妻,七稽切,齊也;妻,七計切,以女妻人。(據《廣韻·平聲齊韻、去聲霽韻》。按:《論語·公冶長》:"子謂公冶長可妻也,雖在縲絏之中,非其罪也,以其子妻之。"《論語集注》:"妻,去聲……爲之妻也。")

(10)來,落哀切,至也,及也;倈,洛代切,勞也。(據《廣韻·平聲咍韻、去聲代韻》。按:"倈",經典文獻也寫作"來""徠"。《孟子·滕文公上》:"放勳曰:勞之來之。"《孟子集注》:"勞、來皆去聲。"《漢書·平當傳》:"勞倈有意者。"顏師古注:"倈者,以恩招倈也。")

(11)深,式針切,水名,又邃也,遠也。又式鴆切。(據《玉篇·水部》。按:去聲"式鴆切"的"深"字,是使動意義。《國語·吳語》:"高高下下,以罷民於姑蘇。"注:"高高,起臺榭;下下,深污池。"《漢書·溝洫志》:"按經義治水,有決河深川。"顏師古注:"深,浚治也。")

(12)飲,於錦切,說文曰:歠也;又於禁切。(據《廣韻·上聲寢韻、去聲沁韻》。按:去聲"於禁切"的"飲"字,是使動意義。《左傳·宣公二年》:"秋九月,晉侯飲趙盾酒。"《經典釋文》:"飲,於鴆反。")

去聲的使動功能,直到現代漢語中還有遺留,如"凉—晾""和—和(huò,使匀和)""昌—倡""澄(chéng 清)—澄(dèng 使清)""渾—混""間(jiān 間距)—間(jiàn 使有間距,如:間隔、反間、間苗)""散(sǎn 零散)—散(sàn,分開,使零散)"等等。

現代漢語中固然只留下古代漢語中形態的遺迹,其實就現存的古代漢語文獻看,詞以下的語法單位也已經沒有了嚴格整齊的系統,可以說是更古時代的形態的殘留。但是卽使如此,認識古代漢語中詞以下的語法單位,對於我們閱讀古漢語文獻,仍然是十分重要的。

[文選]

1. 桃 夭

桃之夭夭[1],灼灼其華[2]。之子于歸[3],宜其室家[4]。

桃之夭夭,有蕡其實[5]。之子于歸,宜其家室。

桃之夭夭,其葉蓁蓁[6]。之子于歸,宜其家人。(《詩經·周南》[7])

【注解】

[1]夭夭:草木少壯茂盛貌。[2]灼灼:花盛明艷貌。以上兩句比喻少女青春美貌。[3]之子:處子,處女。于歸:出嫁。于,動詞詞頭,表示即將進行的動作。[4]宜:適宜,指男女年時相當。室家:猶下文"家室",指婚姻。《左傳·桓公十八年》:"女有家,男有室。"[5]有:形容詞詞頭。蕡(fén):大貌。實:果實,這裏指桃子。[6]蓁(zhēn)蓁:葉盛貌。[7]《詩經》:周初至春秋末年的一部詩歌總集,是儒家主要經典之一。先秦時只稱爲《詩》或《詩三百》,至漢代被尊爲"經"。《詩經》分爲風、雅、頌三部分,"風"是從各地採集而來並經過整理的民歌,共有十五國風,《周南》是其中之一,是西周王城豐(在今陝西西安市灃河以西)、鎬(Hào,今陝西西安市灃河以東)及附近一帶的民歌。"雅"是西周王室居豐、鎬時的王畿一帶的詩歌,主要是貴族的作品。又分爲《小雅》和《大雅》。儒家傳統認爲《雅》詩是反映"王政之所由廢興"的作品。"頌"是祭祀祖先和神明時的樂歌,又分爲《周頌》(西周王室的祭祀詩)、《魯頌》(春秋前期魯國的祭祀詩)和《商頌》(春秋前期殷商後裔宋國的祭祀詩)三部分。《詩經》雖經秦火焚毀,但是從漢初就被奉爲經典,流傳不息,因此具有極高的文獻價值。漢代《詩經》有《齊詩》《魯詩》《韓詩》《毛詩》等不同的版本,只有《毛詩》完整地流傳下來了。流行的注本有《毛詩注疏》(漢毛亨傳、鄭玄箋,唐陸德明音義、孔穎達疏)、宋朱熹《詩集傳》、清馬瑞辰《毛詩傳箋通釋》、清陳奐《詩毛氏傳疏》、今人高亨《詩經今注》等。

2. 甘 棠

蔽芾甘棠[1],勿翦勿伐[2],召伯所茇[3]。
蔽芾甘棠,勿翦勿敗[4],召伯所憩[5]。
蔽芾甘棠,勿翦勿拜[6],召伯所說[7]。(《詩經·召南》[8])

【注解】

[1]蔽芾(bìfú):聯綿詞,小貌。甘棠:樹名,一名棠梨、杜梨。[2]翦(jiǎn):剪,割。伐:擊,敲。[3]召(Shào)伯:亦稱召公、召康公,周初重臣姬奭(Shì),助武王伐紂有功,被封於燕。成王時任太保,掌理陝(今河南三門峽陝州區)以西召邑。茇(bá):舍,居止。所茇:居止之處。《史記·燕召公世家》:"召公之治西方,甚得兆民和。召公巡行鄉邑,有棠樹,決獄政事其下,自侯伯至庶人各得其所,無失職者。"[4]敗:毀壞。[5]憩(qì):休息。[6]拜:通"拔"。[7]說(shuì):停息。[8]

《召南》:《詩經》十五國風之一,主要是東周時代江漢流域一帶的民歌作品。

3. 伯 兮

伯兮朅[1]兮,邦之桀[2]兮。伯也執殳[3],爲王前驅[4]。
自伯之東[5],首如飛蓬[6]。豈無膏沐[7]?誰適爲容[8]!
其雨其雨[9],杲杲出日[10]。願言思伯[11],甘心首疾[12]。
焉得諼草[13]?言樹之背[14]。願言思伯。使我心痗[15]。(《詩經·衛風》[16])

【注解】

[1]伯:猶言"大哥",是女子昵稱其夫君。朅(qiè):威武雄壯之貌。[2]邦:國。桀(jié):通"傑",英傑,豪傑。[3]殳(shū):古代兵車上的一種兵器,長一丈二尺,有棱角而無刀刃。[4]前驅:先鋒,前導。[5]之東:到東方去(打仗)。據《毛傳》,此詩作於衛宣公時,蔡、衛、陳三國軍隊隨從周王伐鄭國。鄭在周的東邊,故言"之東"。[6]飛蓬:隨風飄揚的蓬草。蓬,蓬草。此句比喻女子不事容飾,頭髮散亂。[7]膏沐:潤膚潤髮的化妝品。[8]適(dí):主。此句是說(夫君不在,我)爲誰打扮呢?[9]其:副詞,表示期盼語氣。其雨:下雨吧。[10]杲(gǎo)杲:日出之貌。以上兩句是說期盼之事不得實現,暗喻思君不歸。[11]願:念,想。言:"我焉"的合音,我就,我於是。願言思伯:一動念我就想起夫君。《詩經》中"VP₁言VP₂"的格式,意思是"VP₁,我就VP₂"。[12]甘:厭,足,滿。甘心:(憂思)充滿心胸。首疾:頭痛。[13]諼(xuān)草:一作"萱草",忘憂草。[14]樹:栽種。背:通"北",指堂屋的北邊,房背後。[15]痗(mèi):憂病,憂傷。[16]《衛風》:《詩經》十五國風之一。衛國地在黃河、淇水之間的殷商故地。周武王滅商,以殷餘民封紂子武庚祿父,以奉商祀。武王又令其弟管叔、蔡叔傅相武庚祿父。武王死,成王少。管叔、蔡叔與武庚祿父作亂。周公旦以成王命興師伐殷、殺武庚祿父、管叔,放蔡叔,以殷餘民封武王胞弟康叔姬封爲衛君。漢代之前,今本《詩經》的《邶風》《鄘風》《衛風》都稱"衛詩",漢以後,始分爲三國之詩。

4. 君子無所爭

子曰:"君子無所爭[1],必也射乎[2]!揖讓而升[3],下而飲[4],其爭也君子[5]。"(《論語·八佾》)

【注解】

[1]所爭:競賽的事情。爭,競賽,比賽。"所"用在動詞的前面,虛化爲特殊指示代詞,指代其後動詞涉及的事物、場所、方法等等。[2]必也射乎:此句意思是,(如果有什麼要競賽的事情,)那一定是比射箭吧。[3]揖讓:作揖遜讓。升:登。這裏指登堂。[4]下而飲:(射完箭)下堂飲酒。[5]其爭也君子:那種競賽是按照君子的規範進行的。按《儀禮·鄉射禮》和《儀禮·大射儀》,射後要計算中靶多少,中靶少的要被罰飲酒。

5. 仰之彌高

顏淵喟然嘆[1]曰:"仰之彌高[2],鑽之彌堅[3]。瞻[4]之在前,忽焉在後[5]。夫子循循然善誘[6]人,博我以文[7],約我以禮[8],欲罷不能[9]。既竭[10]吾才,如有所立。卓爾[11]。雖欲從之,末由也已[12]。"(《論語·子罕》)

【注解】

[1]顏淵:顏回,字子淵,春秋時魯國人,孔子最得意的學生。喟(kuì)然:嘆息聲。[2]仰:抬頭看。彌:更,越。本句評論的對象是"夫子之道",以下幾句同。[3]堅:堅硬,難以鑽進去。這裏是比喻夫子之道的深奧。[4]瞻:往前看。[5]忽焉:忽然。焉,狀貌詞尾,"……的樣子","……然","……地"。以上四句是形容夫子之道高明奧妙,難以得其要領。[6]循循然:循序漸進地。誘:引導。[7]博:廣博,豐富。文:文獻。[8]約:約束。禮:禮節。[9]罷:停止。以上四句是說夫子教導的方法。[10]竭:盡。[11]卓爾:高貌。以上三句是說,我用盡才力,似乎學有所成,而夫子之道仍高不可及。[12]末:否定代詞,沒有什麼。由:經由,途徑。這兩句的意思是,儘管自己想跟上夫子,却不知怎麼使勁。

6. 聖可積而致

曰:"聖可積而致[1],然而皆不可積[2],何也?"

曰:"可以而不可使也[3]。故小人可以爲君子[4],而不肯爲君子;君子可以爲小人,而不肯爲小人[5]。小人、君子者,未嘗不可以相爲[6]也,然而不相爲者,可以而不可使也。故塗之人可以爲禹[7],則然[8];塗之人能爲禹[9],未必然也。雖不能爲禹,無害可以爲禹[10]。足可以徧[11]行天下,然而未嘗有能徧行天下者也。夫工匠農賈[12],未嘗不可以相爲事[13]也,然而未嘗能相爲事也。用[14]此觀之,然則可以爲,未必能也;雖不能,無害可以爲。然則能不能之與可不可,其不同遠矣[15],其不可以相爲明矣[16]。"

堯問於舜曰:"人情[17]何如?"舜對曰:"人情甚不美[18],又何問焉!妻子具而孝衰於親[19],嗜欲得而信[20]衰於友,爵祿盈[21]而忠衰於君。人之情乎[22]!人之情乎!甚不美,又何問焉!唯賢者爲不然[23]。"
(《荀子·性惡》)

【注解】

[1]聖:儒家觀念中達到最高道德境界者稱爲聖人,如堯、舜、禹。積:積累。致:達到。此句是説通過積累善行可以達到聖人的境界。[2]"然而"句:此句是説不是所有的人都能積累善行。[3]使:致使,讓。此句是説人可以這樣做,但是不能強使別人這樣做。積善致聖必須有主觀願望。[4]爲:做,成爲。小人、君子是儒家的道德範疇,有道德者是君子,無道德者是小人。[5]以上四句是説,小人積善就可以成爲君子,但是他們不肯積善所以不能成爲君子;君子積惡也可以成爲小人,但是他們不肯積惡所以不會成爲小人。[6]未嘗:未始,加在否定詞前,構成語氣委婉的雙重否定。相爲:互相變爲。[7]塗之人:路上隨便一個人。塗,通"途",道路。可以爲禹:可以成爲禹這樣的聖人,有成爲聖人的可能性。[8]則然:那是這樣的。[9]能爲禹:能够成爲禹這樣的聖人,有成爲聖人的現實性。[10]無害:不妨害,不影響。這兩句是説,即使没有真的成爲聖人,也不影響他具有成爲聖人的可能性。[11]徧:同"遍"。[12]賈(gǔ):商人。[13]相爲事:互相從事對方的事業。[14]用:由,以。[15]"然則能不能"二句:這兩句是説,有没有可能性和能不能實現這種可能性,差別是很大的。[16]明:明顯,明明白白的。此句是説"可"和"能"不能混爲一談是很明顯的。[17]情:中國傳統哲學中一個重要的概念,指人在後天接觸外部世界以後産生的各種情感(如喜怒哀懼愛惡欲等),"情"與"性"有別,傳統哲學認爲"性"是人與生俱來的(如善、惡)的品質。[18]美:惡的對立面。荀子主張"性惡",同時也認爲人的"情"也是惡的。[19]妻子:妻子和兒女。具:具備,齊全。衰:減弱。親:父母。[20]嗜欲:嗜好欲望。得:獲得,得到。信:信用。[21]爵:爵位,官位。祿:俸祿。盈:滿,足。[22]人之情乎:感嘆句。古文中感嘆句常常只有一個名詞或名詞短語,指稱感嘆對象。[23]不然:不這樣。此句是説賢者能積美善,修性情。

7. 大學之法

　　大學之法,禁於未發之謂豫[1],當其可之謂時[2],不陵節而施之謂孫[3],相觀而善之謂摩[4]。此四者,教之所由興[5]也。發然後禁,則扞格而不勝[6];時過然後學,則勤苦而難成[7];雜施[8]而不孫,則壞亂而不脩[9];獨學而無友,則孤陋而寡聞[10];燕朋逆其師[11];燕辟廢其學[12]。此六者,教之所由廢也。君子既知教之所由興,又知教之所由廢,然後可以爲人師也。故君子之教喻[13]也,道而弗牽[14],強而弗抑[15],開而弗達[16]。道而弗牽則和[17],強而弗抑則易[18],開而弗達則思[19];和易以思[20],可謂善喻矣。

　　學者有四失[21],教者必知之。人之學也,或失則多[22],或失則寡[23],或失則易[24],或失則止[25]。此四者,心之莫同也[26]。知其心,然後能救[27]其失也。教也者,長善[28]而救其失者也。善歌者,使人繼其聲[29];善教者,使人繼其志。其言也,約而達[30],微而臧[31],罕譬而喻[32],可謂繼志矣。君子知至學[33]之難易,而知其美惡[34],然後能博[35]喻;能博喻然後能爲師,能爲師然後能爲長[36];能爲長然後能爲君[37]。故師也者,所以學爲君也[38]。是故擇師不可不慎也。《記》[39]曰:"三王四代唯其師[40]。"此之謂乎!

　　凡學之道,嚴[41]師爲難。師嚴然後道尊,道尊然後民知敬學。是故君之所不臣於其臣者二[42]:當其爲尸[43]則弗臣也,當其爲師則弗臣也。大學之禮,雖詔於天子,無北面[44],所以尊師[45]也。

　　善學者,師逸而功[46]倍,又從而庸之[47];不善學者,師勤[48]而功半,又從而怨[49]之。善問者,如攻[50]堅木,先其易者,後其節目[51],及其久也,相説[52]以解;不善問者反此。善待問者如撞鐘,叩[53]之以小者則小鳴,叩之以大者則大鳴,待其從容[54],然後盡其聲[55]。不善答問者反此。此皆進學之道也。(《禮記·學記》)

【注解】

[1]未發:(情欲)未發生,指十五歲時。豫:同"預",預先。[2]可:指二十歲成人之時。時:適時。[3]陵節:超越學習者的實際程度、接受能力。陵,越。節,

度。施:施教。孫:順。此句是説要因人因才施教。[4]相觀而善:指受學者一人咨問於師,衆人觀聽而各得其解。摩:相切磋。[5]所由興:興旺發達之路。興,興起,發達。[6]扞(hàn)格:抵觸,難以進入。以上兩句是説情欲產生以後再去禁止就難以奏效。[7]勤苦:費力辛苦。以上兩句是説成年以後再學,人的精力和聰明已經散逸,徒勞而難以成功。[8]雜施:教育的内容雜亂無序,不能針對學生所需施教。[9]壞亂而不脩:敗壞擾亂了教育而不能修治。[10]"獨學"二句:這兩句是説獨自學習,没有朋友互相切磋,則學識孤僻鄙陋,寡有所聞。[11]燕:燕褻(xiè),輕慢,不莊重。此句是説朋友之間不相敬重,則違逆師教。[12]辟:同"譬",譬喻。此句是説對老師講學時所設的譬喻加以嘲笑,則廢棄學業。[13]喻:明白,通曉。這裏是使動用法。[14]道(dǎo):通"導",引導,指路。牽:牽引,逼迫。[15]强:鼓勵。抑:壓。此句是説老師應當鼓勵學生理解而不是把知識强壓給學生。[16]開:啓發,引進門。達:通徹。此句是説老師應該啓發學生而不應一講到底。[17]和:和諧,寬鬆。[18]易:和易,温和平易。[19]思:思考。這裏是説使學生獨立思考。[20]以:而。[21]四失:四種失誤。[22]或失則多:猶言"或失於多",以下三句同此。多,貪多。此句針對基礎薄弱者。[23]寡:少。此句針對資質較好者。[24]易:輕易。此句針對好問却不記,學而不思者。[25]止:停止,止步。此句針對思而不問者。[26]"此四"二句:這兩句總結上述四者,不同的失誤是由於人心的不同。[27]救:補救。[28]長(zhǎng)善:發揚優點。[29]"善歌"二句:這兩句是用唱歌來作比喻。歌唱得好,別人就會跟着歌聲來做傚。[30]約:少,簡約。達:顯達。[31]微:微妙。臧:善,好。[32]罕:少。喻:明白易曉。[33]至學:最高的學問。[34]美惡:指學説的是非。[35]博:廣泛。[36]長:官長。[37]君:國君。[38]"故師"二句:這兩句是説,就師學習,是學做國君的途徑。儒者修身齊家,目的是治國平天下。[39]《記》:這裏引用某一種古代文獻,具體出處不詳。[40]三王:指夏商周三代的聖王。四代:虞夏商周。此句是説,虞夏商周盛世的聖王都有好的老師。[41]嚴:尊敬。[42]君之所不臣於其臣者二:國君有兩種情况不把他的臣子當作臣子。[43]尸:古代祭祀時代表死者受祭的人。[44]北面:臣子之禮,面向北跪拜。以上三句是説,在太學,擔任老師的人在接受君王詔書時不用行臣子之禮。[45]所以尊師:用以尊師的制度。[46]逸:安逸,不費勁。功:功效,成績。[47]從:隨着。庸之:把功勞記在他(老師)身上。庸,功。[48]勤:勞累。[49]怨:埋怨,責怪。[50]攻:治,加工。[51]節目:樹木枝幹交結處文理糾結不順,難於加工的地方。[52]説(yuè):同"悦"。[53]叩:敲擊。

[54] 從容:再三(此用胡銓説,見宋衛湜《禮記集説》卷九十)。[55] 盡其聲:發出聲音,盡所問之意。以上五句用撞鐘比喻答問。善於回答學生問題的老師,學生問得淺就答得淺,問得深就答得深,學生再三叩問,纔把答案和盤托出。

8. 陳靈公與孔寧儀行父通於夏姬

陳靈公與孔寧、儀行父通於夏姬[1],皆衷其衵服[2]以戲于朝。洩冶[3]諫曰:"公卿宣淫[4],民無效[5]焉,且聞不令[6],君其納[7]之。"公曰:"吾能改矣。"公告二子[8],二子請殺之,公弗禁,遂殺洩冶。

....

陳靈公與孔寧、儀行父飲酒於夏氏[9]。公謂行父曰:"徵舒似女[10]。"對曰:"亦似君。"徵舒病之[11]。公出,自其廄射而殺之[12]。二子奔楚。

....

楚子爲陳夏氏亂[13]故,伐陳。謂陳人無動[14],將討於少西氏[15]。遂入陳,殺夏徵舒,轘諸栗門[16]。因縣陳[17]。陳侯[18]在晉。申叔時[19]使於齊,反[20],復命[21]而退。王使讓[22]之曰:"夏徵舒爲不道[23],弒其君,寡人以[24]諸侯討而戮之,諸侯、縣公皆慶[25]寡人,女獨不慶寡人,何故?"對曰:"猶可辭[26]乎?"王曰:"可哉。"曰:"夏徵舒弒其君,其罪大矣,討而戮之,君之義也[27]。抑[28]人亦有言曰:'牽牛以蹊[29]人之田,而奪之牛[30]。'牽牛以蹊者,信有罪矣;而奪之牛,罰已[31]重矣。諸侯之從也,曰'討有罪'也。今縣陳,貪其富也。以討召諸侯[32],而以貪歸[33],無乃[34]不可乎?"王曰:"善哉!吾未之聞也。反之,可乎?"對曰:"吾儕小人所謂'取諸其懷而與之'也[35]。"乃復封陳[36],鄉[37]取一人焉以歸,謂之夏州[38]。(《左傳·宣公九年至十一年》)

【注解】

[1]陳靈公:春秋時期陳國國君,名平國,公元前613—前599年在位。孔寧、儀行父皆爲陳國之卿。通:私通。夏姬:鄭穆公之女,陳國大夫夏御叔之妻。[2]衷:揣於懷中。衵(rì)服:内衣,貼身衣服。[3]洩(Xiè)冶:陳國大夫。[4]公卿:國君和卿士,指陳靈公和孔寧、儀行父。宣淫:公然淫亂。[5]效:效倣。[6]聞

(wèn):名聲。令:善。[7]其:表祈使語氣的副詞。納:收,藏。[8]二子:指孔寧、儀行父。[9]夏氏:指夏姬。[10]徵舒:夏徵舒,夏姬之子。女:通"汝"。[11]病之:猶言"恥之"。[12]廄(jiù):馬廄。之:指陳靈公。按,本句省略主語"徵舒"。[13]楚子:指楚莊王熊侶,春秋時楚國國君,公元前613—前591年在位。亂:弑君作亂。[14]無動:没有(懲處夏徵舒)的行動。[15]討:討伐。少西氏:夏徵舒的祖父名少西。此句是説楚國以平定陳國内亂、討伐夏氏的名義出兵。[16]轘(huàn):車裂之刑。栗門:陳國首都的城門。[17]因:於是。縣陳:將陳國滅掉,變爲(楚國的)一個縣。[18]陳侯:指陳靈公之子陳午,後來的陳成公。[19]申叔時:楚國大夫。[20]反:同"返",回來。[21]復命:報命,完成使命以後向國君報告。[22]使:派人。讓:責備,譴責。[23]爲不道:做大逆不道的事。[24]以:率領。[25]縣公:楚國稱縣大夫爲縣公。慶:慶賀。[26]辭:解説。[27]"夏徵"四句:是説楚君討伐夏徵舒是合於道義的。[28]抑:轉折連詞,不過。[29]以:而。蹊(xī):徑,這裏用作動詞,穿過。[30]奪之牛:雙賓語結構,從他手裏奪牛。[31]已:太,過。[32]以討召諸侯:以討伐無道的名義召集諸侯。[33]以貪歸之:以貪佔陳國的結局打發諸侯回國。[34]無乃:表示測度語氣的副詞,用於反問句,恐怕,大概。[35]吾儕(chái):我輩。此句是申叔時引用民間諺語,从人懷裏搶來東西又把它給這個人,比喻把奪取的陳國還給夏氏後人。[36]復封陳:重新封陳國,恢復陳爲諸侯國。[37]鄉:名詞用作量詞在動詞前作狀語,表示周遍義,每一個鄉。[38]謂之夏州:把安置來自陳國的俘虜的地方叫作夏州。

[練習與思考]

一、請在搜集資料的基礎上回答下列問題

1. 請將本課及以前的課文中實詞虛化和虛詞實用的情況找出來,分析它們虛化的脉絡和活用的情况。

2. 實詞爲什麼會虛化?怎樣鑒別一個詞是不是已經虛化?比較一個詞未虛化和已經虛化的用例。

3. 虛詞怎樣實用?怎樣鑒別一個虛詞在句子中用作了實詞?

4. 請結合實際用例説明什麼是"重新分析"。

5. 請結合實際用例指出"然""焉""如"作爲詞和作爲詞尾的異同。

6. 詞以下的語法單位有哪些？請舉出實際例子來分析說明。

二、翻譯下列句子，指出其中實詞虛化或虛詞實用的情況

1. 吾自衛反魯，然後樂正，雅頌各得其所。
2. 君子於其所不知，蓋闕如也。
3. 百姓足，君孰與不足？百姓不足，君孰與足？
4. 誰能出不由戶？何莫由斯道也？
5. 有父兄在，如之何其聞斯行之？
6. 年饑，用不足，如之何？
7. 天生德於予，桓魋其如予何？
8. 曷爲或言而，或言乃，乃難乎而也。
9. 只，語已詞也。
10. 些，少也，寫邪切。

三、翻譯下列句子，指出其中詞以下的語法單位，並說明其作用

1. 賁如皤如，白馬翰如，匪寇婚媾。
2. 突如其來如，焚如，死如，棄如。
3. 出涕沱若，戚嗟若，吉。
4. 桑之未落，其葉沃若。
5. 皎皎白駒，賁然來思。
6. 不我以歸，憂心有忡。
7. 四牡有驕，朱幩鑣鑣。
8. 上帝不寧，不康禋祀，居然生子。
9. 吾恂恂而起，視其缶，而吾蛇尚存，則弛然而臥。
10. 浩浩乎如馮虛御風，而不知其所止；飄飄乎如遺世獨立，羽化而登仙。

四、請將下面的短文譯成現代漢語

1. 魯武公以括與戲見王，王立戲，樊仲山父諫曰："不可立也！不順必犯，犯王命必誅，故出令不可不順也。令之不行，政之不立。行而不順，民將棄上。夫下事上，少事長，所以爲順也。今天子立諸侯而建其少,是教逆也。若魯從之而諸侯效之,王命將有所壅,若不從而誅之,是自誅王命也。是事也,誅亦失,不誅亦失,天子其圖之!"王卒立之。魯侯歸而卒,及魯人殺懿公而立伯御。(《國語·周語上》)

2. 孟嘗君將入秦,止者千數而弗聽。蘇秦欲止之,孟嘗曰:"人事者,吾已盡知之矣;吾所未聞者,獨鬼事耳。"蘇秦曰:"臣之來也,固不敢言人事也,固且以鬼事見君。"孟嘗君見之。謂孟嘗君曰:"今者臣來,過於淄上,有土偶人與桃梗相與語。桃梗謂土偶人曰:'子,西岸之土也,挺子以爲人,至歲八月,降雨下,淄水至,則汝殘矣。'土偶曰:'不然。吾西岸之土也,吾殘則復西岸耳。今子,東國之桃梗也,刻削子以爲人,降雨下,淄水至,流子而去,則子漂漂者將何如耳。'今秦四塞之國,譬若虎口,而君入之,則臣不知君所出矣。"孟嘗君乃止。(《戰國策·齊策三》)

3. 古之善爲士者,微妙玄通,深不可識。夫唯不可識,故强爲之容:豫兮若冬涉川,猶兮若畏四鄰,儼兮其若容,渙兮其若冰之將釋,敦兮其若樸,曠兮其若谷,混兮其若濁。孰能濁以靜之徐清?孰能安以久,動之徐生?保此道者,不欲盈。夫唯不盈,故能蔽不新成。(《老子》第十五章)

4. 儀封人請見,曰:"君子之至於斯也,吾未嘗不得見也。"從者見之。出,曰:"二三子何患於喪乎?天下之無道也久矣,天將以夫子爲木鐸。"(《論語·八佾》)

第十二課　句子和語序

一　句子和句子成分

句子由詞和短語構成,是在言語交際中能够表達完整意思的語言單位。古代留下的文獻雖然大多没有使用標點,但是古人說話時,通過使用語調、停頓等表達手段,句子的界限是可以辨認的。大體上說,連續的語流中,兩個較大的停頓之間帶有一定語調的那個語言片段就是一個句子。句子内部的較小的停頓,把句子的組成部分分隔開來。一個複雜的句子可以由幾個分句組成,一個分句或一個簡單的句子由若干個句子成分組成。跟現代漢語一樣,古代漢語的句子成分有主語、謂語、賓語、定語、狀語、補語等等。比如:

(1)媪之送燕后也,持其踵而爲之泣,念悲其遠也,亦哀之矣。(《戰國策·趙策四》)

例句(1)是由四個分句組成的複句,第一分句由一個主謂短語和一個句中語氣詞"也"構成;第二分句由兩個並列的動賓短語構成,中間加連詞"而"連接;第三分句由一個動賓短語和一個句末語氣詞"也"構成;第四分句由一個動賓短語和一個句末語氣詞"矣"構成。其中,第一分句說明全句的時間,第三分句和第二分句之間具有判斷的關係,第四分句和前兩個分句之間具有描寫、說明的關係。再如:

(2)君子疾夫舍曰欲之而必爲之辭。(《論語·季氏》)
(3)彼三晉之兵素悍勇而輕齊。(《史記·孫子吴起列傳》)

(4)後十餘日,陸議大破先主軍於猇亭。(《三國志·蜀書·先主傳》)

以上三個單句,例句(2)賓語較複雜,有指示代詞"夫"複指,賓語的主體是兩個動詞短語,中間由表示轉折的連詞"而"來連接。例句(3)主語是一個定中結構的名詞短語,謂語由一個形容詞短語和一個動詞短語組成,由表示並列的連詞"而"來連接。例句(4)有一個表示時間的句首狀語,還有一個介詞短語在動詞短語後作補語。

古代漢語中,一個主謂短語如果不獨立成句,而充當複句的一個分句,或者充當單句的一個句子成分,那麼在絕大多數的場合,會在主謂之間加一個結構助詞"之"作爲標記,如上述例句(1)的第一分句。又如:

(5)子曰:"十室之邑,必有忠信如丘者焉,不如丘之好學也。"(《論語·公冶長》)

(6)孟子曰:"王之好樂甚,則齊國其庶幾乎!"(《孟子·梁惠王下》)

例句(5)中,主謂短語"丘好學"充當"不如"的賓語,例句(6)中,主謂短語"王好樂"充當"甚"的主語,所以主謂之間都加了結構助詞"之"作爲標記。

二 語 序

語序就是句子中各個成分的先後次序。從上面的例句可以看出,古代漢語句子的語序跟現代漢語大體上是一樣的,是以"主—謂—賓"爲序,定語位於名詞性中心語之前,狀語位於謂詞性中心語(動詞、形容詞)之前,表示時間的狀語也可以位於句首,補語位於謂詞性中心語(動詞、形容詞)或謂詞短語之後。

需要特別注意的是,古代漢語的語序,除上述基本狀況之外,還存在一些與現代漢語不同的情況。

（一）主謂語序

在一般情況下古代漢語的句子中主語位於謂語的前面。但是，在一些帶有強烈語氣的句子（主要是感嘆句，也有一些祈使句、疑問句）中，主語往往可以後置，將謂語放在前面，以起到強調謂語內容的作用。例如：

(1) 子曰："賢哉，回也！一簞食，一瓢飲，在陋巷。人不堪其憂，回也不改其樂。賢哉，回也！"（《論語·雍也》）

(2) 子謂子賤："君子哉若人！魯無君子者，斯焉取斯？"（《論語·公冶長》）

(3) 廣成子蹶然而起，曰："善哉問乎！"（《莊子·在宥》）

(4) 悲哉！秋之為氣也。（《楚辭·九辯》）

(5) 逖矣，西土之人！（《尚書·牧誓》）

(6) 河曲智叟笑而止之，曰："甚矣，汝之不惠！"（《列子·湯問》）

(7) 伯魚之母死，期而猶哭。夫子聞之，曰："誰與，哭者？"（《禮記·檀弓上》）

(8) 王若曰："往哉，封！勿替敬，典聽朕告，汝乃以殷民世享。"（《尚書·康誥》）

（二）動賓語序、介賓語序

從現有的文獻看，古代漢語動賓語序基本上是動詞在前，賓語後置。但是有一些句子中有動詞在後、賓語前置的現象。比如：

(1) 子曰："不患人之不己知，患不知人也。"（《論語·學而》）

(2) "鄉人長於伯兄一歲，則誰敬？"曰："敬兄。"（《孟子·告子上》）

(3) 齊侯曰："豈不穀是為？先君之好是繼。"（《左傳·僖公四年》）

(4) 《商頌》曰："殷受命咸宜，百祿是荷。"其是之謂乎！（《左

傳·隱公三年》)

例句(1)中,"己"是"知"的賓語;例句(2)中,"誰"是"敬"的賓語;例句(3)中,"不穀"是"爲"的賓語,"先君之好"是"繼"的賓語;例句(4)中,"百祿"是"荷"的賓語,"是"是"謂"的賓語,它們都前置於動詞。

古代漢語中,賓語前置大體上是有規律的。

1. 疑問代詞作賓語,一般都置於動詞之前。如上面例句(2)的"則誰敬?"又如:

(1)鳥獸不可與同群,吾非斯人之徒與而誰與?(《論語·微子》)

(2)子曰:"内省不疚,夫何憂何懼?"(《論語·顏淵》)

(3)子路曰:"衛君待子而爲政,子將奚先?"(《論語·子路》)

(4)居惡在? 仁是也;路惡在? 義是也。(《孟子·盡心上》)

(5)斥鴳笑之曰:"彼且奚適也?"(《莊子·逍遥遊》)

古代漢語中,介詞大多是從動詞虛化而來的,介詞在句子中要帶賓語,介詞賓語的位置,一般是後置,但是也有跟動詞一樣的情況,疑問代詞作介詞的賓語時,一般也都置於介詞之前。如:

(6)百姓足,君孰與不足? 百姓不足,君孰與足?(《論語·顏淵》)

(7)子曰:"何以報德? 以直報怨,以德報德。"(《論語·憲問》)

(8)君子去仁,惡乎成名?(《論語·里仁》)

(9)在於王所者,長幼卑尊皆薛居州也,王誰與爲不善? 在王所者,長幼卑尊皆非薛居州也,王誰與爲善?(《孟子·滕文公下》)

(10)樂正子入見,曰:"君奚爲不見孟軻也?"(《孟子·梁惠王下》)

(11)微君之故,胡爲乎中露!(《詩經·邶風·式微》)

2. 在否定句中,充當動詞賓語的代詞,一般都置於動詞之前,尤其是人稱代詞,很少有例外。如:

(1)日月逝矣,歲不我與。(《論語·陽貨》)

(2)居則曰:"不吾知也!"(《論語·先進》)

(3)雖速我訟,亦不女從!(《詩經·召南·行露》)

(4)豈不爾思?遠莫致之。(《詩經·衛風·竹竿》)

(5)諸侯之禮,吾未之學也;雖然,吾嘗聞之矣。(《孟子·滕文公上》)

(6)虎負嵎,莫之敢攖。(《孟子·盡心下》)

(7)子曰:"不患無位,患所以立;不患莫己知,求爲可知也。"(《論語·里仁》)

(8)三代命祀,祭不越望。江、漢、睢、章,楚之望也。禍福之至,不是過也。(《左傳·哀公六年》)

3. 一般名詞或名詞性短語充當賓語,多數是置於動詞之後的。在需要強調賓語的時候,也可以前置於動詞,但是多數情況下需要在"賓—動"之間加結構助詞來標誌。如:

(1)哀哉爲猶,匪先民是程,匪大猶是經。維邇言是聽,維邇言是爭。(《詩經·小雅·小旻》)

(2)子曰:"德之不修,學之不講,聞義不能徙,不善不能改,是吾憂也。"(《論語·述而》)

(3)魚網之設,鴻則離之。燕婉之求,得此戚施。(《詩經·邶風·新臺》)

代詞充當賓語,也可以在"賓—動"之間添加結構助詞的情況下前置於動詞。如:

(4)子貢曰:"詩云:'如切如磋,如琢如磨。'其斯之謂與?"(《論語·學而》)

(5)子使漆彫開仕。對曰:"吾斯之未能信。"子説。(《論語·公冶長》)

(6)詩曰:"匪交匪舒,天子所予。"此之謂也。(《荀子·勸學》)

(7)《魯頌》曰:"戎狄是膺,荆舒是懲。"周公方且膺之,子是

之學,亦爲不善變矣。(《孟子・滕文公上》)

4.除以上三類之外,古代漢語中還有賓語前置的情況。一是介詞"以"的賓語常常前置,二是代詞"是"作賓語常常前置。如:

(1)君若以力,楚國方城以爲城,漢水以爲池,雖衆,無所用之。(《左傳・僖公四年》)

(2)大人世及以爲禮,城郭溝池以爲固,禮義以爲紀,以正君臣,以篤父子,以睦兄弟,以和夫婦,以設制度。(《禮記・禮運》)

(3)乃惟四方之多罪逋逃,是崇是長,是信是使,是以爲大夫卿士。(《尚書・牧誓》)

(4)子曰:"伯夷、叔齊不念舊惡,怨是用希。"(《論語・公冶長》)

此外還有一些零星的賓語前置的現象,可能是更古的時代的句法的遺留:

(5)彼何罪?諺所謂"室於怒,市於色"者,楚之謂矣。(《左傳・昭公十九年》)

(6)武觀曰:"啓乃淫溢康樂,野于飲食。"(《墨子・非樂上》)

(三) 定中語序

古代漢語的句子中,定語位於中心語之前是普遍現象,如:

(1)禹別九州,隨山濬川,任土作貢。禹敷土,隨山刊木,奠高山大川。(《尚書・禹貢》)

(2)誕寘之隘巷,牛羊腓字之。誕寘之平林,會伐平林。誕寘之寒冰,鳥覆翼之。(《詩經・大雅・生民》)

(3)易與天地準,故能彌綸天地之道。仰以觀於天文,俯以察於地理,是故知幽明之故。(《周易・繫辭上》)

(4)大宰之職,掌建邦之六典,以佐王治邦國。(《周禮・天官冢宰》)

(5)故不登高山,不知天之高也;不臨深谿,不知地之厚也;不

聞先王之遺言,不知學問之大也。(《荀子·勸學》)

(6) 宋之富賈有監止子者,與人爭買百金之璞玉,因佯失而毀之,負其百金,而理其毀瑕,得千溢焉。(《韓非子·説林下》)

上述句子中的定語,有的是修飾性的,如"高山""大川""隘巷""寒冰";有的是領屬性的,如"大宰之職""先王之遺言"。有的定語與中心語直接相連,有的定語與中心語之間加結構助詞連接。定語可以是形容詞、名詞、數詞,也可以是短語。

但是在古代漢語中,也有一些句子中定語後置於中心語。如:

(7) 易(賜)女田于寒山。(《大克鼎》銘文)

(8) 鶉之奔奔,鵲之彊彊。人之無良,我以爲兄!(《詩經·鄘風·鶉之奔奔》)

(9) 驅而之薛,使吏召諸民當償者,悉來合券。(《戰國策·齊策四》)

(10) 太子及賓客知其事者,皆白衣冠以送之。(《戰國策·燕策三》)

(11) 駕八龍之婉婉兮,載雲旗之委蛇。(《楚辭·離騷》)

(12) 三十三年……禁不得祠明星出西方。三十四年,適治獄吏不直者。(《史記·秦始皇本紀》)

(13) 信至國……召辱己之少年令出袴下者以爲楚中尉。(《史記·淮陰侯列傳》)

(14) 臣竊見騎都尉安國前幸賜書,擇羌人可使使罕。(《漢書·趙充國傳》)

(15) 玖,石之次玉黑色者。(《説文·玉部》)

後置的定語,有的是形容詞,有的是各種結構的短語,比如介詞短語、動詞短語、"者"字短語等等。數詞和數量短語作定語,也可以後置,見下文。

(四) 數量語序

古代漢語中,表示事物的數量,數詞置於名詞之前或之後都有,大

體上説,數詞後置多見於早期,時代越晚,數詞前置越常見。如:

(1) 貞,王田于雞,往來亡災,弘吉。兹御,獲狐八十又六。(《甲骨文合集》37471)

(2) 敢爲尊壺九。(《殷周金文集成》15.9700 陳喜壺)

(3) 受有臣億萬,惟億萬心;予有臣三千,惟一心。(《尚書·泰誓上》)

數量結構作定語,也如此:

(4) 上六:入于穴,有不速之客三人來,敬之終吉。(《周易·需卦》)

(5) 九二:不克訟,歸而逋,其邑人三百户,無眚。(《周易·訟卦》)

(6) 舜有臣五人而天下治。武王曰:"予有亂臣十人。"(《論語·泰伯》)

(7) 武王之伐殷也,革車三百兩,虎賁三千人。(《孟子·盡心下》)

(8) 高祖弟交爲楚王,王淮西三十六城。(《史記·荆燕世家》)

(9) 景帝十三男,一男爲帝,十二男皆爲王。(《史記·外戚世家》)

(10) 群臣曰:"備不曉兵,豈有七百里營可以拒敵者乎?"(《三國志·魏書·文帝紀》)

(11) 且今時吏部總選人物,天下不過數百縣,於六七百萬户内詮簡數百縣令,猶不能稱其才,乃欲於一鄉之内選一人能治五百家者,必恐難得。(《隋書·李德林傳》)

古代漢語中,表示動作行爲的數量,數詞置於動詞之前爲常。如:

(12) 夫子勖哉! 不愆于四伐、五伐、六伐、七伐,乃止齊焉。勖哉夫子! (《尚書·牧誓》)

(13) 九二:在師中,吉无咎,王三錫命。(《周易·師卦》)

（14）其卦遇《蠱》，曰："千乘三去，三去之餘，獲其雄狐。"（《左傳·僖公十五年》）

（15）是故百戰百勝，非善之善者也；不戰而屈人之兵，善之善者也。（《孫子兵法·謀攻》）

（16）韓自以專有齊國，五戰五不勝。（《戰國策·齊策一》）

（17）吾三戰而三勝，聲威天下。（《史記·田敬仲完世家》）

（18）先帝不以臣卑鄙，猥自枉屈，三顧臣於草廬之中。（《三國志·蜀書·諸葛亮傳》）

在這種情況下，數詞後沒有動量詞，直接跟動詞。

（五）句首狀語

狀語通常置於充當謂語的動詞或形容詞前，但是，表示時間的狀語可以置於句首，位於主語之前。如：

（1）古我先王，亦惟圖任舊人共政。（《尚書·盤庚上》）

（2）今爾罔不由慰日勤，爾罔或戒不勤。（《尚書·呂刑》）

（3）昔我往矣，楊柳依依。今我來思，雨雪霏霏。（《詩經·小雅·采薇》）

（4）莫春者，春服既成。冠者五六人，童子六七人，浴乎沂，風乎舞雩，詠而歸。（《論語·先進》）

（5）子曰："古者民有三疾，今也或是之亡也。"（《論語·陽貨》）

（6）昔者太王好色，愛厥妃。（《孟子·梁惠王下》）

（7）夏五月，鄭伯克段于鄢。（《左傳·隱公元年》）

（8）宋殤公之即位也，公子馮出奔鄭，鄭人欲納之。（《左傳·隱公四年》）

（9）方其夢也，不知其夢也。夢之中又占其夢焉，覺而後知其夢也。（《莊子·齊物論》）

（10）媼之送燕后也，持其踵爲之泣，念悲其遠也，亦哀之矣。（《戰國策·趙策四》）

（11）今者平原君爲魏請從，寡人不聽。（《戰國策·趙策三》）

（12）荆軻既至燕，愛燕之狗屠及善擊筑者高漸離。……其之燕，燕之處士田光先生亦善待之，知其非庸人也。（《史記·刺客列傳》）

充當句首狀語的，有的是時間名詞，如"古""今""昔""夏五月"等，也可以在時間名詞後加"者""也"，如"今者""昔者""莫春者""今也"等；有的是時間短語，如"宋殤公之即位也""方其夢也"" 媪之送燕后也"等。充當句首狀語的主謂短語，主、謂之間往往有"之"字爲標誌。有時這種句首狀語中的主語跟"之"合起來用"其"來代替，如例句（12）"其之燕"，即"荆軻之之燕"。當句子由多個分句組成時，充當句首狀語的主謂短語也可以視爲一個分句，如例句（8）、（9）、（10）、（12）。

三　合成詞和語素序

古代漢語的合成詞，是由短語凝固而成的。古代漢語的詞雖然以單音節爲主，但是語言的韻律要求兩個音節成爲一個音步，因此兩個音節的短語在使用中常常成爲一個韻律詞，一些慣用的韻律詞就因爲高頻繁的使用而詞彙化，成爲雙音節詞。正因爲合成詞由短語而來，因此句法上的語序也在合成詞的語素序上留下了印記。古代漢語合成詞的語素序，多數與現代漢語一樣，如"霜降""地震""陸沉""龍興"是"主—謂"結構；"天子""冢宰""太卜""小胥"是"定—中"結構；"司馬""掌荼""典瑞""守祧"是"動—賓"結構，等等。但是，古代漢語中也有一些合成詞，其語素序反映了"賓語前置""定語後置"等句法現象，是早期古代漢語句法結構的遺留物。

1. "賓—動""賓—介"結構的合成詞。

（1）馬質中士二人……馬質掌質馬。（《周禮·夏官司馬》）

（2）天子車駕躓道未行，而先使嫣乘副車，從數十百騎，騖馳視獸。（《史記·佞幸列傳》）

(3)望之以射策甲科爲郎,署小苑東門候。(《漢書·蕭望之傳》)

(4)故先王之爲臺榭也……城守之木於是乎用之。(《國語·楚語上》)

例句(1)至(4)中,"馬質""車駕""門候""城守"都是"賓—動"結構的合成名詞。

(5)百姓足,君孰與不足?百姓不足,君孰與足?(《論語·顏淵》)

(6)子貢問曰:"賜也何如?"子曰:"女,器也。"(《論語·公冶長》)

(7)玁狁孔熾,我是用急。(《詩經·小雅·六月》)

(8)易窮則變,變則通,通則久,是以自天祐之,吉无不利。(《周易·繫辭下》)

"孰與""何如""是用""是以"等本來是"賓—介"結構的短語,久而凝固爲詞,"孰與""何如"用爲疑問詞,意思是"怎麽""怎麽樣","是用""是以"用爲連詞,意思爲"因此""所以"。

2. "中—定"結構的合成詞。

甲、"名—形"結構的合成詞:

在一些古老的文獻中,有一些合成名詞是"名—形"結構的,這可以看成是句法上定語後置的凝固化。比如:

(1)月正元日,舜格于文祖。(《尚書·舜典》)

(2)周宗既滅,靡所止戾。(《詩經·小雅·雨無正》)

(3)菀彼桑柔,其下侯旬。(《詩經·大雅·桑柔》)

(4)子曰:"邦有道,危言危行;邦無道,危行言孫。"(《論語·憲問》)

(5)迅雷風烈,必變。(《論語·鄉黨》)

例句(1)的"月正"即"正月",例句(2)的"周宗"即"宗周",例句

(3)的"桑柔"即"柔桑",例句(4)的"言孫"即"孫(遜)言",例句(5)的"風烈"即"烈風"。

乙、"方位—名"結構的合成詞:

古代漢語中方位詞"中""周(邊)"經常被置於名詞前,這種短語凝固成"方位—名"結構的合成名詞。如:

(1)葛之覃兮,施于中谷。(《詩經·周南·葛覃》)

(2)肅肅兔罝,施于中逵。……肅肅兔罝,施于中林。(《詩經·周南·兔罝》)

(3)泛彼柏舟,在彼中河。(《詩經·鄘風·柏舟》)

(4)菁菁者莪,在彼中阿。……菁菁者莪,在彼中沚。……菁菁者莪,在彼中陵。(《詩經·小雅·菁菁者莪》)

(5)鴻雁于飛,集于中澤。(《詩經·小雅·鴻雁》)

(6)中田有廬,疆場有瓜。(《詩經·小雅·信南山》)

以上"中谷""中逵""中林""中河""中阿""中沚""中陵""中澤""中田"即"谷中""逵中""林中""河中""阿中""沚中""陵中""澤中""田中"。

(7)采采卷耳,不盈頃筐。嗟我懷人,寘彼周行。(《詩經·周南·卷耳》)

(8)顧瞻周道,中心怛兮。(《詩經·檜風·匪風》)

"周行""周道"即"行周""道周"(路邊)。而"中心"即"心中",與現代漢語的"中心"意思完全不同。

丙、"大名—小名"結構的合成詞:

古代漢語有一類"名—名"結構的合成詞,前一個名詞性語素來自通名(公名),後一個名詞性語素來自專名(私名),前者指稱的範圍大,後者指稱的範圍小,習慣上被稱爲"大名飾小名"。

(1)昔在帝堯,聰明文思,光宅天下。(《尚書·堯典》)

(2)乃築臺於章華之上,闕爲石郭,陂漢,以象帝舜。(《國

語·吳語》)

（3）夫郊，祀后稷以祈農事也。(《左傳·襄公七年》)

（4）昔有夏之方衰也，后羿自鉏遷于窮石，因夏民以代夏政。(《左傳·襄公四年》)

（5）包犧氏沒，神農氏作，斲木爲耜，揉木爲耒，耒耨之利，以教天下。(《周易·繫辭下》)

（6）假哉天命。有商孫子。(《詩經·大雅·文王》)

（7）夏四月己巳，晋侯、齊師、宋師、秦師及楚人戰于城濮，楚師敗績。(《左傳·僖公二十八年》)

（8）遂置姜氏于城潁，而誓之曰："不及黄泉，無相見也。"(《左傳·隱公元年》)

（9）師曠告晋侯曰："鳥烏之聲樂，齊師其遁。"(《左傳·襄公十八年》)

（10）龍以爲畜，故魚鮪不淰。(《禮記·禮運》)

（11）厥風微而温，生蟲蝗，害五穀。(《漢書·五行志下》)

例句(1)至(5)中"帝堯""帝舜""后稷""后羿""神農"是帝王名，其中"帝""后""神"是通名，居前；"堯""舜""稷""羿""農"是專名，居後。例句(4)(6)"有夏""有商"是國名(朝代名)，其中"有"是詞頭，居前；"夏""商"是專名，居後。例句(7)(8)"城濮""城潁"是地名，其中"城"是通名，居前；"濮""潁"是專名，居後。《左傳》中這類地名不少，像"城棣""城郜""城麇""城父"等等。例句(9)至(11)"鳥烏""魚鮪""蟲蝗"即"烏鳥""鮪魚""蝗蟲"，"鳥""魚""蟲"是通名，居前；"烏""鮪""蝗"是專名，居後。

人名的結構，早期也是通名居前，專名居後。像甲骨文中的"且(祖)癸""且庚""且辛""且壬""且丁""父乙""父甲""父己""白(伯)多""白吉""白嘉"，《尚書》中的"祖乙"，《史記·殷本紀》中的"祖己""祖庚""祖甲"等等。姓氏是人的共名，名字是人的私名，姓和名的順序，從古至今一直是姓前名後，如"姬昌""孔丘""司馬遷""張飛"等等。這是華夏古老語序一直留存到今天的痕迹。

[文選]

1. 古者言之不出

子曰:"古者言之不出[1],耻躬之不逮[2]也。"(《論語·里仁[3]》)

【注解】

[1]言之不出:不出言。助詞"之"用來標誌前面的前置賓語。[2]耻:以……爲耻辱。躬:自身。逮:及,趕上。躬之不逮,"之"加在主謂短語的主謂之間,標示這個主謂短語只作句子成分,不單獨成句。[3]里仁:與仁人爲里,選擇有仁人的地方居住。里,里居,街坊。

2. 德之不修

子曰:"德之不修[1],學之不講[2],聞義不能徙[3],不善不能改,是吾憂[4]也。"(《論語·述而》)

【注解】

[1]修:修養,培養。[2]學:學問。講:講習。[3]徙(xǐ):遷移。這裏指移己而從行義之人。[4]是:那,那些,指前面四者。憂:憂慮,擔心。

3. 公山弗擾以費畔

公山弗擾以費畔[1],召,子欲往。子路不説[2],曰:"末之[3]也,已[4],何必公山氏之之[5]也?"子曰:"夫召我者,而豈徒[6]哉?如有用我者,吾其爲東周[7]乎?"(《論語·陽貨》)

【注解】

[1]公山弗擾:人名,春秋時魯國權臣季孫氏的家臣。以:據,憑藉。費:魯國地名,季氏的封邑。畔,通"叛"。按,《左傳·定公十二年》記魯國公山不狃叛亂,或許就是同一人,同一事。[2]説(yuè):同"悦"。[3]末:無定代詞,沒有什麼地方。之:動詞,往,到……去。[4]已:止,算了。[5]公山氏之之:到公山氏那裏去。後一個"之"是動詞,往也;前一個"之"是助詞,標誌前面的前置賓語"公山氏"。[6]徒:徒然,白白地。[7]爲東周:在東方復興周文王周武王之道。其,時間副詞,將。東周,東方行周道之邦。

4. 用之則行舍之則藏

子謂顏淵[1]曰:"用之則行[2],舍之則藏[3],惟我與爾有是夫[4]!"子路曰:"子行三軍[5],則誰與[6]?"子曰:"暴虎馮河[7],死而無悔者,吾不與也。必也臨事而懼[8],好謀而成[9]者也。"(《論語·述而》)

【注解】

[1]謂:對……説。顏淵:孔子的弟子顏回,字子淵。[2]用:被任用,被委以官職。行:行於世,指出仕。[3]舍:被棄置,没有機會任職。藏:藏於家,指在家修德講學。[4]有是夫:能够那樣吧。[5]行三軍:指揮大國的軍隊。三軍,古者天子六軍,諸侯大國三軍,小國一軍。[6]誰與:與誰一起(指揮軍隊)。[7]暴虎:空手搏虎。馮(píng)河:徒步渡河。這裏是指有勇無謀,恃勇蠻幹。[8]臨事而懼:面對戰事謹慎恐懼。[9]好謀而成:善於運用謀略來成事。

5. 寡人之於國也

梁惠王曰[1]:"寡人之於[2]國也,盡心焉耳[3]矣。河内凶[4],則移其民於河東[5],移其粟[6]於河内。河東凶亦然。察鄰國之政,無如寡人之用心者。鄰國之民不加[7]少,寡人之民不加多,何也?"

孟子對[8]曰:"王好戰,請以戰喻[9]。填然鼓之[10],兵刃既接,棄甲曳[11]兵而走[12]。或百步而後止,或五十步而後止。以五十步笑百步,則何如?"

曰:"不可,直[13]不百步耳,是亦走也。"

曰:"王如知此,則無望民之多於鄰國也。不違農時[14],穀不可勝[15]食也。數罟不入洿[16]池,魚鼈不可勝食也。斧斤以時[17]入山林,材木[18]不可勝用也。穀與魚鼈不可勝食,材木不可勝用,是使民養生喪死[19]無憾也。養生喪死無憾,王道[20]之始也。五畝之宅[21],樹[22]之以桑,五十者可以衣帛[23]矣。雞豚狗彘[24]之畜,無失其時,七十者可以食肉矣。百畝之田,勿奪其時,數口之家可以無飢矣。謹庠[25]序之教,申之以孝悌[26]之義,頒白者不負戴[27]於道路矣。七十者衣帛食肉,黎民[28]不飢不寒,然而不王[29]者,未之有也。狗彘食人食而不知檢[30],塗有餓莩而不知發[31],人死,則曰:'非我也,歲也。'是何異於刺人而殺之,曰:'非我也,兵也。'王無罪歲[32],斯天下之民至焉[33]。"(《孟子·梁惠王上》)

【注解】

[1]梁惠王:戰國時魏國國君魏罃,公元前369年—前319年在位。惠王即位後九年遷都於大梁(今河南開封),故又稱梁惠王。[2]寡人:古代君王的自稱,是一種謙稱。之:主謂短語作句子成分的標誌。於:對於。[3]焉:於是,於此。耳:而已。[4]河內:地名,指魏國在黃河以北的部分,今河南武陟縣一帶。凶:鬧饑荒,遇荒年。[5]河東:地名,指魏國在黃河以東的部分,今山西安邑縣一帶。[6]粟:穀子,小米。這裏泛指糧食。[7]加:副詞,更加。[8]對:回答。注意,表示地位低下者對高位者答話纔用"對"。[9]請:表敬副詞,意思是"請讓我","請允許我"。喻:譬喻,打比方。[10]填:擬聲詞,模擬擊鼓或打雷的聲音。鼓:動詞,擊鼓。之:用以湊足音步,無實義。[11]甲:鎧甲。曳(yè):拖,拉。[12]走:逃跑。[13]直:副詞,只。[14]不違農時:不在農忙時興役使民,耽誤農事。農時,農事的時令,如春耕夏耘秋收等。[15]穀:五穀,穀類作物。這裏泛指糧食。勝(舊讀shēng):盡,完。[16]數(cù):細密。罟(gǔ):網。洿(wū)池:池塘。[17]斤:斧類。以時:按照規定的時間。據《周禮》《禮記》《逸周書》等記載,古代有禁止在生長期間砍伐林木,以保護山林的法令。[18]材木:成材的樹木。[19]養生喪死:供養生者,為死者送終。[20]王道:這是孟子政治思想的核心。戰國時代諸侯力政,戰亂頻仍,民不聊生。孟子主張行仁政,認為讓百姓安居樂業,豐衣足食,就能稱王於天下。[21]五畝之宅:儒家傳說中國古代實行過井田制,即國家授予每一户農夫"五畝之宅"(宅院)和"百畝之田"(耕地)。[22]樹:種植。這裏以種桑涵括養蠶繅絲紡織等。[23]衣(yì):穿。帛:絲織品的總稱。[24]豚(tún):小猪。彘(zhì):猪。[25]庠(xiáng)序:學校。[26]申:再三重複。孝悌(tì):孝順父母,敬愛兄長。[27]頒白,亦作"斑白",頭髮花白。頒白者,上了年紀的人,老人。負:以背負物。戴:以頭頂物。[28]黎民:百姓,大衆。[29]王(wàng):稱王,成王。[30]檢:斂。此句是說年成豐稔時不積儲糧食,隨便糟蹋。[31]塗:同"途"。餓莩(piǎo):餓死者的屍體。發:開倉放賑。此句是說荒年時不賑濟災民。[32]無:通"毋",別,不要。罪歲:歸罪於年成。[33]斯:連詞,這就。焉:於此。

6. 堯觀乎華

堯觀乎華[1]。華封人[2]曰:"嘻,聖人[3]!請祝[4]聖人。""使聖人壽[5]。"堯曰:"辭[6]!""使聖人富!"堯曰:"辭!""使聖人多男子[7]!"堯曰:"辭!"封人曰:"壽、富、多男子,人之所欲也。女獨[8]不欲,何邪?"堯曰:"多男子則多懼,富則多事,壽則多辱[9]。是三者[10],非所以養德[11]也,故辭。"封人曰:"始也我以女爲聖人邪,今然君子也[12]。天生萬民,必授之職[13]。多男子而授之職,則何懼之有!富而使人分之,則何事之有!夫聖人,鶉居而鷇食[14],鳥行而無彰[15],天下有道,則與物皆昌[16];天下無道,則修德就閒[17];千歲厭世[18],去而上僊[19],乘彼白云,至於帝鄉[20];三患[21]莫至,身常無殃[22]。則何辱之有?"封人去之,堯隨之,曰:"請問。"封人曰:"退已[23]!"(《莊子·天地》)

【注解】

[1]堯:"五帝"之一,傳説中禪讓時代華夏的領袖。乎:介詞,於。華(Huà):華山。[2]封:封疆,國境。封人,管理國境事務的官員。[3]聖人:莊子所謂聖人是指體悟至道(懂得事物本性)的人。[4]請:表敬副詞,請允許我。祝(舊讀zhòu):爲……祝禱。[5]壽:長壽。[6]辭:推辭,不要。[7]多男子:多生兒子。古代"子"兼指兒子、女兒,此處要專指兒子,故言"男子"。[8]女:同"汝"。獨:偏偏。[9]"多男"三句:爲屬累所役而憂懼,爲財富所役而多事,爲留戀生命而受辱。[10]是三者:這三樣東西,即上文所説的"多壽""多富""多男子"。[11]所以:用來……的東西。養德:頤養德性。[12]"始也"二句:這兩句是説,堯還不是體悟至道的聖人,只不過是個講究修養道德的君子。[13]授之職:雙賓語句,授予他職分,給他事做。[14]鶉(chún)居:像鶴鶉一樣野處而居無定所。鷇(kòu)食:像待哺的雛鳥一樣接受食物。這句是説,聖人居無求安,仰物而足。[15]鳥行:像鳥飛一樣行不留痕。彰:顯眼。這句是説,聖人隨所遇而無所戀著,無人能睹其蹤迹。[16]昌:盛。這兩句是説,天下太平時與萬物共享盛世。[17]閒(xián):同"閑",閑居,隱居。這兩句是説,亂世時隱居起來修養德性。[18]千歲:指活到生命應該有的極限。道家認爲世人常因過度的物欲戕害了本性,所以壽命短暫,不能盡其天年。聖人體道,故能長壽。厭世:在人世間活够了。[19]僊(xiān):同"仙"。[20]帝鄉:上帝所在的地方,神仙世界。[21]三患:即上文所説的"多懼""多事""多辱"。[22]常:永遠。殃:災禍。[23]退已:回去吧。已,語氣詞,同"矣"。

7. 晋公子重耳之及於難也

晋公子重耳之及於難[1]也,晋人伐諸蒲城[2]。蒲城人欲戰,重耳不可[3]，曰："保[4]君父之命，而享其生禄[5]，於是乎得人[6]。有人而校[7]，罪莫大焉[8]。吾其奔[9]也。"遂奔狄[10]。從者狐偃、趙衰、顛頡、魏武子、司空季子[11]。狄人伐廧咎如[12]，獲其二女叔隗、季隗[13]，納[14]諸公子。公子取[15]季隗，生伯儵、叔劉[16]，以叔隗妻[17]趙衰，生盾[18]。將適[19]齊，謂季隗曰："待我二十五年，不來而後嫁[20]。"對曰："我二十五年[21]矣，又如是[22]而嫁，則就木[23]焉。請待子[24]。"處狄十二年而行[25]。

過衛，衛文公不禮焉[26]。出於五鹿[27]，乞食於野人[28]，野人與之塊[29]。公子怒，欲鞭[30]之。子犯[31]曰："天賜也[32]。"稽首受而載之[33]。

及齊，齊桓公妻之[34]，有馬二十乘[35]。公子安之[36]。從者以為不可[37]。將行，謀[38]於桑下。蠶妾在其上[39]，以告姜氏[40]。姜氏殺之，而謂公子曰："子有四方之志[41]，其聞之者，吾殺之矣。"公子曰："無之[42]。"姜曰："行也[43]！懷與安[44]，實敗名[45]。"公子不可。姜與子犯謀，醉而遣之[46]。醒，以戈逐子犯[47]。

及曹，曹共公聞其駢脅[48]，欲觀其裸。浴，薄[49]而觀之。僖負羈[50]之妻曰："吾觀晉公子之從者，皆足以相國[51]。若以相，夫子必反其國[52]。反其國，必得志於諸侯[53]。得志於諸侯，而誅無禮[54]，曹其首[55]也。子盍蚤自貳[56]焉！"乃饋盤飧[57]，寘璧[58]焉。公子受飧反[59]璧。

及宋，宋襄公[60]贈之以馬二十乘。

及鄭，鄭文公[61]亦不禮焉。叔詹[62]諫曰："臣聞天之所啓[63]，人弗及[64]也。晉公子有三[65]焉，天其或者將建諸[66]，君其禮焉[67]！男女同姓，其生不蕃[68]。晉公子，姬出[69]也，而至于今，一也。離外之患[70]，而天不靖晉國[71]，殆將啓之[72]，二也。有三士足以上人[73]，而從之，三也。晉、鄭同儕[74]，其過子弟固[75]將禮焉，況天之所啓乎！"弗聽。

及楚，楚子饗之[76]。曰："公子若反晉國，則何以報不穀[77]？"對曰："子女玉帛[78]，則君有之；羽毛齒革[79]，則君地生焉。其波及[80]晉國者,君之餘[81]也;其何以報君?"曰:"雖然,何以報我?"對曰:"若以君之靈[82],得反晉國。晉、楚治兵[83],遇於中原,其辟君三舍[84]。若不獲命[85],其左執鞭、弭[86],右屬櫜、鞬[87],以與君周旋[88]。"子玉[89]請殺之。楚子曰:"晉公子廣而儉[90],文[91]而有禮。其從者肅而寬[92],忠而能力[93]。晉侯無親[94],外內惡之[95]。吾聞姬姓唐叔[96]之後,其後衰[97]者也,其將由晉公子[98]乎!天將興之[99],誰能廢[100]之?違天必有大咎[101]。"乃送諸秦[102]。(《左傳·僖公二十三年》)

【注解】

[1]重(Chóng)耳:春秋時代晉獻公之子,因晉國內亂而流亡國外十九年,後在秦國的幫助下回國繼位,成為繼齊桓公之後的又一位霸主,世稱晉文公,公元前636—前628年在位。難(nàn):災難。晉獻公二十一年(當東周惠王二十一年,即公元前656年),獻公所寵愛的驪姬欲立己子繼位,乃進讒言誣陷太子申生謀害獻公,申生被逼自殺。驪姬又誣陷公子重耳和夷吾同謀弒君,重耳出奔蒲城。[2]諸:"之於"的合音。蒲城:地在今山西永和東北。晉獻公二十二年,命寺人披伐蒲。[3]可:同意,允許。[4]保:恃,靠。[5]享:享受,享用。生禄:養生的食物,這裏泛指生活資料。[6]得人:獲得(蒲城)民眾的擁護。[7]校(jiào):計較,較量。這裏引申爲反擊,抵抗。[8]焉:於是。罪莫大焉,沒有比這更大的罪過了。[9]其:副詞,將。奔:出奔,逃亡。[10]狄(Dí):亦作"翟",古族名,春秋時代分爲白狄、赤狄、長狄三支。重耳的母親是狄人之女。[11]狐偃(Yǎn):重耳的舅父。趙衰(Cuī):趙成子,重耳復國後執政於晉國,其後人建立趙國。顛頡(Xié):人名。此人歸晉不久,即被殺戮。魏武子:魏犨(Chōu),其後人建立魏國。司空季子:據杜預注和孔穎達疏,此人氏胥,名臣,字曰季,司空是他的官職。[12]廧咎如(Qiánggāorú):赤狄的別種,隗姓。[13]叔隗(Wěi)、季隗:春秋時代女子的名字,常常是"排行(伯/孟、仲、叔、季)+娘家姓"的格式。[14]納:獻。[15]取:同"娶"。[16]伯儵(Tiáo)、叔劉:重耳流亡在狄時所生的兩個兒子。[17]妻(qì):做……的妻子。[18]盾:趙盾,趙衰死後繼爲晉國的執政者。[19]適:之,往,到……去。[20]嫁:這裏指改嫁。[21]年:歲。[22]又如是:又像這樣(長的時間),再過二十五年。[23]就木:進棺材,"死"的委婉語。[24]請待子:讓我等您吧。請,表敬副詞,請允許我。[25]處:居住。行:上路,離開。[26]衛文公:春秋時代衛國國君姬燬,公元前659—前635年在位。不禮焉:不以禮待之。[27]五鹿:衛國地名,在今河南濮陽東北。[28]野人:田野上的人,農夫。[29]塊:土塊。[30]鞭:鞭打。

[31]子犯:狐偃的字。[32]天賜也:子犯認爲農夫把土塊給重耳,卽重耳"得土",是復國的好兆頭,所以説是上天的賞賜。[33]稽(qǐ)首:古代跪拜禮中最恭敬的一種,首須叩至地並停留一段時間。載之:把它(土塊)裝載到車上。[34]齊桓公:齊國國君,名小白,是春秋時代第一位霸主,公元前685—前643年在位。妻(qì)之:(把宗女)嫁給他。[35]乘(shèng):量詞,四匹馬一輛車爲一乘。[36]安之:認爲很安適。此句意思是重耳打算在此安居。[37]"從者"句:重耳到齊國不久,齊桓公去世,太子與諸公子爲爭奪繼承權而内亂不止,太子昭在宋國的扶持下繼位,是爲孝公。重耳的從臣認爲齊國不可久留。[38]謀:密謀。[39]蠶妾:養蠶採桑的女僕。此句是説女僕在樹上採桑葉時聽到了密謀。[40]姜氏:重耳在齊國娶的妻子,齊國姜姓。[41]四方之志:不甘於安居而要到各國闖蕩的志向。這裏是婉言重耳要離開齊國。[42]無之:没有這回事。[43]行也:祈使句,走吧。[44]懷:留戀。安:舒適。[45]實:代詞,也寫作"寔",與"是"的意思和用法接近。[46]醉:使動用法,弄醉,灌醉。遣之:讓他上路。[47]"以戈"句:此句是説,重耳安於齊國的生活不願離開,對狐偃等人設計挾持他離開齊國很生氣,要跟他們拼命。《國語·晉語四》這樣記述這件事:"姜與子犯謀,醉而載之以行。醒,以戈逐子犯,曰:'若無所濟,吾食舅氏之肉,其知饜乎!'舅犯走且對曰:'若無所濟,余未知死所,誰能與豺狼爭食?若克有成,公子無亦晋之柔嘉,是以甘食。偃之肉腥臊,將焉用之?'遂行。"[48]曹:周初所封姬姓諸侯國(地在今山東省西部),建都陶丘(今山東定陶西南)。曹共(Gōng)公:春秋時曹國國君,公元前652—前618年在位。駢脅:一種生理畸形,肋骨緊密相連。[49]薄:迫近。[50]僖(Xī)負羈(jī):人名。[51]相國:做國相。此句是説,重耳的從者個個都有相國之才。[52]夫子:那位公子,這裏指重耳。此句是説,重耳一定能回國繼承君位。[53]得志於諸侯:意思是稱霸於諸侯。[54]誅無禮:誅討對重耳不能以禮相待者。[55]曹其首:曹國將是頭一個。[56]盍(hé):"何不"的合音。蚤:通"早"。貳:一臣而屬二主稱爲"貳"。蚤自貳,意爲預先給自己留後路。[57]饋(kuì):贈送。飧(sūn):熟食。[58]寘(zhì):放置。璧:一種圓形小孔的玉器。[59]反:退還。[60]宋襄公:春秋時代宋國國君,名茲父,公元前651—前637年在位。[61]鄭:西周所封姬姓諸侯國(地在今陝西渭南華州區東),東周初遷都新鄭(今屬河南省)。鄭文公:名捷,公元前672—前628年在位。[62]叔詹:鄭國大夫,鄭文公之弟。[63]啟:開。這裏是開闢道路的意思。[64]及:達到,趕上。[65]三:卽下文所列的三項。[66]其:表達揣測語氣的副詞。建:立。諸:"之乎"的合音。此句是説,恐怕上天

將要立他(爲晉國國君)吧。[67]其:表達祈使語氣的副詞。禮焉:對他以禮相待。[68]蕃(fán):盛多。這兩句是説,同姓通婚不利於家族蕃衍。[69]姬出:姬姓女子所生。按,晉國爲周的同姓諸侯,是姬姓;重耳之母狐姬,是晉的始祖唐叔所傳的別支,也是姬姓。這兩句是説重耳是同姓通婚所生。[70]離:通"罹",遭遇,遭受。此句是説重耳遭受了流亡國外的禍患。[71]靖:安。此句是説上天不讓晉國安寧。[72]殆(dài):大概。以上三句是説,上天雖讓重耳流亡,却又讓晉國内亂,大概是要爲重耳復國開闢道路。[73]上人:成爲人之上者,做統治者。[74]同儕(chái):同輩、同等。此句是説晉鄭同爲姬姓之國,是兄弟之邦。[75]固:副詞,必,一定。[76]楚子:楚國國君。春秋時楚君自稱爲"王",但《春秋》《左傳》一律稱其爲"子"。這裏指楚成王熊惲,公元前671—前626年在位。饗(xiǎng):以酒食款待人。[77]報:回報,報答。不穀(gǔ):古代君王自稱,是一種謙稱。[78]子女玉帛:古代視爲財富的主要内容,戰争所掠奪的主要對象。[79]羽毛齒革:古代常用於貢獻的方物。羽,指孔雀翎毛之類用於裝飾的鳥羽。毛,指旄牛尾,可用於裝飾旌旗。齒,指象牙。革,指犀牛皮。據《尚書·禹貢》,羽毛齒革正是荆州(楚地)的特產。[80]波及:餘波所及。[81]君之餘:您剩下的。[82]靈:威靈,神靈。[83]治兵:用兵,征戰。[84]其:副詞,將。辟:同"避"。舍:量詞,三十里爲一舍,是古代一天行軍的里程。此句是説,將連三天退軍(不與楚軍交戰)。[85]獲命:得到(休戰)的命令,同意停戰。這是一種委婉的説法。[86]左:左手。弭(mǐ):末端没有裝飾的弓。[87]右:右手。屬(zhǔ):附着,放在……上。櫜(gāo):盛箭器。鞬(jiān):盛弓器。[88]周旋:互相追逐。[89]子玉:楚國大夫成得臣的字。[90]廣:志向廣大。儉:有約束。[91]文:有文采。[92]肅:恭敬。寬:寬容。[93]忠:忠誠。能力:有力,能出力。[94]晉侯:指當時在位的晉惠公,名夷吾,公元前650—前637年在位。無親:晉惠公內誅大臣,外絶諸侯,失去人心。[95]外内惡之:晉惠公元年,誅殺大臣里克和七輿大夫,國人不附。二年,周使召公過禮晉惠公,惠公禮倨,召公譏之。四年,晉饑,秦國發粟相救。五年,秦饑,請糴於晉。晉君不與秦粟,而發兵且伐秦。秦大怒,亦發兵伐晉。[96]姬姓:這裏指重耳所屬的一支。唐叔:名虞,周武王之子,周成王之弟,始封於唐(地在今山西翼城附近),故稱唐叔。唐叔之子燮繼位,改稱晉侯。周宣王時,晉穆侯生太子仇、少子成師。東周初,晉昭侯封他的叔父成師於曲沃(地在今山西聞喜東北),稱爲曲沃桓叔,傳到第三代曲沃武公,伐晉侯緡並滅之,取而代之成爲晉君。重耳卽曲沃武公的孫子。[97]後衰:唐叔的後代晉文侯這一支傳六世,歷一百零二年而滅。而曲沃桓叔這一支此時尚存,所以說"後衰"。[98]由:從。晉公子:指重耳。[99]興之:使他興盛。[100]廢:廢替,滅亡。[101]咎(jiù):灾禍。此句是說不能殺害天佑之人。[102]諸:"之於"的合音。秦:秦國。此時在位的國君是秦穆公。

8. 馬援誡兄子嚴敦書[1]

(援)兄子嚴、敦並喜譏議[2],而通輕[3]俠客。援前在交阯[4],還書[5]誡之曰:"吾欲汝曹[6]聞人過失如聞父母之名,耳可得聞,口不可得[7]言也。好論議人長短[8],妄是非正法[9],此吾所大惡[10]也。寧死不願聞子孫有此行也。汝曹知吾惡之甚矣[11],所以復言者,施衿結褵[12],申父母之戒[13],欲使汝曹不忘之耳[14]。龍伯高敦厚周慎[15],口無擇言[16],謙約[17]節儉,廉公[18]有威,吾愛之重之,願汝曹效之[19]。杜季良[20]豪俠好義,憂人之憂,樂人之樂,清濁無所失[21]。父喪致客[22],數郡畢至。吾愛之重之,不願汝曹效也。效伯高不得,猶爲謹敕[23]之士,所謂刻鵠不成尚類鶩者也[24]。效季良不得,陷爲天下輕薄子[25],所謂畫虎不成反類狗者也[26]。訖今季良尚未可知[27],郡將下車輒切齒[28],州郡以爲言[29],吾常爲寒心[30],是以不願子孫效也。"(《後漢書·馬援傳》[31])

【注解】

[1]馬援(前14—49):扶風茂陵(今陝西興平東北)人,字文淵。從劉秀攻滅隗囂,東漢初任隴西太守,擊破先零羌。建武十七年任伏波將軍,後在進擊武陵五溪蠻時病死軍中。誡:警告,勸告。本篇是馬援寫給他的哥哥馬余的兩個兒子馬嚴、馬敦的家信。[2]譏議:譏誚議論。[3]通:交通,結交。輕:輕薄。[4]交阯(zhǐ):一作"交趾",西漢所置十三刺史部之一,轄境約相當於今廣東、廣西的大部和越南的北部、中部,郡治在今越南河内西北。[5]還書:寫信回家。[6]汝曹:你等,你輩,你們。[7]得:許,允許。[8]論議:議論。長短:猶言得失。[9]妄:非分地,胡亂地。是非:用作動詞,認爲對或錯。正法:政治和法律。此句是說越過自己的身份議論時政。[10]吾所大惡(wù):我最厭惡的事。[11]甚:極,程度副詞作補語。此句是說平時常常以此告誡子弟。[12]施衿(jīn)結褵(lí):古代女子結婚時,父母要爲子女整理衣襟,繫好佩巾,同時叮嚀囑咐。衿,衣襟。褵,同"縭",

佩巾。《詩經·豳風·東山》："親結其縭,九十其儀。"毛傳:"母戒女施衿結帨。"[13]申:重申,重複。父母之戒:《儀禮·士昏禮》云:"父送女,命之曰:'戒之敬之,夙夜無違命。'母施衿結帨,曰:'勉之敬之,夙夜無違宮事。'"以上兩句是用父母送女出嫁時反復叮嚀爲比喻,解釋自己爲何要再三告誡子侄輩。[14]耳:"而已"的合音。[15]龍伯高:龍述,字伯高,京兆(今陝西西安附近)人,當時任山都縣(地在今湖北穀城東南)令。敦厚:忠厚。周慎:周密謹慎。[16]擇言:不合法度的言論。擇,通"斁(dù)",敗也。[17]謙約:謙卑。[18]廉公:正直奉公。[19]效:效法,學習。[20]杜季良:杜保,字季良,京兆人,當時任越騎司馬。[21]清濁無所失:意思是各色人物都交往。[22]致客:招致賓客。[23]謹敕:謹慎自飭。[24]鵠(hú):天鵝。類:像。鶩(wù):鴨子。此句意思是取法乎上而得其中,尚可接受。[25]陷:落。輕薄子:輕佻浮薄、品行不正的人。[26]"所謂畫虎"句:此句是比喻好高騖遠而一無所成,反貽笑柄。[27]訖今:同"迄今",至今。此句意思是杜季良這個人將來下場如何還很難説。[28]郡將:郡守,地方長官。輒:就。切齒:憤恨之貌。[29]州郡以爲言:地方上有人對他的行爲上書檢舉。[30]寒心:戰慄,恐懼。[31]《後漢書》:紀傳體東漢史書,二十四史之一,南朝宋范曄(398—445)撰。范曄字蔚宗,順陽(今河南淅川東)人,曾任尚書吏部郎、宣城太守、左衛將軍、太子詹事等。記錄東漢一代歷史,范曄以前有多種著作,如東漢官修的《東觀漢記》,三國吳謝承《後漢書》,晉司馬彪《續漢書》、薛瑩《後漢紀》、華嶠《後漢書》、謝沈《後漢書》、袁山松《後漢書》、張璠《後漢紀》、張瑩《後漢南紀》等。范曄以《東觀漢記》爲主要依據,綜合各家之長,自定體例,訂訛考異,删繁補略,撰爲一編,而對華嶠《後漢書》採用尤多。范書原只有紀傳,北宋時把司馬彪《續漢書》中的八志與之相配,成爲今本。通行的注釋,紀傳部分有唐章懷太子李賢注,八志有南朝梁劉昭注。清惠棟撰《後漢書補注》,王先謙加以增補,爲《後漢書集解》。

[練習與思考]

一、請在搜集資料的基礎上回答下列問題

1. 請將本課的課文中句子語序跟現代漢語不同的地方找出來,指明它們應該如何翻譯。

2. 古代漢語中句子語序跟現代漢語不同的地方有哪些類別?請分別舉例。

3. 怎樣鑒別"主—謂"結構與"賓—動"結構？

4. 請結合實際用例說明句首時間狀語有哪些格式。

5. 請以"寡人是問"和"先君之好是繼"爲例分析這兩類賓語前置格式的異同。

6. "大名—小名"結構的合成詞有什麼特點？請舉出實際例子來分析說明。

二、翻譯下列句子，注意其中語序跟現代漢語不同的地方

1. 古者民有三疾，今也或是之亡也。

2. 雖小道，必有可觀者焉，致遠恐泥，是以君子不爲也。

3. 仲尼之徒無道桓、文之事者，是以後世無傳焉。臣未之聞也。

4. 《詩》曰："孝子不匱，永錫爾類。"其是之謂乎！

5. 鬼神非人實親，惟德是依。故《周書》曰："皇天無親，惟德是輔。"

6. 是時也，王事唯農是務。

7. 甚哉，善之難也！

8. 大哉堯之爲君！惟天爲大，惟堯則之，蕩蕩乎民無能名焉！君哉舜也！巍巍乎有天下而不與焉！

9. 宣王欲得國子之能導訓諸侯者。

10. 今夫差衣水犀之甲者億有三千。

三、請將下面的短文譯成現代漢語

1. 初，衛公叔文子朝而請享靈公。退，見史鰌而告之。史鰌曰："子必禍矣。子富而君貪，其及子乎！"文子曰："然。吾不先告子，是吾罪也。君既許我矣，其若之何？"史鰌曰："無害。子臣，可以免。富而能臣，必免於難，上下同之。戍也驕，其亡乎。富而不驕者鮮，吾唯子之見。驕而不亡者，未之有也。戍必與焉。"及文子卒，衛侯始惡於公叔戍，以其富也。公叔戍又將去夫人之黨，夫人愬之曰："戍將爲亂。"（《左傳·定公十三年》）

2. 十五年，有神降於莘，王問於內史過，曰："是何故？固有之乎？"

對曰："有之。國之將興，其君齊明、衷正、精潔、惠和，其德足以昭其馨香，其惠足以同其民人。神饗而民聽，民神無怨，故明神降之，觀其政德而均布福焉。國之將亡，其君貪冒、辟邪、淫佚、荒怠、麤穢、暴虐；其政腥臊，馨香不登；其刑矯誣，百姓攜貳。明神不蠲而民有遠志。民神怨痛，無所依懷，故神亦往焉，觀其苛慝而降之禍。是以或見神以興，亦或以亡。昔夏之興也，融降於崇山；其亡也，回祿信於聆隧。商之興也，檮杌次於丕山；其亡也，夷羊在牧。周之興也，鸑鷟鳴於岐山；其衰也，杜伯射王於鄗。是皆明神之志者也。"（《國語・周語上》）

3. 公孫丑問曰："高子曰：'《小弁》，小人之詩也。'"孟子曰："何以言之？"曰："怨。"曰："固哉，高叟之爲詩也！有人於此，越人關弓而射之，則己談笑而道之；無他，疏之也。其兄關弓而射之，則己垂涕泣而道之；無他，戚之也。《小弁》之怨，親親也。親親，仁也。固矣夫，高叟之爲詩也！"曰："《凱風》何以不怨？"曰："《凱風》，親之過小者也；《小弁》，親之過大者也。親之過大而不怨，是愈疏也；親之過小而怨，是不可磯也。愈疏，不孝也；不可磯，亦不孝也。孔子曰：'舜其至孝矣，五十而慕。'"（《孟子・告子下》）

4. 世有伯樂，然後有千里馬。千里馬常有，而伯樂不常有。故雖有名馬，祇辱於奴隸人之手，駢死於槽櫪之間，不以千里稱也。馬之千里者，一食或盡粟一石。今之食馬者，不知其能千里而食也。是馬也，雖有千里之能，食不飽，力不足，才美不外見，且欲與常馬等不可得，安求其能千里也？策之不以其道，食之不能盡其材，鳴之而不能通其意，執策而臨之曰："天下無馬。"嗚呼！其真無馬邪？其真不識馬邪？（韓愈《雜說》）

第十三課　句型和表達

篇章是由句子組成的。我國古代的典籍在書寫、編排時沒有系統嚴格的分隔標誌，閱讀時需要讀者自己分析斷句。古人雖然沒有現在語法上的"句子"概念，但句子的觀念和語感是有的。從句子的角度分析古文，對於我們更好地學習、掌握古代漢語是有好處的。

一　句型和句類

句子有不同的種類，可以從不同的角度對句子進行分類。根據句子的結構特點分出來的叫作句型。根據句子的語氣分出來的叫作句類。

（一）句　型

句子按照結構的簡單或複雜分爲單句和複句。單句一般可分爲主謂句和非主謂句。

1. 主謂句。

主謂句由主語和謂語兩個成分構成。最常見的是謂語由動詞構成（有時帶賓語），用於陳述。如：

(1) 顏淵、季路侍。(《論語·公冶長》)

(2) 夏，宋人、齊人、衛人伐鄭。(《左傳·莊公十六年》)

謂語也可由形容詞、名詞等構成，用於描寫或判斷。如：

(3) 柴也愚，參也魯，師也辟，由也喭。(《論語·先進》)

(4)子之所慎,齊、戰、疾。(《論語・述而》)

以上四個句子都有主語,例句(1)(2)有動詞性謂語,例句(3)有形容詞謂語,例句(4)是一個判斷句,具有名詞性謂語("齊、戰、疾"雖然本是動詞,在此已經名物化,不再具有陳述功能,其功能已經轉化爲指稱該三件事)。

2. 非主謂句。

不是由主語和謂語兩個成分構成的單句,叫非主謂句。名詞性成分、動詞性成分、形容詞性成分等都可形成非主謂句,用於陳述、呼喚、應答、感嘆等。如:

(1)子曰:"參乎!"(《論語・里仁》)
(2)庚辰,大雨雪。(《左傳・隱公九年》)
(3)子曰:"庶矣哉!"(《論語・子路》)
(4)宣子曰:"諾。"(《戰國策・趙策一》)
(5)師曠曰:"啞!是非君人者之言也。"(《韓非子・難一》)

例句(1)中"參乎"是呼喚語,只有名詞和語氣詞。例句(2)中有狀語、述語和賓語,沒有主語。例句(3)中"庶矣哉"是感嘆語,只有形容詞和語氣詞。例句(4)中"諾"是應答語。例句(5)中"啞"是感嘆語。

3. 複句。

複句由兩個或兩個以上的單句組成,這時的單句稱爲複句的分句。按照分句之間的意義關係可分爲並列複句和偏正複句兩大類。

並列複句如:

(1)賊民之主,不忠;棄君之命,不信。(《左傳・宣公二年》)
(2)且而與其從辟人之士也,豈若從辟世之士哉?(《論語・微子》)

偏正複句如:

(3)季氏富於周公,而求也爲之聚斂而附益之。(《論語・先

進》)(轉折)

(4)莊公寤生,驚姜氏,故名曰"寤生"。(《左傳·隱公元年》)(因果)

(二) 句　類

句類按照語氣的不同一般分爲陳述句、疑問句、祈使句、感嘆句等。這些類別下又可以進行更細緻的劃分,例如陳述句可以分爲肯定句、否定句以及雙重否定句等類別;疑問句可以分爲是非問句、特指問句、選擇問句、正反問句等。這些句類古代漢語中均存在。

二　判斷句和繫動詞

判斷句是謂語對主語作出判斷的句子,其謂語多由名詞性成分充當。古代漢語構成判斷的基本格式是"……者……也"的句式。在名詞謂語前也可使用副詞"乃""即""非"等作狀語。漢語中的繫動詞是逐步發展起來的。

(一) "……者……也"式

"者""也"都是虛詞,常見的是用"者""也"呼應的形式構成判斷。如:

(1)南冥者,天池也。(《莊子·逍遥遊》)
(2)兵者,詭道也。(《孫子兵法·計篇》)

以"……者……也"格式爲基礎,還存在其他一些有關的格式。
1. "者"前的主語爲代詞時"者"必須省略,如:

(1)彼,丈夫也;我,丈夫也。吾何畏彼哉?(《孟子·滕文公上》)
(2)此誰也?(《戰國策·齊策四》)

2. "者"前的主語爲名詞時"者"有時也可省略,如:

(1)然則今之鮑函車匠皆君子也。(《墨子·非儒下》)
(2)百里奚,虞人也。(《孟子·萬章上》)

3. 有時"也"省略;有時"者"和"也"均省略。這兩種情況總的來講不多見,如:

(1)虎者,戾蟲;人者,甘餌。(《戰國策·秦策二》)
(2)窈窕淑女,君子好逑。(《詩經·周南·關雎》)

(二) 判斷句中的副詞

判斷句中有時還使用一些語氣副詞或否定副詞來幫助表達肯定或否定的語氣。用於肯定判斷的語氣副詞主要有"乃""卽"等。

(1)是乃仁術也。(《孟子·梁惠王上》)
(2)梁父卽楚將項燕。(《史記·項羽本紀》)

用於否定判斷的副詞主要是"非"。

(3)惠子曰:"子非魚,安知魚之樂?"莊子曰:"子非我,安知我不知魚之樂?"(《莊子·秋水》)
(4)溥天之下,莫非王土。率土之濱,莫非王臣。(《詩經·小雅·北山》)

判斷句的名詞謂語前出現副詞,並不意味着副詞修飾名詞,而應當理解爲狀語修飾謂語中心語。

(三) 繫動詞

先秦漢語中嚴格意義上的繫動詞很少見。後來的繫動詞"是"是由指示代詞"是"發展而來的。漢魏以後"是"作爲繫動詞纔成爲它的主要用法。如:

(1)知之爲知之,不知爲不知,是知也。(《論語·爲政》)

(2) 聖人,百世之師也,伯夷、柳下惠是也。(《孟子·盡心下》)

(3) 余是所嫁婦人之父也。(王充《論衡·死偽》)

(4) 問今是何世,乃不知有漢,無論魏晋。(陶淵明《桃花源記》)

例句(1)中"是知也"的"是"是指示代詞作判斷句主語,指代前文的"知之爲知之,不知爲不知"。例句(2)中"是也"的"是"是指示代詞作判斷句謂語,指代前文的"聖人"和"百世之師"。例句(3)(4)中的"是"纔是繫動詞。

三 被動句和被動表示法

被動句是表示主語承受某種動作行爲的句子。被動的表示法在古代漢語中主要有兩類方式:一類被動句有形式標記,即使用某些詞語引出主語遭受的動作行爲或引出動作行爲的發出者,另一類被動句無任何形式標記,但能根據上下文來體會其被動意義。現分別舉例如下。

(一) 有形式標記的被動句

見

使用副詞"見"字引出主語遭受的動作行爲。如:

(1) 此比干之見剖心,徵也夫!(《莊子·山木》)

(2) 故君子耻不修,不耻見污;耻不信,不耻不見信。(《荀子·非十二子》)

於(于、乎)

使用介詞"於(于、乎)"字引出動作行爲的發出者。

(1) 憂心悄悄,慍于群小。(《詩經·邶風·柏舟》)

(2) 故內惑於鄭袖,外欺於張儀。(《史記·屈原賈生列傳》)

(3) 萬嘗與莊公戰,獲乎莊公。(《公羊傳·莊公十二年》)

由於"見"引出的是動作行爲,"於(于、乎)"引出的是動作的發出

者,因此二者可以同時使用在一個句子中。如:

(4) 吾長見笑於大方之家。(《莊子·秋水》)
(5) 吾嘗三仕,三見逐於君。(《史記·管晏列傳》)

爲

使用副詞"爲"引出遭受的動作行爲。如:

(1) 厚者爲戮,薄者見疑。(《韓非子·説難》)
(2) 失禮違命,宜其爲禽也。(《左傳·宣公二年》)

使用"爲"還可引出動作行爲的發出者及遭受的動作行爲,這種情況下"爲"是介詞。如:

(3) 戰而不克,爲諸侯笑。(《左傳·襄公十年》)
(4) 道術將爲天下裂。(《莊子·天下》)

這種情況下的被動句發展出"爲……所……"的格式,由"爲"引出動作行爲的發出者,由"所"引出動作行爲。如:

(5) 申徒狄諫而不聽,負石自投於河,爲魚鱉所食。(《莊子·盜跖》)
(6) 夫直議者,不爲人所容。(《韓非子·外儲説左下》)

與"見……於"的情況類似,"爲……於……""爲……見……"也可同時使用在一個句子中,但總體來講不多見。

被

用"被"字構成被動句是後起的現象。先秦漢語中"被"的基本意義屬於動詞,漢代以後纔逐漸發展成爲專門用於被動句的介詞。"被"表被動關係的初期先虛化爲副詞,後面只跟動詞,如:

(1) (晁)錯卒以被戮。(《史記·酷吏列傳》)
(2) 石慶雖以謹得終,然數被譴。(《漢書·公孫賀傳》)

後來"被"字後可以引進動作行爲的發出者,這時進一步虛化爲介詞。如:

(3)禰衡被魏武謫爲鼓吏。(《世說新語·言語》)

(4)父子並有琴書之藝,尤妙丹青,常被元帝所使,每懷羞恨。(《顏氏家訓·雜藝》)

(二)無形式標誌的被動句

現代漢語中有很多無形式標誌的被動句(如:衣服已經洗乾淨了,飯都吃光了)。這種情況在古代漢語中也較普遍。一些句子中被動的意義有時並沒有形式上的標誌,這就是無形式標誌的被動句。這種被動關係是從語義上分析出來的。如:

(1)昔者龍逢斬,比干剖,萇弘胣,子胥靡,故四子之賢而身不免乎戮。(《莊子·胠篋》)

(2)暴其民甚,則身弒國亡。(《孟子·離婁上》)

例句(1)中"斬""剖""胣""靡""戮"都有被動義,即"被斬""被剖""被胣"(音 chǐ,剖腹)"被靡"(同"糜",糜爛)"被戮"。例句(2)中"弒、亡"也都有被動義,即"被弒""被滅"。

四 固定格式

古代漢語中存在一些用法和意義較爲固定的格式,掌握這些固定格式,對我們閱讀理解古漢語文獻是極其有利的。古代漢語中一些與現代漢語不同的特殊表達方式,也常常凝固在這些固定格式當中。古代漢語中的固定格式爲數眾多,下面所列出的僅僅是舉例性質的,遠遠不是全部。讀者若能舉一反三,在閱讀古代文獻時隨時歸納總結,一定可以極大地提高閱讀和理解古代漢語文獻的能力。

(一)表示時間的句首狀語

在古代漢語中,要表達事件發生的時間,常常使用句首狀語。如:

(1)初,鄭武公娶于申,曰武姜。(《左傳·隱公元年》)

（2）昔者吾以力事君，不可以弗終。（《左傳·哀公十六年》）

（3）古者民有三疾，今也或是之亡也。（《論語·陽貨》）

（4）媼之送燕后也，持其踵爲之泣。（《戰國策·趙策四》）

（5）前者穰侯之治秦也，用一國之兵而欲以成兩國之功。（《韓非子·初見秦》）

以上例句中，句首時間狀語有的單用時間名詞（如"初"），有的用時間名詞加虛詞（如"昔者""古者""今也"），有的用"NP ＋ 之 ＋ VP ＋ 也"的固定格式。例句（5）則兼用"時間名詞加虛詞"和"NP ＋ 之 ＋ VP ＋ 也"的固定格式。

"NP ＋ 之 ＋ VP ＋ 也"的固定格式，在語法上是把一個主謂短語轉化爲一個偏正短語，在意義上是把一個事件轉化爲另一事件的時間背景。這種時間表示法具有極大的能產性。另外，在這個格式中，"之"跟它前邊的名詞性成分可以合爲"其"，"其 ＋ VP ＋ 也"的格式同樣可以用作表示時間的句首狀語。如：

（6）臣聞國之興也，視民如傷，是其福也。其亡也，以民爲土芥，是其禍也。（《左傳·哀公元年》）

（7）凡人之患，偏傷之也。見其可欲也，則不慮其可惡也者；見其可利也，則不慮其可害也者。（《荀子·不苟》）

（8）方其破荆州、下江陵、順流而東也，舳艫千里，旌旗蔽空，釃酒臨江，橫槊賦詩，固一世之雄也。（蘇軾《前赤壁賦》）

例句（6）的"其亡也"與"國之興也"相對，"其" = "國" ＋ "之"。例句（7）中的"其" = "人" ＋ "之"。例句（8）中的"其" = "孟德（曹操）" ＋ "之"。

（二）其他固定格式

表示處置的格式"如……何""若……何""奈……何"將賓語放在中間，表示"拿……怎麼辦"的意思。例如：

（1）天生德於予，桓魋其如予何？（《論語·述而》）

(2)夫宋,寡人固欲伐之,無若諸侯何?(《管子·大匡》)

(3)公叔病,有如不可諱,將奈社稷何?(《史記·商君列傳》)

這種格式逐漸固定化,中間的賓語常常用"之",意思也虛化爲"怎麼辦""怎麼能",如:

(4)年饑,用不足,如之何?(《論語·顏淵》)

(5)前慮不定,後有大患,將奈之何?(《戰國策·魏策一》)

(6)有父兄在,如之何其聞斯行之?(《論語·先進》)

再進一步虛化,中間的賓語不出現,成爲"如何、奈何、若何"的格式,意思是"怎麼""怎麼樣"。如:

(7)敢問國君欲養君子,如何斯可謂養矣?(《孟子·萬章下》)

(8)竊相謂曰:"如何一日戮二烈士!"(《後漢書·臧洪傳》)

(9)奈何君獨抱奇材,手把鋤犁餓空谷。(韓愈《贈唐衢》)

何以……爲

"何以……爲"是一種反問句式,表示"爲什麼要……呢"的意思。例如:

(1)君子質而已矣,何以文爲?(《論語·顏淵》)

(2)大丈夫定諸侯,即爲真王耳,何以假爲?(《史記·淮陰侯列傳》)

"何以……爲"也可以説"奚以……爲",如:

(3)我決起而飛,槍榆枋,時則不至,而控於地而已矣,奚以之九萬里而南爲?(《莊子·逍遥遊》)

有時省略爲"何……爲",例如:

(4)如今人方爲刀俎,我爲魚肉,何辭爲?(《史記·項羽本紀》)

(5)天之亡我,我何渡爲?(《史記·項羽本紀》)

無乃……乎(與)　　得無……乎(耶)

"無乃……乎(與)""得無……乎(耶)"是用反問語氣表推測的句式,語氣比較委婉,相當於現代漢語的"恐怕……吧""該不是……吧"的意思。例如:

(1)師勞力竭,遠主備之,無乃不可乎?(《左傳·僖公三十二年》)

(2)孔子曰:"求,無乃爾是過與?"(《論語·季氏》)

(3)夫少正卯,魯之聞人也。夫子爲政而始誅之,得無失乎?(《荀子·宥坐》)

(4)今民生長於齊不盜,入楚則盜,得無楚之水土使民善盜耶?(《晏子春秋·內篇雜下》)

"得無"也可以説"得微",如:

(5)景公飲酒,移於晏子家。前驅報閭,曰:"君至。"晏子被玄端,立於門,曰:"諸侯得微有故乎?國家得微有故乎?君何爲非時而夜辱?"(《説苑·正諫》)

其……與

"其……與"的格式也是表示推測,但是語氣比較肯定,意思是"大概/恐怕是……吧"。"與"字或作"歟"。如:

(1)衣敝緼袍,與衣狐貉者立,而不恥者,其由也與?(《論語·子罕》)

(2)臧文仲其竊位者與!知柳下惠之賢,而不與立也。(《論語·衛靈公》)

(3)天之道,其猶張弓與?(《老子》第七十七章)

(4)君曰:"譆!其虛言與?"(《莊子·則陽》)

唯/惟……是……

"唯/惟"是表示強調語氣的句首語氣詞,"唯/惟……是……"是表示強調的固定格式。在這個格式中,"是"前面的成分是前置賓語。如：

(1) 今商王受惟婦言是用。(《尚書·牧誓》)

(2) 去我三十里,唯命是聽。(《左傳·宣公十五年》)

(3) 純素之道,唯神是守。守而勿失,與神爲一。(《莊子·刻意》)

"是"也可以作"之",成爲"唯……之……"格式。如：

(4) 雖天地之大,萬物之多,而唯蜩翼之知。(《莊子·達生》)

(5) 小人者,不得志則徼倖復用,唯怨之報。(蘇軾《續歐陽子朋黨論》)

不亦……乎

"不亦……乎"的意思是"豈不是太……了嗎"。這一格式表示説話人對人對事有自己的看法(含有誇張的語氣),通過反問的形式來向聽話人求證。如：

(1) 子曰："學而時習之,不亦説乎？有朋自遠方來,不亦樂乎？人不知而不愠,不亦君子乎？"(《論語·學而》)

(2) 我欲行禮,子敖以我爲簡,不亦異乎？(《孟子·離婁下》)

(3) 己則無信,而殺人以逞,不亦難乎？(《左傳·襄公五年》)

(4) 烏虖！今之君天下者不亦勞乎？爲有司者不亦難乎？爲人嚮道者不亦勤乎？(韓愈《送齊皞下第序》)

焉用……

"焉用……"格式是用反問的形式來表示否定的意思："哪裏用得着……"如：

(1) 子爲政,焉用殺？子欲善,而民善矣。(《論語·顏淵》)

(2) 危而不持,顛而不扶,則將焉用彼相矣？(《論語·季氏》)

(3) 征之爲言正也,各欲正己也,焉用戰？(《孟子·盡心下》)

(4) 大事將捷,焉用兒女子言乎？(《晉書·穆帝紀》)

何……之有

"何……之有"格式是用反問的形式來表示否定的意思:"有什麼/哪裏有……呀",即"根本不/根本没有……"。如:

(1) 君子居之,何陋之有?(《論語·子罕》)

(2) 夫子焉不學?而亦何常師之有?(《論語·子張》)

(3) 君之靈也,二三子之勞也,臣何力之有焉?(《左傳·襄公十一年》)

於……何有　何有於……

"於……何有""何有於……"格式的意思是"(某事)有什麼啊""對……來說有什麼啊""跟……有什麼關係啊",用反問的語氣體現說話者將某些人、事物或因素排除在外。如:

(1) 日出而作,日入而息。鑿井而飲,耕田而食。帝力於我何有哉!(《古歌謠辭·擊壤歌》)

(2) 女喪而宗室,於人何有?人亦於女何有?(《左傳·昭公六年》)

(3) 且今之勍者,皆吾敵也,雖及胡耉,獲則取之,何有於二毛!(《左傳·僖公二十二年》)

文言文中固定格式有很多,讀者可以裒集同類句式,舉一反三,對比揣摩,就能够逐漸加深理解,熟練運用了。

[文選]

1. 仲由可使從政也與

季康子[1]問:"仲由可使從政也與[2]?"子曰:"由也果[3],於從政乎何有[4]?"曰:"賜[5]也可使從政也與?"曰:"賜也達[6],於從政乎何有?"曰:"求[7]也可使從政也與?"曰:"求也藝[8],於從政乎何有?"(《論語·雍也》)

【注解】

　　[1]季康子:魯國大夫季孫氏,名季孫肥。孔子晚年遊於列國,季康子以幣迎孔子回到魯國。[2]仲由:孔子弟子,字子路。性直爽勇猛。與:通"歟",疑問語氣詞。[3]果:果敢能決斷。[4]於從政乎何有:反問句,可譯作"對於從政有什麽困難呢",意謂從政毫無問題。[5]賜:孔子弟子端木賜,字子貢。善於言辭及商賈。[6]達:通達事理。[7]求:孔子弟子冉求,字子有。善於財政管理。[8]藝:多才多藝。

2. 師與商也孰賢

　　子貢問:"師與商[1]也孰賢?"子曰:"師也過[2],商也不及[3]。"曰:"然則師愈[4]與?"子曰:"過猶不及[5]。"(《論語·先進》)

【注解】

　　[1]師:孔子弟子顓孫師,字子張。商:孔子弟子卜商,字子夏。[2]過:超過。朱熹認爲"子張才高意廣,而好爲苟難,故常過中"。[3]不及:没達到。朱熹認爲"子夏篤信謹守,而規模狹隘,故常不及"。[4]然則:這樣説來,那麽。愈:勝過。[5]猶:如同。這句話的意思是"過和不及差不多"。

3. 季康子問政於孔子

　　季康子問政於孔子曰:"如殺無道[1],以就[2]有道,何如?"孔子對[3]曰:"子爲政,焉用殺[4]?子欲善,而民善矣!君子之德風[5];小人之德草[6];草上之風[7],必偃[8]。"(《論語·顔淵》)

【注解】

　　[1]無道:没有道(的人)。[2]就:接近。[3]對:回答。注意,只有地位低的一方回答地位高的一方時纔用"對"。[4]焉用殺:哪裏用得着殺。[5]"君子"句:這是一個判斷句,表示比喻。君子的德像風一樣。君子:指統治者,貴族。[6]"小人"句:小人的德像草一樣。小人,庶民,平民。[7]草上之風:意指把風施加在草上面。上,一本作"尚",這裏用作動詞,意思是加上。後面帶雙賓語,"之"指草。[8]偃(yǎn):倒伏。這句話的意思是風向哪邊吹,草一定會向哪邊倒。

4. 子夏之門人問交於子張

　　子夏之門人問交於子張[1]。子張曰:"子夏云何?"對曰:"子夏曰:

'可者與之[2],其不可者拒[3]之。'"子張曰:"異乎吾所聞[4]。君子尊賢而容衆[5],嘉善而矜不能[6]。我之大賢與[7],於人何所不容[8]?我之不賢與,人將拒我,如之何其拒人也[9]?"(《論語·子張》)

【注解】

[1]門人:弟子。交:結交朋友(的原則)。子張:孔子弟子顓孫師,字子張。[2]可者與之:可以結交的就去結交他。與,跟……在一起。[3]其:那種,那些。拒:拒絕。[4]異乎吾所聞:和我聽説的不一樣。乎,於。[5]容:包容。衆:衆人,一般人。[6]嘉:稱贊,鼓勵。矜:憐憫,同情。不能:没有才能的人。[7]我之大賢與:我(如果)是個大賢人的話。"我大賢"本是表示判斷的主謂結構,因爲在這裏充當分句,所以在主語後加"之"。下文"我之不賢與",句式同此。[8]所:代詞。這句話的意思是"有什麽不能包容的",指無所不容。[9]如之何:怎麽能。其:語氣副詞,用來加强反問語氣。這句話的意思是"怎麽能拒絕別人呢"。

5. 癸酉師陳于鞌

癸酉[1],師陳于鞌[2]。邴夏御齊侯[3],逢丑父爲右[4]。晋解張御郤克[5],鄭丘緩[6]爲右。齊侯曰:"余姑翦滅此而朝食[7]。"不介馬而馳[8]之。郤克傷於矢[9],流血及屨[10],未絶鼓音[11],曰:"余病矣[12]!"張侯曰:"自始合[13],而矢貫余手及肘[14],余折以[15]御。左輪朱殷[16],豈敢言病?吾子[17]忍之!"緩曰:"自始合,苟有險[18],余必下推車,子豈識[19]之。然子[20]病矣!"張侯曰:"師之耳目,在吾旗鼓,進退從之[21]。此車一人殿[22]之,可以集事[23]。若之何其以病敗君[24]之大事也?擐甲執兵[25],固即死也[26],病未及死,吾子勉[27]之!"左并轡[28],右援枹而鼓[29]。馬逸[30]不能止,師從之[31]。齊師敗績[32]。逐[33]之,三周華不注[34]。

韓厥夢子輿[35]謂己曰:"且辟左右[36]!"故中御而從[37]齊侯。邴夏曰:"射其御者,君子[38]也。"公曰:"謂之君子而射之,非禮也[39]。"射其左,越[40]于車下。射其右,斃[41]于車中。綦毋張喪車[42],從韓厥曰:"請寓乘[43]!"從左右,皆肘之,使立於後[44]。韓厥俛定其右[45]。逢丑父與公易位[46]。將及華泉[47],驂絓[48]於木而止。丑父寢於轏中[49],蛇出於其下,以肱[50]擊之,傷而匿[51]之,故不能推車而及[52]。韓厥執縶[53]馬前,再拜稽首[54],奉觴加璧以進[55],曰:"寡君使群臣爲魯、衛請[56],曰:'無令輿師陷入君地[57]。'下臣不幸,屬當戎行[58],無所逃隱[59]。且懼奔辟而忝兩君[60]。臣辱戎士[61],敢告不敏[62],攝官承乏[63]。"丑父使公下,如華泉取飲[64]。鄭周父御佐車[65],宛茷[66]爲右,載齊侯以免[67]。韓厥獻丑父,郤獻子將戮[68]之,呼曰:"自今[69]無有代其君任患者,有一於此,將爲戮[70]乎?"郤子曰:"人不難以死免其君[71],我戮之不祥,赦之,以勸事君者[72]。"乃免[73]之。(《左傳·成公二年》)

【注解】

[1]癸酉:天干地支記時法,這裏用於記日。這一天是成公二年六月十七日。[2]師:軍隊。這裏指齊晋兩國的軍隊。陳:擺開陣勢。鞌(Ān):地名,在當時齊國境內,今濟南市西北。[3]邴夏:齊國大夫。御:駕車,這裏是爲動用法,爲……駕車。齊侯:這裏指齊國君主齊頃公,齊桓公之孫,名無野,公元前598—前582年在位。[4]逢(Páng)丑父:齊國大夫。右:車右,又稱驂乘。當時的戎車以左邊爲尊,駕車的人在中間,驂乘在右邊。但主帥的戰車上,主帥在中間,以利指揮,駕車的人在左邊,驂乘在右邊,負責保護主帥及車遇險阻時下來推車等任務。[5]解(Xiè)張:晋國人,解爲其氏,張爲其字,下文稱爲張侯。郤(Xì)克:晋國大夫,這次戰役中晋軍的主帥,下文又稱郤獻子。[6]鄭丘緩:鄭丘爲其氏,緩爲其名。[7]姑:姑且。翦(jiǎn)滅:消滅。翦,通"剪"。朝食:吃早飯。[8]介馬:給馬披上甲。介,甲。這裏用作動詞。馳:驅馳。[9]郤克傷於矢:此句爲被動句式,郤克被箭所傷。[10]屨(jù):鞋。[11]鼓音:古代軍隊以擊鼓爲號令,催令軍隊前進。這句話是說晋軍主帥郤克雖然被箭所傷,但仍然堅持擊鼓指揮軍隊前進。[12]病:古代"病"與"疾"不同義。"病"是"疾甚""傷重"達到危及生命的程度。余病矣,等於說"我傷得厲害,快支持不住了"。[13]合:會戰,交戰。[14]貫:穿透。及:連接名詞性成分的連詞,和。這句話的意思是,箭射穿我的手和肘。[15]折:折斷。以:連接謂詞性成分的連詞。[16]朱:紅色。殷(yān):紅中帶黑。這句話的意思是,(由於手和肘被箭射穿)流出的血把左邊的車輪染成了紅黑色。[17]吾子:對人的尊敬客氣稱呼,帶有親熱的含義。[18]苟:如果,只要。險:險阻,險要。[19]豈:哪裏,表示反問語氣的副詞。識(shí):知道。[20]然:然而。子:對人的尊稱,您,這裏指郤克。[21]"師之"三句:意思是,軍隊聽到和看到的號令在於我們的鼓

聲和旗幟,按照我們的指揮前進和後退。[22]殿:掌握,鎮守。[23]集事:成事,完成任務。[24]若之何:怎麼能。其:語氣副詞。以:因爲。君:國君。[25]擐(huàn):穿。甲:鎧甲。兵:兵器。這句話的意思是穿上甲冑,拿起兵器,指參加戰爭。[26]固:本來。即:走近。這句話的意思是本來就是走向死亡,指抱着必死的鬥志走上戰場。[27]勉:努力。[28]左:左手。轡(pèi):馬韁繩。駕車的人本來左手和右手都執韁繩,纔便於控制馬匹。這句話的意思是(解張)把韁繩併到左手。[29]右:右手。援:拿過來。枹(fú):鼓槌。鼓:這裏是動詞,擊鼓。[30]逸:狂奔。[31]從:跟隨。這句話的意思是軍隊緊跟而上。[32]敗績:大敗,潰敗。[33]逐:追趕。指晉國軍隊追擊齊國軍隊。[34]周:圍繞。華(Huā)不注:山名,在今濟南市東北。這句話的意思是繞着華不注山追逐了三圈。[35]韓厥:晉國大夫,參加了此次戰役。子輿:韓厥的父親,當時已去世。這是追述戰爭發生前一天晚上的事情。[36]辟:避開,後作"避"。這是子輿託夢告訴兒子韓厥明天避開兵車的左右兩邊。[37]中御:在車的中間駕車。從:追趕。[38]君子:先秦時"君子"一詞有兩個含義,一指王公貴族等有身份地位高貴的人,二指品德高尚的人,邴夏説的意思是這個駕車的看來是身份高貴的人。[39]非禮也:齊頃公把"君子"理解爲"品德高尚的人",所以説射他是非禮。[40]越:隕落,墜落。[41]斃:倒下。[42]綦毋(Qíwú)張:晉國大夫。綦毋爲其氏,張爲其名。喪車:失去了戰車。[43]寓:寄寓。這句話的意思是,請讓我借搭你的戰車! [44]"從左"三句:大意是,(綦毋張)跟在(韓厥)左邊、右邊,(韓厥)都用肘撞他,示意讓綦毋張站在自己後面。肘:這裏用作動詞。[45]俛(fǔ),同"俯"。定:放穩當。這句話可譯作,韓厥俯下身子把右邊被射倒的人放好。[46]易位:交換位置。[47]華泉:泉名,在華不注山下。[48]驂(cān):驂馬。古代馬車單轅,在車轅兩邊的馬叫服馬,在服馬外邊拉車的馬叫驂馬。絓:絆。[49]輨(zhàn):用竹木散材製成的簡便車子。此句也是追述戰爭發生前一天晚上的事情。[50]肱(gōng):大臂,身體從肩到肘的部分。[51]匿:隱匿,隱瞞。[52]及:趕上。這裏語義上是被動的,指被趕上。此句屬於無形式標誌的被動句。[53]縶(zhí):絆馬索。[54]再拜:兩拜。稽(qǐ)首:古時人臣向君主行的重禮,需跪拜叩頭至地。[55]奉:"捧"的本字,在這個意義上後來寫作"捧"。觴(shāng):一種酒器。璧:一種圓形玉器,似環而孔小。從"執縶"到"奉觴加璧以進",這是俘獲齊侯時韓厥所行的所謂"殯命禮"。[56]寡君:對別國人謙稱本國國君。爲魯、衛請:替魯國和衛國請命。按,這次戰役之前,齊國軍隊伐魯國和衛國,魯、衛兵敗,向晉國求救。晉國派郤克出兵,晉國軍隊追擊進入齊國的羣,爆發這次戰役。[57]無令:不要讓。興師:軍隊。這句話的意思是晉國不想侵犯齊國。[58]屬:碰巧。當:遇上。戎行(háng):軍隊,這裏指齊國的軍隊。大意是碰巧遇上您的軍隊。[59]隱:躲藏。這句話的意思是沒有逃避的地方。[60]奔辟:逃跑躲避。忝(tiǎn):辱,這裏是使動用法。這句話的意思是又害怕逃跑躲避而使兩國國君受到耻辱。[61]戎士:武士。此句大意是我愧爲一名武士。[62]敢告:斗膽向您告稟。不敏:謙辭,不聰明。大意是我並不是有多聰明。[63]攝:代理。承乏:接替空缺的職位。此句大意是由於沒有合適的人才任職而由我暫時代理。言外之意是我來抓你做俘虜是出於不得已。[64]如:往,到……去。飲:這裏用作名詞,指水。逢丑父已經與齊侯交換了位置,所以借叫齊侯去取水讓他脱身。[65]鄭周父:齊臣。佐車:副車。[66]宛茷(Fèi):齊臣。[67]免:免於被俘,逃脱。[68]戮(lù):殺。[69]自今:到目前爲止。任患:承担患難。[70]爲戮:被殺。這是以"爲"爲標誌的被動句。[71]難:這裏是以動用法,以……爲難事。免:這裏是使動用法,使……免於灾禍。此句大意是有人不把以犧牲自己而使國君免遭灾禍當做爲難的事。[72]勸:鼓勵,勉勵。事君者:侍奉國君的人,臣子。[73]免:赦免。

6. 人生十年曰幼

人生十年曰幼,學[1]。二十曰弱,冠[2]。三十曰壯,有室[3]。四十曰強,而仕[4]。五十曰艾[5],服[6]官政。六十曰耆[7],指使[8]。七十曰老,而傳[9]。八十、九十曰耄[10],七年曰悼[11],悼與耄雖有罪,不加刑[12]焉。百年曰期[13],頤[14]。(《禮記·曲禮上》)

【注解】

[1]學:上學。《禮記·内則》曰:"十年,出就外傅,居宿於外,學書、計。"[2]冠(guàn):戴帽子。這裏指男子成年舉行加冠禮。[3]室:妻室。[4]仕:出任職務。陳澔注:"仕者,爲士以事人,治官府之小事也。"[5]艾(ài):鄭玄注:"艾,老也。"艾又指灰白色,一説指人老頭髮灰白色。[6]服:從事,任職。《禮記·内則》:"五十命爲大夫,服官政。"指管理國家政事。[7]耆(qí):《説文》:"耆,老也。"[8]指使:指使人。指安排事務,讓人執行,不必躬親。[9]傳(chuán):傳授。指傳授家事,任用子孫,不再操心。[10]耄(mào):昏瞶,智衰善忘的狀態。[11]悼:憐愛。這裏是把八九十歲的老人與七歲童稚並提,認爲他們在智力上相若。[12]加:施加。刑:刑罰。[13]期(jī):一個週期。[14]頤:頤養。

這裏指接受子孫的奉養。

7. 秋水時至百川灌河

　　秋水時[1]至,百川灌河[2],涇流[3]之大,兩涘渚崖[4]之間,不辯[5]牛馬。於是焉河伯[6]欣然自喜,以天下之美[7]爲盡在己。順流而東行,至於北海,東面[8]而視,不見水端[9]。於是焉河伯始旋[10]其面目,望洋向若[11]而嘆曰:"野語[12]有之曰:'聞道百,以爲莫己若'[13]者,我之謂也[14]。且夫我嘗聞少仲尼之聞而輕伯夷之義者[15],始吾弗信;今我睹子之難窮[16]也,吾非至於子之門則殆[17]矣,吾長見笑於大方之家[18]。"北海若曰:"井鼃[19]不可以語於海者,拘於虛[20]也;夏蟲不可以語於冰者,篤於時[21]也;曲士[22]不可以語於道者,束於教也[23]。今爾[24]出於崖涘,觀於大海,乃知爾醜[25],爾將可與語大理[26]矣。天下之水,莫大於海,萬川歸之,不知何時止而不盈[27];尾閭泄之,不知何時已而不虛[28],春秋不變,水旱不知。此其過江河之流,不可爲量數[29]。而吾未嘗以此自多[30]者,自以比形於天地而受氣於陰陽,吾在天地之間,猶小石小木之在大山也,方存乎見少[31],又奚以自多!計四海之在天地之間也,不似礨空之在大澤[32]乎?計中國之在海內,不似稊米之在大倉[33]乎?號物之數謂之萬[34],人處一焉;人卒[35]九州,穀食之所生,舟車之所通,人處一焉[36];此其比萬物也,不似豪末[37]之在於馬體乎?五帝之所連[38],三王[39]之所爭,仁人之所憂,任士[40]之所勞,盡此矣。伯夷辭之以爲名,仲尼語之以爲博[41],此其自多也,不似爾向[42]之自多於水乎?"(《莊子·秋水》)

【注解】

　　[1]時:名詞用作狀語,以時,按時令。[2]川:河流。河:黄河。[3]涇(jīng)流:水流的寬度。[4]涘(sì):岸。渚(zhǔ):水中露出的小塊陸地。崖:高的河岸。[5]辯:通"辨"。[6]河伯:黄河河神。相傳河伯名馮(Píng)夷。[7]美:好,長處。與下文"醜"相對。這裏指河伯覺得自己最爲廣大。[8]東面:面向東方。[9]端:盡頭。[10]旋:轉過來。[11]望洋:疊韻聯綿詞,仰視貌。若:海神的名字。[12]野語:俗語,民間諺語。[13]道:道理。百:虛指,言其多。以爲莫己若:認爲

沒有誰比得上自己。否定句中賓語"己"前置。若,像。[14]我之謂也:說的就是我啊。用助詞"之"凸顯前置賓語"我"。[15]少:以動用法,以……爲少。輕:以動用法,以……爲輕。仲尼:孔子名丘,字仲尼。伯夷:商朝孤竹君之子。相傳其父讓其弟叔齊繼位,孤竹君死後叔齊讓位給伯夷,伯夷不受,叔齊也不登位。兩個人先後逃到周國。周王朝滅商以後,他們不食周粟,餓死在首陽山。全句的意思是,我曾經聽説(有人)認爲孔子的學問不多,伯夷的道義不重。[16]難窮:難以找到盡頭。[17]殆:危險。[18]長:長久,一直。見笑:被譏笑。這是用"見"表示的被動句。大方之家:指道術修養深湛的人,後來也指富於學問、研究精深的人。[19]鼃(wā):青蛙、蛤蟆一類的動物。井鼃,井底之蛙。[20]拘:拘束,局限。虛:區域。[21]篤:固陋,這裏指局限。時:季節。[22]曲:牽強迂曲。曲士,這裏指局限於某一種學説的人。[23]束於教也:被教條束縛。這是使用"於"字的被動句。[24]爾:你。[25]醜:不好,短處。與上文"美"相對。這裏指渺小。[26]大理:大的道理,更高深的道理。[27]盈:滿。以上四句話的大意是,不計其數的河流注入大海,永不停止,但大海並不會被注滿。[28]"尾閭"二句:大意是尾閭把海水泄出,永無休止,但大海並不會被排空。尾閭,傳説中的排泄海水之處。已,停止。[29]量數:度量、計算。[30]自多:自以爲很多。引申爲自大,自以爲了不起。"多"在這裏是以動用法,認爲……多。[31]見少:被認爲少。[32]礨空:蟻穴,小穴。澤:沼澤。[33]稊(tí):草名,外形像稗子,果實像小米。大(tài)倉:大的糧倉。[34]號:稱呼,指稱。這句話的大意是,人們常常用萬物來指稱很多事物。[35]人卒:人衆。[36]人處一焉:大意是説,萬物之衆,人只是一物,九州之廣,人只處一端。[37]豪末:細毛的末端。豪,通"毫",細毛。[38]五帝之所連:大意是五帝相連禪讓。五帝,傳説中的上古五個帝王,説法不一。按《史記》五帝指黄帝、顓頊、帝嚳、堯、舜。傳説堯、舜治理國家時訪求賢能的人繼位,即禪讓制度。[39]三王:指夏禹、商湯、周文王。[40]任士:懷有責任的人。這裏指爲實現使命賣力工作的人。[41]"伯夷"二句:大意是,伯夷辭讓君位,而贏得好的名聲;孔子教誨學生,被認爲很博學。[42]向:從前,剛才。

8. 漢以馬邑城誘單于

漢以馬邑城誘單于[1],使大軍伏馬邑旁谷,而廣[2]爲驍騎將軍,領屬護軍將軍[3]。是時單于覺[4]之,去,漢軍皆無功。其後四歲,廣以衛尉[5]爲將軍,出鴈門[6]擊匈奴。匈奴兵多,破敗廣軍,生得[7]廣。單于素聞廣賢[8],令曰:"得李廣必生致之[9]。"胡騎[10]得廣,廣時傷病,置廣兩馬閒,絡而盛臥[11]廣。行十餘里,廣佯死[12],睨其旁有一胡兒騎善馬[13],廣暫騰[14]而上胡兒馬,因推墮兒,取其弓,鞭馬南馳數十里,復得其餘軍,因引而入塞[15]。匈奴捕者騎數百追之,廣行取[16]胡兒弓,射殺追騎,以故得脫[17]。於是至漢,漢下廣吏[18]。吏當[19]廣所失亡多,爲虜所生得[20],當斬,贖爲庶人[21]。(司馬遷《史記·李將軍列傳》)

【注解】

[1]馬邑:地名,在今山西朔州。單(chán)于:漢代匈奴的君長稱單于。漢武帝元光二年派馬邑人聶壹假裝内應,引誘單于攻打馬邑城。[2]廣:李廣(前?—前119),西漢時隴西成紀(今甘肅省秦安縣北)人。善騎射,有"飛將軍"之稱。[3]領屬護軍將軍:受護軍將軍的指揮調度。當時御史大夫韓安國爲護軍將軍,是主將。[4]覺:察覺。[5]衛尉:官名,秦時始置,漢代爲九卿之一,主要負責宫門警衛。[6]鴈門:在今山西省代縣西北。鴈,同"雁"。[7]生得:活捉。[8]賢:有能力,這裏指軍事才能。[9]生致之:活着把他押送來。[10]騎(jì),騎馬的人,這裏指騎兵。[11]絡:網兜,這裏用作動詞,編了個網兜。盛(chéng):放。臥:這裏是使動用法,讓李廣躺着。[12]佯死:裝死。[13]睨(nì):斜視。胡兒:胡人,這裏指匈奴人。善馬:好馬。[14]暫:突然。騰:躍起。[15]引:退兵。塞:邊關。[16]行取:一邊走一邊取。[17]以故:因此。脫:逃脫。[18]下廣吏:雙賓語結構,將李廣下放給獄吏(斷罪)。[19]當(dàng):斷罪,判決。[20]爲虜所生得:這是一個"爲……所……"結構的被動句。虜,對敵人的蔑稱,這裏指匈奴。[21]贖:用財物抵罪。漢、唐等朝代法律都有這樣的規定。庶人:普通人,老百姓。這句話的大意是,交納贖金,免除斬刑,革去官職成爲平民百姓。

[練習與思考]

一、回答問題

1. 什麼是句型?古代漢語中有哪些句型?
2. 什麼是句類?古代漢語中有哪些句類?
3. 古代漢語中判斷句的基本格式是什麼,有哪些變體?
4. 上古漢語中"乃""即""非"等是否是繫詞?
5. 先秦漢語中的"是"屬於什麼詞類?

6. 被動句中"見"的功能是什麽？

7. 被動句中"於(于、乎)"的功能是什麽？

8. 被動句中"爲"有哪幾種功能？

9. 爲什麽"見"和"於"、"爲"和"於"、"爲"和"見"可以同時使用在一個句子中？

10. "被"在先秦時期是什麽詞類，是否可以表示被動關係？

二、請將下列句子譯爲現代漢語

1. 事兩君者不容。(《荀子·勸學》)

2. 蓋西伯拘而演《周易》，仲尼厄而作《春秋》，屈原放逐，乃賦《離騷》。(司馬遷《報任安書》)

3. 快哉，此風！(宋玉《風賦》)

4. 媼之送燕后也，持其踵爲之泣。(《戰國策·趙策四》)

5. 大丈夫定諸侯，即爲真王耳，何以假爲？(《史記·淮陰侯列傳》)

6. 衣敝縕袍，與衣狐貉者立，而不恥者，其由也與？(《論語·子罕》)

7. 去我三十里，唯命是聽。(《左傳·宣公十五年》)

8. 虞兮虞兮奈若何？(《史記·項羽本紀》)

9. 年饑，用不足，如之何？(《論語·顔淵》)

10. 是社稷之臣也，何以伐爲？(《論語·季氏》)

11. 居簡而行簡，無乃大簡乎？(《論語·雍也》)

12. 以管仲之能，乘公之勢以治齊國，得無危乎？(《韓非子·外儲說左下》)

三、給下列兩段白文加上標點

1. 凡與客入者每門讓於客客至於寢門則主人請入爲席然後出迎客客固辭主人肅客而入主人入門而右客入門而左主人就東階客就西階客若降等則就主人之階主人固辭然後客復就西階主人與客讓登主人先登客從之拾級聚足連步以上上於東階則先右足上於西階則先左足(《禮記·曲禮上》)

2. 凡進食之禮左殽右胾食居人之左羹居人之右膾炙處外醯醬處

內葱渫處末酒漿處右以脯脩置者左朐右末客若降等執食興辭主人興辭於客然後客坐主人延客祭祭食祭所先進殽之序徧祭之三飯主人延客食胾然後辯殽主人未辯客不虛口(《禮記·曲禮上》)

四、翻譯下面的文字

孔某之齊,見景公,景公說,欲封之以尼谿,以告晏子。晏子曰:"不可!夫儒,浩居而自順者也,不可以教下。好樂而淫人,不可使親治。立命而怠事,不可使守職。宗喪循哀,不可使慈民。機服勉容,不可使導衆。孔某盛容脩飾以蠱世,弦歌鼓舞以聚徒,繁登降之禮以示儀,務趨翔之節以觀衆,博學不可使議世,勞思不可以補民,絫壽不能盡其學,當年不能行其禮,積財不能贍其樂,繁飾邪術以營世君,盛爲聲樂以淫遇民,其道不可以期世,其學不可以導衆。今君封之,以利齊俗,非所以導國先衆。"公曰:"善。"於是厚其禮,留其封,敬見而不問其道。孔某乃恚,怒於景公與晏子,乃樹鴟夷子皮於田常之門,告南郭惠子以所欲爲,歸於魯。有頃,閒齊將伐魯,告子貢曰:"賜乎!舉大事於今之時矣!"乃遣子貢之齊,因南郭惠子以見田常,勸之伐吳;以教高、國、鮑、晏,使毋得害田常之亂;勸越伐吳。三年之内,齊、吳破國之難,伏尸以言術數,孔某之誅也。(《墨子·非儒下》)

第十四課　文獻的閲讀

我國古代的文明歷史悠久,源遠流長。在漫長的歷史發展過程中產生了大量的文獻,很多文獻由於各種原因已經散佚不存,也有很大一部分文獻則傳承了下來。這些文獻承載着傳統文明的各個方面,是瞭解我國古代文化的基本資料。

據估計,我國現存古代文獻有八萬種以上①,其中僅有少數常見的、重要的文獻得到一定程度的整理。大多數古代文獻還没有進行現代的斷句、點校、注釋、翻譯等整理工作。這樣,在查閲有關資料時就需要查閲者自己運用有關知識纔能閲讀,明瞭文書的意義。尤其是對一些新發現的文獻(如甲骨、簡牘、帛書、石刻等),更需要閲讀者具備多方面精深的古代文化知識,纔能對其進行解讀和加以利用。

要閲讀古代的文獻,應該瞭解古代文獻分類的基本方法,以便能够順利便捷地查閲到所需文獻。閲讀文獻時,需要瞭解古代文書的體例,對於未經整理的原始文獻要進行斷句標點,在此基礎上疏通章句,明瞭義理,才能够準確理解文本傳達的信息。要達到較順利閲讀古代文獻的目的,還應該熟讀一些篇目甚至背誦,這樣不僅可以培養古代漢語的語感,還可以積累古代文化知識,在遇到陌生文獻時能够結合已有知識,提高閲讀能力。

---

① 李詩《談談我國古籍》(《文匯報》1961 年 1 月 1 日)估計現存古代文獻七八萬種。楊殿珣《談談古籍與古籍分類》(《北圖通訊》1979 年第 1 期)估計含碑帖輿圖、民族語言圖書等約十五萬種。吴楓《中國古典文獻學》(齊魯書社,1982 年)認爲不少於八萬種。

一　經、史、子、集

我國古代流傳下來的文獻卷帙浩繁,汗牛充棟。要查閱某種文獻,應該懂得目錄學的基本知識。清代學者王鳴盛説:"目錄之學,學中第一緊要事,必從此問塗,方能得其門而入。"(《十七史商榷》)

在我國古代,佔主流的圖書分類方法是四部分類法。這種分類方法和現代採用西方按照學科進行劃分的圖書分類法很不相同。四部分類法在歷史上是逐步發展起來的。

西漢末年劉向、劉歆父子整理圖書,撰成群書目錄《七略》,把圖書分爲六個大類,三十八個小類。其後這種分類法有進一步的發展。明確的四分法是西晋時期荀勖編的《晋中經簿》,分爲甲、乙、丙、丁四部。其中甲部包括六藝(即六經,漢人稱六藝)、小學等;乙部包括古諸子家、近世子家、兵書兵家、術數等;丙部包括史記、舊事、皇覽簿、雜事等;丁部包括詩賦、圖贊、汲冢書等。這種分類奠定了四部分類法的基礎。東晋時期李充的《晋元帝書目》也按荀勖的方法分爲甲、乙、丙、丁四部,但乙部和丙部把荀勖的順序顛倒過來,後世四部分類法的雛形已經具備。唐代初年官修《隋書·經籍志》分爲四部四十類,這時已經直接用"經""史""子""集"標明四個類別的名稱(另附道經、佛經兩類),四部分類法得到正式確立。從此經、史、子、集的四分法佔據主流,爲大多數史志、書目所沿用。清朝乾隆年間所編《四庫全書總目》是四分法日臻完善的突出代表。

除了上面提到的六分法和四分法以外,在歷史上還有七分法、九分法、十二分法等。這些分法總體來説應用很少。四部分類法將所有圖書歸入經、史、子、集四個類別之中,但在個別類目及圖書歸類上不同時期有小的出入。《四庫全書總目》分爲四部四十四類,視具體情況有的類目下增設三級目錄。《四庫全書總目》的分類框架如下:

經部:易類、書類、詩類、禮類、春秋類、孝經類、五經總義類、四書類、樂類、小學類。

史部：正史類、編年類、紀事本末類、別史類、雜史類、詔令奏議類、傳記類、史鈔類、載記類、時令類、地理類、職官類、政書類、目錄類、史評類。

子部：儒家類、兵家類、法家類、農家類、醫家類、天文算法類、術數類、藝術類、譜錄類、雜家類、類書類、小説家類、釋家類、道家類。

集部：楚辭類、別集類、總集類、詩文評類、詞曲類。

四部分類法是與我國傳統社會尊崇儒家學説相適應的。"經部"包含儒家學派推崇的經典文獻以及解説這些經典文獻的小學著作（訓詁、字書、韻書）等，位列四部之首。"史部"包含有關歷史的著作、文獻資料、政書，以及地理、經籍金石目錄等，位列第二。"子部"的書籍很駁雜，包含先秦及後代的諸子百家著作（也包含孔子、孟子之外的其他儒家著作），一些科學技術書籍如醫學、農業、數學、天文等，有關迷信的占卜算命，有關藝術及生活情趣的書畫琴譜、器物食譜，以及道教、佛教典籍等。"集部"主要是文學方面的書籍，包含文學作品、文學理論及批評著作，以及一些詞譜詞韻等工具圖書。

在四部分類法中，"經"處在核心的地位。儒家的核心經典是"十三經"，十三經包含的典籍是逐步擴大形成的。相傳孔子曾經編訂《易》《書》《詩》《禮》《樂》《春秋》，並以此爲教材教授學生。後來《樂》亡佚，西漢時除《樂》以外的其他五部典籍都立在學官，稱爲"五經"。唐代初年將《詩》《書》《易》以及"三禮"（《周禮》《儀禮》《禮記》）和"春秋三傳"（《左傳》《公羊傳》《穀梁傳》）合稱"九經"。唐代開成年間增加《孝經》《論語》《爾雅》，刻石立於國子學，成爲"十二經"。北宋中葉將《孟子》升格爲"經"，最終形成"十三經"。

十三經的原文成書都較早，基本上在唐代以前都已經有了注釋（只有《孝經》是唐人所注，詳下文目錄）。到了唐宋時代，前人的注釋又變得難懂，於是出現了"義疏"（一般來説，官修的稱爲"正義"，私撰的稱爲"疏"），對經書及原來的"注"再次進行解釋説明。南宋紹熙年間合刊有十三經的注及疏，就是後來習稱的"十三經注疏"。包括：

《周易正義》，魏王弼、晉韓康伯注，唐孔穎達等正義；

《尚書正義》,漢孔安國傳(僞),唐孔穎達等正義;
《毛詩正義》,漢毛亨傳,鄭玄箋,唐孔穎達等正義;
《周禮注疏》,漢鄭玄注,唐賈公彦疏;
《儀禮注疏》,漢鄭玄注,唐賈公彦疏;
《禮記正義》,漢鄭玄注,唐孔穎達等正義;
《春秋左傳正義》,晋杜預注,唐孔穎達等正義;
《春秋公羊傳注疏》,漢何休注,唐徐彦疏;
《春秋穀梁傳注疏》,晋范甯注,唐楊士勛疏;
《論語注疏》,魏何晏等注,宋邢昺疏;
《孝經注疏》,唐玄宗注,宋邢昺疏;
《爾雅注疏》,晋郭璞注,宋邢昺疏;
《孟子注疏》,漢趙岐注,宋邢昺疏。

在四部分類法中,過去的人說"史爲經翼","讀史以明經",可見"經部"是核心,"史部"是"經"的輔助。"子部"和"集部"則在"經部"之外,不佔主流。我們今天要瞭解和認識我國古代傳統文化,也可以按照這個方法和門徑來閱讀分析古代的典籍文獻。

二 白文和標點

經、史、子、集中常見的重要典籍一般都有古人的注解。例如經部有"十三經注疏",史部的《史記》有"三家注"(南朝宋裴駰集解、唐司馬貞索隱、張守節正義)、子部的《老子》有三國時魏王弼注,集部的《楚辭》有東漢王逸注,等等。不録注解只印正文的古籍文書稱爲白文本。白文就是没有注解的古書原始文本。不通過注解直接閱讀白文是非常困難的。本教材在每課的練習中均列有數段古代典籍的原文要求標點、翻譯,這些典籍原文就是白文。練習時可以通過查閱古代注本,以及字典、詞典等工具書來幫助理解。

閱讀白文的第一步是標點。古人讀書自己斷句,稱爲"句讀(dòu)",句讀是"句"和"讀"的合稱。一句話讀完在末字旁邊加一個勾(或加一個圓圈),叫作"句";一句話没讀完在要停頓的字下面加一個點,叫作"讀"。

《禮記·學記》:"一年視離經辨志。"鄭玄注:"離經,斷句絶也。辨志,謂别其心意所趣鄉也。"孔穎達疏:"離經,謂離析經理使章句斷絶也。""離經"就是把没有斷開的經文分離開,這需要對經文進行正確理解纔能完成。上面引的話的意思是學生學習一年以後考察他對經典的斷句能力。顧炎武《日知録》卷三十一説:"句讀之不通,而欲從事於九丘之書,真可爲千載笑端矣。"這都説明句讀的重要性。

現在很少使用"句讀"的方法對古書斷句,而是用新式標點符號。新式標點符號有十六種,比"句"和"讀"豐富細緻,能夠更精確恰當地表現和反映文句的意義。例如冒號、問號、分號、引號等,都可以使文句的意義得到更完整清晰的展現。

語言學家吕叔湘在《整理古籍的第一關》中説:"整理古籍的第一關是標點。""標點大體上相當於從前人説的句讀。"古文的標點,看起來似乎比較容易,但做起來常常很難。這是因爲怎樣標點直接關係到對文句意義的理解。理解不同,標點就會大相徑庭。下面是先秦時候的一個例子:

> 哀公問於孔子曰:"吾聞:夔一足,信乎?"曰:"夔,人也,何故一足?彼其無他異,而獨通於聲,堯曰:夔一而足矣,使爲樂正。故君子曰,夔有一,足。非一足也。"(《韓非子·外儲説左下》)

這段記載説明當時對"夔一足"的斷句已經存在問題。哀公聽説夔只有一隻脚,感到奇怪。孔子説夔是一個人,怎麽只有一隻脚呢?他説"夔一而足矣",意思是應該在"夔一"後面斷句,成爲"夔一,足"。這裏"足"是"足够"的意思,"夔一足"即有一個夔就足够了。可見斷句的重要性。

對古文進行標點,一般來説應該做到以下兩點。

第一,標點之後文句的意義應該能够講通。這是最初步的要求。明顯地意義講不通肯定存在斷句的不正確。例如下面的標點:

＊要之死日,然後是非乃定。(司馬遷《報任少卿書》)

這句話裏"要之死日"費解,正確的標法應該在"要之"後面斷開:

　　　要之,死日然後是非乃定。

"要之"相當於"總之",整句話的大意是"總之,人死以後是非纔能確定下來"。又如:

　　　＊是故聖人作爲禮以教人,使人以有禮,知自別於禽獸。(《禮記·曲禮上》)

這段話裏"聖人作爲禮以教人"講不通順,正確的標點應是:

　　　是故聖人作,爲禮以教人。使人以有禮,知自別於禽獸。

"作"是"出現""興起"的意思,"爲禮"即"制禮"。又如:

　　　＊惟錢唐則不然,初望之一片青氣,稍近則茫茫白色,其聲如雷,其勢如山吼擲;狂奔一瞬,至岸,如崩山倒屋之狀。(謝肇淛《五雜俎》)

這段話裏"其勢如山吼擲"無法理解,"山"無法發出"吼擲"的動作;"狂奔一瞬"也不太成話。正確的標法應是:

　　　惟錢唐則不然,初望之一片青氣,稍近則茫茫白色。其聲如雷,其勢如山,吼擲狂奔,一瞬至岸,如崩山倒屋之狀。

又如:

　　　＊孔子晚而喜《易》《序》《彖》《繫》《象》《説卦》《文言》。(《史記·孔子世家》)

這種標點認爲"序"是指《序卦》,即孔子喜歡《易》《序》等,差不多也能講通。但《彖》《繫》《象》等是對《周易》經文的解釋(即《易傳》),不應該說孔子既喜《易》,又喜《易傳》。實際上"序"在這裏是動詞,相傳孔子曾經作《上彖》《下彖》《上象》《下象》《上繫》《下繫》《文言》《説卦》《序卦》《雜卦》(即"十翼"》),因此正確的標點應爲:

孔子晚而喜《易》，序《彖》《繫》《象》《說卦》《文言》。

標點古書僅僅做到通順是不夠的，能夠講通並不一定就正確。這就涉及第二點。

第二，標點之後應該符合文句在上下文中的意義，符合作者的原意。有時候，一段文句可以有幾種標點方法，都是可以講通的，這時就應該考察哪一種是符合文句本意的。雖然本句能夠講通，但與上下文的意思衝突，與作者原意相違背，這樣的標點也是錯誤的。這方面有一個比較典型的例子。《論語·泰伯》有一句話："子曰民可使由之不可使知之。"傳統的句讀是這樣讀的：

子曰："民可使由之，不可使知之。"

大意是，老百姓可以讓他們照着政策辦，不能讓他們知道為什麼這麼辦。這種句讀一直到現在仍然是最通行的。但這句話也有人這樣句讀：

民可使，由之；不可使，知之。

大意是，老百姓可以驅使他們做什麼，就驅使他們做；不能驅使他們，就給他們說清楚為什麼這樣做。這樣句讀是通順的，考察《論語》中"民"和"使"搭配使用也有六處以上，說明這樣標點符合《論語》的思想表述方式，是可以接受的。然而對於這句話還有人這樣句讀：

民可，使由之；不可，使知之。

大意是，老百姓認可同意，就讓他們照着做；老百姓不認可同意，就讓他們知道為什麼要這樣做。這樣句讀也能講通，"可"在先秦確有"認可"的意義。《國語·晉語九》："(趙)簡子如晉陽，見壘，怒，曰：'必殺鐸也而後入。'大夫辭之，不可，曰：'是昭余讎也。'"韋昭注："可，肯也。"《史記·李斯列傳》："始皇可其議，收去《詩》《書》百家之語以愚百姓，使天下無以古非今。"《說文》："可，肎也。""肎"即"肯"。《玉篇·肉部》："肎，可也。今作肯。"

上述標點就本句講都能夠講通，但哪一種是最符合文本本來意義的,還應該結合古注的情況、《論語》全書的表述體例,以及孔子本人的思想觀點等多種因素來選擇確定。總起來看,目前通行的標點應該是符合文本原意的。

標點古書是不容易的,需要標點者對古代文化的各個方面都有較爲深入的知識。某一個方面不太精通,就可能出現錯誤。例如:

＊故有所覽,輒省記通籍。後俸去書來,落落大滿。(袁枚《黃生借書說》)

上述標點將"輒省記通籍"斷爲一句,標點者可能認爲是"記住整部書籍"的意思。其實"通籍"是一個專門術語,漢代時指將允許進入宮中人員的姓名、年齡、身份等信息挂在宮門外,來人經核對無誤後纔能進入宮中。後來指中進士,意思是中進士後名字上達朝廷。因此前述文字正確的標點應爲:

故有所覽,輒省記。通籍後,俸去書來,落落大滿。

上面這個例子是由於對古代制度不熟悉造成的。也有由於某方面知識的不足而造成標點不妥的,如:

＊項籍少時,學書不成,去學劍,又不成。項梁怒之。籍曰:"書足以記名姓而已。劍一人敵,不足學,學萬人敵。"(《史記·項羽本紀》)

上述標點勉強能够講通,對原文意思也沒有大的妨礙,但不够準確。問題在於對"去"字的理解上。現代漢語的"去"是"到某地去"的意思,但在秦漢以前"去"的基本意義是"離開",如"今子不去,將忘子之故,失子之業"(《莊子·秋水》),"地來而民去,累多而功少"(《荀子·王制》)。"去"的反義詞是"留",從"留"的反面可以看出"去"的意義與今天截然不同。用"去"表示"到某地去""去做某事"是很晚纔出現的用法。在秦漢以前表示"去做某事"是用"往+動詞",例如"被甲嬰冑,將往戰"(《墨子·兼愛下》),"裹飯而往食之"(《莊子·大宗師》)。因此這裏的"去"應該單獨斷開,正確的標法爲:

项籍少时,学书不成,去;学剑,又不成。项梁怒之。

上面这个例子是缺乏语言文字的知识造成的。

古代文献涉及古代文化的方方面面,难以穷举,标点古籍时不仅需要具备全面的古代文化知识,还需要一丝不苟的严谨态度,这样缵能减少错误,接近文献作者的本意,反映古书的本来面貌。

三 章句和义理

古人读书治学时,对经典文献的分析研究,有不同的侧重:有的偏重于章句,有的偏重于义理。

章句,即篇章字句。刘勰《文心雕龙·章句》说:"夫人之立言,因字而生句,积句而为章,积章而成篇。"汉代不少学者解读经典往往用训诂的方法,多注重训释文字。有的除训释文字外还串讲经文大意,称为章句。按《汉书·艺文志》记载,汉代《尚书》有欧阳章句,大、小夏侯章句,《春秋》有公羊章句、谷梁章句等。后来章句训诂常常并称,章句之学也泛指专就文辞、字句进行整理爬梳的研究。

义理,即讲求经义、探求名理的学问。《汉书·刘歆传》:"初《左氏传》多古字古言,学者传训故而已。及歆治《左氏》,引传文以解经,转相发明,由是章句义理备焉。"到唐代,官修儒家经典的正义,全面总结了汉代以来的章句训诂之学。宋代学者不满于这种琐碎细微的文字训释,例如程颐说:"汉之经术安用?只是以章句训诂为事。""如圣人作经,本欲明道。今人若不先明义理,不可治经。"(《二程遗书》卷十八、卷二)因此宋代学者轻文字考证,而注重推衍文义和阐发儒家经典的义理。这样就形成所谓汉学和宋学的区别。

其实章句和义理是相辅相成的,二者不可偏废。过于注重章句,会拘泥于文、词的训释,只见树木不见森林;过于注重义理,会流于空疏,没有依托和根据。宋明以来的一些学者空谈义理,引起了清代学者的反拨。但清朝时期大兴考据之风,流于烦琐的考证,走到另一个极端。正确的态度应该是明瞭章句,贯通义理。明瞭章句是基础,贯通义理是目的。我們今天閱讀古籍,既要注重章句,也要注重義理。閱讀古書,不疏通章句,基本的文字弄不清楚,是沒有辦法明白古人的意思的;同時,置義理於不顧,糾纏於細枝末節,也沒有辦法整體瞭解古人的意思。閱讀一篇文獻,應該先疏通文字章句,然後掌握領會義理,再作進一步的分析研究。

四 熟讀和背誦

　　古代漢語不是我們日常使用的語言,因此,學習古代漢語與學習現代漢語的途徑是不同的。學習古代漢語就要從閱讀文獻入手。要培養良好的古代漢語基礎,熟讀和背誦之功不可少。過去的俗話說:"熟讀唐詩三百首,不會吟詩也會吟。"這說明熟讀能夠培養良好的古漢語語感。不僅如此,熟讀還能夠增進對文章的理解。古人云:"讀書百遍,其義自見。""舊書不厭百回讀,熟讀深思子自知。"(蘇軾《送安惇秀才失解西歸》)這都表明人對文章的理解領悟能夠在反復的熟讀中得到實現。儒家先聖孔子晚年喜歡研究《易經》,由於反復閱讀,以至於"韋編三絕"(穿連書簡的牛皮繩都斷了多次)。但是他並不以此為滿足,認為自己對"易"的理解認識還不夠,他說:"假我數年,若是,我於《易》則彬彬矣。"(《史記·孔子世家》。大意是,再給我幾年時間像這樣閱讀,我對《易》就能嫻熟精通了。)實際上做各種事情都是在有大量經驗知識的基礎上纔能對對象有深入的理解。《文心雕龍·知音》說:"操千曲而後曉聲,觀千劍而後識器。"說的正是這個意思。

　　熟讀和背誦不僅有利於對文章的理解,也有利於語法規則的學習。語法不是空洞的條文,它是從語言事實中抽象出來的。如果我們能夠背誦很多古文,那麼,每講到一條語法規則,我們心底就有很多個例句自然涌現出來,語法學習就會變得很輕鬆。熟讀和背誦對寫文章也有很大的好處。唐代大詩人杜甫說:"讀書破萬卷,下筆如有神。"(《奉贈韋左丞丈二十二韻》)北宋人吳時讀書甚眾,學問博洽,"敏於為文,未嘗屬稿,落筆已就。兩學目之曰'立地書櫥'"(《宋史·吳時傳》)。沒有廣博的閱讀經驗就能夠寫出好的文章是難以想象的。過去的讀書人、著述家博聞強記,對經典名篇往往爛熟於胸,所以閱讀、作文時能夠觸處無礙,左右逢源,就是這個道理。

[文選]

1. 擊 鼓

擊鼓其鏜[1],踊躍用兵[2]。土國城漕[3],我獨南行[4]。
從孫子仲[5],平[6]陳與宋。不我以歸[7],憂心有忡[8]。
爰居爰處[9],爰喪[10]其馬。于以求[11]之?于林之下。
死生契闊[12],與子成説[13]。執子之手,與子偕老[14]。
于嗟闊[15]兮,不我活兮[16]。于嗟洵[17]兮,不我信兮[18]。

(《詩經·邶風》)

【注解】

[1]其:詞頭。鏜(tāng):擊鼓的聲音。這首詩是寫衛國士兵到南邊的陳、宋參戰,戰事平定後不能回家的事。詩中含有怨愁和悲觀的情緒。[2]踊(yǒng):往上跳。躍(yuè):跳。兵:兵器。這句話是寫士兵們在跳躍着操練武器。[3]土:用作動詞,壘土。城:用作動詞,築城牆。漕:衛國邑名,在今河南滑縣東南。[4]南行:到南邊的陳、宋參戰。[5]孫子仲:當時衛國南征的將領。"孫"是氏,字"子仲"。孫氏是衛國的世卿。[6]平:媾和,和好。這裏是使動用法,使陳國和宋國息兵媾和。[7]不我以歸:即"不以我歸",代詞"我"在否定句中前置於動詞。大意是不帶領我們回國。[8]有忡(chōng):猶"忡忡",憂慮不安。有,詞頭。[9]爰:於是,在這裏。居、處:住,這裏指駐扎。[10]喪(sàng):丢失。[11]于以:在哪裏。求:尋找。[12]契:相合。闊:離開。契闊,偏義複合詞,指相合。這句話的大意是"生死都在一起"。[13]子:指作者的妻子。成説:約定,誓言。[14]偕(xié):一起,共同。按,以上四句是回憶新婚時的誓約之言。[15]于嗟(xūjiē):嘆詞。闊:指相隔遼遠。[16]活:"佸"(huó)的借字(依馬瑞辰説),相會。以上兩句的大意是"唉,相隔這麼遥遠,不讓我(和家人)相會"。[17]洵:《經典釋文》引《韓詩》(燕國人韓嬰所傳的《詩經》)作"敻(xiòng)"。敻,久遠。[18]信:守約。以上兩句的大意是"唉,分别這麼久,不能讓我實現誓言"。

2. 西伯戡黎

殷始咎周[1]，周人乘黎[2]。祖伊[3]恐，奔告于受[4]，作《西伯戡黎》[5]。

西伯既戡黎，祖伊恐，奔告于王。曰："天子！天既訖[6]我殷命。格人元龜[7]，罔敢知吉[8]。非先王不相[9]我後人，惟王淫戲用自絕[10]。故天棄我，不有康食[11]。不虞天性[12]，不迪率典[13]。今我民罔弗欲喪[14]，曰：'天曷不降威[15]？大命不摯[16]！'今王其如台[17]。"王曰："嗚呼！我生不有命在天[18]？"祖伊反[19]，曰："嗚呼！乃[20]罪多，參在上[21]，乃能責命于天[22]？殷之即[23]喪，指乃功[24]，不無戮於爾邦[25]！"（《尚書·商書》）

【注解】

[1]殷：即商，朝代名。商王盤庚遷都到殷（今河南安陽附近）後又稱爲殷。咎：厭惡，憎惡。周：商朝時西方諸侯國，後來發展壯大推翻了商朝的統治，建立周朝。[2]乘：戰勝。黎：一作"耆"，諸侯國名，據說在今山西長治一帶。[3]祖伊：商朝的賢臣。[4]受：紂王。[5]西伯：周文王姬昌。紂王曾經賜姬昌弓矢斧鉞，可以征伐諸侯，爲西方諸國之長，所以稱爲西伯。戡：平定。《西伯戡黎》是《尚書·商書》中的一篇。按，以上文字是所謂"尚書小序"，是後人所作。[6]訖：結束，停止。[7]格人：至人。指明瞭歷史變化的人。元龜：大龜，這裏指用於占卜的龜甲。[8]罔：無，沒有。以上兩句大意是，人神皆知商朝已經沒有吉祥的命運了。[9]相：幫助，保佑。[10]淫：過多，過分。戲：這裏指行樂。用：因而，於是。自絕：自己毀滅。[11]康食：指安定的生活。康，平安。[12]虞：知道。天性：猶言天命。[13]迪：遵循。率典：常法，一貫以來的典章制度。[14]喪：滅亡。此句意思是，我國的民衆無不希望紂王滅亡。[15]曷：怎麼。降威：降下威罰。[16]摯：至。此句大意是，上天授命稱王的人還不到來！[17]台(yí)：我。此句大意是，現在王（的凶害）正如我（所說的）。[18]"我生"句：此句大意是，我的生命長短不是由天命所定的嗎？（老百姓能奈我何！）[19]反：返回。這裏是説祖伊返回自己的封地，即離開了紂王。[20]乃：你。這裏是指紂王。[21]參：列。以上兩句話的大意是，你（紂王）的罪這麼多，都列在上天。[22]乃：豈，表示反問語氣的副詞。此句大意是，豈能還向上天尋求保佑？[23]即：走近，走向。[24]指：通"視"。功：事。[25]戮：誅殺，這裏是被動用法。以上三句的大意是："殷的走向滅亡，完全是看你

所行之事。你不可避免將被誅殺在你的國家!"

3. 一陰一陽之謂道

一陰一陽之謂道[1]，繼[2]之者善也，成[3]之者性也。仁者見之謂之仁，知者見之謂之知[4]，百姓日用[5]而不知，故君子之道鮮矣[6]！顯諸仁[7]，藏諸用[8]，鼓萬物而不與聖人同憂[9]，盛德大業至[10]矣哉！富有[11]之謂大業，日新[12]之謂盛德。生生[13]之謂易，成象之謂乾，效法之謂坤[14]，極數知來之謂占[15]，通變[16]之謂事，陰陽不測之謂神[17]。夫《易》廣矣大矣！以言乎遠則不禦[18]，以言乎邇[19]則靜而正，以言乎天地之間則備[20]矣。夫乾，其靜也專[21]，其動也直[22]，是以大生[23]焉。夫坤，其靜也翕[24]，其動也闢[25]，是以廣生[26]焉。(《周易·繫辭上》)

【注解】

[1]之謂:這就叫作。古代解釋詞語的術語,被釋詞在後,解釋語在前。本句可以理解爲道就是陰和陽的對立統一。[2]繼:繼承,沿用。[3]成:促成,成就。[4]知者見之謂之知:兩個"知"均同"智"。[5]日用:每天在應用(道)。日,名詞作狀語,每天。[6]鮮(xiǎn):少,罕。以上兩句的大意是,道(本來無處不在),百姓每天都在應用,但是他們並不自知,所以君子宣稱的"道"就顯得稀罕了。[7]顯諸仁:與上文"君子之道"呼應。君子提倡"仁",體現了"道",是顯而易見的。[8]藏諸用:與上文"日用而不知"呼應。雖然"不知",但是"道"仍然潛藏於其中。[9]鼓:鼓動,激發。憂:憂慮,擔憂。本句的主語是"道",道推動萬物變化而無蹤迹,比聖人之憂民更加廣大無私,所以説"不與聖人同憂"。[10]至:到達極致。[11]富有:東晉韓康伯注曰:"廣大悉備,故曰富有。"[12]日新:韓康伯注曰:"體化合變,故曰日新。"唐孔穎達正義曰:"聖人以能變通體化,合變其德,日日增新,是德之盛極,故謂之盛德也。"[13]生生:生出新生事物。孔穎達正義曰:"生生,不絶之辭。陰陽變轉,後生次於前生,是萬物恆生,謂之易也。"[14]成象:畫成卦象。效法:模擬道的規律。以上兩句互文見義。兩句的大意是,《易》卦的乾、坤等等,就是模擬道的規律畫成的卦象。[15]極數:窮極蓍策之數。知來:預知未來之事。占:預測吉凶。[16]通變:通曉事物和歷史的變化規律。[17]"陰陽"句:神就是陰陽變化之極而不可窮究者,這句話給"神"以無神論的定義。[18]不禦:没有止

境。禦,止。[19]邇(ěr):近。[20]備:完備,齊備。[21]專:專一,確乎不拔。[22]直:正直,行不回曲。[23]大生:唐李鼎祚《周易集解》引宋衷曰:"一專一直,動靜有時,而物無夭瘁,是以大生焉。"[24]翕(xī):收斂,關合。[25]闢:打開,張露。[26]廣生:《周易集解》引宋衷曰:"一翕一闢,動靜不失時,而物無災害,是以廣生也。"

4. 衛公孫朝問於子貢

衛公孫朝[1]問於子貢曰:"仲尼焉[2]學?"子貢曰:"文、武之道[3],未墜[4]於地,在人[5]。賢者識其大者[6],不賢者識其小者[7],莫不有文、武之道焉[8]。夫子焉不學?而亦何常師之有[9]?"(《論語·子張》)

【注解】

[1]衛:春秋時諸侯國名。曾都楚丘(今河南滑縣)、帝丘(今河南濮陽)。公孫朝(Cháo):衛國大夫。[2]仲尼:孔子名丘,字仲尼。焉:相當於一個介詞加上一個疑問代詞,從哪裏,向誰。[3]文、武:指周文王、周武王,儒家的聖人。道:指修身、齊家、治國、平天下的一整套準則、方略、主張。[4]墜(zhuì):掉下。[5]"未墜"二句:可以理解爲,(文、武之道)沒有被遺忘抛棄,還存在於人們的頭腦中。[6]識(zhì):記住。這句話的大意是,賢人記住(掌握)了大道(文、武之道中的大道理)。[7]不賢者:一般人,普通人。小者:小道。據此,則小道也是文、武之道的一部分。故子夏曰:"雖小道必有可觀者焉。"[8]莫:無定代詞,沒有誰,沒有哪一個。此句大意是,(無論是賢者還是不賢者)都掌握了文、武之道(的一部分)。[9]常:固定的,不變的。此句大意是,哪裏有固定的老師呢?

5. 知其雄守其雌

知其雄[1],守其雌[2],爲天下谿[3]。爲天下谿,常德不離[4],復歸於嬰兒[5]。知其白,守其黑,爲天下式[6]。爲天下式,常德不忒[7],復歸於無極[8]。知其榮,守其辱,爲天下谷[9]。爲天下谷,常德乃足,復歸於樸[10]。樸散則爲器[11],聖人用之,則爲官長[12]。故大制不割[13]。(《老子》第二十八章)

【注解】

[1]雄:比喻剛強。[2]雌:比喻柔弱。[3]谿:溪流,溝澗。溝澗處在低下的

位置,但水流都歸向那裏。按,敦煌本作"奚",古代奴僕之稱。朱謙之認爲應該理解爲"奚"。[4]常:經常,永恆。離:離開,失去。[5]嬰兒:指淳樸本真的狀態。[6]式:範式,法則。[7]忒(tè):差錯。[8]無極:無窮,沒有終極。[9]谷:山谷。[10]樸:未經加工的原木,引申爲淳樸。[11]散:分解。器:器物,器具。引申指具有一定用途的事物。也指具有某種才能的人。[12]官長:百官之長,指君主、統治者。[13]制:製作器物。割:分割,割裂。

6. 相人古之人無有也

相人[1],古之人無有也,學者不道[2]也。

古者有姑布子卿[3],今之世梁有唐舉[4],相人之形狀顏色,而知其吉凶妖祥[5],世俗稱之。古之人無有也,學者不道也。

故相形不如論心,論心不如擇術[6];形不勝心,心不勝術;術正而心順之,則形相雖惡而心術[7]善,無害[8]爲君子也。形相雖善而心術惡,無害爲小人也。君子之謂吉,小人之謂凶。故長短、小大、善惡形相,非吉凶也。古之人無有也,學者不道也。

蓋帝堯長,帝舜短;文王長,周公短;仲尼長[9],子弓[10]短。昔者衛靈公有臣曰公孫呂,身長七尺,面長三尺,焉廣[11]三寸,鼻目耳具[12],而名動天下[13]。楚之孫叔敖[14],期思之鄙人[15]也,突禿長左[16],軒較之下[17],而以楚霸[18]。葉公子高[19],微小短瘠,行若將不勝其衣然[20]。白公之亂也[21],令尹子西、司馬子期[22]皆死焉。葉公子高入據楚,誅白公,定楚國,如反手爾,仁義功名著[23]於後世。故事不揣[24]長,不挈[25]大,不權[26]輕重,亦將志乎爾[27]。長短、小大、美惡形相,豈論也哉!

且徐偃王[28]之狀,目可瞻馬[29]。仲尼之狀,面如蒙倛[30]。周公之狀,身如斷菑[31]。皋陶之狀,色如削瓜[32]。閎夭之狀,面無見膚[33]。傅說之狀,身如植鰭[34]。伊尹之狀,面無須麋[35]。禹跳湯偏[36]。堯舜參牟子[37]。從者將論志意[38],比類文學[39]邪?直將差[40]長短、辨美惡,而相欺傲邪[41]?

古者桀紂長巨姣美[42],天下之傑也;筋力越勁[43],百人之敵也;然而身死國亡,爲天下大僇[44],後世言惡,則必稽[45]焉。是非容貌之患也,聞見之不衆,論議之卑爾!

　　今世俗之亂君,鄉曲之儇[46]子,莫不美麗姚冶[47],奇衣婦飾,血氣態度擬[48]於女子;婦人莫不願得以爲夫,處女莫不願得以爲士[49],棄其親家而欲奔[50]之者,比肩並起;然而中君羞[51]以爲臣,中父羞以爲子,中兄羞以爲弟,中人羞以爲友;俄則束乎有司[52],而戮乎大市,莫不呼天啼哭,苦傷其今,而後悔其始,是非容貌之患也,聞見之不衆,論議之卑爾!然則,從者將孰可[53]也?(《荀子·非相》)

【注解】

[1]相人,給人看相。[2]道:言説。[3]姑布子卿:姓姑布,名子卿。春秋時趙國大夫,相傳曾給孔子和趙襄子看過相。[4]唐舉:戰國時梁國人唐舉,曾經給李兌看相,説他百日之内持國秉政;給蔡澤看相,説他還有四十三年的壽命。據説這些話都應驗了。[5]妖:壞的兆頭。祥:好的兆頭。[6]術:道術,處理事情的原則、方法。[7]惡:醜陋。心術:人的内心和所選擇的道術。[8]無害:不妨礙。[9]仲尼長:《史記·孔子世家》:"孔子長九尺有六寸,人皆謂之'長人'而異之。"[10]子弓:《漢書·儒林傳》有"馯臂",字子弓,江東人,《易》學的傳人。一説子弓卽孔子的弟子冉雍(字仲弓)。[11]焉:通"頯(è)",鼻梁。一説爲"顏"的借字,指"額頭"。廣:寬。[12]具:具備,具全。按,此句費解。高亨認爲後面脱失一個"大"字,指鼻、目、耳都很大。[13]"昔者"六句:以上幾句是説公孫呂貌雖醜陋而善譽遠揚。[14]孫叔敖:蒍氏,名敖,字孫叔。春秋時楚人,相傳三任令尹(楚國的最高官職)而不喜,三次去職而不悔。輔助楚莊王取勝晉楚之戰,又曾大規模興修水利。[15]期思:春秋時楚國地名,在今河南省淮濱縣附近。鄙人:偏僻的郊野地區的人。[16]突秃:頭頂突高而髮秃。長左:左脚長。一説指左手長。[17]軒較:指車乘。軒,古代車前直木;較,古代車前橫木。[18]以楚霸:帶領楚國成爲霸主。[19]葉公子高:楚國大夫,名諸梁,字子高,食邑在葉(舊讀Shè)。[20]"行若"句:大意是,走路的時候好像連他衣服(的重量)都不能承受似的。[21]白公:名勝,楚平王之孫,太子建之子。白公之亂也:白公勝作亂的時候。[22]子西:楚平王長庶子,名申。子期:平王之子,名結。[23]著:俞樾認爲是"蓋"之誤。一説爲"流傳"之義。[24]故:因此。揣(chuǎi):衡量,忖度。[25]挈(xié):也作"絜",度量,比較。[26]權:衡量,稱重量。[27]亦將志乎爾:唐楊倞注:"言不論形狀長短、大小、肥瘠,唯在意志修飭耳。"高亨認爲"志"後面脱落"論"字。一説,《廣

雅》:"將,養也。""將志"爲修養意志之義。[28]徐偃(yǎn)王:徐,國名,僭越稱王。楊倞認爲其人"偃仰而不能俯,故謂之偃王"。[29]目可瞻馬:元代刻本作"目可瞻焉"。高亨認爲"焉"爲"顔"的借字,指額頭。[30]蒙倛(qī):楊倞注:"倛,方相也。""方相",古代驅疫避邪的神像,後來民間出殯送喪時猙獰醜惡的面具也稱"方相"。這句話説孔子相貌醜陋。[31]菑(zī):楊倞注:"《爾雅》云:'木立死曰椔。''椔'與'菑'同。"[32]色如削瓜:面色青緑,像削了皮的瓜。[33]閎天:周文王時的大臣,與散宜生、太顛等同輔周文王。面無見膚:指鬚髯繁多,看不見皮膚。[34]傅説(Yuè):原來是築墙的奴隸,後被商王武丁任用爲大臣,治理國政。植:立。郝懿行説:"鰭在魚之背,立而上見,駝背人似之。"[35]伊尹:商朝初年大臣,幫助湯滅夏桀,並輔助幾任商王。須:鬍鬚。麋:通"眉"。[36]禹跳湯偏:大禹行走足不相過(跛足),成湯偏枯(半身不遂)。《尚書大傳》:"禹其跳,湯扁。……其跳者,踦也。扁者,枯也。"鄭玄注:"踦,步足不相過也。言湯體半小,象扁枯。"[37]參(sān):同"三",後或作"叁"。牟子:即眸子。傳説舜爲重瞳。有人説堯也是兩個眸子。這裏説三個,當是傳聞的不同。[38]從者:您。這是委婉的説法,意思是不敢直呼對方。論志意:評論意志修養。[39]比類文學:比較學識修養。[40]直:只是。差:分出,分别。[41]欺傲:欺謾。以上五句的大意是,您是論人的品德學識呢,還是僅以其外表來欺人呢?[42]桀紂長巨姣美:《史記·殷本紀》:"帝紂資辨捷疾,聞見甚敏;材力過人,手格猛獸;知足以距諫,言足以飾非;矜人臣以能,高天下以聲,以爲皆出己之下。"夏桀大概也是如此。[43]越勁:指敏捷有力。[44]僇(lù):同"戮",殺戮。[45]稽:考。楊倞注:"後世言惡,必考桀、紂爲證也。"[46]鄉曲:指民間。儇(xuān):輕浮巧慧。[47]姚冶:妖艷。[48]擬:模擬,效倣。[49]士:本指未婚青年男子,又用爲男子的美稱。[50]親家:父母親之家。奔:私奔,淫奔。[51]中:中等的,一般的。以下幾句中的"中"字義同此。羞:以動用法,以……爲羞耻。[52]俄:片刻,不久。束:束縛,這裏指被逮捕。有司:當局,主管部門。[53]可:認可,認同。

7. 晏子受禮

既成昏[1],晏子受禮[2]。叔向從之宴[3],相與語。叔向曰:"齊其[4]何如?"晏子曰:"此季世[5]也,吾弗知。齊其爲陳氏矣[6]!公棄[7]其民,而歸於陳氏。齊舊四量[8],豆、區、釜、鍾[9]。四升爲豆,各自其四,以登[10]於釜。釜十則鍾[11]。陳氏三量,皆登一焉,鍾乃大矣[12]。

以家量貸[13]，而以公量收之[14]。山木如市[15]，弗加於山[16]。魚鹽蜃蛤，弗加於海[17]。民參其力，二入於公，而衣食其一[18]。公聚朽蠹[19]，而三老凍餒[20]。國之諸市[21]，屨賤踊貴[22]。民人痛疾，而或燠休[23]之，其愛之如父母，而歸之如流水，欲無獲民，將焉辟[24]之？箕伯、直柄、虞遂、伯戲[25]，其相胡公、大姬[26]，已在齊矣[27]。"叔向曰："然。雖吾公室[28]，今亦季世也。戎馬不駕[29]，卿無軍行[30]，公乘無人[31]，卒列無長[32]。庶民罷敝[33]，而宮室滋侈[34]。道殣[35]相望，而女富溢尤[36]。民聞公命，如逃寇讎[37]。欒、郤、胥、原、狐、續、慶、伯[38]，降在皂隸[39]。政在家門[40]，民無所依，君日不悛[41]，以樂慆[42]憂。公室之卑，其何日之有[43]？讒鼎之銘[44]曰：'昧旦丕顯，後世猶怠[45]。'況日不悛，其能[46]久乎？"晏子曰："子將若何？"叔向曰："晉之公族盡[47]矣。肸[48]聞之，公室將卑，其宗族枝葉[49]先落，則公從之。肸之宗十一族，唯羊舌氏在而已[50]。肸又無子。公室無度，幸而得死[51]，豈其獲祀[52]？"（《左傳·昭公三年》）

【注解】

[1]成昏：成婚。按，前此一年，晉平公夫人少姜卒。齊國爲了繼續保持同晉國的關係，於本年派遣晏子使晉，説服晉國同意再娶齊女以繼少姜。這裏成婚即指晉國許婚。[2]晏子：齊人晏嬰，歷事齊靈公、莊公、景公爲相，是春秋後期著名的政治家。受禮：接受賓享之禮。[3]叔向：春秋時晉國大夫羊舌肸(Xī)，字叔向，曾任晉國太傅。從之宴：陪同他（晏子）宴飲。[4]其：表時間的副詞，將要，將會。[5]季世：末世，末代。[6]"齊其"句：此句是説，齊國將要變爲陳氏的天下了。按，周初姜尚始封於齊，到春秋末期，齊國大夫陳氏（田氏）崛起，並收買民心，逐漸將政權攬於手中。後來田氏果真取代姜氏獲得了齊國的統治權。田氏代齊是春秋時代結束、戰國時代開始的標誌。[7]公：指齊景公。棄：抛棄，這裏指不愛惜，不關心其痛苦。[8]舊：舊制。四量：四個級別的量器。[9]豆、區(ōu)、釜、鍾：齊國量制的名稱，與通用的升、斗不屬於同一種體系。[10]登：成。以上三句大意是，四升爲一豆，四豆爲一區，四區爲一釜。[11]釜十則鍾：十釜爲一鍾。[12]"陳氏"三句：大意是，陳氏家的量器，豆、區、釜都比公家的量器大一個單位，鍾就更大了。[13]家量：陳氏家的量器。貸：出借（糧食）。[14]公量：公家的（通用的)量器。以上兩句是説陳氏在放債收債時給予百姓好處。[15]山木：山林裏

的木材。如市:(運)到市場。[16]弗加於山:(價錢)不比山林裏更貴。[17]"山木"四句:大意是,陳氏在做買賣時不收運費,價錢便宜,使民受惠。[18]"民參"三句:大意是,齊國公室對百姓殘酷剝削,百姓三分之二的勞動成果要繳納給公室,只有三分之一可以用來維持自己的生活。[19]公聚:公室聚斂的財物。朽:腐朽、腐爛。蠹:生蟲。這是極言其多而大大超過需要。[20]三老:這裏泛指老年人。凍餒:受凍受餓。按,古代君子有敬老之義,民間有敬老之俗。《禮記》多處説"食三老五更於大學",《孟子·梁惠王上》説"五十者可以衣帛矣……七十者可以食肉矣……頒白者不負戴於道路矣"。這裏説三老凍餒,則普通百姓生活之艱辛可想而知。[21]國:國都。市:集市,市場。[22]屨(jù):鞋。踊:義足,假肢,刖足者所用。此句極言受刑者之多。[23]或:有的人,指陳氏。燠休(yùxù):擬聲詞。杜預注:"痛念之聲。"[24]焉:往哪裏。辟(bì):躲避。[25]箕伯、直柄、虞遂、伯戲:都是舜的後人,陳氏的先祖。[26]相(xiàng):助。胡公:陳胡公媯(Guī)滿,舜的後人,陳氏的先祖,周初始封於陳。大(Tài)姬:陳胡公之妃。[27]"箕伯"三句:大意是,陳氏祖先的神靈已經來到齊國,保佑陳氏(獲取政權)。[28]吾公室:指晉平公政權。[29]戎:戎車,戰車。此句大意是沒有足夠的馬來拉戎車。此言晉之國力衰弱。[30]軍行(háng):軍隊。此句大意是諸卿不能指揮軍隊。此言晉之政令離散。[31]乘(shèng):戰車。此句大意是兵車没有合適的武士。[32]卒列:步卒隊伍,百人為一卒。長(zhǎng):官長。以上兩句極言軍隊戰鬥力之弱。[33]庶(shù)民:民衆,百姓。罷(pí)敝:困苦不堪。罷,通"疲"。[34]滋:更加。侈:奢侈。[35]殣(jǐn):餓殍,餓死者。[36]女富:外戚之家的財富。女,指嬖(bì)寵之女。溢尤:過甚。[37]寇讎(chóu):敵寇,仇敵。[38]欒、郤(Xì)、胥(Xū)、原、狐、續、慶、伯:都是晉國原先的望族高官,曾顯赫一時。[39]降:淪落。皂隸:低賤的職位。[40]家門:春秋時諸侯所封曰國,大夫所封曰家。家門即大夫之門。政在家門,即大夫秉持國政,亦即孔子所謂"陪臣執國命"。[41]悛(quān):悔改。[42]慆(tāo):通"韜",藏。[43]其:加強反問語氣的副詞。何日之有:無餘日矣。[44]讒鼎:鼎名。銘:銘文。[45]昧旦:黎明,清晨。丕:大。顯:光明。這兩句銘文大意是,(先人)起早勤勉力求大明,後代尚且不免怠惰。[46]其能:猶"豈能"。[47]公族:公室的同宗,同族。盡:凋零殆盡。[48]肸:叔向自稱。叔向名肸。自稱名是古人的一種謙稱。[49]枝葉:這裏是以根本與枝葉的關係比喻國君與宗族的關係。[50]羊舌氏:晉國宗室的一支,叔向所屬的氏。這兩句説,叔向的同宗已經消亡殆盡。[51]幸:僥幸。得死:得善終,得盡天年。

[52]獲祀:得到後代祭祀,即延續宗族之意。

8. 武與李陵俱爲侍中

　　初,武與李陵俱爲侍中[1]。武使匈奴明年[2],陵降[3],不敢求武[4]。久之,單于使陵至海上[5],爲武置酒設樂。因謂武曰:"單于聞陵與子卿素厚[6],故使陵來說足下[7],虛心欲相待。終不得歸漢,空自苦亡人之地[8],信義安所見乎[9]?前長君爲奉車[10],從至雍棫陽宮[11],扶輦下除[12],觸柱,折轅[13],劾大不敬[14],伏劍自刎[15],賜錢二百萬以葬。孺卿從祠河東后土[16],宦騎與黃門駙馬爭船[17],推墮駙馬河中,溺死,宦騎亡[18]。詔使孺卿逐捕。不得,惶恐飲藥[19]而死。來時大夫人已不幸[20],陵送葬至陽陵[21]。子卿婦年少,聞已更嫁[22]矣。獨有女弟[23]二人,兩女一男,今復十餘年,存亡不可知。人生如朝露,何久自苦如此?陵始降時,忽忽如狂[24],自痛負漢;加以老母繫保宮[25]。子卿不欲降,何以過陵[26]?且陛下春秋高[27],法令亡常,大臣亡罪夷滅[28]者數十家,安危不可知。子卿尚復誰爲乎?願聽陵計,勿復有云[29]!"武曰:"武父子亡功德,皆爲陛下所成就,位列將[30],爵通侯[31],兄弟親近[32],常願肝腦塗地。今得殺身自效[33],雖蒙斧鉞湯鑊[34],誠甘樂之[35]。臣事君,猶子事父也;子爲父死,亡所恨[36],願勿復再言!"陵與武飲數日,復曰:"子卿!壹聽陵言[37]。"武曰:"自分[38]已死久矣!王必欲降[39]武,請畢今日之驩[40],效死於前!"陵見其至誠,喟然嘆曰:"嗟呼!義士!陵與衛律[41]之罪,上通於天[42]!"因泣下霑衿[43],與武決[44]去。

　　陵惡自賜武[45],使其妻賜武牛羊數十頭。後陵復至北海上,語武:"區脫捕得雲中生口[46],言太守以下吏民皆白服,曰上崩[47]。"武聞之,南鄉[48]號哭,歐[49]血,旦夕臨[50]。數月。昭帝[51]即位數年,匈奴與漢和親。漢求武等。匈奴詭言武死。後漢使復至匈奴。常惠請其守者與俱[52],得夜見漢使,具自陳道[53]。教使者謂單于,言天子射上林[54]中,得雁,足有係帛書,言武等在某澤[55]中。使者大喜,如惠語以讓[56]單于。單于視左右而驚,謝[57]漢使曰:"武等實在[58]。"於是李陵置酒賀武曰："今足下還歸，揚名於匈奴，功顯於漢室，雖古竹帛[59]所載，丹青所畫[60]，何以過子卿！陵雖駑怯，令漢且貰[61]陵罪，全[62]其老母，使得奮大辱之積志[63]，庶幾乎曹柯之盟[64]。此陵宿昔[65]之所不忘也！收族[66]陵家，爲世大戮[67]，陵尚復何顧乎？已矣[68]！令子卿知吾心耳！異域之人，壹別長絕！"陵起舞，歌曰："徑萬里兮度沙幕[69]，爲君將兮奮[70]匈奴。路窮絕兮矢刃摧[71]，士衆滅兮名已隤[72]，老母已死，雖欲報恩將安歸？"陵泣下數行，因與武決。

單于召會武官屬[73]，前以降及物故[74]，凡隨武還者九人[75]。武以始元[76]六年春至京師，詔武奉一太牢謁武帝園廟[77]，拜爲典屬國[78]，秩中二千石[79]，賜錢二百萬，公田二頃，宅一區[80]。常惠、徐聖、趙終根皆拜爲中郎[81]，賜帛各二百匹。其餘六人，老歸家，賜錢人十萬，復[82]終身。常惠後至右將軍，封列侯[83]，自有傳[84]。武留匈奴凡十九歲，始以彊壯出[85]，及還，須[86]髮盡白。（班固《漢書·蘇武傳》）

【注解】

[1]武：蘇武（前140？—前60），字子卿，西漢杜陵（今陝西西安東南）人。李陵（？—前74），字少卿，西漢將領，名將李廣之孫，隴西成紀（今甘肅秦安）人。侍中：官名，秦始置，兩漢沿之，爲加官（即由他官兼任），侍從皇帝左右，出入宮廷。[2]武使匈奴：蘇武於武帝天漢元年（前100）奉命出使匈奴，被扣留。蘇武不屈服於匈奴的脅迫誘降，被遷徙到北海（今貝加爾湖）牧羊。匈奴聲言如公羊產子則將他放回。明年：次年，即公元前99年。[3]陵降：天漢二年李陵率步兵五千人出擊匈奴，戰敗投降。[4]求：找，訪問。此句是說李陵不敢面對不屈的蘇武。[5]單于：匈奴君長。海上：海邊。海，指北海，即貝加爾湖。[6]素：素來，向來。厚：親厚，指關係親近。[7]說(shuì)：勸說。足下：對對方的尊稱。[8]空：白白地。自苦：讓自己受苦。亡：通"無"。下文"亡常""亡罪""亡功德""亡所恨"的"亡"與此相同。[9]安：哪裏。見(xiàn)：顯現。以上兩句話的大意是，白白地在沒有人烟的地方受苦，忠信仁義哪裏能得到顯現？[10]長(zhǎng)君：指蘇武之兄蘇嘉。奉車：奉車都尉，官名，主要掌管皇帝的車騎。[11]從：跟從，跟隨。這裏指隨從皇帝。雍：地名，在今陝西鳳翔縣南。棫(Yù)陽宫：宫名。[12]輦：皇帝及后妃乘坐的人力推挽的車。除：臺階，殿階。[13]轅：車前直木，用於駕車或挽車。[14]劾：彈劾，這裏是被動用法。大不敬：罪名，指對皇帝的不敬。[15]刎(wěn)：割斷（頭

頸)。自刎:自殺。[16]孺卿:蘇武的弟弟蘇賢,字孺卿。祠(cí):祭祀。河東:地名,在今山西省運城一帶。后土:古時稱地神或土神爲后土。[17]宦騎:充當騎從的宦官。黃門:指皇宮宮門。駙馬:漢武帝時設置駙馬都尉,掌管副車之馬,是皇帝的近侍官。黃門駙馬:指皇帝的騎侍。[18]亡:逃亡,逃跑。[19]藥:指毒藥。[20]大:通"太"。大夫人:指蘇武的母親。不幸:婉辭,指逝世。[21]陽陵:西漢五陵之一。漢景帝築陽陵,死後葬此。陽陵縣治所在今陝西省高陵西南。[22]婦:指妻子。更(gēng)嫁:改嫁。[23]女弟:妹妹。[24]忽忽:不安寧,恍惚。狂:情緒、精神的極端狀態。這裏指情緒極度低落而精神錯亂。[25]保宮:漢代少府的屬官。原名"居室",武帝時改名"保宮"。這裏指保宮下屬拘禁犯罪官吏之處。李陵投降後其家被逮捕,拘禁在"保宮"。[26]"子卿"二句:大意是,您不願意降匈奴的念頭,怎麽會超過我呢?按,李陵的意思是蘇武家人死的死,改嫁的改嫁,已經無所牽挂,不像李家世受國恩,又有老母在押,一旦投降就性命不保。[27]春秋高:年歲大。[28]夷滅:消滅、除盡。[29]勿復有云:可譯作"別再説什麽了"。[30]位列將:蘇武的父親蘇建曾爲右將軍。[31]爵通侯:蘇建曾封平陵侯。[32]兄弟親近:蘇武及兄弟都曾爲郎(皇帝的近侍),兄蘇嘉曾爲奉車都尉,弟蘇賢曾爲騎都尉。蘇武出使匈奴時是以中郎將的名號,中郎將是統領皇帝侍衛的官員。[33]效:獻。[34]蒙:受。鉞(yuè):大斧。湯:沸水。鑊(huò):没有脚的鼎,可作烹人的刑器。斧鉞湯鑊:指處罰犯人的極刑。[35]誠甘樂之:這句話的大意是,確實甘心樂意這樣。[36]恨:遺憾,抱怨。[37]壹聽陵言:這句話的大意是,聽一次我的話吧。[38]分(fèn):考慮,思忖。[39]王:指李陵,李陵投降後被匈奴封爲右校王。降:這裏是使動用法。[40]驩:通"歡",歡樂,高興。[41]衛律:人名,其父是長水(今陝西省藍田縣)胡人。衛律生長於漢,受漢朝李延年的推薦,被派遣出使匈奴。衛律返回漢朝時李延年因罪全家被捕,衛律又逃奔回匈奴,後被封爲丁零王。曾主持審辦蘇武等人,誘降蘇武,但被蘇武拒絶。[42]上通於天:指罪孽深重。[43]泣:淚。霑(zhān):即"沾",後來多作"沾"。衿(jīn):古代衣服斜領相交的地方,在胸前。也指衣服的前幅。[44]決:訣别。[45]惡:厭惡,不願意。此句意思是,李陵不想以自己的名義賞賜蘇武。[46]區(ōu)脱:匈奴之語,邊界上設置的土堡哨所。雲中:雲中郡,在今内蒙古自治區境内。生口:指俘虜。[47]上:皇上,這裏指漢武帝。崩:帝王逝世稱崩。按,漢武帝死於公元前87年。[48]鄉:通"嚮(xiàng)"。[49]歐:通"嘔"。[50]旦夕:早晚。臨(lìn):哭弔死者。[51]昭帝:漢武帝的兒子劉弗陵,公元前86—前74年在位。[52]常惠:漢太原人,隨蘇武一同出使匈奴,在匈奴受到看守關押。請其守者與俱:可譯作,請求看守他的人和他一起(去見漢使)。[53]陳道:陳説。此句大意是"自己把情況全部告訴(漢使)"。[54]上林:上林苑,秦朝時設置的宮苑,漢武帝時重新開發擴建,周圍二三百里,其中建有宮殿館閣,並放養禽獸,供皇帝春秋打獵。故址在今陝西省西安市西。[55]澤:水聚匯處,如湖泊淵池等。也指水草叢雜之地。[56]讓:責備。[57]謝:謝罪,道歉。[58]實在:確實還活着。[59]竹帛:古代没有紙的時候,文字寫在竹簡和絲帛上,這裏指文書史籍。[60]丹:丹砂。青:青臒(huò)。丹砂和青臒是兩種可以製作顔料的礦物質。這裏指圖畫。以上兩句是指古代被寫進入史書或畫成圖像名傳後世的人。[61]令:假令,假如。貰(shì):寬恕。[62]全:保全性命。[63]奮:發揮,發揚。大辱:投降的恥辱。積志:久藏的志願。[64]庶幾乎:也許可以(達到),表示希望或推測之詞。曹柯之盟:春秋時魯國人曹沫爲魯莊公的將領,齊國軍隊進攻魯國時曹沫三戰三敗,魯莊公割地求和。兩國會盟於柯,曹沫手持匕首劫持齊桓公,要回了齊國所侵之地。以上兩句的大意爲,李陵有投降的恥辱,但如漢室寬恕他的罪過,他有將功贖罪、再報漢室的意願。[65]宿昔:過去。指李陵投降後漢室尚未誅殺其家族之時。[66]收:逮捕。族:族滅。[67]戮:恥辱。[68]已矣:罷了,算了。[69]徑:經行。幕:通"漠"。[70]爲君將:指爲漢朝皇帝的將領。奮:奮擊。[71]路窮絶:早先李陵與匈奴作戰時被困在峽谷中。摧:摧折。[72]隤(tuí):敗壞。名已隤:名聲已經敗壞。[73]召會武官屬:召集當年隨同蘇武一起來的官員屬從。[74]以:通"已"。物故:死亡。[75]凡:總共,共計。以上三句是説,蘇武出使匈奴的使團(據《蘇武傳》共有百餘人),除了已降已死的人,跟蘇武回漢的一共有九人。[76]以:於。始元:漢昭帝年號。始元六年爲公元前81年。[77]太牢:祭品,一牛、一猪、一羊爲一太牢。謁(yè):拜謁。園:陵墓。廟:祭祀祖先的地方。[78]典屬國:官職名,掌管少數民族事務。[79]秩:官吏的俸禄。中二千石:漢代九卿郎將、郡守尉的俸禄均爲二千石,自上到下分爲三等:中二千石、二千石、比二千石。[80]區(qū):用於房宅的量詞。[81]徐聖、趙終根:都是蘇武出使匈奴時的隨員。中郎:皇帝近侍之官。[82]復:免除徭役。[83]列侯:亦稱"徹侯""通侯",徹、通,指爵位上通於皇帝,位置最尊。[84]自有傳:《漢書》卷七十有《常惠傳》。[85]彊(qiáng),同"强"。强:强壯,壯年。出:出使(匈奴)。[86]須:鬍鬚,後作"鬚"。

[練習與思考]

一、回答問題

1. 《七略》是何時、由何人撰成的？
2. 《七略》把圖書分爲多少大類多少小類？屬於幾分法？
3. 何時、何人所編的何種目錄奠定了四部分類法的基礎？
4. 《四庫全書總目》把圖書分爲多少大類多少小類？屬於幾分法？
5. 儒家的十三經是哪十三經？《十三經注疏》合刊始於何時？
6. "注"和"疏"有何區別？
7. "十三經"中由唐人作注的是哪一部經典？
8. 什麼是白文？爲什麼人們對句讀標點非常重視？
9. 爲什麼說標點古書僅僅做到通順是不夠的？
10. 對古文進行標點應該達到哪兩個要求？
11. "章句"和"義理"在歷史上有什麼含義？我們今天閱讀古代文獻對"章句"和"義理"應該採取怎樣的態度？

二、仔細閱讀下文，用自己的話講講圖書目錄《七略》是怎樣編撰而成的

昔仲尼没而微言絶，七十子喪而大義乖。故春秋分爲五，詩分爲四，易有數家之傳。戰國從衡，真僞分爭，諸子之言，紛然殽亂。至秦患之，乃燔滅文章，以愚黔首。漢興，改秦之敗，大收篇籍，廣開獻書之路。迄孝武世，書缺簡脱，禮壞樂崩，聖上喟然而稱曰："朕甚閔焉！"於是建藏書之策，置寫書之官，下及諸子傳説，皆充祕府。成帝時，以書頗散亡，使謁者陳農求遺書於天下。詔光禄大夫劉向校經傳諸子詩賦，步兵校尉任宏校兵書，太史令尹咸校數術，侍醫李柱國校方技。每一書已，向輒條其篇目，撮其指意，録而奏之。會向卒，哀帝復使向子侍中奉車都尉歆卒父業。歆於是總群書而奏其七略，故有輯略，有六藝略，有諸子略，有詩賦略，有兵書略，有術數略，有方技略。今删其要，以備篇籍。（《漢書·藝文志》）

三、閱讀下文,回答問題

自《六經》以外,立說者皆子書也。其初亦相淆,自《七略》區而列之,名品乃定;其初亦相軋,自董仲舒別而白之,醇駁乃分。其中或佚不傳,或傳而後莫爲繼,或古無其目而今增,古各爲類而今合,大都篇帙繁富。可以自爲部分者,儒家以外有兵家,有法家,有農家,有醫家,有天文算法,有術數,有藝術,有譜錄,有雜家,有類書,有小說家;其別教則有釋家,有道家。敘而次之,凡十四類。

儒家尚矣。有文事者有武備,故次之以兵家。兵,刑類也。唐虞無皋陶,則寇賊姦宄無所禁,必不能風動時雍,故次以法家。民,國之本也;穀,民之天也,故次以農家。本草經方,技術之事也,而生死繫焉;神農、黃帝,以聖人爲天子,尚親治之,故次以醫家。重民事者先授時,授時本測候,測候本積數,故次以天文算法。以上六家,皆治世者所有事也。

百家方技,或有益,或無益,而其說久行,理難竟廢,故次以術數。游藝亦學問之餘事,一技入神,器或寓道,故次以藝術。以上二家,皆小道之可觀者也。

《詩》取"多識",《易》稱"制器",博聞有取,利用攸資,故次以譜錄。群言岐出,不名一類,總爲薈粹,皆可采擷菁英,故次以雜家。隸事分類,亦雜言也,舊附於子部,今從其例,故次以類書。稗官所述,其事末矣,用廣見聞,愈於博弈,故次以小說家。以上四家,皆旁資參考者也。

二氏,外學也,故次以釋家、道家終焉。

夫學者研理於經,可以正天下之是非;徵事於史,可以明古今之成敗,餘皆雜學也。然儒家本《六藝》之支流,雖其間依草附木,不能免門戶之私,而數大儒明道立言,炳然具在,要可與經史旁參。其餘雖真偽相雜,醇疵互見,然凡能自名一家者,必有一節之足以自立,即其不合於聖人者,存之亦可爲鑒戒。雖有絲麻,無棄菅蒯,狂夫之言,聖人擇焉,在博收而慎取之爾。(《四庫全書總目提要·子部總序》)

(1) 六經以外的子部文獻從何時開始分列出來?

（2）"子部"文獻下列十四類，依次是哪十四類？

（3）"子部"文獻下的十四類爲什麽採用特定的順序？

（4）"治世者所有事"的子部文獻是哪六類？

（5）"小道之可觀者"的子部文獻是哪兩類？

（6）"旁資參考者"的子部文獻是哪四類？

（7）稱爲"外學"的是哪兩類？

（8）"經部"爲儒家經典文獻，這裏爲什麽在"子部"下另列"儒家"一類？

四、標點並翻譯下列白文

遲頓首陳將軍足下無恙幸甚幸甚將軍勇冠三軍才爲世出棄燕雀之小志慕鴻鵠以高翔昔因機變化遭遇明主立功立事開國稱孤朱輪華轂擁旄萬里何其壯也如何一旦爲奔亡之虜聞鳴鏑而股戰對穹廬以屈膝又何劣邪尋君去就之際非有他故直以不能内審諸己外受流言沈迷猖獗以至於此聖朝赦罪責功棄瑕錄用推赤心於天下安反側於萬物將軍之所知不假僕一二談也朱鮪涉血於友于張繡剚刃於愛子漢主不以爲疑魏君待之若舊況將軍無昔人之罪而勳重於當世夫迷途知反往哲是與不遠而復先典攸高主上屈法申恩吞舟是漏將軍松柏不翦親戚安居高臺未傾愛妾尚在悠悠爾心亦何可言今功臣名將雁行有序佩紫懷黄讚帷幄之謀乘軺建節奉疆場之任並刑馬作誓傳之子孫將軍獨靦顔借命驅馳氈裘之長寧不哀哉夫以慕容超之強身送東市姚泓之盛面縛西都故知霜露所均不育異類姬漢舊邦無取雜種北虜僭盜中原多歷年所惡積禍盈理至焦爛況僞孽昏狡自相夷戮部落攜離酋豪猜貳方當繫頸蠻邸懸首藁街而將軍魚游於沸鼎之中燕巢於飛幕之上不亦惑乎暮春三月江南草長雜花生樹群鶯亂飛見故國之旗鼓感平生於疇日撫弦登陴豈不愴恨所以廉公之思趙將吳子之泣西河人之情也將軍獨無情哉想早勵良規自求多福當今皇帝盛明天下安樂白環西獻楛矢東來夜郎滇池解辮請職朝鮮昌海蹶角受化唯北狄野心掘強沙塞之間欲延歲月之命耳中軍臨川殿下明德茂親總茲戎重弔民洛汭伐罪秦中若遂不改方思僕言聊布往懷君其詳之丘遲頓首（丘遲《與陳伯之書》）

第十五課　文獻的注釋

　　文獻的注釋是指對文獻的內容所作的各方面的解釋說明。

　　我國古代文獻歷史久遠，很多文獻今天要直接閱讀都會存在或大或小、這樣那樣的困難。對於一般讀者來講，要想準確全面地瞭解一部古書的內容，一般都要借助於注釋。

　　閱讀古代文獻的困難，不僅今天存在，在歷史上也是如此。古人閱讀比他們時代更早的古書，遇到困難疑惑，進行研究考證，於是便出現了文獻注釋的工作。我國在先秦以前就有文獻注釋的存在，現在保留下來的先秦文獻正文中還有"傳""解""説""記"等，可能就是先秦注釋的殘留。比較系統全面的文獻注釋工作產生於漢代以後。兩漢時期經學開始興盛，出現了一大批注釋先秦文獻的學者和著作。自此以後，歷代都有大量文獻注釋成果問世。

　　對於很大一部分古書，如果帶有注釋，不管是今人的注釋還是古人的注釋，都會給我們的閱讀帶來很大的便利。今人的注釋也是在古人注釋的基礎上完成的。因此我們有必要瞭解古代文獻注釋的情況。

一　注釋的内容

　　注釋的目的是為給讀者閱讀文獻帶來便利，因此注釋的内容涉及文獻的方方面面。粗略地分，注釋的内容通常有以下幾個方面：字詞文義方面的注釋、讀音方面的注釋、史實典故方面的注釋、篇章段落大意宗旨方面的注釋、文字校勘方面的注釋。下面分別說明。

（一）字詞文義方面的注釋

語言和社會上的各種事物一樣,是不斷發展變化的。可以想見,時代越久遠的文獻閱讀起來難度會越大。閱讀古代文獻的困難是多方面的,當然最主要的困難是語言上的差異。因此字詞文義方面的注釋是文獻注釋最基本的內容。

如《詩經·豳風·七月》:"七月食瓜,八月斷壺,九月叔苴。""七月食瓜"現在仍然容易讀懂;但"八月斷壺"中的"壺"按今義讀不通,"九月叔苴"則其中的"叔"意義肯定與今義不同,"苴"現在也很不常用。古人的注釋便捷地爲我們指明了詞義。漢代毛亨《毛詩故訓傳》(以下簡稱《毛傳》)注釋説:"壺,瓠也。叔,拾也。苴,麻子也。"借助毛亨的注釋,我們知道原來"壺"就是"瓠(hù)"(葫蘆),"叔"是拾取的意思,"苴(jū)"指麻籽。這樣上面三句話的大意就差不多清楚了。

《左傳·成公二年》:"韓厥俛定其右。"這句話中"韓厥"爲人名,其他文字都容易理解。只有"俛"字不常見,而關鍵的字又是"俛"。"俛"字的意義不清楚,整句話的意思就不明確。晉代杜預《春秋左傳注》云:"俛,俯也。"從這裏的注釋中我們可以看到"俛"是"俯"的意思。《漢書·夏侯勝傳》:"其取青紫,如俛拾地芥耳。"唐代顏師古《漢書集注》云:"俛,即俯字也。"從這條注釋中我們看到"俛"其實就是"俯"的異體字("俛"另有讀音 miǎn,通"勉",與這裏無關)。

有時古人的注釋能爲我們提供字詞方面豐富的知識。如《詩經·周南·汝墳》:"未見君子,惄如調飢。""未見君子"意義甚明,"惄如調飢"則很不易懂。《毛傳》注云:"惄,飢意也。調,朝也。"這就是説"惄(nì)"是飢餓的意思,"調(zhōu)"通"朝(zhāo)"。這個注釋很簡略,上下文義聯繫起來仍然不易明白。東漢鄭玄《毛詩箋》進一步注云:"惄,思也。未見君子之時,如朝飢之思食。"經過鄭玄的注釋,意思明確了一些。但《鄭箋》説"惄"爲思念的意義,而《毛傳》説"惄"爲飢餓的意義,"惄"的詞義究竟怎樣？唐代孔穎達《毛詩正義》對此作了詳細的説明。孔疏注釋云:"言己未見君子之時,我之思君子惄然如朝飢之思食也。"又注云："《釋詁》云：'愁,思也。'舍人曰：'愁,志而不得之思也。'《釋言》云：'愁,飢也。'李巡曰：'愁,宿不食之飢也。'然則愁之爲訓,本爲思耳,但飢之思食意又愁然,故又以爲飢。愁是飢之意,非飢之狀,故《傳》言飢意,《箋》以爲思義,相接成也。此連調飢爲文,故《傳》以爲飢意。《小弁》云'愁焉如擣',無飢事,故《箋》直訓爲思也。此以思食比思夫,故《箋》又云'如朝飢之思食'。"經過孔穎達詳細的解釋說明,"愁""思""飢"三個詞之間的關係就很清楚了。

　　古人的注解有時不僅注明字詞意義,還對古書文義進行說明。例如《論語·學而》："子曰：'學而時習之,不亦說乎？'"何晏《論語集解》引王肅曰："時者,學者以時誦習之。誦習以時,學無廢業,所以爲説懌。"王肅的注解不僅指出了"時"在這裏的含義,還對"不亦說乎"的原因進行了說明。又如《詩經·鄘風·君子偕老》："鬒（zhěn）髮如雲,不屑髢（dí）也。"《毛傳》注云："鬒,黑髮也。如雲,言美長也。"注釋指明"鬒"的詞義,並指出"如雲"是比喻頭髮的美長。

　　有時古人對字詞文義的注釋意見並不統一。例如《孟子·梁惠王上》："爲長者折枝,語人曰：'我不能。'是不爲也,非不能也。"趙岐注："折枝,案摩,折手節,解罷（pí）枝也。"劉熙注："折枝,若今之案摩也。"但朱熹認爲"折枝"並不是案摩（即今"按摩"）,他認爲："爲長者折枝,以長者之命,折草木之枝,言不難也。"另外,趙佑《溫故録》："《文獻通考》載陸筠解爲'磬折腰枝',蓋猶今拜揖也。"元人《四書辨疑》認爲"枝"與"肢"通,謂斂折肢體,爲長者作禮（見焦循《孟子正義》）。這幾種解釋均可通,在沒有確鑿證據的情況下只能幾說並存。

（二）語音方面的注釋

　　漢字不是拼音文字,文字的讀音往往不能直接顯示出來；同時漢字歷史久遠,古代文獻中存在很多古字、僻字等。因此對文字進行注音也是古書注釋的重要內容。

　　古注中對語音的注釋有一個發展過程。時代比較早的注音往往用譬況的方法,對某字的讀音進行説明或描摹,但是所使用的某些術語的確切含義現在已不太容易瞭解了。例如《淮南子·說林訓》："亡馬,不發戶轔。"東漢高誘注："轔,戶限也,楚人謂之轔。轔讀似鄰,急氣言乃得之也。"所謂"急氣言乃得之"是對發音狀況的說明,但怎樣算是"急氣言"已很難確切知道。像這類術語還有"緩气言""內言""外言""長言""短言"等等,主要出現在東漢人的注釋中。

也有用"讀若""讀如""讀曰"等術語的(這類術語有時不僅是注音,還涉及字義,參閱下節),如《呂氏春秋·下賢》："鵠乎其羞用智慮也。"高誘注："鵠,讀如'浩浩昊天'之'浩'。"這是說"鵠"在這裏像"浩"那樣讀。這類術語的出現始於東漢人的注釋,後代也一直沿用。

另一種注音的辦法是直音法,即用一個同音字直接注明被注字的讀音。例如:《漢書·司馬相如傳上》："瑊玏玄厲。""瑊""玏"兩字不易認讀,顏師古注引如淳注音："瑊,音緘;玏,音勒。"

這些注音辦法都有局限性,譬況說明法模糊難明,"讀若"等術語音義糾葛,直音法要是沒有同音字或同音字也很生僻就束手無策。反切方法的產生使漢字的注音方法改進了一大步。

反切的注音原理是用兩個字的讀音來注一個字的讀音。用現在的術語簡單說來,是上字取其聲母,下字取其韻母和聲調,兩者合起來拼讀爲被注字的讀音。例如"脡,他頂反",取"他"字的聲母 t,取"頂"字的韻母和聲調 ǐng,合起來就拼讀爲 tǐng。

反切的方法大概出現於漢末,在沒有拼音字母的時代,反切在很大程度上是最爲實用有效的方法。在近兩千年的歷史中反切成了漢字注音的主要方式。

反切注音最早叫"反"。晚唐人忌諱"反"字,改爲"翻"。宋代以後的韻書改爲"切"。如《詩經·魏風·碩鼠》："三歲貫女,莫我肯顧。"陸德明《經典釋文》注音:"貫,古亂反。"按現代漢語讀音卽念 guàn。諸葛亮《出師表》："侍中侍郎郭攸之、費禕、董允……"《文選》李善注"禕"字:"於宜反。"按現代漢語讀音卽念 yī。唐玄度《九經字樣》："蓋,公害翻。"《廣韻》："蓋,古太切。"按現代讀音都念作 gài。

有時候一些常用字古人也予以注音,這多半是爲說明該字在此處特定的讀音和意義。如《楚辭·離騷》:"民好惡其不同兮。"洪興祖《楚辭補注》:"好、惡,並去聲。"按現代漢語讀音即念 hào 和 wù,分別表示"喜好"和"厭惡"的意思。

注音中還有一個值得注意的術語,即所謂"如字"。漢字中有的字有異讀,"如字"是說明該字屬於通常的讀音和字義。例如《禮記·大學》:"所謂誠其意者,毋自欺也,如惡惡臭,如好好色。此之謂自謙。"《經典釋文》注音說:"惡惡,上烏路反,下如字……好好,上呼報反,下如字。"這就是說上一個"惡"字"好"字讀 wù、hào,下一個"惡"字"好"字讀本來的讀音 è、hǎo。

值得指出的是,唐代陸德明的《經典釋文》彙集了唐代以前各家對先秦經書(含《老子》《莊子》)的注釋,其中大部分內容是注音。要查閱先秦經書文字的注音,《經典釋文》是重要的參考文獻。

(三) 史實典故方面的注釋

古代文書往往涉及特定時期的歷史事實,不瞭解有關歷史事實是很難準確理解古書原意的。古人的注釋就常常對史實進行補充說明。如《尚書·周書·泰誓中》:"予有亂臣十人,同心同德。"《泰誓》是周武王伐紂時在孟津的誓言。何爲"亂臣",有哪十人,這些問題在古人的注釋中都講得很清楚。舊題孔安國傳:"我治理之臣雖少,而心德同。"陸德明《經典釋文》:"十人:周公旦、召公奭、太公望、畢公、榮公、太顛、閎夭、散宜生、南宮适及文母。"孔穎達進一步注釋說:"《釋詁》云:'亂,治也。'故謂我治理之臣有十人也。十人皆是上智,咸識周是殷非,故人數雖少而心能同。同佐武王,欲共滅紂也。"從古人的注釋可以看出,"亂臣"是治理之臣的意思,有《爾雅·釋詁》的依據。這十個賢臣共同輔佐周武王伐紂。(按:文母是周武王的母親。後人以母不能爲臣,認爲當是武王的夫人邑姜。)又如《左傳·僖公四年》:"昭王南征而不復,寡人是問。"昭王南征是怎麼回事,爲什麼沒有回來? 杜預注:"昭王,成王之孫。南巡守,涉漢,船壞而溺。周人諱而不赴,諸侯不知其故,故問之。"孔穎達進一步注釋:"舊說皆言漢濱之人,以膠膠船，故得水而壞，昭王溺焉。"通過古人的注釋我們知道，周昭王曾南巡到過漢水之濱，過去傳說那裏的人用膠粘成船讓他乘坐，膠遇水溶解而船沉。

　　古注有些是關於歷史上的典章制度的，對於我們今天閱讀古書也有很重要的作用。如《左傳·隱公元年》："公聞其期，曰：'可矣。'命子封帥車二百乘以伐京。"杜預注："古者兵車一乘甲士三人，步卒七十二人。"注文把古代兵車的人員交代得很清楚，"車二百乘"即包括甲士六百人，步卒一萬四千四百人，是一支一萬五千人的大軍。又如《左傳·成公二年》："韓厥夢子輿謂己曰：'且辟左右。'故中御而從齊侯。"杜預注："居中代御者。自非元帥，御者皆在中，將在左。"孔穎達疏："韓厥爲司馬，亦是軍之諸將也。以夢之故，乃居中爲御，明其本不當中，先非御者。若御不在中，又不須云代御。以此知自非元帥，其餘軍之諸將，皆御者在中，將在左。"古時如果是主帥的兵車，則主帥居中，駕車者在左；一般戰車則是駕車者居中。韓厥不是這次戰役的主帥（參閱第十三課文選5），因爲頭天晚上他父親給他托夢，讓他回避左右的位置，所以臨時在中間駕車。

　　史實的注釋對於一般文獻來說很重要，而對於史書來說就更是不可或缺的內容。下面以《史記·孔子世家》中的一句話爲例看看史書注釋內容的豐富性。

　　《史記·孔子世家》開篇第一句："孔子生魯昌平鄉陬邑。"這句話很簡單，只有九個字。南朝宋裴駰《史記集解》、唐司馬貞《史記索隱》、唐張守節《史記正義》（合稱《史記》三家注）注釋如下：

　　　【集解】徐廣曰："陬音騶。孔安國曰：'陬，孔子父叔梁紇所治邑。'"【索隱】陬是邑名，昌平，鄉號。孔子居魯之鄹邑昌平鄉之闕里也。【正義】《括地志》云："故鄒城在兗州泗水縣東南六十里。昌平山在泗水縣南六十里。孔子生昌平鄉，蓋鄉取山爲名。故闕里在泗水縣南五十里。《輿地志》云鄒城西界闕里有尼丘山。"按：今尼丘山在兗州鄒城，闕里即此也。《括地志》云："兗州曲阜縣魯城西南三里有闕里，中有孔子宅，宅中有廟。伍緝之《從征記》云：闕里背邾面泗，即此也。"按：夫子生在鄒，長徙曲阜，仍號闕里。

三家注對孔子的出生地探考翔實，廣徵博引，爲我們今天瞭解孔子出生的確切地點提供了大量信息。

史書注釋往往補充有後世難得的史料，南朝宋裴松之的《三國志注》就是這方面的典型例證。

（四）篇章段落大意宗旨的注釋

古人的注釋除了對文詞字句進行説明外，有時也還對篇章段落的大意宗旨進行闡釋。

例如現傳的《詩經》是漢初趙人毛亨、毛萇所傳，稱爲"毛詩"。毛詩每首詩題下面都有序，説明該首詩的主旨思想。《詩經·周南·關雎》的序説："《關雎》，后妃之德也，風之始也，所以風天下而正夫婦也。故用之鄉人焉，用之邦國焉。"又説："是以《關雎》樂得淑女，以配君子，憂在進賢，不淫其色；哀窈窕，思賢才，而無傷善之心焉。是《關雎》之義也。"

《詩經·周南·卷耳》的序則説："《卷耳》，后妃之志也。又當輔佐君子，求賢審官，知臣下之勤勞，内有進賢之志，而無險詖（bì，不正）私謁之心。朝夕思念，至於憂勤也。"可見毛詩小序往往和政治教化相聯繫，所以有些小序的説法不被後人採納。

《楚辭·離騷》："日月忽其不淹兮，春與秋其代序。"王逸《楚辭章句》注云："言日月晝夜常行，忽然不久，春秋往來，以次相代。言天時易過，人年易老也。"這是對《離騷》兩句話的補充闡發。

而在一些哲學文書中，篇章段落的大意宗旨方面的注釋就更爲常見。如《莊子·秋水》"莊子與惠子遊於濠梁之上"，講莊子和惠子辯論人能否知道魚的快樂。（參閲第十六課文選3）郭象注："尋惠子之本言云'非魚則無緣相知耳'。今子非我也，而云'汝安知魚樂'者，是知我之非魚也。苟知我之非魚，則凡相知者，果可以此知彼，不待是魚然後知魚也。故循子'安知'之云，已知吾之所知矣。而方復問我，我正知之於濠上耳,豈待入水哉!夫物之所生而安者,天地不能易其處,陰陽不能回其業;故以陸生之所安,知水生之所樂,未足稱妙耳。"成玄英疏:"'子曰'者,莊子却稱惠之辭也。惠子云'子非魚,安知魚樂'者,足明惠子非莊子,而知莊子之不知魚也。且子既非我而知我,知我而問我,亦何妨我非魚而知魚,知魚而嘆魚?夫物性不同,水陸殊致,而達其理者體其情,是以濠上彷徨,知魚之適樂;鑒照群品,豈入水哉!故寄莊惠之二賢,以標議論之大體也。"

東漢趙岐的《孟子章句》每章之後用"章指"來總括該章的内容要旨,如《梁惠王上·寡人之於國也》"章指"説:"王化之本,在於使民養生喪死之用備足,然後導之以禮義;責己矜窮,則斯民集矣。"

(五) 文字校勘方面的注釋

古書在傳抄過程中常常出現錯誤,古人的注釋也常常做文字校勘方面的工作。

文字方面的錯誤主要有四種:一是漏掉了應該有的文字(叫作"脱",或寫作"敚""奪");二是增添了不該有的文字(叫作"衍");三是一個字誤爲另一個字;四是錯簡,一段文字的位置竄到其他位置上,這是由於古代文字寫在簡牘上,用繩子編連成册,一旦繩子斷掉,重新編連時,容易發生錯簡的現象。

《周禮·冬官·矢人》:"刃長寸,圍寸。"這句話費解。鄭玄注:"'刃長寸',脱'二'字。"賈公彦疏:"知脱'二'字者,據上'參分其羽以設其刃',若刃一寸,則羽三寸,矢一尺五寸,便大短,明知脱'二'字也。"這是脱漏應有文字的情況。

《禮記·檀弓上》:"爵弁経紂衣。"鄭玄注:"此言経,衍字也。"《禮記·中庸》:"子曰:好學近乎知。"朱熹《中庸章句》:"'子曰'二字衍文。"這是增添多餘字的情況。

《禮記·喪大記》:"君之喪,大胥是斂。"鄭玄注:"胥,樂官也,不掌喪事。'胥'當爲'祝',字之誤也。"《禮記·檀弓上》:"扶君,卜人師扶右,射人師扶左。"鄭玄注:"謂君疾時也。'卜'當爲'僕',聲之誤也。"

"聲之誤"指的是原字錯寫成聲音相同或相近的字。以上是誤字的情況。

《禮記·樂記》中有一段話："愛者宜歌商,溫良而能斷者宜歌齊。夫歌者,直己而陳德也,動己而天地應焉,四時和焉,星辰理焉,萬物育焉,故商者五帝之遺聲也,寬而靜、柔而正者宜歌頌,廣大而靜、疏達而信者宜歌大雅,恭儉而好禮者宜歌小雅,正直而靜、廉而謙者宜歌風,肆直而慈愛。"這段話顯然雜亂無序。鄭玄注："此文換簡失其次,'寬而靜……'宜在上,'愛者宜歌商'宜承此下行,讀云'肆直而慈愛者宜歌商。'"以上是錯簡的例子。

清代學者在文字校勘方面做了很多工作。例如阮元爲《十三經注疏》作的《校勘記》,不僅糾正了十三經正文中的很多錯誤,還校正了注疏中的很多錯誤。例如《論語·顏淵》:"雖有粟,吾得而食諸?"阮元《校勘記》:"皇本、高麗本'吾'下有'豈'字。《釋文》出'吾焉得而食諸?'……案《史記·仲尼世家》及《漢書·武五子傳》並作'豈',與皇本合。《太平御覽》二十二引'吾惡得而食諸?''豈、焉、惡'三字義皆相近,疑今本'吾'下有脫字。"又如《詩經·邶風·柏舟》:"汎彼柏舟,亦汎其流。"鄭玄箋:"舟,載渡物者,今不用,而與衆物汎汎然俱流水中。"阮元《校勘記》:"'與'下衍'衆'字,小字本無。"

古人的注釋還包括很多方面,如有的對語法進行說明。《詩經·周南·漢廣》:"漢有游女,不可求思。"毛亨傳:"思,辭也。""辭"就是現在所說的虛詞,古人也稱爲"詞"。《說文》:"皆,俱詞也;者,別事詞也;只,語已詞也。"又如《詩經·周南·汝墳》:"既見君子,不我遐棄。"孔穎達疏:"'不我遐棄',猶云'不遐棄我'。古之人語多倒,《詩》之此類衆矣。"這是對賓語前置句式的說明。

當然,有時古人的注釋也有錯誤的地方,這需要我們作深入的考察鑒別。如《左傳·隱公元年》:"莊公寤生,驚姜氏,故名曰寤生,遂惡之。"晉杜預注:"寐寤而莊公已生,故驚而惡之。"唐孔穎達正義:"謂武姜寐時生莊公,至寤始覺其生,故杜云寐寤而莊公已生。"其中的"寤生",注和疏均認爲是武姜睡着時生了莊公,醒了以後纔知道。但這裏的"寤"其實應是"牾(wǔ)"的假借字。"牾"爲"倒逆"的意思,牾生卽倒生難產,所以纔驚嚇到武姜(參清朱駿聲《説文通訓定聲》、黃生《義府·寤生》等)。《史記·鄭世家》亦謂:"(武姜)生太子寤生,生之難。"

二 注釋的體例

由於注釋的目的、側重點和注釋方式的不同,古人對古書的注釋有很多不同的類別。

古書注釋的名稱很多,如傳、箋、注、解詁、章句、疏、義疏、正義、注疏、疏證、集解、集注、集釋、音義等等。從大的方面看,古人注釋主要的類別有三種,卽傳注體、義疏體、集解體。

傳注體。傳注體主要是對古書原文進行文詞字句方面的注釋。古代文獻傳到漢代,已經有很多內容不太容易讀懂,這樣就出現了一大批爲古代文獻作注的注釋家。漢代是傳注體開始發展興盛的時代,漢代學者爲古文獻做了很多注釋工作。現在看到的傳注體注釋主要是漢代學者的注釋。傳注體有傳、注、箋等名稱。傳(zhuàn),主要是注釋闡述儒家經書的經義。如毛亨《毛詩故訓傳》。注,有注述、注引等意義,對古書的解釋性文詞後來通稱注。如《儀禮》鄭玄注。箋,是標記的意思,始於鄭玄的《毛詩箋》。鄭玄除了注解《詩經》原文外,還對毛傳加以解釋。

義疏體。從漢代學者對古書作注以後,後來有的學者講解儒家經典寫有較爲詳細的講稿,這是義疏體的起源。唐代孔穎達奉旨整理儒家五經的注疏,不僅對經書原文進行解釋,也對前人的注文進行解釋,其書稱爲"五經正義"。"正義"闡發經義不突破"注"的解釋,不與"注"相衝突另立新說,稱爲"疏不破注"。

集解體。集解體是將對某書進行注疏的多家學說擇優彙集的注釋體裁,有集解、集注、集釋等名稱。如三國魏何晏《論語集解》、劉宋裴駰《史記集解》、宋朱熹《四書集注》等。但晉代杜預《春秋左傳注》也稱《春秋左氏經傳集解》，是聚集經傳、隨而作注的意思，與一般意義上的集解不同。

除了這三種主要的類別外，古書的注釋還有章句體、音義體等。章句體主要分析章節句讀，串講文章意義，如東漢趙岐《孟子章句》、王逸《楚辭章句》等。音義體則主要是對字詞進行注音和釋義，如晉徐廣《史記音義》、唐陸德明《周易音義》、唐慧琳《一切經音義》等。

古書中的注釋有一些專門的術語，多數理解起來困難不大，這裏對意義較爲特殊的幾個注釋術語進行説明。

之言　之爲言

這兩個術語是對被釋詞進行所謂"聲訓"，即注釋詞和被釋詞之間具有語音上的聯繫。如：

《論語·爲政》："爲政以德，譬如北辰，居其所，而衆星共之。"朱熹注："政之爲言正也，所以正人之不正也；德之爲言得也，得於心而不失也。"其中"政""正"同音，"德""得"同音。

《詩經·大雅·泮水》："思樂泮水。"鄭玄箋："泮之言半也。半水者，蓋東西門以南通水，北无也。"其中"泮""半"音近。

《詩經·鄘風·載馳》："載馳載驅。"鄭玄箋："載之言則也。"其中"載""則"音近，在這裏是通假字的關係。

從上面的例子看來，用"之言""之爲言"等術語，注釋詞和被釋詞總是具有語音上的關係，不過有時候是同音字，有時候是音近的字，有時候則是通假字（當然通假字也具有音同、音近的關係）。

讀爲　讀曰

這兩個術語是用來説明假借字和本字。如：

《禮記·曲禮》："國君則平衡，大夫則綏之，士則提之。"鄭玄注："綏讀曰妥。"即這裏"妥"是本字，"綏"是假借字。

《莊子·逍遥遊》："而御六氣之辯。"郭慶藩注："辯讀爲變。"即這裏"變"是本字，"辯"是假借字。

讀若　讀如

讀若、讀如可以用來注音（參閱上節），有時也用來説明假借字和

本字,與"讀爲""讀曰"的用法相同。如:

《禮記·儒行》:"雖危,起居竟信其志。"鄭玄注:"信,讀如屈伸之'伸',假借字也。"

渾言　析言

"渾言"也稱"統言""散言""散文"等,"析言"也稱"别言""對言""對文"等。這些術語是對近義詞進行説明的,在解釋詞義時只着眼於近義詞的共性而忽略它們的區别,叫作"渾言";着眼於分析近義詞的細微差異叫作"析言"。如:

《説文解字·走部》:"走,趨也。"段玉裁注:"《釋名》曰:'徐行曰步,疾行曰趨,疾趨曰走。'此析言之,許渾言不别也。"

《詩經·魏風·伐檀》:"不稼不穡,胡取禾三百廛兮。"毛亨傳:"種之曰稼,斂之曰穡。"孔穎達正義:"稼穡相對,皆先稼後穡,故知'種之曰稼,斂之曰穡'。若散則相通。"

三　古注習讀

古人的注釋對於我們今天閱讀古籍非常重要。没有古人的注釋,要直接閱讀古書並準確理解其内容和含義,有時是很困難的。古書的注釋種類繁多,情况複雜,都需要我們仔細研讀學習。這裏先以較爲常見的《十三經注疏》中的一段注疏爲例看看古人注釋的具體情况。

采薇采薇,薇亦作止。<sub>薇,菜,作,生也。箋云:西伯將遣戍役,先與之期以采薇之時。今薇生矣,先輩可以行也。重言采薇者,丁寧行期也。○重,直用反。下重敘同○曰歸曰歸,歲亦莫止。_{箋云:莫,晚也。曰女何時歸乎?亦歲晚之時乃得歸也。又丁寧歸期,定其心也。○莫音暮,本或作暮,協韻武博反}靡室靡家,玁狁之故。不遑啓居,玁狁之故。_{玁狁,北狄也。箋云:北狄,今匈奴也。靡,無;遑,暇;啓,跪也。古者師出不踰時,今薇菜生而行,歲晚乃得歸,使女無室家夫婦之道,不暇跪居者,有玁狁之難,故曉之也}[疏]采薇至之故○正義曰:文王將以出伐,豫戒戍役則云,采薇之時兵當出也。王至期時,乃遣戍役而告之曰,我本期以采薇之時,今薇亦生止,是本期已至,汝先輩可以行矣。既遣其行,告之歸期,曰何時歸,曰何時歸,必至歲亦莫止之時乃得歸,言歸必將晚。所以使汝無室無家不得夫婦之道聚居止者,正由玁狁之故;又不得閒暇而跪處者,亦由玁狁之故。序其中情告之,是故使之懷恩而怒寇也。○箋西伯至行期○正義曰:知先與之期者,以此辭遣時之言也。以薇亦作止報薇采薇,是先有此言,故知先與之期。重言采薇者,是丁寧行期也。必言期者,以道遠敵強,還歸必晚,故豫告行期,令之裝束也。《月令》云:"仲春之月,無作大事。"孟秋乃命將帥。不待孟秋而仲春遣兵者,以患難既偪,不暇待秋故也。○箋莫晚至其心○正義曰:集本、定本暮作莫,古字通用也。必告以歲晚之時乃得歸者,緣行者欲知之;且古者師出不踰時,今從仲春涉冬,若不豫告,恐一時望還,故丁寧期期,定其心也。既師出不踰時,而文王過之者,聖人觀敵強弱,臨事制宜,撫巡以道,雖久不困。高宗之伐鬼方,周公之征四國,皆三年乃歸。文王之於此行歲暮始反,人無怨言,故載以為法。然若《出車》曰:春日遲遲,薄言旋歸。則此戍役以明年之春始得歸矣。期云歲暮,暮實未屆,文王若實不知,則無以為聖;知而不告,則無以為信。且將帥受命而行,不容違犯法度,安得棄君之戒,致令淹久者。玁狁、昆夷,二方大敵,將使一勞久逸,暫費永久。寧文王知事未卒平,役不早反,故致此遠期,息彼近望,歲暮言歸,已期久矣。為可更延期約,復至後年。但寇既未平,不可守茲小謀,將帥亦當請命而留,非是故違期限。聖人者,窮理、盡神、顯仁、藏用,若使將來之事豫以告人,則日者卜祝之流,安得謂之聖也。

上引文字是《十三經注疏·毛詩正義·小雅·采薇》第一章的原文及注疏。大字爲《詩經》的原文,雙行小字爲毛亨的"傳"、鄭玄的"箋"以及孔穎達等作的"疏"等內容。一句或幾句原文需要注釋的,便在原文後面用雙行小字進行注釋,這叫作"雙行夾注"。

第一句"采薇采薇,薇亦作止"爲《詩經》原文,緊接正文後面沒有標明的小字(第一行"薇,菜;作,生也"),是毛亨的"傳"。"傳"後標明"箋云"的爲鄭玄的"箋",對第一句詩"采薇采薇,薇亦作止"的"箋"從"西伯"到"期也"。"箋"完了以後用圓圈(○)隔開,圓圈(○)之後的"重,直用反。下重敕同"爲唐陸德明《經典釋文·毛詩音義》的注音和說明。《經典釋文》本來是獨立成書的,宋代以後這些注釋被採錄到各書之中,以便參閱。從上面的注音"重,直用反"可以看出,《經典釋文》不僅給經典原文注音,也給注文注音。"重,直用反"正是對鄭箋"重言采薇者"中"重"字的注音。

"[疏]"後面的文字是唐孔穎達等作的"疏"。"疏"一般先注釋經典原文,再注解前代的注文。上引"[疏]"後的"采薇至之故",表示將要對《詩經》原文從"采薇"到"之故"進行注解。"○"之後"正義曰"即爲孔穎達等對"采薇至之故"的注解,從"文王"至"怒寇也"。其後用"○"隔開,"箋西伯至行期",表示要對"箋"的"西伯"到"行期"進行注解。可見作"疏"時對被"疏"的內容常常引該段內容的首尾各兩三字以標明。爲不同的原文和注作"疏"時中間一般用"○"隔開。"疏"本來也是獨立成書的,宋代以後纔分別移到相關的章節之下。

南宋時朱熹曾給《論語》《孟子》《楚辭》《詩經》等作注,其形式均爲"集注體"。這裏以《論語集注》中的一段爲例來看集注的情況。

曾子曰："吾日三省吾身：爲人謀而不忠乎？與朋友交而不信乎？傳不習乎？"省，悉井反。爲，去聲。傳，平聲。○曾子，孔子弟子，名參，字子輿。盡己之謂忠。以實之謂信。傳，謂受之於師。習，謂熟之於己。曾子以此三者日省其身，有則改之，無則加勉，其自治誠切如此，可謂得爲學之本矣。而三者之序，則又以忠信爲傳習之本也。○尹氏曰："曾子守約，故動必求諸身。"謝氏曰："諸子之學，皆出於聖人，其後愈遠而愈失其真。獨曾子之學，專用心於內，故傳之無弊，觀於子思孟子可見矣。惜乎其嘉言善行，不盡傳於世也。其幸存而未泯者，學者其可不盡心乎。"○子曰："道千乘之國：敬事而信，節用而愛人，使民以時。"道，乘，皆去聲。○道，治也。馬氏云："八百家出車一乘。"千乘，諸侯之國，其地可出兵車千乘者也。敬者，主一無適之謂。敬事而信者，敬其事而信於民也。時，謂農隙之時。言治國之要，在此五者，亦務本之意也。○程子曰："此言至淺，然當時諸侯果能此，亦足以治其國矣。聖人言雖至近，上下皆通。此三言者，若推其極，堯舜之治亦不過此。若常人之言近，則淺近而已矣。"楊氏曰："上不敬則下慢，不信則下疑，下慢而疑，事不立矣。敬事而信，以身先之也。易曰：'節以制度，不傷財，不害民。'蓋侈用則傷財，傷財必至於害民，故愛民必先於節用。然使之不以其時，則力本者不獲自盡，雖有愛人之心，而人不被其澤矣。然此特論其所存而已，未及爲政也。苟無是心，則雖有政，不行焉。"胡氏曰："凡此數者，又皆以敬爲主。"愚謂五者反復相因，各有次第，讀者宜細推之。○子曰："弟子入則孝，出則弟，謹而信，汎愛衆，而親仁。行有餘力，則以學文。"弟子之弟，上聲。則弟之弟，去聲。○謹者，行之有常也。信者，言之有實也。汎，廣也。衆，謂衆人。親，近也。仁，謂仁者。餘力，猶言暇日。以，用也。文，謂詩書六藝之文。○程子曰："爲弟子之職，力有餘則學文，不修其職而先文，非爲己之學也。"尹氏曰："德行，本也。文藝，末也。窮其本末，知所先後，可以入德矣。"洪氏曰："未有餘力而學文，則文滅其質；有餘力而不學文，則質勝而野。"愚謂力行而不學文，則無以考聖賢之成法，識事理之當然，而所行或出於私意，非但失之於野而已。

上引文字大字爲《論語》原文，雙行小字爲朱熹的集注。原文共三章，章與章之間用大圓圈"○"隔開。每章下面的集注一般是先注音釋字，然後對涉及的人物及有關情況進行說明，最後是講解文意思想。注釋的內部按內容的不同一般用小圓圈"○"隔開。朱熹的集注引用了他人的不少看法，除上述文字引用的尹氏、謝氏、馬氏、程子、楊氏、胡氏、洪氏以外，還有游氏、吳氏、范氏、呂氏、陸氏、李氏、黃氏、趙伯循、張敬夫等。朱熹引用時一般均稱"某氏"，有的給出全名，其中程子則指南宋理學家程頤。《論語集注》中除明確說明引用他人觀點的以外，沒有指明引用何家看法或標明"愚謂"的爲朱熹自己的注釋。

[文選]

1. 叔孫武叔語大夫於朝

叔孫武叔[1]語大夫於朝，曰："子貢[2]賢於仲尼。"_{語,去聲。朝,音潮。武叔,魯大夫,名州仇。}○子服景伯[3]以告子貢。子貢曰："譬之宮牆，賜之牆也及肩，窺見室家之好。_{牆卑室淺。}夫子之牆數仞，不得其門而入，不見宗廟之美，百官之富。_{七尺曰仞。不入其門，則不見其中之所有，言牆高而宮廣也。}得其門者或寡矣。夫子之云，不亦宜乎！"_{此夫子,指武叔。}

叔孫武叔毀仲尼。子貢曰："無以爲也，仲尼不可毀也。他人之賢者，丘陵也，猶可踰也；仲尼，日月也，無得而踰焉。人雖欲自絕，其何傷於日月乎？多見其不知量也！"_{量,去聲。○無以爲,猶言無用爲此。土高曰丘,大阜曰陵。日月,喻其至高。自絕,謂以謗毀自絕於孔子。多,與祇同,適也。不知量,謂不自知其分量。}

(朱熹《論語集注·子張》[4])

【注解】

[1]叔孫武叔：魯桓公之子公子牙的六世孫，名州仇。[2]子貢：孔子弟子端木賜，字子貢。[3]子服景伯：魯大夫子服何，子服是其氏，伯是其字，景是其謚號。[4]《論語集注》十卷，是南宋朱熹所撰《四書集注》之一。儒家重要經典《論語》，漢代以來有許多學者作過注解，但前代所重在訓詁音義，宋儒重義理，朱熹在裒集前人訓解的基礎上，把他的理學思想貫穿於注解中，因此成爲後代儒學的入門必讀書。朱熹(1130—1200)，字元晦，號晦庵，祖籍徽州婺源(今屬江西)，生於尤溪(今屬福建)。南宋著名理學家，著述豐富，重要的有《周易本義》《易學啓蒙》《詩集傳》《楚辭集注》《通鑒綱目》等，又有《文集》一百卷，《續集》十一卷，《別集》十卷，後人輯錄的《朱子語類》一百四十卷。

2. 何如斯可以從政矣

子張[1]問於孔子曰："何如斯可以從政矣？"子

曰：" 尊五美，屏[2]四惡，斯可以從政矣。"子張曰："何謂五美？"子曰："君子惠而不費[3]，^{費，芳味反}勞而不怨[4]，欲而不貪，泰而不驕，威而不猛。"子張曰："何謂惠而不費？"子曰："因民之所利而利之，斯不亦惠而不費乎？擇可勞而勞之，又誰怨？欲仁而得仁，又焉貪？^{焉，於虔反}君子無衆寡，無小大，無敢慢[5]，斯不亦泰而不驕乎？君子正其衣冠，尊其瞻視[6]，儼然人望而畏之，斯不亦威而不猛乎？"子張曰："何謂四惡？"子曰："不教而殺謂之虐；不戒視成謂之暴[7]；慢令致期[8]謂之賊；猶之與人也[9]，出納[10]之吝，謂之有司[11]。"^{出，去聲。○虐，殘酷不仁。暴，}謂卒遽無漸。致期，刻期也。賊者，切害之意。緩於前而急於後，以誤其民，而必刑之，是賊害之也。猶之，猶言均之也。均之以物與人，而於其出納之際，乃或吝而不果。則是有司之事，而非爲政之體。所與雖多，人亦不懷其惠矣。項羽使人，有功當封，刻印刓，忍弗能予，卒以取敗，亦其驗也。○尹氏曰："告問政者多矣，未有如此之備者也。故記之以繼帝王之治，則夫子之爲政可知也。"（朱熹《論語集注‧堯曰》）

【注解】

[1]子張：孔子弟子顓孫師，字子張。[2]屏（bǐng）：除去，排除。[3]惠：給人好處。費：耗費。這裏的意思是在政務上給老百姓好處而不是耗費錢財。[4]勞：使人勞動。怨：使人怨恨。[5]慢：怠慢。以上三句是說，無論人多人少，無論勢力小還是大，都不敢怠慢。[6]尊：使莊重。瞻視：指目光容貌。[7]戒：告誡。成：成果，成效。這句話的大意是，事先不提出目標就想立刻看到成效。[8]慢令：命令發布得緩慢。致期：突然給出期限。[9]猶之與人：大意是平均給人財物。[10]出納：給出、接收。這裏是偏義複詞，偏指"給出"。[11]有司：掌管某種事務的官吏。

3. 夏五月鄭伯克段于鄢（公羊傳）

夏五月，鄭伯克段于鄢。克之者何？^{加"之"者，問訓詁，并問施"于"之爲。}殺之也。殺之則曷爲謂之克？大[1]鄭伯之惡也。^{以"弗克納"，大鄭伯之惡也。}曷爲大鄭伯之惡？^{據晉侯殺其世子申生不加"克"以大之。}母欲立之，已殺之，如勿與而已矣。^{"如"即"不如"，齊人語也。}段者何？鄭伯之弟也。

殺母弟故直稱君。何以不稱弟？據天王殺其弟年夫稱弟。當國[2]也。欲當國爲之君,故如其意,使如國君,氏上鄭,所以見段之逆。其地[3]何？據齊人殺無知不地。當國也。齊人殺無知何以不地？據俱欲當國也。在內也。在內,雖當國不地也。其不當國而見殺者,當以殺大夫書,無取於地也。其當國者,殺於國內,禍已絕,故不地。不當國,雖在外亦不地也。明當國者,在外乃地爾。爲其將交連鄰國,復爲內難,故錄其地,明當急誅之。不當國,雖在外,禍輕,故不地也。(何休《春秋公羊經傳解詁·隱公元年》[4])

【注解】

[1]大：使動用法,意思爲"彰顯","放大"。[2]當國：《爾雅·釋詁》以"當"解釋"敵"；孔廣森《春秋公羊通義》："當,敵也。著其彊禦,與國爲敵,《左傳》所謂'如二君'是也。"[3]地：地方,地點。在此用作動詞,義爲"寫明地點"。[4]《春秋》：春秋時期魯國編年體史書,相傳經過孔子的整理修訂,爲儒家經典之一。《春秋公羊傳》是解釋《春秋》的著作,戰國時公羊高所著。與春秋時左丘明的《春秋左氏傳》、戰國時穀梁赤的《春秋穀梁傳》合稱"春秋三傳"。這裏的選文是對"夏五月鄭伯克段于鄢"這一句話的解釋。黑體大字爲《春秋》的原文,做宋體大字爲公羊高的傳,雙行小字爲東漢何休的注文。《穀梁傳》對本句話的解釋見本課文選4；《左傳》爲本句話所作的史實補充見本書第三課文選5。

4. 夏五月鄭伯克段于鄢(穀梁傳)

夏五月,鄭伯克段于鄢。克者何？能也。何能也？能殺也。何以不言殺？見段之有徒衆也。言鄭伯能殺,則邦人不能殺矣。知段衆力彊盛,唯國君能殺之。段,鄭伯弟也。何以知其爲弟也？殺世子母弟目君[1],以其目君,知其爲弟也。母弟,同母弟也。目君,謂稱鄭伯。段,弟也而弗謂弟,公子也而弗謂公子,貶之也。段失子弟之道矣,賤段而甚[2]鄭伯也。賤段,謂不稱公子公弟。甚鄭伯,謂目君也。何甚乎鄭伯？甚鄭伯之處心積慮成於殺也。雍曰："段恃寵驕恣,彊足當國。鄭伯不能防閑以禮,教訓以道,縱成其罪,終致大辟。處心積慮,志欲殺弟。"于鄢,遠也。猶曰取之其母之懷中而殺之云爾,甚之也。段奔走,乃至於鄢,去已遠矣。鄭伯猶追殺之,何以異於探其母懷中赤子而殺之乎？君殺大夫例不地,甚鄭伯之殺弟,故謹其地。然則爲鄭伯者宜奈何？緩追逸[3]賊,親親[4]之道也。君親無將,將而必誅焉。

此蓋臣子之道，所犯在己，故可以申兄弟之恩。（范甯《春秋穀梁傳集解・隱公元年》）[5]

【注解】

[1]世子：君主的有繼承權的兒子。母弟：同母之弟。目君：寫上君主的稱號。目，題寫，標明。[2]賤：以……爲賤，看輕。甚：過分，這裏用爲以動，認爲……過分。[3]逸：使……逃逸。[4]親親：前一個"親"用作動詞，對……親厚；後一個"親"是名詞，親人。[5]范甯，東晉經學家，字武子，南陽順陽（今河南淅川東）人，是《後漢書》作者范曄之祖父，他推崇儒學，反對何晏、王弼等的玄學，所撰《春秋穀梁傳集解》十二卷，是今存最早的《穀梁傳》注解，被收入《十三經注疏》。

5. 黃 鳥

黃鳥。哀三良也。國人刺穆公以人從死。而作是詩也[1]。三良，三善臣也。謂奄息、仲行、鍼虎也。從死，自殺以從死○行，戶郎反。下皆同。鍼，其廉反。徐又音針。從死，上才容反。○[疏]黃鳥三章章十一句

○箋"三良"至"從死"○正義曰：文六年《左傳》云，秦伯任好卒，以子車氏之三子奄息、仲行、鍼虎爲殉，皆秦之良也。國人哀之，爲之賦《黃鳥》。服虔云：子車，秦大夫氏也。殺人以葬，旋環其左右曰殉。又《秦本紀》云，穆公卒，葬於雍，從死者百七十人。然則死者多矣。主傷善人，故言哀三良也。殺人以殉葬，當是後有爲之，此不刺康公而刺穆公者，是穆公命從己死，此臣自殺殺之，非後主之過。故箋辯之云："從死，自殺以從死。"

交交黃鳥。止于棘。興也。交交，小貌。黃鳥以時往來得其所，人以壽命終，亦得其所。箋云：黃鳥止于棘，以求安己也。此棘若不安則移。興者，喻臣之事君亦然。今穆公使臣從死，刺其不得黃鳥止于棘之本意。誰從穆公。子車奄息。子車，氏；奄息，名。箋云：言誰從穆公者，傷之。維此奄息。百夫之特。乃特百夫之德。箋云：百夫之中最雄俊也。臨其穴，惴惴其慄。

慄慄，懼也。箋云：穴謂冢壙中也。秦人哀傷此奄息之死，臨視其壙，皆爲之悼慄。○惴，之瑞反。慄音栗，壙，苦晃反。臨彼蒼者天。殲我良人。

殲，盡；良，善也。箋云：言彼蒼者天，愬路之。○殲，子廉反。徐又息廉反。愬，蘇路反。如可贖兮。人百其身。箋云：如此奄息之死，可以他人贖之者，人皆百其身。謂一身百死猶爲之惜善人之甚。○贖，食燭反。又音樹。[疏]"交交"至"其身"○毛以爲交交然而小者是黃鳥也。黃鳥飛而往來，止於棘木之上，得其所，以興人以壽命終，亦得其所。今穆公使良臣從死，是不得其所也。有誰從穆公死乎？有子車氏名奄息者，從穆公也。此奄息何等人哉？乃是百夫之中特立雄俊者也。今從穆公而死，秦人悉哀傷之。臨其壙穴之上，皆惴惴然恐懼而其心悼慄，乃愬之於天。彼蒼蒼者是在上之天，今穆公盡殺我善人也。如使此人可以他人贖之兮，我國人皆百死其身以贖之。愛惜良臣，寧一人百死代之。○鄭以爲交交然之黃鳥止於棘木以求安，棘若不安則移去。以興臣仕於君以求行道，若不行則移去，言臣有去留之道，不得生死從君。今穆公以臣從死，失仕於君之本意。餘同。○傳"交交"至"其所"○正義曰：黃鳥，小鳥也，故以交交爲小貌。《桑扈》箋云：交交，猶佼佼，飛而往來貌，則此亦當然，故云往來得其所。是交交爲往來狀也。以此哀公不得其所，故以鳥止得所，喻人命終得所。○箋"黃鳥"至"本意"○正義曰：箋以鳥之集木似臣之仕君，故易鳥以爲以鳥止木喻臣仕君，故言不得黃鳥止於棘之本意。正謂不得臣仕於君之本意也。言其若得鳥止之意。知有去留之道，則不當使之從死○傳"子車氏奄息名"○正義曰：《左傳》作子輿，"輿""車"字異義同。傳以奄息爲名，仲行亦爲名。箋以仲行爲字者，以伯仲叔季爲字之常，故知仲行是字也。然則鍼虎亦不名矣。或名或字，取其韻耳○傳乃特百夫之德。正義曰，言百夫之德，莫及此人，此人在百夫之中，乃孤特秀立，故箋申之云，百夫之中最雄俊也。○傳"惴惴懼"，正義曰《釋訓》文。交

交交黃鳥。止于桑。誰從穆公。子車仲行。^{箋云：仲行字也。}維此仲行。百夫之防。^{防，比也。箋云：防，猶"當"也。言此一人當百夫○防，徐云毛音方，鄭音房。}臨其穴，惴惴其慄。彼蒼者天。殲我良人。如可贖兮。人百其身。交交黃鳥。止于楚。誰從穆公。子車鍼虎。維此鍼虎。百夫之禦。^{禦，當也○禦，魚呂反。注同。}臨其穴，惴惴其慄。彼蒼者天。殲我良人。如可贖兮。人百其身。(《十三經注疏·毛詩正義·秦風·黃鳥》^[2])

【注解】

[1]"黃鳥"至"而作是詩也"：是本詩的小序，即對這首詩主旨的解題。秦穆公死時以一百七十人殉葬，其中包括賢臣子車氏三兄弟。這首詩是哀悼殉葬者的。[2]《毛詩正義》：唐孔穎達撰。書中對《詩經》原文、毛亨的傳和鄭玄的箋都做了疏通解釋。原文由六部分組成：一、小序；二、《詩經》原文；三、毛亨的傳；四、鄭玄的箋；五、唐孔穎達的疏；六、唐陸德明的"音義"。

6. 觸聾説趙太后

趙太后^{惠文王威后}新用事^[1]，秦急攻之。趙氏求救於齊，齊曰：必以長安君爲質^[2]，^{長安，孝成母弟。補曰：《索隱》云，趙亦有長安，今地缺。按《趙世家》，封長安君以饒。《正義》云，即饒陽也。明}^{長安號。}兵乃出。太后不肯，大臣強諫。太后明謂左右，有復言令長安君爲質者，老婦必唾其面。左師^{官名}觸聾^[3]願見太后，盛氣而揖之。入而徐趨，至而自謝曰：^{補曰：觸聾，姚云}

^{一本無言字。《史》亦作"龍"。按《説苑》，"魯哀公問孔子，夏桀之臣，有左師觸龍者，諂諛不正。"人名或有同者，此當從"聾"以別之。"願見太后"，姚本復有"太后"字，《史》同。《史》云："脊之入，徐趨而坐。""脊"字當是。}"老臣病足，曾不能疾走，不得見久矣，竊自恕。^{久不見，宜得罪。今自寬而求見。}恐太后玉體之有所郄也，^{"郄"、"郤"同。以己病足，因恐後不能前，亦自恕以及人也。}故願望見太后。"曰："老婦恃輦而行。"^{補曰："望見太后"，姚本復有"太后"字。《史》同。}曰："日食飲得無衰乎？"曰："恃鬻耳。"^{補曰："鬻"、"粥"同。姚云，一本去"鬻"字。}曰："老臣今者殊不欲食，乃自強步，日三四里，少益嗜

食，和於身。"曰："老婦不能。"太后之色少解。左師公曰："老臣賤息舒祺，<small>息，其子。舒祺，名也。</small>最少，不肖，而臣衰，竊愛憐之，願令補黑衣之數，<small>尸祝之服，所謂祫服。又《蕭望之傳》注，"朝時皆著皁衣"。正曰：祫服，韻書"好衣也"。按《晉輿服志》，秦人以袀玄爲祭服。鮑其誤以"袀"爲"祫"乎？《增韻》：黑衣，戎服。《左氏》"均服振振"，"均"即"袀"。以下文"衛王宮"推之，戎服是也。補曰："數"，《史》作"缺"。"願令"，一本"願得"。</small>以衛王宮。沒死以聞。"<small>沒者，沉溺之辭。補曰："沒"，《史》作"昧"。</small>太后曰："敬諾。年幾何矣？"對曰："十五歲矣。雖少，願及未填溝壑而託之。"<small>死則填壑。</small>太后曰："丈夫亦愛憐其少子乎？"對曰："甚於婦人。"太后曰："婦人異甚。"<small>異於丈夫而有甚焉。</small>對曰："老臣竊以爲媼之愛燕后<small>媼，女老稱。后，太后女。補曰：一本標"媼"，一本作"太后"。"太后"稱"媼"非也。《春秋後語》並作"太后"。媼，烏老反。</small>賢於長安君。"曰："君過矣。不若長安君之甚。"左師公曰："父母之愛子，則爲之計深遠。媼之送燕后也，持其踵爲之泣，念悲其遠也，<small>念且悲。</small>亦哀之矣。已行，非弗思也，祭祀必祝之。祝曰：'必勿使反。'<small>失意於燕乃反爾。</small>豈非計久長、有子孫相繼爲王也哉？"太后曰："然。"左師公曰："今三世以前，至於趙之爲趙[4]，趙王之子孫侯者，其繼有在者乎？"曰："無有。"曰："微獨趙，<small>微，猶非。</small>諸侯有在者乎？"曰："老婦不聞也。"<small>此下左師對。補曰：《史》此下有"曰"字。</small>"此其近者禍及身，遠者及其子孫。豈人主之子侯<small>補曰：一本作"孫"。</small>則必不善哉？位尊而無功，奉厚而無勞，而挾重器多也。<small>重器，謂名位金玉。</small><small>正曰："位"字上下文可考。</small>今媼尊長安之位，而封以膏腴之地，多予之重器，而不及今令有功於國。一旦山陵崩[5]，長安君何以自託於趙？老臣以媼爲長安君計短也，故以爲其愛不若燕后。"太后曰："諾。恣[6]君之所使之。"於是爲長安君約車百乘，質於齊。齊兵乃出。子義<small>趙之賢士。</small>聞之，曰:"人主之子也,骨肉之親也,猶不能恃無功之尊,無勞之奉,以守金玉之重也,而況人臣乎?"《趙記》元年有。彪謂:觸讋、諒毅,皆以從容納説而取成功,與夫強諫於廷,怒駡於坐,髮上衝冠,自待必死者,力少而功倍矣。元帝謂張猛曰:"曉人不當如是邪?"二士有焉。補曰:程子釋《易》"納約自牖"曰:"左師觸讋因其明而導之,故其聽也如響",謂張良招四皓輔太子亦然。愚謂二事同傳可也。《燕策·陳翠説太后》章與觸讋類,亦可並觀。諒毅事不同,後亦失對,辯説見後。(《戰國策校注》[7])

【注解】

[1]用事:這裏指攝政,掌權。公元前265年,趙惠文王死,孝成王初卽位,趙威后臨朝攝政。[2]質:質子,卽人質。春秋戰國時代各諸侯國君將自己的公子甚至世子派往别國做人質,稱爲質子。[3]觸讋(Zhé):本句《史記·趙世家》作"左師觸龍言願見太后",長沙馬王堆三號漢墓出土的帛書《戰國策》亦作"觸龍言"。經古今衆多學者考證,本篇的"觸讋"應爲"觸龍",是後世刻本誤將"龍"和"言"合爲一字。[4]趙之爲趙:趙氏從晉國分離出來成爲諸侯國。公元前423年趙立爲諸侯,到孝成王卽位,已經158年。[5]山陵崩:比喻君王去世。[6]恣:聽憑。[7]《戰國策校注》:元吳師道撰。《戰國策》一書,自劉向編成後,東漢高誘作注,至北宋而高注殘缺。曾鞏合諸家之本校之,而於注文無所增損。南宋鮑彪撰《戰國策注》,姚宏又有《戰國策》續注本。吳師道的《戰國策校注》,精核又勝於兩家。吳書注釋中未標明注者的是鮑彪的注文;"姚云"卽指姚宏的注;"補曰""正曰"後的文字是吳師道的補正文字。

7. 湘夫人

帝子降兮北渚,_{帝子,謂堯女也。降,下也。言堯二女娥皇、女英,隨舜不反,没於湘水之渚,因爲湘夫人。}

目眇眇兮愁予。_{眇眇,好貌。予,屈原自謂也。言堯二女儀德美好,眇然絶異,又配帝舜,而乃没命水中。屈原自傷,不遭值堯、舜,而遇闇君,亦將沈身湘流,故曰愁我也。予,一作余。五臣[1]云:其神儀德美好,愁我失志焉。}

嫋嫋兮秋風,_{嫋嫋,秋風摇木貌。}

洞庭波兮木葉下。_{言秋風疾,則草木摇,湘水波,而樹葉落矣。以言君政急則衆民愁,而賢者傷矣。或曰:屈原見秋風起而木葉墮,悲歲徂盡,年衰老也。五臣云:喻小人用事,則君子棄逐。}

白蘋[2]兮騁望,_{蘋,草,秋生,今南方湖澤皆有之。騁,平也。蘋,或作蘋。一本此句上有"登"字,皆非也。}

與佳期[3]兮夕張。_{佳,謂湘夫人也。不敢指斥尊者,故言佳也。張,施也。言己願以始秋蘋草初生平望之時,修設祭具,夕早灑掃,張施帷}

帳，與夫人期欲饗之也。一本"佳"下有"人"字。一云：與佳人兮期夕張。五臣云：佳期，
謂湘夫人言己願以此夕設祭祀，張帷帳，冀夫人之神來此欲饗，以喻張設忠信以待君命。

鳥萃兮蘋中，萃，集。一本"萃"上有"何"字。五臣云：蘋，水草。

罾[4]何爲兮木上？ 罾，魚網也。夫鳥當集木巔，而言草中，罾當在水中，而言木上，以喻所願不得，失其所也。

沅有茝[5]兮醴有蘭， 言沅水之中有盛茂之茝，醴水之內有芬芳之蘭，異於衆草，以興湘夫人美好亦異於衆人也。茝，一作芷。醴，一作澧。

五臣云：蘭、芷，喻己之善。

思公子兮未敢言。 公子，謂湘夫人也。重以卑説尊，故變言公子也。言己想若舜之遇二女，二女雖死，猶思其神，所以不敢達言者，士當須介，

女當須媒也。五臣云：公子，謂夫人喻君也。未敢言者，欲待賢主。

荒忽兮遠望，觀流水兮潺湲。 言鬼神荒忽，往來無形，近而視之，彷彿若存，遠而望之，但見水流而潺湲也。

荒，一作慌。
忽，一作惚。

麋何食兮庭中？ 麋，獸名，似鹿也。食，一作爲。

蛟何爲兮水裔[6]？ 蛟，龍類也。麋當在山林，而在庭中，蛟當在深淵，而在水涯，以言小人宜在山野，而陸朝廷，賢者當居尊官，而爲僕隸也。

裔，一作裏。

朝馳余馬兮江皋[7]， 一云朝馳騁，兮江皋。

夕濟兮西澨[8]。 濟，渡也。澨，水涯也。自傷驅馳不出湘、潭之間。

聞佳人兮召予， 予，屈原自謂也。

將騰駕兮偕逝。 偕，俱也。逝，往也。屈原幽居草澤，思神念鬼，冀湘夫人有命召呼，則願命駕騰馳而往，不待侶偶也。五臣：冀聞夫人召我，

將騰馳車馬，與使者俱往，喻有君命亦將然矣。

築室兮水中，葺之兮荷蓋。 屈原困於世，願築室水中，託附神明而居處也。一本云以荷蓋。五臣云：願築室結茨

於水底，用荷葉蓋之，務清潔也。

蓀壁兮紫壇， 以蓀草飾室壁，累紫貝爲室壇。蓀，一作荃。

匊[9]芳椒兮成堂。 布香椒於堂上。一云：播芳椒兮盈堂。

桂棟兮蘭橑[10]， 以桂木爲屋棟，以木蘭爲椽也。

辛夷楣[11]兮葯房。 辛夷，香草。以作户楣。葯，白芷也。房，室也。五臣云：以馨香爲房之飾。

罔薜荔[12]兮爲帷， 罔，結也。言結薜荔爲帷帳。

第十五課 文獻的注釋

擗蕙櫋兮既張。_{擗,析[13]也。以栎蕙覆櫋屋。擗,一從木,一作擘。栎,一作析。櫋,一作楥。五臣云:罔結以爲帷帳,擗析以爲屋聯,盡張設於中也。}

白玉兮爲鎮,_{以白玉鎮坐席也。鎮,一作瑱。一本"爲"上有"以"字。}

疏石蘭兮爲芳。_{石蘭,香草。疏,布陳也。一本"兮"下有"以"字。一云:疏石蘭以爲芳。五臣云:疏布其芳氣。}

芷葺兮荷屋,_{葺,蓋屋也。一本"葺"下有"之"字。五臣云:以芷草及荷葉葺以蓋屋也。}

繚之兮杜衡。_{繚,縛束也。杜衡,香草。一本"兮"下有"以"字。衡,一作蘅。}

合百草兮實庭,_{合百草之華,以實庭中。五臣云:百草,香草。實,滿也。}

建芳馨兮廡門。_{馨,香之遠聞者,積之以爲門廡也。屈原生遭濁世,憂愁困極,意欲隨從鬼神,築室水中,與湘夫人比鄰而處。然猶積聚衆芳以爲殿堂,修飾彌盛,行善彌高也。}

九嶷繽兮並迎,_{九嶷,山名,舜所葬也。嶷,一作疑。}

靈之來兮如雲。_{言舜使九嶷之山神,繽然來迎二女,則百神侍送,衆多如雲也。如,一作若。}

捐余袂[14]兮江中,_{袂,衣袖也。}

遺余褋兮醴浦。_{褋,襜襦[15]也。屈原託與湘夫人共鄰而處,舜復迎之而去,窮困無所依,故欲捐棄衣物,裸身而行,將適九夷也。醴,一作澧。五臣云:褋,禮襜袖襦也。袂、褋,皆事神所用,今夫人既去,君復背己,無所用也,故棄遺之。}

搴汀洲兮杜若,將以遺兮遠者。_{汀,平也。遠者,謂高賢隱士也。言己雖欲之九夷絶域之外,猶求高賢之士,平洲香草以遺之,與共修道德也。者,一作渚。五臣云:搴,取也。杜若,以喻誠信。遠者,神及君也。}

時不可兮驟得,_{驟,數。}

聊逍遙兮容與。_{言富貴有命,天時難值,不可數得,聊且遊戲,以盡年壽也。與,一作冶。}（王逸《楚辭章句·九歌》[16]）

【注解】

[1]五臣:《湘夫人》被南朝梁昭明太子蕭統所編的《文選》一書(亦稱《昭明文選》)所收,唐代李善曾爲之作注,後又有呂延濟、劉良、張銑、呂向、李周翰五人爲之作注,爲示區別,一般稱後者爲"五臣注"。東漢王逸《楚辭章句》中有五臣注文,當爲後人刊行時摻入。[2]蘋:音fán。[3]期:約定日期。[4]罾:音zēng。[5]茝(chǎi):香草名。[6]裔:邊。水裔:水邊,水涯。[7]江皋(gāo):江邊的高地。[8]澨:音shì。[9]茇:宋洪興祖《楚詞補注》曰:"茇,古播字。本作甶。"[10]橑(liáo):也叫作榱(cuī),屋椽。[11]楣(méi):門框上的横木。[12]薜荔(bìlì):一

種香草。[13]擗(pǐ):劈開。櫋(mián),屋簷。析(xī):同"析"。[14]捐:棄。袂:音 mèi。[15]褋(dié),外衣。襜(chān):圍裙。襦(rú),短衣,短襖。[16]《楚辭》:詩歌總集。西漢劉向(前77—前6)編集。收有屈原、宋玉及淮南小山、東方朔、王褒、劉向的作品共十六篇,以屈原作品爲主。之所以稱爲"楚辭",就作者言,最初是由於它的代表作家屈原是楚國人,就其表現形式而論,"楚辭"(尤其是屈、宋的作品)表現了強烈的南楚地域性,作品多借接觸過的山川、風物、草木、鳥獸,敘述自己的感懷,開創了一種不同於《詩經》的獨立文體。歷代研究《楚辭》的著作很多,現存最早的是東漢王逸的《楚辭章句》。王逸,字叔師,南郡宜城(今湖北宜城)人。他爲《楚辭》作注時增入己作《九思》一篇,故今見《楚辭》篇目爲十七篇。宋代洪興祖的《楚辭補注》、朱熹的《楚辭集注》等都是《楚辭》的通行注本。本篇中仿宋體大字爲《楚辭》原文,小字爲王逸的注。但今本除王逸注外還有後人的增補,例如引用有《文選》唐五臣注。這些增補爲何人所加,尚需考證。

8. 象

象,南越大獸。獸之最大者,而出南越。長鼻牙。有長鼻長牙。以上七字依《韻會》所據小徐本[1]。三年一乳[2]。《左傳》定四年正義作"三年一乳字"。按古書多假象爲像。"人部"曰:像者,似也。似者,像也。像,从人象聲。許書[3]一曰指事、二曰象形,當作"像形"。全書凡言"象某形"者,其字皆當作"像";而今本皆从省作"象",則學者不能通矣。《周易·繫辭》曰:"象也者,像也。"此謂古《周易》"象"字即"像"字之假借。韓非曰:"人希見生象,而案其圖以想其生。故諸人之所以意想者皆謂之象。"似古有"象"無"像"。然"像"字未製以前,"想像"之義已起,故《周易》用"象"爲想像之義,如用"易"爲簡易、變易二義,皆於聲得義,非於字形得義也。韓非說同俚語,而非本無人字,依聲托事之恉[4]。象耳牙四足尾之形。"象"當作"像"。"耳牙"疑當作"鼻耳"。"尾"字各本無,今補。徐兩切[5],十部[6]。凡象之屬皆从象。(段玉裁《説文解字注》[7])

【注解】

[1]《韻會》:音韻及文字學書名,宋末黃公紹搜集文字義訓編成《古今韻會》(今已不傳);元初熊忠以其過於浩繁,作《古今韻會舉要》。這裏《韻會》即指《古今韻會舉要》。小徐本:《説文解字》的版本之一。南唐徐鉉、徐鍇兄弟精於《説文》之學,曾分別校訂過《説文解字》,兄徐鉉校訂的《説文解字》三十卷,最爲完整,也最通行,世稱"大徐本"。弟徐鍇的《説文繫傳》,世稱"小徐本"。[2]乳:生育。[3]許書:《説文解字》的作者爲東漢許慎,故學者稱其書爲"許書"。[4]本無其字,依聲托事:這是許慎在《説文解字·序》中對六書之一"假借"的定義。恉(zhǐ):同"旨",旨趣,含義。[5]徐兩切:這是用反切法爲"象"字注音。段玉裁注解《説文解字》所用反切是繼承了大徐本,而大徐本的反切係出自孫愐《唐韻》。

[6]十部:按段玉裁的上古音十七韻部,"象"屬於第十部。《說文解字注》的體例,在說解一個字的形體結構之後,要給出該字的中古音的反切和上古音的韻部。

[7]本篇選自《說文解字注》卷九篇下。《說文解字》,東漢許慎(58—147)著。許慎字叔重,東漢汝南召陵(現河南漯河郾城)人,他是漢代有名的經學家、文字學家、語言學家,當時就有"五經無雙許叔重"之稱。《說文解字》,共收小篆9353字,又重文(古文、籀文等)1163字,是我國第一部系統分析字形、講解字義字音和考究字源的字書,爲古文字學、詞源學和古音學提供了重要的資料。原書已失傳,現本爲南唐徐鉉、徐鍇兄弟的兩種整理本。世稱爲"大徐本"和"小徐本"。《說文解字》注本甚多,清代有《說文》四大家:段玉裁《說文解字注》、桂馥《說文解字義證》、王筠《說文句讀》、朱駿聲《說文通訓定聲》,其中段注最爲著名。段玉裁(1735—1815),江蘇金壇人。《說文解字注》校正刻本訛誤,闡發原書體例,創通漢字形音義的關係等,考證詳明,創見極多,是研究《說文解字》的重要著作之一。本篇篇首篆字是被解釋的字頭,仿宋體大字爲許書原文,雙行小字爲段玉裁的注。)

[練習與思考]

一、回答問題

1. 我國歷史上比較全面系統的注釋工作開始於何時?
2. 一般來講,閱讀古代文獻主要的困難是什麼?
3. 古書的注釋通常包括哪幾個方面?
4. 古書語音方面的注釋主要有哪幾種?
5. 在漫長的歷史中,古代文獻最主要的注音方式是什麼?
6. 注音術語"如字"指什麼?有何作用?
7. 查閱先秦經書文字的注音,最重要的參考文獻是什麼?
8. 古書文字上的錯誤主要有哪四種情況?
9. 古書的注釋主要有哪些類別,各有怎樣的特點?
10. "之言""之爲言"這兩個注釋術語主要起什麼作用?
11. "讀爲""讀曰"與"讀若""讀如"這兩對術語有什麼異同?
12. 什麼是渾言、析言?在注釋中有何作用?
13. "疏"除了注釋經書原文,還注釋什麼?

二、閱讀標點下列古書注釋，指出哪些內容是經書原文，哪些內容是注及疏

1. ☰乾下☰乾上 乾元亨利貞[疏]正義曰乾者此卦之名謂之乾者易緯云卦者掛也言縣掛物象以示於人故謂之卦但二畫之體雖象陰陽之氣未成萬物之象未得成卦必三畫以象三才寫天地雷風水火山澤之象乃謂之卦也故繫辭云八卦成列象在其中矣是也但初有三畫雖有萬物之象於萬物變通之理猶有未盡故更重之而有六畫備萬物之形象窮天下之能事故六畫成卦也此乾卦本以象天天乃積諸陽氣而成天故此卦六爻皆陽畫成卦也此既象天何不謂之天而謂之乾者天者定體之名乾者體用之稱故說卦云乾健也言天之體以健爲用聖人作易本以教人欲使人法天之用不法天之體故名乾不名天也天以健爲用者運行不息應化無窮此天之自然之理故聖人當法此自然之象而施人事亦當應物成務云爲不已終日乾乾無時懈倦所以因天象以教人事於物言之則純陽也天也於人言之則君也父也以其居尊故在諸卦之首爲易理之初但聖人名卦體例不同或則以物象而爲卦名者若否泰剥頤鼎之屬是也或以象之所用而爲卦名者即乾坤之屬是也如此之類多矣雖取物象乃以人事而爲卦名者即家人歸妹謙履之屬是也所以如此不同者但物有萬象人有萬事若執一事不可包萬物之象若限局一象不可總萬有之事故名有隱顯輕有踳駮不可一例求之不可一類取之故繫辭云上下無常剛柔相易不可爲典要韓康伯注云不可立定準是也元亨利貞者乾之四德也子夏傳云元始也亨通也利和也貞正也言此卦之德有純陽之性自然能以陽氣始生萬物而得元始亨通能使物性和諧各有其利又能使物堅固貞正終始此卦自然令物有此四種使得其所故謂之四德言聖人亦當法此卦而行善道以長萬物物得生存而爲元也又當以嘉美之事會合萬物令使開通而爲亨也又當以義協和萬物使物各得其理而爲利也又當以貞固幹事使物各得其正而爲貞也是以聖人法乾而行此四德故曰元亨利貞其委曲條例備在文言

(《十三經注疏·周易正義·乾卦》)

2. 仲尼居 仲尼孔子字居謂閒居 曾子侍 曾子孔子弟子侍謂侍坐 [疏] 仲尼居曾子侍正義曰夫子以六經設教隨事表名雖道由孝生而孝綱未擧將欲開明其道垂之來裔以曾參之孝先有重名乃假因閒居爲之陳説自標已字稱仲尼呼參曾子稱曾子侍者建此兩句以起師資問答之體似若別有承受而記錄之○注仲尼至閒居○正義曰云仲尼孔子字者案家語云孔子父叔紇娶顏氏之女徵在徵在既往廟見以夫年長懼不時有男而私禱尼丘山以祈焉故名丘字仲尼夫仲者長幼之次也仲尼有字伯故曰仲其名則案桓六年左傳申繻曰名有五其三曰以類爲象杜注云若孔子首類尼丘蓋以孔子生而汚頂象尼丘山故名丘字仲尼而劉瓛述張禹之義以仲者中也尼者和也言孔子有中和之德故曰仲尼殷仲文又云夫子深敬孝道故稱表德之字及梁武帝又以丘爲聚娶以尼扈者今並不取仲尼之先殷之後也案史記殷本紀曰帝嚳之子契爲湯始祖契爲禹司徒有功堯封之於商賜姓子氏契後世祚湯滅夏而爲天子至湯裔孫爲位無適周武王翦封其庶兄微子啓於宋案家語又孔子世家皆云孔子其先宋人也宋閔公有子弗父何長而當立讓其弟厲公何生宋父周周生世子勝勝生正考父正考父受命爲宋卿生孔父嘉嘉別爲公族故其後也孔昌氏或以爲氏乙配子或以滴溜穿石其言不經今不取也孔父嘉生木金父木金父生睾夷父睾夷父生防叔避華氏之禍而奔魯防叔生伯夏伯夏生叔梁紇紇生孔子也云居謂閒居者古文孝經云仲尼閒居蓋爲乘閒居而坐與論語云吾語女義同而與下章居則致其敬不同○注曾子至侍坐○正義曰云曾子孔子弟子者案史記仲尼弟子傳稱曾參南武城人字子輿少孔子四十六歲孔子以爲能通孝道故授之業作孝經死於魯故知是仲尼弟子也云侍謂侍坐者言侍孔子而坐也案古文云曾子侍坐故知侍謂侍坐也卑者在尊側曰侍故經謂之侍凡侍有坐有立此曾子侍即侍坐也曲禮有侍坐於先生侍坐於所尊侍坐於君子據此而言明侍坐於夫子也 子曰先王有至德要道以順天下民用和睦上下無怨 孝者德之至道之要也言先代聖德之主能順天下人心行此至要之化則上下臣人和睦無怨 汝知之乎曾子避席曰參不敏何足以知之 參曾子名也禮師有問避席起答敬子曰達也言參不達何足以知此至要之義 子曰夫孝德之本也 人之行莫大於孝故爲德本 教之所由生也 言教從孝而生 復坐吾語汝 曾參起故使復坐 [疏]子曰至語汝○正義曰子者孔子自謂案公羊傳云子者男子通稱者謂師爲子故夫子以子自稱曰者辭也言先代聖帝明王皆行至美之要約之道以順天下人心而教化之天下稱古之人被服其教此之故並自相和睦上下尊卑無相怨者參汝能知之乎又假言參聞夫子之説乃避所居之席起而對曰参性不聰敏何足以知先王至德要道之言既敘曾子不知夫子又爲釋之曰夫孝德行之根本也釋先王有至德要道謂至德要道元出於孝孝爲之本也云教之所生也者此釋以順天下民用和睦上下無怨謂王教由孝而生也孝道深

廣非立可終故使復坐吾語汝也○注孝者至無怨○正義曰云孝者德之至道之要也者依(王肅義德以孝而至道以孝而要是道德不離於孝殷仲文曰窮理之至以一管衆爲要劉炫曰性未達何足知知性未達何足知至要之義者謂

自云性不達何足知此先王至德要道之義也○注人之至德本○正義曰此依鄭注引其聖治章文也言孝行最大故爲德之本也德則至德也○注言教從孝而生○正義曰此依韋注也案禮記祭義稱曾子云衆之本教曰孝尚書敬敷

五教解者謂教父以義教母以慈教兄以友教弟以恭教子以孝舉此
則其餘順人之教皆可知也○注曾參至復坐正義曰此義已見於上(《十三經注疏·孝經正義·開宗明義章》)

三、借助古代的注釋標點翻譯下列古文

聞始見君子者辭曰某固願聞名於將命者_{君子卿大夫若有異德者固如故也}

將猶奉也卽君子之門而云願以名聞於奉命者謙遠之也重則云奉命傳辭出入○始見賢遍反下文注除注二相見並同聞名如字徐音問注皆同嗛音謙本又作謙遠于萬反重直用反傳文專反下傳節同 [疏] 聞始

至命者○正義曰此一經論見君子之法但一篇雜明細小威儀不復局以科段各隨文解之○聞始見君子者謂作記之人心自謙最不敢自專制其儀而傳開舊說故云聞始見君子者謂始欲見君子貴勝之人○辭曰某固願聞名於將命者○

辭客之辭也某客名也辭曰固固如故也聞名謂名得通達也將命謂傳辭出入通客主之言語者也客願以己名使通聞於將命之人也然客實願見君子而云願聞名於傳命者不敢必斥見於君子但願將命者聞之而已不云初辭而云固者

欲明主人不卽見已己乃再辭故云固也若初辭則不云固當惟於云某願聞名於將命者耳 **不得階主**_{階上進者言賓之辭不得指斥主人○上時賤反} ○[疏] 正義曰解上經文云聞名

之義也階進也主謂主人也客宜卑退故其辭不得斥進主人也○注階上進者○正義曰階是等故人升階必上進故以階爲上進隱義云階可升上故云上進也 **適者曰某固願見**

敵當也願見願見於將命者謙也○[疏] 正義曰此明敵體始相見言敵體不謙故云願見也雖云願見亦應云願見於將命者因上已有此略之又云某固者義亦如前 **罕見曰聞**

名罕希也希相見雖於敵者猶爲尊主之辭如於君子○罕見賢反○[疏] 正義曰前二條始相見此明已經相見而疏者罕少也若少見尊者辭云願聞名於將命者若少對敵者亦云願聞名於將命者然敵者始

來曰願見重來而疏翻曰聞名者亦獎之使不疏也或云始來禮隆故尊卑宜異重來禮殺故宜同也○注罕希至君子○正義曰案爾雅釋詁文罕希也是罕得爲希云希相見雖於敵者猶爲尊主之辭如於君子者尊而希希故宜同於始來相見敵

而希希其尊重於始來故鄭偏解之也 **亟見曰朝夕**_{數數也於君子則云某願朝夕聞名於將命者於敵者則云某願朝夕見於將命者○亟去冀反注及下同數色角反} **瞽曰聞**

名瞽無目也以無目辭不稱見○[疏] 亟見至聞名○正義曰此謂數相見者也亟數也若數見尊者則其辭云某願朝夕聞名於將命者若數見敵者則云某願朝夕見於將命者○注數也○正義曰爾雅釋詁文

○瞽曰聞名者瞽無目也其來不問見賤則並通云願聞名於將命者其目無所見故不云願見 **適有喪者曰比**_{適之也曰某願比於將命者比猶比方俱給事} [疏]

正義曰前明吉禮相見此以下明凶事相見者也適往也此謂往適者喪家也比比方也喪不主相見凡往者皆是助事故云比謂比方其年力以給喪事也君五十從友哭四十持盈次皆是比方其事故鄭云比謂比方俱給事故辭云願比

於將命童子曰聽事_{曰某願聽事於將命者童子未成人不敢當相見之禮}○[疏] 正義曰童子未成人雖往適它喪不敢以成人爲比方但來聽主人以事見使故云願聽

事於將命者 **適公卿之喪則曰聽役於司徒**_{喪憂戚無賓主之禮皆爲執事來也○爲于僞反下文爲司喪注雖員並同}○[疏] 正義曰前往適喪此適貴者喪也不敢云相比方而使聽主人之見役輕重唯命不敢辭也不直云聽役於將命而云於司徒者司徒主國之事故國有大喪謂公卿之喪則司徒皆率其屬掌之故司徒職云大喪帥六

鄉之衆庶屬其六引而治其政令鄭云衆庶所致役也又檀弓云孟獻子喪司徒旅歸四布是也隱義云公卿亦有司徒官以掌喪事也○ **君將適他臣如致金玉**

貨貝於君則曰致馬資於有司敵者曰贈從者_{適他行朝會也資猶用也贈送也○適它音他}

從才用反[疏] 君將至從者○正義曰此一經論臣致物於君及適者之辭前明示凶相見之禮此以下明吉凶相朝直遙反 送遣之禮也此明送吉也君謂已君也適它謂朝會出往它國也○臣如置金玉貨貝於君者如若

也君欲往它國而臣若奉獻財物以充君路之資者也金玉貨貝略舉其梗概耳○則曰致馬資於有司者臣雖以物贈君君體尊備物不有乏少故臣不敢言將物與君但恐君行有車馬路中或須資給故云此物以充馬資故不可付馬故

云致馬資於有司有司謂主典君物者也○敵者曰贈從者若物送敵者亦不云贈送敵者當言贈於左右從行者也○**臣致襚於君則曰致廢衣於**

賈人敵者曰襚言廢衣不敢必用敵也賈人知物善惡也周禮玉府掌凡王之獻金玉器文織良貨賄之物受而藏之有賈八人○襚音遂賈音嫁徐音估注同歛力豔反織音志鄭注周禮云

畫繡[疏]臣致至曰襚○正義曰此因前送吉此明送凶襚者以衣送死人之稱禮以衣送敵者死曰襚襚者遂彼生之屬時之意也若臣以衣送君死不得曰襚但云致廢衣廢衣者不敢言必充君歛但充以廢致不用之例故云

致廢衣也賈人者識物買貴賤而主君之衣物者也又不敢云與君故云又賈人也然喪大記云君無襚注云無襚不陳不以歛敵者曰襚者衣送敵者死既無謙故云襚也○注周禮至八人○正義曰引之者證有賈人藏獻物也鄭注周禮云文

謂物織畫繡之屬也**親者兄弟不以襚進**不執將命者以即陳而已[疏]正義曰此明親者相襚之法進謂執之將命也若非親者相襚則擯者傳辭將進以爲禮節若

有親者相襚但直將進即陳之不須執以將命也案士喪禮大功以上同體之親襚不將命即陳於房中小功以下及同姓等皆將命○**臣爲君喪納貨貝於君則**

曰納甸於有司甸謂田野之物○甸大見反[疏]正義曰言臣爲君喪而臣進物納爲獻也納入也甸田也言入此物是自田野之所出合歛入之於君有司也必云田所

出者君地明地物本由君出也尤是死者**賵馬入廟門**以其主於死者**賵馬與其幣大**

白兵車不入廟門以其主於生人也兵車革路也雖爲死者來陳之於外戰伐田獵之服非盛者也周禮革路建大白以即戎○賵音附○[疏]賵馬至廟門○正義

曰此一節論賵賵之異○賵馬入廟門者以馬送死曰賵賵副亡者之意也既送亡者故將入廟門也庚云襚既袒訖而後賵馬入設於廟庭而入門欲以供駕魂車也故鄭云主於死者○賵馬與其幣大白兵車不入廟門以馬助生營喪曰賵馬

幣謂以財貨賵助主人喪用並助主人之物故不將入廟也故鄭云以其主於生人也大白兵車革路之旗周路建大白以即戎也兵車即革路也雖並爲送喪之從車而其本是田戰之具故不可入廟門故鄭云雖爲死者來陳之於外戰伐田獵之服

非盛者也然所以得有大白兵車來助主人者此謂諸侯有喪鄰國之君有以大白兵車而賵之者或家國自有也(《十三經注疏·禮記正義·少儀》)

第十六課　古文今譯

　　古文今譯是指將古代漢語的文本翻譯爲現代漢語的文本。一般來說，古文的今譯是用現代漢語共同語(普通話)進行翻譯。

　　在我國漫長的歷史發展過程中，書面語系統一直是文言文佔據主導地位。20世紀"五四"新文化運動以後，白話文得到大力提倡，逐漸成爲現代漢語(普通話)的正式文體。現代漢語的白話文與現代口語相接近，能講現代漢語的讀者一般都能看懂白話文。古文今譯也可以説是將文言文翻譯爲現代漢語的白話文。

　　古文今譯是古籍整理的一項重要內容。1981年中共中央發布《關於整理我國古籍的指示》，隨後成立了國務院古籍整理出版規劃小組。國務院古籍整理出版規劃小組發布的《古籍整理出版規劃1982—1990》專門列有"今譯"一項，並指出："普及工作中的一項重要任務，就是對古代文史哲名著進行今譯，以便尚未掌握古代漢語的讀者可以讀懂，從而瞭解祖國的優秀傳統文化。"在此後的古籍整理規劃中均有今譯的內容。目前古籍今譯已有不少成果問世，有的用"今譯""譯注""校譯"的名稱，有的也以"白話"爲題。較早出版的余冠英《詩經選譯》、任繼愈《老子新譯》等，都是古文今譯很好的範例。

　　古文今譯不僅可以很好地鍛煉古、今漢語的運用能力，對於更好地學習掌握古代漢語、瞭解古代漢語和現代漢語的異同也是十分有效的途徑。我們在學習古代漢語時應該多進行古文今譯的訓練，提高古文運用的素養和技能。

一　詞義、句義和文義的翻譯

　　古文今譯要建立在對詞義、句義和文義正確理解的基礎上。在理解詞義時應該注意古今詞義的發展變化。句義、文義的理解應該聯繫原著的上下文甚至原著的整體思想。只有準確把握了原文的詞義、句義和文義，纔能對古文進行合適恰當的翻譯。

　　下面選擇極其常見的一段古文，對比一些今譯，看看在翻譯時對詞義、句義、文義進行處理需要注意的一些情況。

　　《論語》是我國最常見的古代典籍之一。古往今來爲《論語》作注的很多，《論語》的今譯也不下數十種。這裏以《論語》開篇第一章爲例，原文如下：

　　　　子曰學而時習之不亦説乎有朋自遠方來不亦樂乎人不知而不慍不亦君子乎

這裏選擇數家翻譯如下：

　　　　先生説："學能時時反復習之，我心不很覺欣暢嗎？有許多朋友從遠而來，我心不更感快樂嗎？別人不知道我，我心不存些微怫鬱不歡之意，不真是一位修養有成德的君子嗎？"（錢穆《論語新解》）

　　　　孔子説："學得一種知識而能夠依時溫習：這豈不是很可喜悦的嗎！有弟子從遠方來：這豈不是很可快樂的嗎！即使不見知於人而心裏毫不怨恨：這豈不是一個君子人嗎！"（毛子水《論語今注今譯》）

　　　　孔子説："學了，然後按一定的時間去實習它，不也高興嗎？有志同道合的人從遠處來，不也快樂嗎？人家不瞭解我，我却不怨恨，不也是君子嗎？"（楊伯峻《論語譯注》）

　　　　孔子説，"學習而經常實踐，不是很愉快嗎？有朋友從遠方來相聚，不是很快樂嗎？沒有人瞭解自己，並不煩惱怨怒，這不纔是君子嗎？"（李澤厚《論語今讀》）

上面的今譯粗看起來意思差不多,但一字一句地推敲起來,却有很多細微的差別。例如"時",有的翻譯爲"時時",有的翻譯爲"依時""按時",有的用意譯的方法處理(譯作"經常")。應該説這些翻譯對文義的一個初步認識没有太大的不妥,但哪一種更恰當?楊伯峻在注釋中説:"'時'字在周秦時候若作副詞用",指"'在一定的時候'或者'在適當的時候'",並指出"王肅的《論語注》正是這樣解釋的","朱熹的《論語集注》把它解爲'時常',是用後代的詞義解釋古書"。這不僅指出了"時"的正確含義,也辨正了前人的看法。"時"的這種副詞用法多見於先秦古籍,如《莊子·秋水》:"秋水時至,百川灌河。"《韓非子·説林下》:"不時築,而人果竊之。"因此這裏的"時"比較恰當的翻譯應該是"按一定的時間""依時"等。這些細微的差別在我們的古漢語學習中並不是無足輕重的,相反,在語言文字學習中是尤其應該審慎地辨析清楚的。

其他詞語"習""朋"等也有類似問題。可見對詞義的準確理解和翻譯是不容易的。

句義的理解與翻譯也需要仔細斟酌推敲。例如"不亦",上述翻譯多數採用反問的句式,翻譯爲"不……?"毛子水用感嘆句式,翻譯爲"豈不……!"毛子水注釋説:"'不亦',好像現代話的'豈不'。"應該説上述各家對句義的理解都是正確的,翻譯爲反問句比較恰當。使用感嘆句也無不妥,不過似略顯生硬,與孔子講此話時的語氣不盡切合。詞義的理解翻譯是今譯的重要方面,怎樣恰當地進行句義翻譯也是應當重視的。

有時候詞義和句義都很清楚,但它在原著中的實際含義怎樣却並不是一目瞭然的,這就涉及文義的問題。以"學而時習之"爲例,各家翻譯不同,有的就與對文義的理解有關。學,錢穆注釋説:"誦、習義。凡誦讀練習皆是學。"毛子水注釋説:"這裏的學字,是指學修己的道理和學濟世利人的知識而言的。"李澤厚説:"'學'者,學爲人也。"由於對"學"的對象看法不同,也就涉及對後面"習"的翻譯的不同。楊伯峻注釋説:"一般人把習解爲'温習',但在古書中,它還有'實習''演習'的意義。"他認爲:"孔子所講的功課,一般都和當時的社會生活和政治生活密切結合。像禮(包括各種儀節)、樂(音樂)、射(射箭)、御(駕車)這些,尤其非演習、實習不可。所以這'習'字以講爲實習爲好。"這把爲什麽將"習"翻譯爲"實習"的根據講得很清楚明白。"孔子以詩、書、禮、樂教"(《史記·孔子世家》),"習"的内容可能有多方面。孔子講上述這一段話時的具體語境已不可知,似不宜處理得過於實在具體。

另外,在翻譯的方式上也有不同的處理方法。例如錢穆的翻譯多增加副詞、主語等(如"反復""我心""覺""許多""更""些微""真是"等),而且也沿用一些古語詞(如"欣暢""怫鬱""成德"等);"人不知而不愠",毛子水使用被動句式,並增添了關聯詞("卽使不見知於人而心裏毫不怨恨");"有朋自遠方來",楊伯峻將"朋"改爲説明性的短語("志同道合的人");李澤厚增添了來的目的("相聚");等等。

上述譯者都是文史名家,但背景有所不同,有的是歷史學者,有的是語言學者,有的是思想史學者,因此對原文理解的出發點不盡一致。這不是語言學問題,而是對經典闡釋的問題。不同譯者在今譯時採取的方式也不相同,各有特點和優長。從語言文字學的角度來講,古文今譯應該做到詞義、句義和文義儘量符合原著的實際情況,力求忠實恰切地反映原文的基本意義。

二　精確和通順

精確是指翻譯出來的文本應該精當準確地切合原文的意義。通順是指翻譯出來的文本應當是通暢規範的現代漢語。

先説精確。有的譯文看似有道理,實際上並不切合原義。如:

> 兵之所由來者遠矣……自五帝而弗能偃也,又況衰世乎?(《淮南子·兵略訓》)

譯文:

> 兵之所以産生,由來已久……自五帝之時天下尚難平靜,又何

第十六課　古文今譯

况亂世衰敗之世呢？

這裏只説其中的"偃"。上述譯文把"偃"理解爲平靜，從文字上似乎也能找出一定依據，在上下文意中也能勉强講通。《荀子·儒效》："聽天下之斷，偃然如固有之。"楊倞注："偃然，猶安然。""安"可以理解爲平靜。但這樣解釋不僅迂迴曲折，而且也不符合原文句義。這裏的"偃"爲"停止，止息"之義，實際上是指"偃兵"，即停止戰爭。《尚書·武成》："王來自商至于豐，乃偃武修文。"《莊子·徐無鬼》："武侯曰：'……吾欲愛民而爲義偃兵，其可乎？'"《吕氏春秋·應言》："公孫龍説燕昭王以偃兵。""五帝而弗能偃也"，是説"五帝也不能停止戰爭"。雖然"不能停止戰爭"和"天下尚難平靜"勉强有近似之處，但從"精確"的角度講仍然相去甚遠。

有的譯文看似很準確，實則不能傳達原義，也就談不上"精確"。如：

我二十五年矣，又如是而嫁，則就木焉。（《左傳·僖公二十三年》）

譯文：

我二十五歲了，又過二十五年纔嫁，就到木頭那裏去了。

"到木頭那裏去"是"就木"的直譯，但"到木頭那裏去"意義不明，而原文的含義顯然是清楚的。"就木"實際上是"死"的代言詞。現代漢語有"進棺材"的説法，如用"進棺材"翻譯"就木"，不僅在文辭上與原文對應，意義也簡潔明瞭。

古文今譯時僅僅精確是不够的，還應該注意譯文的通順。譯文不通暢規範，這樣的譯文是失敗的。如：

故禍莫憯於欲利，悲莫痛於傷心，行莫醜於辱先……（司馬遷《報任安書》）

譯文：

所以禍害没有悲慘超過貪圖私利,悲哀没有痛苦超過傷心,行爲没有醜惡超過羞辱先人。

上面的翻譯單就每個字詞來看差不多都講得過去,但連綴成語句後却支離破碎,這是因爲現代漢語没有這樣講話的。如翻譯爲"所以禍害没有悲慘於貪圖私利的,悲哀没有痛苦於傷害心靈的,行爲没有醜惡於辱没先人的",就通順得多。

有時候文句的某一部分是通順的,但在整個上下文中却語義不連貫,這也是應該注意避免的。如:

曾子曰:"脅肩諂笑,病于夏畦。"(《孟子·滕文公下》)

譯文:

曾子說:"聳起兩肩,討好地笑,在夏天的菜畦裏生病。"

這樣翻譯前後兩個小句看起來似乎都很通順,但組合在一起就風馬牛不相及,使人讀後不知所云。按趙岐注:"病,極也。言其意苦勞極,甚於仲夏之月治畦灌園之勤也。"孫奭疏:"其勞苦有甚於夏之五六月而灌園也。治畦,曰灌園也。"實際上這段話的意思是:"聳起兩肩,做出討好的笑臉,這比大夏天在菜地裏幹活還要累。"

精確和通順是古文今譯的基本要求。翻譯古文時我們應該從這兩個方面入手,既要準確理解古文的原义,也要調整錘煉譯文的文字。

三　句式和語序的調整

古代漢語與現代漢語的句式大致相同,但也有一些句式存在差異。例如古漢語中的賓語前置、定語後置、主謂倒置等(可參閱有關課文)。在翻譯這些句式時,一般説來應該將其中的賓語、謂語、定語等按現代漢語的語序調整過來。例如:

豈不穀是爲?先君之好是繼。(《左傳·僖公四年》,賓語"不穀""先君之好"前置)

譯文：

　　難道是爲了我？只是爲了繼承我們兩國先君建立起來的友好關係。

又如：

　　計未定，求人可使報秦者，未得。(《史記·廉頗藺相如列傳》，定語"可使報秦者"後置)

譯文：

　　計策沒有確定，尋求可以出使秦國的人，沒有得到。

　　主謂倒置的情況應該分別對待。有的在現代漢語中屬於不規範用法，應該調整主語和謂語的語序。但現代漢語中爲了起到強調等作用，也有主謂倒置的，這種情況下應保留原來的語序。如將謂語放在主語之後，語氣反而會減弱。如：

　　(王)曰："快哉，此風！"(宋玉《風賦》，謂語"快哉"前置)

譯文：

　　(楚襄王)說："爽快啊，這風！"

　　另外，古漢語的狀語後置，在翻譯時也應作語序上的調整。如：

　　子何絕我之暴也？(《晏子春秋·內篇雜上》，狀語"之暴"後置)

譯文：

　　您爲什麼這麼突然和我斷交呢？

　　古漢語中的一部分被動句與現代漢語被動句語序不同，翻譯時應作語序上的調整。如：

　　吾長見笑於大方之家。(《莊子·秋水》，遭受的行爲"笑"在前，行爲的發出者"大方之家"在後)

譯文：

  我將一直被大方之家嘲笑。

  一些介詞加賓語的結構，古代漢語中往往位於謂語之後，而現代漢語中有的應移位於謂語之前，這需要進行語序調整。如：

  青，取之于藍而青于藍。(《荀子·勸學》，兩個"于藍"均爲後置)

譯文：

  靛青，從蓼藍草中提取，但比蓼藍草更青。

  因此，翻譯之後，應該把譯文反復誦讀、反復推敲，直到意義顯豁通暢、讀之朗朗上口，纔可以停止修改。

四　歷史文化因素的準確傳達

  古代的每一部文獻都產生於具體的歷史時期和特定的環境中，翻譯古代文獻不能脫離這些具體的語境。只有顧及文獻的具體語境，譯文纔能準確地傳達出古代漢語文本中所包含的歷史文化因素，從而正確理解原文。傳統文化博大精深，內容豐富，翻譯古漢語文獻需要廣泛地學習領會。這裏僅就若干側面舉例説明。

  1. 古代文獻中的一些詞語，在不同的歷史時期有不同的含義，不能把它們混淆起來。比如，春秋時代以前，天子稱"王"，如商紂王、周武王、周平王；諸侯一般稱"公"，如魯隱公、齊桓公、秦穆公；等等。楚莊王、徐偃王等人自稱"王"，被認爲是"僭越"，是違禮的。《左傳》等儒家文獻更是常常按照不同的爵位來稱呼他們，如宋公、齊侯、鄭伯、楚子、許男等。但是到了戰國時代，東周王室進一步衰弱，同於一般小國諸侯，各諸侯國君陸續稱"王"，如齊威王、楚懷王、秦莊襄王等。秦朝以後，天子稱"皇帝"或"皇""帝"，如秦始皇、漢武帝等。漢朝以後，也有諸侯國，國君也稱"王"。漢初的諸侯國王跟先秦一樣，也有獨立的行政權力,對中央政權是很大的威脅,甚至釀成"七國之亂"。所以漢朝逐漸削弱諸侯的權力,到漢武帝以後,諸侯王只有"衣食租稅"的權利,王國內的一切政務,都由朝廷委派的官員處理。因此,在遇到這類詞語時,必須顧及文獻的時代,恰當地進行翻譯。比如:

(1)請京,使居之,謂之京城大叔。祭仲曰:"都城過百雉,國之害也。先王之制:大都不過參國之一;中五之一;小九之一。今京不度,非制也,君將不堪。"(《左傳·隱公元年》)

上文中"先王之制",有些讀者以爲是"鄭國先王的制度",這是不對的,鄭國只有"先君",沒有"先王"。這裏的"先王"是指先代周王。唐孔穎達疏認爲是"周公之設法耳"。再如:

(2)桓公解管仲之束縛而相之。(《韓非子·難一》)

"相之"的"相",有的人把它翻譯成"丞相"或"宰相"。據《漢書·百官公卿表》,"丞相"是秦官,秦悼武王二年(前309)始設,春秋時代並沒有這個名稱。"宰相"的制度是魏晉以後纔逐漸確立的,但"宰相"一直不是正式的官職名稱,在各時代指不同的官職。所以把管仲説成齊桓公的宰相,就模糊了時代面貌。

2. 名物制度,隨時而遷,因此,不同時代同名異物、同物異名、同名異事、同事異名者極多,若不加細察,執一概全,往往會誤解文獻意義,甚至指鹿爲馬,貽誤讀者。例如:

(1)酈生至,入謁,沛公方倨牀,使兩女子洗足,而見酈生。(《史記·酈生陸賈列傳》)

同一件事,《高祖本紀》作"酈食其……乃求見説沛公,沛公方踞牀,使兩女子洗足"。這裏的"牀",並不是臥具,而是坐具,坐榻。《説文解字》:"牀,安身之坐者。"這裏的"倨(踞)",不是"蹲",也不是"箕踞",而是大腿向前,小腿和脚下垂(適合洗脚)的姿勢,故司馬貞《史記索隱》引樂産云:"邊牀曰倨。"在古代"倨(踞)"的動作對人是很無禮的,所以漢高祖劉邦常常引起别人的反感。再如:

(2)公孫閼與穎考叔爭車,穎考叔挾輈以走。注:輈,車轅也。(《左傳·隱公十一年》)

這裏"挾輈以走"是什麼情景,許多人以爲是穎考叔兩手把兩根車轅夾在腋下,拉着車跑。但是服虔注云:"考叔挾車轅,策馬而走。"可見穎考叔只用一隻手"挾輈",那怎麼能把兩根車轅夾在腋下?孔穎達疏云:"古者兵車一轅,服馬夾之。"這就解答了人們的疑問。再者,"挾"也不是"夾在腋下"的意思。《說文解字》:"挾,俾持也。"《玉篇》:"挾……懷也,持也。"在本句中"挾"顯然就是"持",就是用手抓着。古代的車也有兩根車轅的,那是牛車。《周禮·地官·牛人》:"共其兵車之牛。"孔穎達疏云:"但兵車駕四馬之外,別有兩轅駕牛以載任器者。"

3. 古代文獻中的有些詞語,表面上看很容易懂,讀者常常不去深究,因而違背原義,甚至相差十萬八千里。其中有的是因爲時過境遷,古代婦孺皆知的生活常識,現代人已經相當隔膜,因此多數人已經不大懂得,遇到這類詞語時,常常想當然地把它們理解爲現代人熟知的事物;有的是古人行文時使用了修辭手法,把真實含義隱藏在了典故、比喻之中,沒有一定古典文化修養的人,就容易望文生義,曲解原文。例如:

(1)七月流火,九月授衣。(《詩經·豳風·七月》)

"七月流火"一句,許多人都理解成"七月裏天氣像火烤般灼熱"。其實,這裏"火"是指"大火"星,該星在仲夏黃昏出現在正南方,夏曆七月黃昏,大火出現於天穹時就已經偏西,是天氣轉凉的象徵,所以下文說"九月授衣"(入冬前要發冬衣),如果不抓緊趕製冬衣,冬天就很難過:"一之日觱發,二之日栗烈;無衣無褐,何以卒歲?"又如:

(2)《漢書》王莽《贊》云:"紫色鼃聲,餘分閏位。"謂以僞亂真爾。昔吾嘗共人談書,言及王莽形狀,有一俊士,自許史學,名價甚高,乃云:"王莽非直鴟目虎吻,亦紫色蛙聲。"(《顏氏家訓·勉學篇》)

顏之推所譏諷的這位"俊士",不懂得"紫色鼃聲"是說王莽篡位稱帝,不合正統,就像紫色非五色之正色,蛙聲非律呂之正音一樣,還以爲是在描寫王莽的形貌呢。《論語·陽貨》:"子曰:惡紫之奪朱也。"《漢書·王莽傳》正是用了《論語》的典故。

[文選]

1. 詩三百

子曰:"《詩》[1]三百,一言以蔽之[2],曰:'思無邪[3]。'"(《論語·爲政》)

【注解】

[1]《詩》:我國最早的詩歌總集,儒家列爲經典,漢代以後纔有《詩經》之稱。現存的《詩經》共三百零五篇。這裏説"《詩》三百"是取其概數。[2]蔽:遮蔽。這裏是"涵蓋"的意思。此句大意是,《詩經》三百篇用一句話涵蓋。[3]邪:不正。此句大意是"思想感情純正"。"思無邪"出自《詩經·魯頌·駉》,孔子引用這句話來評價《詩經》本身。

2. 甯武子邦有道則知

子曰:"甯武子[1],邦有道,則知[2];邦無道,則愚[3]。其知可及也,其愚不可及也[4]。"(《論語·公冶長》)

【注解】

[1]甯武子:衛國大夫,名俞,"武"是謚號。[2]知(zhì):通"智"。[3]愚:愚蠢。這裏是指假裝愚蠢。朱熹認爲,甯武子在邦國有道的時候顯露其智慧,在邦國無道的時候藏其智謀而假裝愚蠢,但實則周旋其間,盡心竭力,不避艱險,不僅能免除自身的禍患,還對邦國和國君都有好處,所以孔子稱讚他。[4]及:達到。這句話的大意是,他的智慧的一面是可以達到的,他的"愚蠢"的一面是難以達到的。

3. 莊子與惠子遊於濠梁之上

莊子與惠子遊於濠梁[1]之上。莊子曰:"鯈魚出遊從容[2],是魚之樂也。"惠子曰:"子非魚,安知魚之樂?"莊子曰:"子非我,安知我不知魚之樂?"惠子曰:"我非子,固[3]不知子矣;子固非魚也,子之不知魚之樂,全矣[4]"。莊子曰:"請循其本[5]。子曰'汝安知魚樂'云者,旣已知吾知之而問我,我知之濠上也[6]。"(《莊子·秋水》)

【注解】

[1]惠子:戰國時著名學者惠施,宋國人。名家的代表人物之一。主張"合同異"說,認爲所有事物的差別、對立都是相對的。濠(háo):水名,在安徽鳳陽東北,流入淮水。梁:横在水流上面的石頭,類似石橋。[2]儵(tiáo):通"鰷"(tiáo),卽白鰷(tiáo)。從容:悠游自在的樣子。[3]固:固然,本來。[4]全:完全,完備。以上三句的大意是,您本來不是魚,您不知道魚的快樂,(道理)完備。可理解爲"您不知道魚的快樂,無可懷疑!"[5]循:順着,遵從。本:根本,本來。[6]"我知"句:按郭象注及成玄英疏,莊子辯論的意思是,惠子説"你不是魚怎麽知道魚的快樂",卽惠子知道"莊子不是魚,莊子不能瞭解魚",這説明莊子和惠子能夠相互知道,表明事物之間是能夠互相認識瞭解的;又因爲惠子不是莊子,却能知道莊子,因此推導起來莊子不是魚也就可以知道魚,要知道魚的快樂不必非要進入水裏變作魚,在濠上的人就可以知道,故莊子回答説"我知之濠上也"。此説較曲折。有人認爲莊子利用疑問詞"安"的多義性轉移了問題,"安"有"豈""怎麽"的意思,也有"哪裏""什麽地方"的意思。莊子故意把"安知魚之樂"解釋爲"在什麽地方知道魚的快樂",因此回答説"你已經知道我知道魚的快樂,只是問我在什麽地方知道的,我是站在濠梁上知道的"。此説甚通。

4. 盡信書則不如無書

孟子曰:"盡信《書》[1],則不如無《書》。吾於《武成》[2],取二三策而已矣[3]。仁人無敵於天下。以至仁伐至不仁[4],而何其血之流杵也[5]?"(《孟子·盡心下》)

【注解】

[1]《書》:又稱《尚書》。"尚"卽"上",《尚書》是上古歷史文件及部分追述古代事迹著作的彙編。儒家列入經典,又稱《書經》。[2]《武成》:《尚書》的一篇,主要記敘周武王伐紂的事迹(詳下篇)。[3]策:竹簡。紙張發明以前竹簡是主要的書寫材質。此句意思是,《武成》的内容只有部分可信。[4]至:最。周文王、周武王屬於孟子推崇的古代施行仁政最聖明的一些君主,而紂是最暴虐的君主,所以認爲武王伐紂是"以至仁伐至不仁"。[5]血之流杵:《武成》記載周武王伐紂時

說:"前徒倒戈攻于後,以北,血流漂杵。"孟子的意思是,武王伐紂是仁義之師,應該兵不血刃,不應該發生"血流漂杵"的現象。杵,舂米等用的棒槌。

5. 武 成[1]

惟一月壬辰[2],旁死魄[3]。越翼日癸巳[4],王朝步自周[5],于征伐商[6]。

厥四月哉生明[7],王來自商至于豐[8]。乃偃武修文[9],歸馬于華山之陽[10],放牛于桃林[11]之野,示天下弗服[12]。

丁未,祀于周廟[13],邦甸、侯、衛[14],駿奔走[15],執豆籩[16]。越三日庚戌,柴、望[17],大告[18]武成。

既生魄[19],庶邦冢君[20],暨百工[21],受命于周[22]。

王若[23]曰:"嗚呼,群后[24]!惟先王建邦啓[25]土。公劉克篤前烈[26];至于大王[27],肇基王迹[28];王季其勤王家[29]。我文考文王[30],克成厥勳,誕膺[31]天命,以撫方夏[32]。大邦畏其力,小邦懷其德[33]。惟九年[34],大統未集[35],予小子[36]其承厥志。厎商之罪[37],告于皇天后土、所過名山大川[38],曰[39]:'惟有道曾孫周王發[40],將有大正[41]于商。今商王受[42]無道,暴殄天物[43],害虐烝民[44],爲天下逋逃主[45],萃淵藪[46]。予小子既獲仁人[47],敢祇[48]承上帝,以遏亂略[49]。華夏蠻貊[50],罔不率俾[51]。恭天成命[52],肆予東征[53],綏厥士女[54]。惟其士女,篚厥玄黃[55],昭我周王[56]。天休震動[57],用附我大邑周[58]。惟爾有神[59],尚克相[60]予,以濟兆[61]民,無作神羞[62]!'"

既戊午[63],師逾孟津[64]。癸亥,陳于商郊[65],俟天休命[66]。甲子昧爽[67],受率其旅若林[68],會于牧野[69]。罔有敵于我師[70],前徒倒戈攻于後[71],以北[72],血流漂杵[73]。

一戎衣[74],天下大定。乃反商政[75],政由舊[76]。釋箕子囚[77],封比干墓[78],式商容閭[79]。散鹿臺[80]之財,發鉅橋[81]之粟。大賚于四海[82],而萬姓悅服[83]。

列爵惟五[84],分土惟三[85]。建官[86]惟賢,位事[87]惟能。重民五教,惟食喪祭[88]。惇信明[89]義,崇德報功[90]。垂拱而天下治[91]。

(《尚書·周書》)

【注解】

[1]武:武功。成:成功,成就。武成指周武王伐殷滅紂的成就。一般認爲本文作於周武王滅商後。現在看到的完整的《武成》存古文《尚書》,今文《尚書》没有此篇。[2]惟:句首語氣詞。一月:指周曆一月。夏曆(即現在還用的陰陽曆)、殷曆、周曆各不相同,殷曆比夏曆早一個月,周曆比夏曆早兩個月。周曆一月相當於上一年的夏曆十一月、殷曆十二月。壬辰:干支紀日。[3]旁:近。死魄:月亮無光,指農曆每月的初一日(這時月亮與太陽同時出没,看不到月亮)。魄,月亮上的陰影(無光之處)。旁死魄,接近於死魄。舊題孔安國傳認爲這裏指一月二日。[4]越:及,到。翼日:第二天。癸巳:干支紀日,壬辰的後一天。[5]王:指周武王。朝(zhāo),早晨。步自周:從周進發。周在商的西邊,當時周的都城在豐(今陝西西安市灃河以西),這裏指從豐城向東邊的商進發。[6]于:往。按,以上是對武王出發征討商時的追述。[7]厥四月:那年四月(周曆四月,夏历二月)。厥,指示代詞,其。哉生明:月亮開始出現亮光,這裏指初三日。哉,始。按,從本句以後是記述武王伐商成功以後的有關情況。[8]豐:周文王(周武王之父)時曾將都城從岐(今陝西岐山東北)遷到豐。此句是説周武王在伐商成功以後返回到了都城豐。[9]偃武修文:停止用兵,致力於禮樂教化。偃,停止。[10]歸:歸放。陽:山的南面。[11]放:放置。桃林:又稱桃林塞、桃原,大致在今河南靈寶以西、陝西潼關以東地區。[12]示:讓……看。服:使用。此句的意思是,讓天下人都看到不會再使用它們(戰馬和牛)了。[13]祀:祭祀。周廟:周的祖廟。[14]邦甸、侯、衛:周朝按距離都城的遠近,把全國的地區分爲侯服、甸服、男服、采服、衛服、蠻服六類。這裏舉甸、侯、衛代表六服,指遠近的諸侯。[15]駿:迅速。奔走:指奔走趕來助祭。[16]豆籩(biān):祭祀用的禮器,如盤,有高足。《爾雅·釋器》:"木豆謂之豆,竹豆謂之籩。"[17]柴:一種祭祀儀式,焚柴祭天。望:一種祭祀儀式,遥望而祭山川。[18]大告:盛大地(向上帝)稟告。[19]既生魄:月滿(望日)之後的一段時間(十六日至二十三四日。一説指從月上弦到望日之間的一段時間)。[20]庶邦:各諸侯國。庶,衆。冢(zhǒng)君:大君,對列國諸侯的尊稱。上古文獻習用。[21]暨:及,同。百工:百官,衆官。[22]受命于周:指武王成爲新的天子,諸侯及百官受封賜任命。[23]若:如此,這樣。[24]群后:衆諸侯。后,君主。[25]先王:指周的始祖后稷(名棄)。傳説堯舜時任農官,教民耕種。建邦啓土:建立邦國,開啓領土。啓,開。《史記·周本紀》:舜時"封棄於邰(Tái,地在今

陝西武功西),號曰后稷,別姓姬氏"。[26]公劉:約夏代時周族的領袖,相傳爲后稷的曾孫。克:能。篤:厚。烈:功業。此句是說,公劉能夠繼承發展前代的功業。[27]大(Tài)王:史書也作"太王",卽古公亶(Dǎn)父,周文王的祖父,相傳是后稷的第十二代孫。[28]肇:開始。基:奠基。王迹:指稱王於天下的基業。古公亶父曾經從豳(今陝西彬縣東北)遷移到岐山下的周(今陝西岐山北),修建城郭,發展生產,周族逐漸強盛。[29]王季:又稱公季,周文王的父親。勤:勤勉。王家:指周室欲成就的王業。[30]文:文德。考:(死去的)父親。文王:周文王姬昌,周武王的父親。[31]誕:大。膺:受,承當。[32]撫:領有,佔有。方夏:華夏、中國。以上四句大意是,我父親周文王能夠完成稱王的大業,承受天命,去領有天下。[33]"大邦"二句:兩句互文見義,大大小小的邦國旣害怕他的力量,又感念他的恩德。[34]九年:據說周文王在位共五十年,這裏說九年,舊題孔安國傳:"言諸侯歸之九年而卒。"[35]大統:大業。集:成就,成功。[36]予:我。小子:自稱的謙辭。予小子,這裏是周武王的自稱。[37]底(dǐ,舊讀zhǐ):致。此句是說武王伐紂之前將商紂王的罪行報告給神靈。[38]皇天后土:指天地神祇。名山:指華山。大川:指黃河。舊題孔安國傳:"名山,華岳。大川,河。"武王伐紂時從周的都城豐到商要經過華山和黃河。[39]曰:這裏引用的文字是復述武王出發伐紂時的告神詞。[40]有道:孔穎達疏:"自稱有道者,聖人至公,爲民除害,以紂無道言己有道,所以告神求助,不得飾以謙辭也。"曾孫:祭祀時諸侯的自稱之詞。按《禮記·曲禮》,爲內政之事祭祀,則君主自稱"孝子某侯某";爲涉及外政之事祭祀,則自稱"曾孫某侯某"。發:周武王名姬發。[41]正:同"征"。[42]受:卽紂,古書一作"受"。[43]殄(tiǎn):滅絕。天物:上天所賜之物。此句是說紂王窮奢極欲,殘暴地糟蹋大自然的各種東西。[44]烝(zhēng)民:民衆,老百姓。烝,衆多。[45]逋(bū)逃主:收容逃亡罪人的魁首。逋,逃亡。舊題孔安國傳:"天下罪人逃亡者,而紂爲魁主窟聚。"[46]萃(cuì):聚集。淵:深潭。藪(sǒu):湖澤,沼澤。這裏都指人或物聚集的地方。以上兩句大意是,天下罪人都歸附到紂王那裏,那裏成了罪惡的大本營。[47]仁人:仁德之人,指輔佐周武王的太公(呂尚)、周公(姬旦,周武王之弟)、召(Shào)公(姬奭Shì)等。[48]祇(zhī):恭敬。[49]遏:遏制,制止。略:法度。遏亂略:遏制(被紂王)敗壞的法度。[50]華夏蠻貊(Mò):泛指中原和四夷各國。蠻,古代南方少數民族的泛稱。貊,古代對一種北方少數民族的稱呼。[51]罔:無。俾(bì):從。此句大意是,沒有不相率跟從的。[52]恭:恭奉。成命:旣定的命運、安排(指征伐商及商的滅亡)。[53]肆:所以。東征:周在西方(當時主要勢力在今陝西境内),商在東方(當時都城在今河南境内),所以叫東征。[54]綏:安撫,安定。士女:成年男女,這裏泛指人民。[55]筐(fěi):圓形竹筐。這裏用作動詞,用竹筐裝。玄黃:這裏指黑色和黃色的絲帛。玄,黑色。[56]昭:明。以上三句是說,東方諸國男女老少用竹筐盛着各色絲帛(夾道歡迎周師),證明我周王是爲他們除害。[57]天休:天賜福佑。休,善,美好。震動:指上天福佑震動民心。[58]用:因此,因而。此句大意是,因而歸附我們大國周。[59]有神:神靈。"有"是詞頭。[60]尚:表示命令或祈使的語气副詞。相:幫助。[61]濟:本義是渡河,引申爲救濟,幫人度過難關。兆:十億,指衆多。[62]作:造,造成,致使。以上四句大意爲,希望神靈能够幫助我,以濟渡百姓於危急之中,不要使你們神靈羞愧。[63]既戊午:不久之後的戊午日。既,不久。[64]逾:渡過。孟津:黃河上的津渡名,在今河南孟津縣東北、孟州西南。武王伐紂時在此盟會諸侯並渡河。[65]陳(zhèn):布陣,後作"陣"。商郊:商朝都城朝歌的郊外。按,商的都城多次遷移,約公元前1300年商王盤庚遷都到殷(今河南安陽小屯村),遂無更改。朝歌爲商紂王時的別都(一説爲其離宫)。[66]俟天休命:等待好的天時。俟,等候。按,癸亥是戊午之後的第五天。據舊題孔安國傳:"赴敵宜速,待天休命,謂夜雨止,畢陳。"孔穎達疏:"王以二月癸亥夜陳,未畢而雨。"[67]甲子:癸亥的後一天。昧爽:拂曉天未全明之時。[68]旅:軍隊。若林:言其盛多。據《史記·周本紀》:"帝紂聞武王來,亦發兵七十萬人距武王。"[69]會:會戰。牧野:也作坶野,在今河南淇縣西南。[70]罔有敵于我師:没有與我們軍隊爲敵的。[71]徒:徒卒,步兵,這裏泛指士兵。此句意思是,商軍前面的軍隊倒轉戈矛等兵器攻擊後面的軍隊。[72]北:敗北,敗逃。[73]血流漂杵:見本課文選4注[5]。按,從"既戊午"到"血流漂杵"這一段,可能因錯簡竄入此處。孔穎達認爲應該在第一段"于征伐商"之後。[74]一戎衣:指一次用兵。戎,軍事,軍隊。舊題孔安國傳:"衣,服也。一著戎服而滅紂。"鄭玄注則認爲"一戎衣"即"殪戎殷"(《尚書·康誥》"天乃大命文王。殪戎殷"),指用兵伐商。難定孰是。[75]反:反對,廢除。商政:指商紂王的暴政。[76]政由舊:舊題孔安國傳:"反紂惡政,用商先王善政。"[77]釋箕子囚:釋放箕子於幽囚之中。箕子爲商朝貴族,紂王的父輩。封於箕(今山西太谷東北)。因數諫紂王而被囚禁。武王滅商後被釋放。[78]封比干墓:給比干的墓添土成墳。積土爲封。古代墳墓有别,有封土曰墳,無封土曰墓。比干,商紂王的叔伯父(一説庶兄),因屢次對紂犯顔强諫,被剖心而死。[79]式商容閭:經過商容居里時憑軾禮敬。式,通"軾"。軾是車廂前面的横木。古代乘車是站在車廂裏面的,如需表示禮敬便扶着軾俯下頭。商容:商朝賢臣,被紂王廢黜。閭:居里之門。[80]鹿臺:商朝的府庫名。[81]鉅橋:商朝的糧倉名。[82]賚(lài):賞賜。四海:指天下。[83]萬姓:萬民。悦服:高高興興地歸服。[84]爵:爵位。五:五等。儒家相傳西周分爵位爲五等,卽公、侯、伯、子、男。[85]分土:分封土地。三:三品。舊題孔安國傳:"公、侯方百里,伯七十里,子、男五十里,爲三品。"[86]建官:設立官職。[87]位事:居位理事。[88]"重民"二句:大意是,重視人民、五教、食、喪、祭五件事。《論語·堯曰》:"所重:民、食、喪、祭。"集解引孔安國曰:"重民,國之本也;重食,民之命也;重喪,所以盡其哀;重祭,所以致敬。"五教,五常之教,指君臣、父子、夫婦、兄弟、長幼的倫理關係。[89]惇(dūn):敦厚。明:彰顯。這裏都用作動詞。[90]崇:尊崇。報:回報。以上兩句大意是,使"信""義"敦厚彰明,讓"德""功"得到崇尚和報償。[91]垂拱:垂衣、拱手。此句意思是指不費力氣天下就得到治理。

6. 昔者鄭武公欲伐胡

昔者鄭武公欲伐胡[1],故先以其女妻胡君以娱其意[2],因問於群臣:"吾欲用兵,誰可伐者[3]?"大夫關其思[4]對曰:"胡可伐。"武公怒而戮[5]之,曰:"胡,兄弟之國也,子言伐之,何也?"胡君聞之,以鄭爲親己,遂不備鄭。鄭人襲胡,取[6]之。宋有富人,天雨[7]牆壞,其子曰:"不築,必將有盜。"其鄰人之父亦云[8]。暮而果大亡其財。其家甚智[9]其子,而疑鄰人之父。此二人説者皆當[10]矣,厚者爲戮,薄者見疑[11],則非知之難也,處之則難也[12]。故繞朝[13]之言當矣,其爲聖人於晉,而爲戮於秦也[14],此不可不察。

昔者彌子瑕有寵於衛君[15]。衛國之法:竊駕君車者罪刖[16]。彌子瑕母病,人聞,有夜告彌子,彌子矯[17]駕君車以出。君聞而賢[18]之,曰:"孝哉! 爲母之故,忘其犯刖罪。"異日[19],與君遊於果園,食桃而甘,不盡,以其半啗君[20]。君曰:"愛我哉! 忘其口味,以啗寡人。"及彌子色衰愛弛[21],得罪於君,君曰:"是固[22]嘗矯駕吾車,又嘗啗我以餘桃。"故彌子之行未變於初也,而以前之所以見賢[23]而後獲罪者,愛憎之變也。故有愛於主,則智當而加親[24];有憎於主,則智不當見罪而加疏[25]。故諫説談論之士,不可不察愛憎之主而後説焉。

夫龍之爲虫[26]也，柔可狎[27]而騎也；然其喉下有逆鱗徑[28]尺，若人有嬰[29]之者，則必殺人。人主亦有逆鱗，說者能無嬰人主之逆鱗，則幾矣[30]！（《韓非子·說難》）

【注解】

[1]鄭武公：春秋時鄭國國君姬掘突，公元前770—前744年在位。胡：國名，在今河南省境内。一說在今安徽省阜陽一帶。注意，這裏的"胡"不是表示北方民族的"胡"。[2]妻胡君：嫁給胡君做妻子。娛其意：使他（胡君）的情緒高興。[3]誰可伐者：意思是應當討伐哪個國家。[4]關其思：人名，鄭國大夫，生平事迹不詳。[5]戮(lù)：殺。[6]取：攻取。[7]雨(yù)：下雨。[8]亦云：也這樣說。[9]智：以動用法，認爲……聰明。[10]當(dàng)：恰當，正確。[11]"厚者"二句：大意是，（情況）嚴重的被殺戮，輕微的被懷疑。[12]"則非"二句：大意是，並不是認識事情困難，而是怎樣處理事情困難。[13]繞(Rǎo)朝：人名，春秋時秦國大夫。[14]"其爲"二句：大意是，繞朝在晉國被當作聖人，但在秦國却被殺。按，秦大夫士會本是晉人，晉國擔心秦國重用士會將不利於晉，就設計將士會弄回晉國。繞朝識破晉國的陰謀，但是秦君沒有聽信繞朝，還是將士會放走了。士會臨行時，繞朝提出忠告："子無謂秦無人，吾謀適不用也。"[15]彌子瑕：人名，是衛靈公的男寵。衛君：這裏指衛靈公。[16]罪刖(yuè)：處以刖刑。刖，砍掉脚的刑罰。[17]矯：假託君王的命令。[18]賢：這裏是以動用法，認爲……賢。[19]異日：另一天，又有一天。[20]啗(dàn)：吃。這裏是使動用法，使……吃。以上三句大意是，（彌子瑕）吃桃覺得味道很甜，沒吃完，把剩下的半個給衛靈公吃。[21]及：到，這裏意思是"等到……的時候"。色衰愛弛：指彌子瑕容貌衰老，衛靈公的寵愛減退。[22]是：這個（人）。固：原來。[23]見賢：被認爲賢。[24]智當：智謀正確。加親：更加親近。[25]見罪：被認爲有罪。加疏：更加疏遠。[26]虫：古代是動物的總名。龍是"鱗蟲之長"。[27]柔：柔順。狎(xiá)：親近，接近。[28]逆鱗：倒生的鱗片。徑：圓徑的長度。[29]嬰：觸犯。[30]幾：接近，幾乎，差不多。幾矣，接近（成功）了。

7. 夫病淫而強之食

夫病淫而強之食[1]，病暍而飲之寒[2]，此衆人之所以爲養也[3]，而良醫之所以爲病也[4]。悅於目，悅於心，愚者之所利也，然而有道者之所辟[5]也。故聖人先忤而後合[6]，衆人先合而後忤。有功者，人臣之所務[7]也；有罪者，人臣之所辟也。或有功而見疑[8]，或有罪而益信[9]，何也？則有功者離[10]恩義，有罪者不敢失仁心也[11]。

魏將樂羊攻中山[12]，其子執[13]在城中，城中縣[14]其子以示樂羊。樂羊曰："君臣之義，不得以子爲私[15]。"攻之愈急。中山因烹[16]其子，而遺之鼎羹與其首[17]。樂羊循[18]而泣之曰："是吾子！"已[19]，爲使者跪而啜[20]三杯。使者歸報，中山曰："是伏約死節[21]者也，不可忍也[22]。"遂降之。爲魏文侯大開地，有功。自此之後，日以不信[23]。此所謂有功而見疑者也。何謂有罪而益信？孟孫獵而得麑[24]，使秦西巴[25]持歸烹之。麑母隨之而啼[26]，秦西巴弗忍，縱而予[27]之。孟孫歸，求麑安在，秦西巴對曰："其母隨而啼，臣誠[28]弗忍，竊[29]縱而予之。"孟孫怒，逐秦西巴。居一年[30]，取以爲子傅[31]。左右曰："秦西巴有罪於君，今以爲子傅，何也？"孟孫曰："夫一麑而不忍，又何況於人乎！"此謂有罪而益信者也。（《淮南子·人間訓》[32]）

【注解】

[1]夫病淫而強之食：王念孫認爲"淫"當作"溫"。溫，中醫的一種病症，熱病。病溫，得了熱病。強(qiǎng)之食，強使他進食。[2]暍(yē)：中暑，傷於暴熱。飲(yìn)之寒：讓他喝冷的水漿。[3]衆人：常人，普通人。養：調養，治療。[4]病：害，有害。以上兩句大意是，常人用來治療溫病、中暑的措施，良醫則認爲是有害的做法。[5]辟(bì)：回避，避免，後作"避"。[6]忤(wǔ)：違逆，抵觸。這裏指不順利。合：符合。這裏指合意，順利。[7]務：致力，爭取。[8]或：有的人，有些人。見疑：被懷疑。[9]益信：更被信任。[10]離：背離。[11]"則有"二句：大意是，有的人立功，其做法背離了恩義之道；有的人有罪，其所作所爲却是出於仁愛之心。[12]樂(Yuè)羊：戰國時代魏文侯的將領。中山：國名，在今河北省境內。[13]執：捉拿，抓住。[14]縣(xuán)：懸挂，後作"懸"。[15]不得以子爲私：不能因爲自己的兒子而有私情（敗壞國家大事）。[16]烹：煮。[17]遺(wèi)：送給。鼎：古代盛煮食物之器。羹：由肉等做成的濃汁食物。以上兩句大意是，中山國把樂羊的兒子烹煮了，並把一鼎肉羹及他兒子的首級送給樂羊。[18]循：通"揗(xún)"，撫摩。[19]已：完。這裏是指撫摩、哭泣完了以後。[20]爲：對。啜(chuò)：喝，吸。[21]是：代詞，指樂羊。伏約：指恪守原則。死節：爲節操而死。[22]不可忍也：這裏指不可抵抗。[23]日以：猶"日益"，一天比一天。不信：不被

信任。[24]孟孫:春秋時魯國大夫孟孫氏。麑(ní):小鹿。[25]秦西巴:孟孫氏的家臣。[26]嗁(tí):同"啼",叫,號。[27]縱:放掉。予:給,指把小麑還給隨之而來的母鹿。[28]誠:實在,確實。[29]竊:私下,私自。[30]居一年:過了一年。[31]取:召取。子傅:兒子的老師。[32]《淮南子》爲西漢前期淮南王劉安(前179—前122)招致賓客方術之士集體編撰而成。其書大體上以道家自然無爲思想爲主旨,也糅合先秦各家學説。《淮南子》原名《鴻烈》,有内篇二十一篇,外篇三十三篇(今只存内篇)。後世又稱《淮南鴻烈》,《隋書·經籍志》始題《淮南子》。《淮南子》以道家思想爲主,吸收諸子百家學説,融會貫通而成,是戰國至漢初黃老之學理論體系的代表作。《淮南子》在闡明哲理時,旁涉奇物異類、鬼神靈怪,保存了一部分神話材料。《淮南子》的注本漢代曾有多家,今存爲題名高誘的注,據考證亦雜有許慎的注。今人有劉文典《淮南鴻烈集解》,張雙棣《淮南子校釋》彙集八十多家之説,堪稱完備。

8. 諸侯以國爲家

　　大夫[1]曰:"諸侯以國[2]爲家,其憂在内。天子以八極[3]爲境,其慮在外[4]。故宇小者用菲[5],功臣者用大[6]。是以縣官開園池、總山海[7],致利以助貢賦[8]。修溝渠,立諸農,廣田牧,盛苑囿,太僕、水衡、少府、大農[9],歲課諸入[10]。田牧之利,池籞之假[11],及北邊置任田官[12],以贍諸用[13],而猶未足。今欲罷之,絕其源,杜其流,上下俱殫[14],困乏之應[15]也,雖好[16]省事節用,如之何其可也[17]?"

　　文學[18]曰:"古者,制地[19]足以養民,民足以承其上[20]。千乘[21]之國,百里之地[22],公侯伯子男[23],各充其求,贍其欲[24]。秦兼萬國之地,有四海之富,而意不贍,非宇小而用菲,嗜欲多而下不堪其求也[25]。語曰:'廚有腐肉,國有饑民,廄有肥馬,路有餒人[26]。'今狗馬之養,蟲[27]獸之食,豈特[28]腐肉肥馬之費哉!無用之官,不急之作[29],服淫侈[30]之變,無功而衣食縣官[31]者衆,是以上不足而下困乏也。今不減除其本而欲贍其末[32],設機利[33],造田畜[34],與百姓爭薦草[35],與商賈爭市利[36],非所以明主德而相[37]國家也。夫男耕女績[38],天下之大業[39]也。故古者分地而處之[40],制田畝而事之[41]。是以業無不食之地[42],國無乏作之民[43]。今縣官之多張[44]苑囿、公田、池澤,公家有鄣假之名[45],而利歸權家[46]。三輔迫近於山、河[47],地狹人衆,四方並湊,粟米薪菜,不能相贍[48]。公田轉假[49],桑榆菜果不殖[50],地力不盡。愚以爲非[51]。先帝[52]之開苑囿、池籞,可賦歸[53]之於民,縣官租稅而已。假稅殊名,其實一也[54]。夫如是,匹夫之力盡於南畝[55],匹婦之力盡於麻枲[56]。田野闢[57],麻枲治,則上下俱衍[58],何困乏之有矣?"

大夫默然,視其丞相、御史[59]。(《鹽鐵論·園池》[60])

【注解】

[1]大夫:這裏指御史大夫桑弘羊(前155—前80)。按,西漢昭帝始元六年時召開了一次論辯會議,就鹽鐵官營、酒類專賣等經濟及其他問題進行辯論。會議由丞相田千秋主持,來自全國各地的六十多名賢良、文學之士參與了辯論,桑弘羊是政府方面的主要發言人。[2]諸侯:由中央政權(天子、帝王)分封的各國國君。國:諸侯的分封領地。以國爲家,把分封國作爲自己的家。按,西漢武帝以後,諸侯王國完全失去了行政權,官員的任免權屬於中央政府,諸侯唯得衣食租稅,不與政事,與先秦和漢初的諸侯完全不同。[3]八極:八方極遠的地方。[4]其慮在外:漢代匈奴強盛,邊患嚴重,故有此言。[5]宇:區宇,領土。用:財用,開支。菲:微薄。[6]功臣者用大:指漢代大規模地對匈奴用兵,國家的財政負擔極其沉重。[7]縣官:這裏指朝廷、國家。總:統管。山海:鐵產於山,鹽出於海。總山海即指專營鹽鐵。[8]"致利"句:大意是,(鹽鐵專營)獲得利潤用於補助貢賦(國庫收入主要來源)之不足。[9]太僕:九卿之一,掌管皇帝的輿馬和馬政。水衡:漢武帝時置水衡都尉、水衡丞,掌管上林苑,兼保管皇室財物及鑄錢。少府:九卿之一,掌管山海池澤收入和皇室手工業製造。大農:漢代大司農、大農丞、治粟内史都稱大農。[10]歲:每年。課:核查,計算。諸入:各項收入。[11]池:湖泊陂池。籞(yù):禁苑。假:假賃,租借。這裏指租金。漢時把池籞等出租給平民,收取租金。[12]北邊:北方的邊地。田官:掌管農田及其稅收的官員。置任田官,這裏當指漢武帝時爲解決戰事帶來的糧食、開支需求而設立田官,以增加國家的經濟收入。《鹽鐵論·復古》:"孝武皇帝攘九夷,平百越,師旅數起,糧食不足。故立田官,置錢,入穀射官,救急贍不給。"[13]以贍諸用:以滿足各項費用。[14]殫(dān):枯竭。[15]應(yìng):馬非百注:"反應。"[16]好(hào):愿意。[17]如之何其可也:怎麼能這樣做呢?[18]文學:指當時會議召集的文學之士。[19]制地:爲百姓分配土地。[20]民足以承其上:指百姓能够承擔上面(官府)的賦稅。[21]千乘:

兵車千輛。千乘之國屬於中等大小的諸侯國。[22]百里之地:方圓百里的地方。百里之地屬於小的諸侯國。[23]公侯伯子男:爵位從高到低的五個等級。以上三句話是泛指大大小小的統治者。[24]充其求,贍其欲:(能够)滿足他們的欲求。[25]"秦兼"五句:大意是,秦國兼併了所有諸侯的領土,富有四海,還是不滿足,欲望太多,(國家財富)承受不了他的欲求。[26]腐肉:(多得吃不完而)腐爛的肉。廄(jiù):馬棚。餒(něi):同"餒",飢餓。《孟子·梁惠王上》:"庖有肥肉,廄有肥馬,民有飢色,野有餓莩,此率獸而食人也。"[27]蟲:鳥獸的通名。[28]特:只,僅僅。[29]作:製作,興造。不急之作:不是急需的工程建造。[30]淫:過度,過甚。侈(chǐ):奢侈,過分。按,"服"字的前後可能有脫字。[31]衣食縣官:靠國家公帑養活。[32]減除其本:消除上述糜費國庫的根本原因。贍其末:靠末業(工商)來滿足需要。[33]設機利:設置機關獲取利益。[34]造田畜:興造農場畜牧。[35]薦草:牲畜吃的草。[36]市利:交易得到的利潤。[37]明:使動用法,使……彰明。主德:君主的聖德。相:幫助,輔佐。[38]績:把麻等纖維搓捻成繩或綫,紡織。[39]大業:根本事業。[40]處之:使之安居,安置他們。[41]事之:使之從事(農事)。[42]不食之地:不能産出糧食供食用的土地,荒地。[43]乏作之民:不能耕作的百姓。[44]張:開設。[45]公家:國家,朝廷。郭假之名:管理、租賃的名義。[46]權家:豪門權貴。[47]三輔:右扶風、左馮翊(píngyì)與京兆尹,合稱三輔,爲拱衛京城的畿輔之地。山:華山。河:黃河。[48]"地狹"四句:大意是,三輔地少人多,四方之人又來彙聚,物産不够消費。[49]轉假:轉手出租。指豪門權貴把公田轉租給貧民。[50]殖:繁衍,産出。[51]愚:自謙的稱謂。這裏是"文學"自稱。以爲非:認爲(這樣做)不對。[52]先帝:這裏指漢武帝。[53]賦歸:歸還。[54]"假稅"二句:可譯作"租金和賦稅名稱不同,其實質是一樣的"。[55]匹夫:農夫,平民男子。南畝:泛指農田。[56]匹婦:農婦,平民女子。枲(xǐ):大麻的雄株。也泛指麻。[57]闢:開闢,開墾。[58]衍:富饒,盛多。[59]丞相、御史:這裏指丞相、御史的屬官。[60]《鹽鐵論·園池》:本篇爲《鹽鐵論·園池第十三》的全文。《鹽鐵論》,西漢宣帝時桓寬(生卒年不詳)根據昭帝始元六年召開的鹽鐵會議辯論的記錄整理而成的重要歷史文獻,保存了不少西漢中葉的經濟史料和豐富的經濟思想資料。全書分十卷六十篇。今人郭沫若《鹽鐵論讀本》、徐德培《鹽鐵論集釋》、王利器《鹽鐵論校注》、楊樹達《鹽鐵論要釋》、馬非百《鹽鐵論簡注》,並可參考。

第十六課　古文今譯

[練習與思考]

一、回答問題

1. 什麼是古文今譯？古文今譯有何意義？
2. 爲什麼在詞義、句義都理解正確的情況下，仍然會出現譯文的不同？
3. 從語言文字學的角度來説，古文今譯應該注意什麼？
4. 古文今譯的"精確"和"通順"各指什麼？要做到"精確"和"通順"應該注意哪些問題？
5. 爲什麼説古文今譯僅僅做到"精確"是不夠的？
6. 在進行古文今譯時主要有哪些情況應作句式和語序的調整？
7. 什麼是古代文獻的歷史語境？它對古文翻譯有何影響？
8. 在古文今譯時重視歷史文化的因素要做些什麼？

二、指出下列古文今譯存在的問題

1. 厲王虐，國人謗王。（《國語·周語上》）
   周厲王暴虐，國内的人誹謗厲王。
2. 齊國雖褊小，吾何愛一牛？（《孟子·梁惠王上》）
   齊國雖然褊狹弱小，我怎麼會喜愛一頭牛呢？
3. 王必無人，臣願奉璧往使。（《史記·廉頗藺相如列傳》）
   大王一定沒有合適的人選，臣下願意捧着璧去出使。
4. 無何，起至溷自殺。（《三國志·魏書·袁紹傳》）
   沒辦法，就起身到廁所自殺了。
5. （袁紹）自軍敗後發病，七年，憂死。（《三國志·魏書·袁紹傳》）
   （袁紹）自從兵敗後得了大病，過了七年，因憂慮致死。
6. 末大於本則折，尾大於要則不掉矣。（《淮南子·傣族訓》）
   末節大於根本就會折斷，尾部大於腰部就會甩不掉。
7. 直躬證父，尾生溺死，信之患也。（《莊子·盜跖》）
   直躬證實父親偷羊，尾生被水淹死，這是信的禍患。
8. 敝邑以政刑之不脩，寇盜充斥，無若諸侯之屬辱在寡君者何。

（《左傳·襄公三十一年》）

敝邑由於政事刑法不能修明，盜賊到處都是，無奈諸侯的屬官來向寡君朝聘。

9. 門闥凡九十五。（《西京雜記》）

宮裏的小門共有九十五個。

10. 長沙俗以鵩鳥至人家，主人死。（《西京雜記》）

長沙的習俗認爲鵩鳥到人家裏，主人就會死去。

三、標點、通讀下列白文

公輸盤爲楚造雲梯之械成將以攻宋子墨子聞之起於齊行十日十夜而至於郢見公輸盤公輸盤曰夫子何命焉爲子墨子曰北方有侮臣者願藉子殺之公輸盤不說子墨子曰請獻千金公輸盤曰吾義固不殺人子墨子起再拜曰請說之吾從北方聞子爲梯將以攻宋宋何罪之有荊國有餘於地而不足於民殺所不足而爭所有餘不可謂智宋無罪而攻之不可謂仁知而不爭不可謂忠爭而不得不可謂強義不殺少而殺衆不可謂知類公輸盤服子墨子曰然胡不已乎公輸盤曰不可吾既已言之王矣子墨子曰胡不見我於王公輸盤曰諾子墨子見王曰今有人於此舍其文軒鄰有敝轝而欲竊之舍其錦繡鄰有短褐而欲竊之舍其粱肉鄰有糠糟而欲竊之此爲何若人王曰必爲有竊疾矣子墨子曰荊之地方五千里宋之地方五百里此猶文軒之與敝轝也荊有雲夢犀兕麋鹿滿之江漢之魚鱉黿鼉爲天下富宋所爲無雉兔鮒魚者也此猶粱肉之與糠糟也荊有長松文梓楩柟豫章宋無長木此猶錦繡之與短褐也臣以三事之攻宋也爲與此同類臣見大王之必傷義而不得王曰善哉雖然公輸盤爲我爲雲梯必取宋於是見公輸盤子墨子解帶爲城以牒爲械公輸盤九設攻城之機變子墨子九距之公輸盤之攻械盡子墨子之守圉有餘公輸盤詘而曰吾知所以距子矣吾不言子墨子亦曰吾知子之所以距我吾不言楚王問其故子墨子曰公輸子之意不過欲殺臣殺臣宋莫能守可攻也然臣之弟子禽滑釐等三百人已持臣守圉之器在宋城上而待楚寇矣雖殺臣不能絕也楚王曰善哉吾請無攻宋矣子墨子歸過宋天雨庇其閭中守閭者不內也故曰治於神者衆人不知其功爭於明者衆人知之（《墨子·公輸》）

四、翻譯下面的古文

1. 天下之治方術者多矣,皆以其有爲不可加矣。古之所謂道術者,果惡乎在?曰:"无乎不在。"曰:"神何由降?明何由出?""聖有所生,王有所成,皆原於一。"

不離於宗,謂之天人。不離於精,謂之神人。不離於真,謂之至人。以天爲宗,以德爲本,以道爲門,兆於變化,謂之聖人。以仁爲恩,以義爲理,以禮爲行,以樂爲和,薰然慈仁,謂之君子。以法爲分,以名爲表,以参爲驗,以稽爲決,其數一二三四是也,百官以此相齒。以事爲常,以衣食爲主,蕃息畜藏,老弱孤寡爲意,皆有以養,民之理也。

古之人其備乎!配神明,醇天地,育萬物,和天下,澤及百姓,明於本數,係於末度,六通四辟,小大精粗,其運无乎不在。其明而在數度者,舊法世傳之史尚多有之。其在於《詩》《書》《禮》《樂》者,鄒魯之士搢紳先生多能明之。《詩》以道志,《書》以道事,《禮》以道行,《樂》以道和,《易》以道陰陽,《春秋》以道名分。其數散於天下而設於中國者,百家之學時或稱而道之。

天下大亂,賢聖不明,道德不一,天下多得一察焉以自好。譬如耳目鼻口,皆有所明,不能相通。猶百家衆技也,皆有所長,時有所用。雖然,不該不遍,一曲之士也。判天地之美,析萬物之理,察古人之全,寡能備於天地之美,稱神明之容。是故内聖外王之道,闇而不明,鬱而不發,天下之人各爲其所欲焉以自爲方。悲夫,百家往而不反,必不合矣!後世之學者,不幸不見天地之純,古人之大體,道術將爲天下裂。(《莊子·天下》)

2. 有獻不死之藥於荆王者,謁者操之以入。中射之士問曰:"可食乎?"曰:"可。"因奪而食之。王大怒,使人殺中射之士。中射之士使人説王曰:"臣問謁者,曰'可食',臣故食之,是臣無罪,而罪在謁者也。且客獻不死之藥,臣食之而王殺臣,是死藥也,是客欺王也。夫殺無罪之臣,而明人之欺王也,不如釋臣。"王乃不殺。(《韓非子·説林上》)

3. 伯樂教二人相踶馬,相與之簡子廄觀馬。一人舉踶馬,其一人從後而循之,三撫其尻而馬不踶,此自以爲失相。其一人曰:"子非失相也,此其爲馬也,踒肩而腫膝。夫踒馬也者,舉後而任前,腫膝不可任也,故後不舉。子巧於相踒馬而拙於任腫膝。"夫事有所必歸,而以有所,腫膝而不任,智者之所獨知也。惠子曰:"置猿於柙中,則與豚同。"故勢不便,非所以逞能也。(《韓非子·説林下》)